Das
Deutsche Reich
ein monarchischer Einheitsstaat.

Beweis
für den staatsrechtlichen Zusammenhang zwischen
altem und neuem Reich.

Von

Albert von Ruville,
Dr. phil.

Berlin.
J. Guttentag, Verlagsbuchhandlung.
1894.

Vorwort.

Als ich dereinst meine erste Vorlesung über deutsches Staatsrecht hörte, da erhielt ich den unabweisbaren Eindruck, daß auf diesem Gebiete doch eine merkwürdige Unklarheit herrsche. Mein logisches Denkvermögen widersetzte sich der Begriffsverwirrung, die mir hier als Theorie von der Natur des Reiches vorgeführt wurde, denn so wenig ich mich auch bis dahin mit Jus publicum beschäftigt hatte, so war es mir doch z. B. unmöglich, ein und dasselbe politische Gebilde, der Forderung des Dozenten gemäß, zugleich als Bund von Staaten, als Republik und als Oligarchie zu verstehen. Die letzten beiden Formen ließen sich ja allenfalls in Beziehung setzen, aber wie sie mit der ersten Gestaltung vereinbart werden sollten, war mir völlig unklar.

Ein weiteres Studium der Materie aus den verschiedenen Handbüchern des Staatsrechts vermochte mir keine feste Ueberzeugung zu verschaffen, denn ein Autor dementirte immer den andern und machte seine sinnvollsten Ausführungen zunichte. Dies brachte mich auf den Gedanken, ob denn die naheliegendste Theorie unsers Gemeinwesens, seine Auffassung als legale Fortsetzung des alten Deutschen Reiches, dessen Zerstörung ja niemals rechtsgültig erfolgt war, wirklich so ganz unhaltbar sei, wie allgemein behauptet wurde. Ich faßte sie in eine These und vertheidigte sie bei meiner Doctorpromotion in selbstredend keineswegs erschöpfender und, wie mir später klar wurde, vielfach unrichtiger Weise. Meinem Gegner, Dr. Th. Kükelhaus, bin ich für seinen streitbaren Widerspruch aufrichtig dankbar.

Hierdurch war die Anregung gegeben. Ich war mir darüber klar geworden, daß in meiner Theorie mehr Wahrheit enthalten sei, als ich wohl selbst anfänglich vermuthet hatte, ja daß sie möglicher Weise fähig sei, den bisherigen Auffassungen sich gleichberechtigt an die Seite zu stellen, wenn nicht sie zu verdrängen. Und so begann ich die staatsrechtlichen und historischen Untersuchungen, deren Resultat ich mit dem vorliegenden Buche der Oeffentlichkeit übergebe. Keine politische Voreingenommenheit oder Tendenz hat mich dabei geleitet, sondern nur das Bestreben, die gerade bei dieser Materie tiefverhüllte Wahrheit aufzudecken. Und vielleicht war es zu ihrer Klarlegung gut, daß ich nicht als geschulter Jurist, sondern als Historiker an's Werk gegangen bin, denn abgesehen davon, daß die ganze Arbeit auf geschichtlichem Grunde ruhte, konnte ich mich um so leichter von allzu spitzfindigen Deductionen freihalten, unter denen sich gerade auf vorliegendem Gebiete Widersprüche und Unrichtigkeiten so oft dem Forscher selbst verborgen haben.

Wenn ich mehrfach unvermeidbare Angriffe gegen bedeutende Autoritäten des Staatsrechts gerichtet habe, so bin ich mir stets bewußt geblieben, wieviel ich gerade ihnen, einem P. Laband, Ph. Zorn, M. Seydel, vornehmlich dem Letzteren, meinem Antipoden, zu verdanken habe. Von ihnen habe ich mich hinauftragen lassen in jene Höhe, in der es mir vielleicht gelang, in einer einzelnen Hinsicht sie noch ein wenig zu überfliegen.

Charlottenburg, den 9. Mai 1894.

Der Verfasser.

Inhalt.

Einleitung.

Es ist eine eigenthümliche Thatsache, daß für den staatsrechtlichen Charakter unseres neuen Deutschen Reiches bis heute keine Theorie entwickelt worden ist, die man nicht mit Recht in wichtigen Punkten angefochten hätte. Zwar bewegen sich diese Interpretationen im großen und ganzen nur in zwei grundsätzlich verschiedenen Richtungen, aber im Schooße der einen von diesen Auffassungen finden sich soviel bemerkenswerthe Differenzen, daß sie kaum als einheitliche Theorie verstanden werden kann.

Die populäre Anschauung freilich beruhigt sich bei der Ansicht, das Deutsche Reich sei eben ein etwas complicirtes politisches Gebilde, das man, mit lobenswerther Außerachtlassung der staatsrechtlichen Theorien, den realen Verhältnissen und den Lebensinteressen des deutschen Volkes entsprechend eingerichtet habe; es sei so ein Mittelding zwischen einem Bunde von Staaten und einem Einheitsstaate, bei dem je nach den Umständen bald der eine, bald der andere Charakter mehr hervortrete; jedenfalls brauche man sich nicht den Kopf darüber zu zerbrechen, da ja dies verwickelte und schwer erklärbare Instrument ganz vorzüglich functionire.

Und diese bequeme Anschauung, welche die Schwierigkeiten der Frage einfach bei Seite schiebt und auf die Begründung einer folgerechten Theorie von vornherein verzichtet, hat auch wissenschaftliche Vertreter gefunden. R. von Mohl[1]) z. B. erklärte es für unrichtig, sich von Haus aus über das Wesen des Reiches Klarheit zu verschaffen; er will aus den Einzelbestimmungen der Verfassungsurkunde ein Bild zusammensetzen, welchem dann volle Authenticität

[1]) Das Deutsche Reichsstaatsrecht. Tübingen 1873. Kap. 1.

zuzusprechen sei, auch wenn es unter die hergebrachten staatsrechtlichen Begriffe nicht passen wolle. Wir werden später sehen, wie unmöglich die Durchführung eines solchen Vorhabens ist.

Es kann kein Zweifel obwalten, daß die Wissenschaft sich hierbei nicht beruhigen darf, sondern daß sie berufen ist, auch in dieser verwickelten Frage zu einem befriedigenden Resultate zu gelangen. Demgemäß haben die meisten Lehrer des deutschen Staatsrechts sich bemüht, zwar unter Benutzung der Verfassung, aber in der Hauptsache aus der Entstehungsweise des Reiches zuerst den Grundcharakter dieses politischen Gebildes zu erforschen und festzustellen, um dann von dem gewonnenen Standpunkt aus die Detailfragen zu behandeln.

Hier aber erhoben sich die größten Schwierigkeiten. Man sah sich vor die Entscheidung gestellt, ob das neue Reich unter die Staaten oder unter die Staatenbünde zu rechnen sei. Das erstere erschien unmöglich, da die Vorgänge bei der Gründung, der Eingang und Inhalt der Verfassung, die amtlichen Aeußerungen jener Staatsmänner, denen wir den heutigen Rechtszustand verdanken, einer solchen Auffassung ausdrücklich zu widersprechen schienen, und da überdem die rechtliche Natur der Einzelstaaten, der Rang und die Stellung ihrer Oberhäupter sich damit schwer in Einklang setzen lassen wollten. Aber auch das Reich für einen Bund von Staaten zu erklären, erwies sich als kaum angängig. Die große Macht der Centralgewalt, die sich gerade auf die wichtigsten Angelegenheiten erstreckt, und die behauptete Fähigkeit dieser Gewalt, ihre Competenz in's Unbegrenzte zu erweitern, ließ es fast als absurd erscheinen, die Reichsorgane nur als Beauftragte der ihnen doch zum Gehorsam verbundenen Einzelstaaten zu verstehen; eine solche Auffassung war aber geboten, sobald man dem Reiche diesen bündischen Charakter zuschrieb. Nur wenige, vor allem Max Seydel,[2]) haben hieran keinen Anstoß genommen, sondern unbeirrt die Bundestheorie bis in ihre äußersten Consequenzen durchgeführt. Alle andern schreckten vor solch schroffer Parteinahme zurück und suchten einen Ausweg aus diesem Dilemma.

Da es nun schon häufig im Leben der Völker vorgekommen war, daß eine Centralgewalt sich mit den niederen Potenzen nicht darüber einigen konnte, wem staatsrechtlich die Oberhoheit, die

---

[2]) Komment. z. Verf.-Urk. f. d. Deutsche Reich. Würzburg 1873.

wahre Souveränetät zustände, wessen Macht von der des andern abgeleitet zu betrachten sei, da man aber in solchen Fällen einen modus vivendi finden mußte, so waren die Rechtsgelehrten, im Widerspruch mit dem Geiste der Wissenschaft, diesem praktischen Bedürfniß entgegengekommen. Sie hatten einen neuen Begriff aufgestellt, der in Wahrheit kein Begriff ist, da er sich nicht klar definiren läßt, aber doch den Anschein eines solchen hat. Ein Gebilde, das sie weder Staat noch auch Bund nennen durften, bezeichneten sie eben einfach als Bundesstaat, und nun mochte sich jeder das seinen Wünschen Entsprechende darunter denken.

Freilich erhielt dies neue Wort auch seine wissenschaftliche Erklärung, aber eine Erklärung, welche den darin enthaltenen Widerspruch nicht hob, sondern verhüllte.[3]) Der Bundesstaat sollte ein politisches Gebilde sein, zusammengefügt aus einer Anzahl Staaten, welche in dieser Zusammenfassung einen Gesammtstaat, also wieder einen Staat ausmachten. Auf gewissen Gebieten sollte nun der letztere, auf andern sollten die Theilstaaten die volle Souveränetät besitzen, sodaß also die höchste, ihrer Natur nach einheitliche Gewalt hier nach Ressorts getheilt erschien, ein Rechtszustand, der sich mit dem Begriff des Staates unmöglich vereinbaren läßt.[4]) Man braucht nur zu fragen, auf wessen Autorität sich die ganze Vertheilung der Competenzen gründet, oder wer die schließliche Entscheidung zu geben hat, falls es bei den überaus schwankenden Grenzen der Ressorts zu Meinungsverschiedenheiten kommt. Ist die betreffende Ordnung durch Vereinbarung zwischen den Einzelstaaten in's Leben getreten, sind sie selbst bei Streitigkeiten die letzte Instanz, dann ist das Ganze ein Bund von Staaten; hat dagegen die Centralgewalt jene Grenzen festgestellt und die Verfassung erlassen, liegt bei ihr in jedem Zweifel die definitive Entscheidung, so haben wir es eben trotz weitgehender Decentralisation mit einem Einheitsstaate im vollen Sinne des Worts zu thun. Ein Mittelding zwischen beiden giebt es nicht.

Wie unhaltbar der Bundesstaatsbegriff ist, erkennt man auch daran, daß sich kein Begriff größeren Umfangs aufstellen läßt, durch dessen Verengerung jener scharf bestimmt werden könnte. Man beginnt seine Definition gewöhnlich mit den Worten: Der Bundes-

---

[3]) Vgl. Waitz, Das Wesen des Bundesstaates, in seinen Grundzügen der Politik, Kiel 1862 und S. Brie, Der Bundesstaat.

[4]) Vgl. Seydel a. a. O. Einleitung.

staat ist ein politisches Gebilde, in welchem ꝛc. Das ist aber nur ein Verlegenheitsausdruck, denn in Wahrheit ist ein politisches Gebilde eben ein staatliches Gebilde, also entweder ein Staat oder ein Aggregat von Staaten oder eine Institution im Staate. Keins von allen soll der Bundesstaat sein, also gehört er nicht unter diesen Begriff. Ein andrer aber, unter den er gehören könnte, ist nicht erfindlich. Er würde nur dann Realität besitzen, wenn man definiren dürfte: der Bundesstaat ist ein Staat, der ꝛc. oder: der Bundesstaat ist ein Aggregat von Staaten, in welchem ꝛc. Dann würde er im ersteren Fall als eine Spielart des Einheitsstaates, im letzteren als eine solche des Staatenbundes zu gelten haben, seiner Bestimmung also, ein Mittelglied zwischen beiden abzugeben, würde er nicht mehr gerecht werden.

Wenn nun eine Nation die politische Ordnung, unter der sie lebt, selbst für eine bundesstaatliche erklärt und von ihren Rechtsgelehrten so darstellen läßt, dann bedeutet dies nichts anderes, als daß sich hier die staatsrechtlichen Verhältnisse noch nicht geklärt haben, daß man aber die vorhandenen Widersprüche des inneren Friedens wegen zu verdecken wünscht. Das geht natürlich nur so lange, als die Friedensliebe überwiegt, als die Gegensätze geschont oder durch eine reale Macht in Schranken gehalten werden. Wenn aber wichtige Interessen alterirt werden und diese Macht erlahmt, dann kann solch unklares Staatsrecht zu den schwersten Conflicten Anlaß geben oder sie befördern, und man wird auch bei genauester Kenntniß der Verfassung nicht zu entscheiden vermögen, auf welcher Seite das Unrecht, auf welcher das Recht sich befindet. Die Widersinnigkeit des Bundesstaatsbegriffes wird dann klar zu Tage treten.

Ein eclatantes Beispiel für eine solche gefährliche Wendung bietet der Bürgerkrieg in den Vereinigten Staaten. Hier erinnerten sich die Südstaaten, in Vertheidigung ihrer Sonderinteressen, der bis dahin nicht offenkundig beseitigten, aber unter dem Bundesstaatsbegriff verhüllten Einzelsouveränetät und suchten, gestützt auf diese, ihre Verbindung mit den Nordstaaten dauernd zu lösen. Letztere dagegen vertraten die in jenem Begriff nicht minder enthaltene Souveränetät der Centralgewalt und erklärten jede Ablösung für Hochverrath. Nur die Waffen konnten entscheiden. Von fernher eingeleitet aber wurde jener gewaltige Kampf der Meinungen durch die Reden und Schriften des hervorragendsten amerikanischen

Rechtslehrers und Vertheidigers der Staatenrechte Calhoun,[5]) dem der Begriff eines Bundesstaates vollkommen fremd blieb.

Trotz solcher Erfahrungen hat die Theorie hinsichtlich des Deutschen Reiches an diesem unklaren Begriff unbeirrt festgehalten und so nicht wenig dazu beigetragen, eine präcise Durchbildung unsers deutschen Staatsrechts zu erschweren. Allerdings ist es eben seiner Unklarheit zu verdanken, daß die vorhandenen Gegensätze bei der Einführung der heutigen Ordnung nicht so scharf hervortraten, daß sich die größeren Einzelstaaten williger unter die Reichsgewalt beugten, aber dieser Vortheil wäre doch mit einem dauernd unsichern Rechtszustand allzu theuer erkauft gewesen. Es gilt fast in ganz Deutschland als ausgemacht, daß unser Reich ein Bundesstaat sei, aber damit ist, trotz der Uebereinstimmung in der Benennung nichts weniger als Einstimmigkeit in der Auffassung erzielt. Der fundamentale Gegensatz bleibt bestehen, denn z. B. der bayrische Particularist sieht im Reiche noch heute ein solide gefügtes staatsähnliches Bündniß zwischen den souveränen Staaten Preußen, Bayern ꝛc.[6]) Der Reichspatriot dagegen hält es, wenn er auch die Unveräußerlichkeit vieler Rechte der Einzelstaaten gelten läßt, für einen in viele halbsouveräne Territorien gegliederten Gesammtstaat mit bundesähnlichem Charakter. All jene Theorien unsrer Staatsrechtslehrer sind in ihrem Kerne nichts anderes, als verschiedene Versuche, den Bundesstaatsbegriff in Beziehung auf unser Reich wissenschaftlich zu erklären. Gelingen konnte dies nicht und so hat denn jede einzelne ihre Fehler aufzuweisen.

Außerordentlich gefördert wurde das Weiterschreiten in der besprochenen irrigen Richtung durch das entschiedene Mißlingen des

---

[5]) Works, New-York 1853, vornehmlich Bd. 1, Bd. 2 S. 262ff., Bd. 4 S. 140ff.

[6]) Abg. v. Schlör bei Berathung der Novemberverträge in der Bayrischen Kammer: „Nun, m. H., Bayern wird doch wahrhaftig nicht einer neuen Landeshoheit untergeordnet . . . . . . Was ist denn in Wirklichkeit das Verhältniß, in welches Bayern tritt? Bayern überträgt einen Theil der Befugnisse, die es bisher für sich ausgeübt hat, an eine für ganz Deutschland constituirte Gewalt. Es ist nicht eine Entäußerung dieser Rechte, nicht ein Verzicht auf diese Rechte. Darin liegt auch der Unterschied zwischen dem neuen Deutschen Reiche und dem alten. Es wird keine Oberhoheit geschaffen über die einzelnen Staaten, sondern die Oberhoheit bilden die einzelnen Staaten selber, die einen Theil ihrer Machtbefugnisse vereinigen zu dem Zwecke, um sie gemeinsam besser auszuüben, besser zur Geltung zu bringen, als sie sie allein zur Geltung zu bringen im Stande waren."

Seydel'schen Unterfangens. Dieser scharfsinnige Gelehrte, dem die vollste Anerkennung gebührt, hatte versucht, das Deutsche Reich unter völliger Verwerfung des Bundesstaatsbegriffs streng logisch und mit äußerster Consequenz als Staatenbund zu deuten. Aber auch er verwickelte sich in Widersprüche, da sich die Vorgänge bei der Gründung und die ferneren Wandlungen nicht mehr in seinen Rahmen einfügen ließen. Es war unmöglich, seinen Deductionen zu folgen, ohne in Absurditäten zu verfallen, und so wandte sich alles mit um so größerem Eifer der Ausbildung des bundesstaatlichen Gedankens zu, war es doch nun der einzige, mit dessen Hülfe das Räthsel des Reiches lösbar schien. Man übersah dabei, daß man gerade damit die Unsicherheit und Unklarheit des staatsrechtlichen Zustandes in Permanenz erklärte.

Steht die Sache nun wirklich derart, daß sich ohne jenen doppeldeutigen Begriff nicht auskommen läßt? Ist es in der That nicht möglich, mit Sicherheit festzustellen, ob das Deutsche Reich ein Staat oder ein Aggregat von Staaten sei? Liegt demnach in unsrer politischen Ordnung ein Keim zu Conflicten, der nur durch das gegenwärtig unabweisbare Bedürfniß der Eintracht an der Entwicklung gehindert wird, zu dessen Beseitigung aber sich der Wissenschaft keine Möglichkeit bietet?

Ich habe es mir, solchen Fragen gegenüber, zur Aufgabe gemacht, nachzuweisen, daß es trotz all der erwähnten Schwierigkeiten ein unbestreitbares, widerspruchsloses deutsches Staatsrecht giebt, welches freilich in mannigfacher Weise übertüncht und verhüllt und selbst von den Männern nicht erkannt oder anerkannt worden ist, die vornehmlich bei der Neuordnung unsers Vaterlandes mitgewirkt haben. Nach diesem Staatsrecht, wie ich es zu entwickeln beabsichtige, ist die Alternative Staat oder Bund nicht umgangen, sondern, wovor sich bisher jeder gescheut hat, klar zu Gunsten des Staates, und zwar des decentralisirten Einheitsstaates entschieden, der ominöse Bundesstaatsbegriff aber völlig beseitigt.[7])

Meine Theorie geht von einem Gedanken aus, der, wiewohl den Betheiligten nie recht eigentlich in's Bewußtsein getreten, doch

---

[7]) Graf Münster, Deutschlands Zukunft das Deutsche Reich, Berlin 1870 S. 18 sagte schon vor der Umwandlung von 1870: „Das Reich soll ein monarchisches Reich sein, nicht eine Föderation, für die man das deutsche Wort Bundesstaat hat erfinden müssen, ein Wort, das in sich einen Widerspruch enthält."

unverkennbar bei Herrichtung der heutigen Ordnung in einschneidender Weise mitgewirkt hat, ohne den jene Vorgänge überhaupt nicht klar begriffen werden können, den Gedanken nämlich der rechtlichen Anknüpfung des neuen Reichs an das alte Reich deutscher Nation. Alle, die bisher das deutsche Staatsrecht abgehandelt haben, gingen bei der Gründungsgeschichte nur bis auf die Bündnißverträge von 1866 zurück und gaben alle vor diesem Jahr gelegenen staatsrechtlichen Gestaltungen und Entwicklungen höchstens als historische Einleitung, ohne ihnen irgend welche Rechtsbeziehung zu den gegenwärtigen Bildungen zuzuschreiben. Mein Verfahren wird davon insofern erheblich abweichen, als ich jene am weitesten zurückliegende Staatsordnung, das alte Deutsche Reich, keineswegs als todt und vergangen, sondern als die Wurzel auffasse, aus der das heutige Reich ohne Rechtsbruch sich entfaltet hat.

Ermöglicht sich dieser Nachweis der Continuität zwischen beiden Reichen, dann kann auch über die rechtliche Natur der heutigen Ordnung kein Zweifel mehr obwalten. Mit einem Staate, wie es das alte Reich sicherlich war, kann nur ein Staat in rechtlicher Verknüpfung stehen, mag auch der Grad der Centralisation oder Decentralisation ein andrer geworden sein, mögen auch die Staatsorgane und Institutionen mannigfache Veränderungen erlitten haben. Meine Aufgabe wird sich also dahin präcisiren, zuerst die rechtliche Verwandlung der alten Staatsordnung Deutschlands in die heutige den unbestrittenen Thatsachen und officiellen Dokumenten gemäß darzulegen, und dann die Vereinbarkeit dieser Theorie mit der Reichsverfassung, der wichtigsten Grundlage unsers gegenwärtigen Rechtszustandes, zu erweisen.

Wenn mein Vorhaben gelingt, dann wird allerdings manche Illusion des Particularismus, des preußischen nicht minder als des mittel- und kleinstaatlichen, zerstört und infolgedessen mancher scharfe Widerspruch geweckt werden, aber das darf uns nicht abhalten, die wahren Verhältnisse zu zeigen und festzulegen. Und ist es nicht in der That ein segensreiches Unternehmen, das deutsche Staatsrecht, welches seit Jahrhunderten mit den realen Verhältnissen in schneidendem Widerspruch stand und nach den Theorien unsrer Rechtsgelehrten heute wiederum steht, endlich einmal mit ihnen in Harmonie zu setzen, endlich die große Lüge des Reichsrechts zu beseitigen, die H. von Treitschke[8]) am alten Reich so scharf verurtheilt hat?

[8]) Deutsche Gesch. des 19. Jahrh. I S. 187.

Ehemals war Deutschland dem Rechte nach ein festgefügter, wenn auch vielgegliederter Einheitsstaat mit einem souveränen Kaiser an der Spitze, der den höchsten Rang in der Christenheit in Anspruch nahm, in Wahrheit aber zeigte es sich als ein schlechtgeordnetes Conglomerat von unzähligen, mehr oder weniger selbständigen Potenzen, geleitet von einem Oberhaupt, das kaum noch die Befugnisse eines Bundespräsidenten auszuüben vermochte. Jetzt verhält sich die Sache nach der üblichen Auffassung gerade umgekehrt. Deutschland erscheint thatsächlich nach außen wie im Innern als ein geschlossener Staatskörper, der von einem Monarchen unter Betheiligung der Volksvertretung mit souveräner Gewalt regiert wird, staatsrechtlich betrachtet indessen soll es ein bündisches Gebilde sein, in welchem die leitenden Organe nur als Beauftragte der Partikulargewalten zu gelten haben.

Dieser seltsame Widerspruch muß bei meiner Theorie alsbald verschwinden. Eine Verknüpfung des neuen Reiches mit dem alten giebt jenem die geklärte rechtliche Stellung des letzteren, ohne seiner Kraft und inneren Festigkeit im geringsten Abbruch zu thun. Es ist dann wieder, was sein Name besagt und als was es sich tagtäglich erweist, ein Reich, ein geschlossener Staat, nicht aber eine bündische Institution, deren Charakter und Wesen Niemand zu ergründen vermag.

Und welche beinahe unwürdige Stellung wird dem Kaiserthum von der geltenden Meinung zuertheilt! Diese Institution, welche vordem das Höchste in der Welt bedeutete, soll nur noch eine rechtlich völlig indifferente Titulatur sein für ein hohes, von den verbündeten Regierungen einem legitimen Könige übertragenes Bundesamt, eine Titulatur ohne jeglichen Rechtsinhalt, nur bestimmt der nationalen Eitelkeit zu fröhnen und dem ein monarchisches Oberhaupt begehrenden Volke Sand in die Augen zu streuen; denn die thatsächlichen großen Machtbefugnisse unsrer Kaiser beruhen ja, jener Anschauung nach, nicht auf ihrem monarchischen Titel, sondern ausschließlich auf dem Bundespräsidium und dem preußischen Königthum. Erinnert das nicht auffallend an jene erste Herabwürdigung des kaiserlichen Namens, da Franz II. sich im Jahre 1804 den Titel eines Kaisers von Oesterreich als Familienwürde beilegte, ohne sein Land dadurch zu einem Kaiserthum zu erheben?

Auch hierin schafft die neue Auffassung wünschenswerthen Wandel. Nach ihr sind unsre Kaiser Monarchen im vollen Sinne des Worts, deren Titel nicht als leeres Blendwerk, sondern als wahre Quelle ihrer souveränen Gewalt, als zutreffender Ausdruck für dieselbe zu verstehen ist, nach ihr sind sie legitime Nachfolger jener langen Reihe von Cäsaren, unter deren Scepter Deutschland die glänzendsten und auch die traurigsten Zeiten seiner Geschichte durchlebt hat. Dieses älteste und vornehmste Kaiserthum durften die Hohenzollern unbedenklich übernehmen, hat es sich doch selbst in den schmachvollsten Epochen nicht so weit erniedrigen lassen, daß es seine volle staatsrechtliche Selbständigkeit aufgegeben hätte.[9]) Als eine solche Preisgabe zur Nothwendigkeit wurde, da verschwand es im Dunkel des Interregnums, um erst aufzuerstehn, als die Siege der deutschen Heere ihm eine seiner Würde entsprechende Stellung im Staatsleben und im Rathe der Völker errungen und verbürgt hatten.

Allerdings fast widerwillig und ohne klare Vorstellung von der eigentlichen Bedeutung dieser Aktion hat Wilhelm I. das große Erbe vergangener Jahrhunderte angetreten. Er lebte zu sehr in den preußischen Traditionen, als daß er sich in seinem hohen Alter so schnell in einen ganz andern Ideenkreis hätte hineinzuversetzen vermocht, doch war dem damaligen Kronprinzen bereits ein volles Verständniß dafür aufgegangen.

„Mein Sohn ist mit ganzer Seele bei dem neuen Stande der Dinge," sagte der König eines Tages in Versailles bei Besprechung der Kaiserwürde,[10]) „während ich mir nicht ein Haar breit daraus mache und nur zu Preußen halte. Ich sage, er wie seine Nachkommen seien berufen, das gegenwärtig hergestellte Reich zur Wahrheit zu machen." Was aber Kronprinz Friedrich Wilhelm damals unter diesem Reiche verstand, das ersieht man aus den Worten, die er am 18. Januar 1871, dem Tag der Kaiserproklamation, in sein Tagebuch schrieb:

„Die langjährigen Hoffnungen unsrer Voreltern, die Träume deutscher Dichtungen sind erfüllt und, befreit von den Schlacken des heiligen römischen Unsegens, steigt ein an Haupt und Gliedern

---

[9]) v. Treitschke, Deutsche Geschichte I S. 9 „Das Kaiserthum hielt in allem Wandel der Zeiten die alten Ansprüche monarchischer Machtvollkommenheit fest und gestattete niemals, daß ein Reichsgesetz ihm den Umfang seiner Rechte fest begrenzte."

[10]) Aus Kaiser Friedrichs Tagebuch 15. Jan. 1871. Dtsche. Rundsch. 15 Heft 1.

reformirtes Reich unter dem alten Namen und dem tausendjährigen Abzeichen aus sechzigjähriger Nacht hervor . . . ."

Hierin spricht sich gerade das aus, was wir darzuthun gedenken. Das Reich hat eine Reform an Haupt und Gliedern durchgemacht, ist befreit worden von manchen Schlacken mittelalterlichen Römerthums, aber es ist deshalb nicht minder dasselbe alte Deutsche Reich, das vor mehr denn sechzig Jahren durch feindliche Gewalt in den Zustand der Unthätigkeit hineingezwungen und so lange darin erhalten wurde. Es ist wie damals ein einiges, untheilbares Ganzes, ein souveräner Staat mit einem souveränen Kaiser an der Spitze.

Es wird einer langen, mühevollen Untersuchung und Beweisführung bedürfen, um die neue Theorie so zu sichern und zu erhärten, daß sie den scharfen Angriffen streitgeübter Gegner zu widerstehen vermag. Wenden wir uns jetzt dieser Arbeit zu und suchen wir zuerst darzulegen, wie sich das alte Deutsche Reich über die lange, kaiserlose Zeit hinweg zu der Gestalt des heutigen rechtlich hat fortentwickeln können. Eine nähere Betrachtung des ehemaligen deutschen Staatskörpers nach den für unsre Frage wichtigen Seiten hin wird uns als erste Aufgabe aus dem Plan der Untersuchung erwachsen.

Erster Theil.

Die staatsrechtliche Entwicklung des neuen Deutschen Reichs aus dem alten Reiche.

Erstes Kapitel.

Das Deutsche Reich vor der Katastrophe von 1806.

Es herrscht über die letzte Periode des sogenannten Römischen Reiches deutscher Nation im Allgemeinen nur eine Anschauung, die höchstens im Einzelnen zuweilen modifizirt und gemildert worden ist. Sie läßt sich ungefähr in folgende Worte zusammenfassen:

„Seit langem hatte ein fortschreitender Zersetzungsprozeß, der sich von Jahrhundert zu Jahrhundert beständig verschlimmerte, die deutsche Staatsordnung in einen Zustand versetzt, in dem sie nur noch als Schatten ihrer selbst erschien. All jene großartigen und kraftvollen Institutionen, durch welche ursprünglich die einzelnen Glieder des Bundes unter sich und mit dem sie umfassenden Ganzen verkettet waren, hatten mit der Zeit eine bedenkliche Umwandlung erfahren. Der Reichstag hatte aufgehört einen eigenen Willen zu haben. Die Urtheile der höchsten Gerichtshöfe konnten nicht zur Ausführung gelangen. Alles bekundete eine solche Schwäche, daß das föderative Band Niemandem mehr Sicherheit bot und unter den auswärtigen Mächten nur als Quelle der Fehde und Zwietracht erschien."

Eine ähnliche Anschauung bekundet z. B. Bluntschli,[1]) wenn er sagt: „Das heilige römische Reich deutscher Nation mußte, angeweht von dem Lufthauch einer neuen Zeit, auseinanderfallen und aufgelöst werden, und es fiel in Staub wie ein faules, morsches Gezimmer, von wenigen beklagt, ohne Ruhm. Die Welt merkte kaum auf bei seinem Fall." Ebenso urtheilt Pertz:[2]) „Das Reich war ein Leib, aus dem die Seele entwichen ist, und welcher sich in seine einzelnen Bestandtheile auflöst, kaum schien es nöthig, die

[1]) Staatswörterbuch. Art. „Kaiserthum".

[2]) Steins Leben I S. 147.

traurige Thatsache seines Verscheidens besonders auszusprechen." Und ähnlich viele andere.

Muß es nun nicht in hohem Grade unser Mißtrauen gegen diese herrschend gewordene Auffassung erregen, wenn wir erfahren, daß jene zuerst angeführten Sätze im Auftrage des Mannes abgefaßt worden sind, der selbst dem Deutschen Reich den Todesstoß versetzt, seinen Kaiser zur Niederlegung der Krone gezwungen, seine Glieder zur Lostrennung vom Gesammtorganismus veranlaßt hat, auf Befehl Napoleons I.? Sie finden sich in der Note, welche, vom französischen Geschäftsträger M. Bacher am 1. August 1806 in Regensburg überreicht, die Auflösung der permanenten Reichsversammlung entschied.[3]) Daß die Renunciationsurkunde der Mitglieder des Rheinbundes ungefähr dieselben Gedanken entwickelt, kann nicht Wunder nehmen, da sie im Grunde derselben Quelle entstammt. Es heißt darin[4]):

„Die Begebenheiten der drei letzten Kriege, ... und die politischen Veränderungen, welche daraus entsprungen sind, haben die traurige Wahrheit in das hellste Licht gesetzt, daß das Band, welches bisher die verschiedenen Glieder des deutschen Staatskörpers mit einander vereinigen sollte, für diesen Zweck nicht mehr hinreiche, oder vielmehr daß es in der That schon aufgelöst sei. Das Gefühl dieser Wahrheit ist schon seit langer Zeit in dem Herzen jedes Deutschen; und so drückend auch die Erfahrung der letzten Jahre war, so hat sie doch im Grunde nur die Hinfälligkeit einer in ihrem Ursprunge ehrwürdigen, aber durch den allen menschlichen Anordnungen anklebenden Unbestand fehlerhaft gewordenen Verfassung bestätiget. Nur diesem Umstande muß man ohne Zweifel die im Jahre 1795 im Reiche selbst sich hervorgethane Trennung zuschreiben, die eine Absonderung des Interesses des nördlichen und südlichen Deutschlands zur Folge hatte. Von diesem Augenblicke an mußten nothwendig alle Begriffe von einem gemeinschaftlichen Vaterlande und Interesse verschwinden; die Ausdrücke Reichskrieg und Reichsfrieden wurden Worte ohne Sinn; vergeblich suchte man Deutschland mitten im deutschen Reichskörper . . . ."

Ist es nicht, als wenn ein Mörder die Lebensunfähigkeit seines Opfers nachzuweisen sucht, um seine verbrecherische That zu ent-

---

[3]) S. Ghillany, Diplomat. Handb. Nördl. 1855 II S. 147.

[4]) Ders. II S. 17.

schuldigen? Und wir Deutschen haben dem Zerstörer unsrer nationalen Einheit ohne Bedenken Glauben geschenkt und sprechen noch heute seine Worte vertrauensselig nach, wo derselbe Stamm, dessen Faulheit und Hinfälligkeit von ihm constatirt wurde, ein neues breites Dach von kräftigen Aesten und frischen Blättern über unserm Haupte wölbt.

Eine unbefangene Betrachtung des alten, seit Pufendorf so viel getadelten Reichskörpers wird uns zu ganz andern Schlüssen führen, als Napoleon seinem Zweck entsprechend aus dessen Anblick ziehen mußte.

Die Thatsache, daß ein Organismus schlecht oder nur noch minimal functionirt, ist durchaus noch kein vollgültiger Beweis für seine Untauglichkeit. Ein Mann, der eine Fülle von geistiger und körperlicher Kraft in sich birgt, kann dermaßen erkranken, daß er sich nur als Schatten seiner selbst darstellt, daß alle Willenskraft in ihm lahmgelegt, alle Lebensfreudigkeit erstorben scheint. Ist man deshalb berechtigt, ihn als Schwächling zu verhöhnen, ihn als lebensunfähig aufzugeben und ohne Versuch der Rettung dem Verderben zu überlassen? Wie schnell verändert sich oft das Bild eines solchen Menschen! Ein geringer Eingriff in seine Organe, zuweilen die Macht der eignen Natur entfernt die Ursache des Siechthums und in überraschend kurzer Zeit treten alle schlummernden Kräfte in erneute und erhöhte Thätigkeit.

Nicht anders verhält es sich mit dem Staate. Auch er ist in gewissem Sinne eine beseelte Persönlichkeit, auch ihn darf man nicht nach seinem augenblicklichen Verfassungszustand, nach den zur Zeit geltenden Gesetzen beurtheilen und verurtheilen. Er kann durch zufällige Umstände, schlechte Regierung, fehlerhafte Institutionen soviel an Functionsfähigkeit einbüßen, auf so bedenkliche Abwege gerathen, daß man ihm bei oberflächlicher Betrachtung jede Möglichkeit weiteren Bestandes absprechen möchte; und doch bedarf es vielleicht nur einer geringfügigen Aenderung, eines Thronwechsels, des Drucks der öffentlichen Meinung oder äußerer Gewalten, um das Staatsschiff in legaler Weise auf richtige, klippenlose Bahnen zurückzulenken. So lange der Volksgeist frisch und kräftig, das Gefühl nationaler Zusammengehörigkeit noch nicht erstorben ist, so lange braucht man an einer einstigen Besserung ohne Rechtsbruch nicht zu verzweifeln, vorausgesetzt, daß sich die Staatsorgane überhaupt noch eine Fortbildungsfähigkeit bewahrt haben. Es wird für unsre

Aufgabe von Wichtigkeit sein, das vormalige Deutsche Reich von diesem Gesichtspunkt aus einer kurzen Betrachtung zu unterwerfen.

Daß sich jener Staatskörper, man darf wohl sagen, seit dem Ausgang der Hohenstaufen oder zum mindesten seit den Reformationskriegen, als ein schwer und immer schwerer erkrankter Organismus darstellte, darüber kann kaum ein Zweifel obwalten; dennoch war und blieb er, wie schon in der Einleitung gesagt, seinem Wesen nach ein einiges, untheilbares Reich, kein Bund von Staaten, wie er in obigen Aktenstücken und sonst wohl häufig seiner äußeren Erscheinung entsprechend genannt wurde.[5]) All seine zahlreichen Glieder trugen, wiewohl mit großer Eigenmacht begabt, doch noch immer den staatsrechtlichen Charakter von Selbstverwaltungskörpern mit erblichen oder gewählten Oberhäuptern.

Es ist viel darüber gestritten worden, worin das eigentliche Uebel zu erkennen sei, durch welches unser einst so kräftiges, den

---

[5]) So sagt G. Meyer in seiner Einleitung in das deutsche Staatsrecht S. 50: „Vom rein juristischen Standpunkte aus betrachtet war das Reich auch noch in den letzten Zeiten seines Bestehens ein Staat. Also kein Bund, namentlich auch kein Bundesstaat. Die Competenz des Reiches, wenn auch thatsächlich durch viele Exemtionen durchbrochen, blieb grundsätzlich eine beschränkte. Die Regierungsgewalt der Landesherrn war keine selbständige, sondern beruhete auf einer Belehnung des Reiches", und ebenso S. 70: „Die Landeshoheit blieb der Reichsgewalt untergeordnet. Diese Unterordnung zeigt sich namentlich darin, daß Landesgesetze absolut verbietenden oder gebietenden Reichsgesetzen nicht widersprechen durften und daß die Unterthanen gegenüber den Landesherren ein Beschwerde- und Klagerecht bei den Organen des Reiches, namentlich den Reichsgerichten, besaßen. Den größeren Ländern gegenüber hatten die Herrschaftsrechte des Reiches allerdings keine practische Bedeutung, weil dasselbe nicht die Macht besaß, seine Befehle zur Ausführung zu bringen. Hinsichtlich der kleineren Landesherren wurde sie dagegen auch noch im 18. Jahrh. vielfach mit Erfolg geltend gemacht. Die Reichsgewalt ging sogar mit Verhaftung und Gefängniß gegen dieselben vor." Desgleichen Ranke, die Deutschen Mächte und der Fürstenbund S. 33: „Wie falsch wäre es, den Reichstag an und für sich für ohnmächtig zu halten. Ueber das waffengerüstete Preußen vermochte er wenig; Oesterreich war durch alte Privilegien und seine internationale Weltstellung gegen seine Machtsprüche gesichert; aber weder diese, noch vollends die mindermächtigen waren von seinen Befugnissen emancipirt; der Reichstag besaß eine allgemeine legislative Gewalt, Aufsicht über Administration und die Verwaltung des Reichs; er hatte selbst in diesem executive Gewalt, wenn er darüber einig werden konnte." Dies alles selbstredend nur im Verein mit dem Kaiser.

Nachbarstaaten weit überlegenes Gemeinwesen schließlich in solch grauenhafter Weise zerrüttet und dem völligen Untergang nahegeführt wurde. Die landläufige Ansicht führt diesen Niedergang auf eine Reihe von Ursachen zurück, die freilich nicht für unabhängig von einander gehalten werden, über deren gegenseitige Bedingtheit aber die Meinungen wieder sehr auseinandergehn.

Als erstes und wichtigstes Moment wird wohl allgemein die auf freier Wahl beruhende Successionsordnung hingestellt, jene Ordnung, welche, in den ersten Jahrhunderten des Reichs allmählich ausgebildet, zur Zeit des Interregnums zu unbestrittener Herrschaft gelangte, und durch die goldene Bulle von 1356 ihre klare Formulirung und Befestigung fand. Durch das Recht der Fürsten, später der Kurfürsten, jedesmal nach Abgang eines Kaisers einen beliebigen Nachfolger zu küren, soll die wahre souveräne Gewalt über das Reich im Wesentlichen an diese Wähler gekommen sein, deren ganzes Streben sich darauf gerichtet habe, die Centralgewalt und namentlich die Kaisermacht zu schwächen, ihren eigenen Territorien dagegen eine möglichst vollkommene Selbständigkeit zu verschaffen. Mittelst der Wahlkapitulationen, sagt man, die den einzelnen Thronkandidaten abgezwungen wurden, sei es gelungen, die ursprüngliche Machtfülle des Reichsoberhauptes auf ein Minimum zu reduziren und eine Art von Anarchie im Reiche einzuführen, die am Ende zur völligen Auflösung führen mußte.

Es wird als zweiter Punkt hervorgehoben, wie complizirt und actionsunfähig sich der ganze Organismus der Centralgewalt mit der Zeit gestaltet habe. Zur Gültigkeit eines legislatorischen Beschlusses war die freie Zustimmung von nicht weniger als vier Faktoren erforderlich, deren Bestrebungen sich in sehr verschiedenen Richtungen bewegten und, was das schlimmste, die nicht, wie in wohlgeordneten Staaten, das dringende Bedürfniß und die moralische Verpflichtung fühlten, zu heilsamen Schlüssen zu gelangen. Ueberdem war durch den Westphälischen Frieden die sogen. Itio in partes zu gesetzlicher Geltung gelangt, d. h. das Recht jedes Religionskörpers, sich im Plenum oder im einzelnen Colleg zur Abstimmung über irgend eine Frage gesondert zu constituiren und damit eine Majorisirung zu verhüten, eine Einrichtung, durch welche die Willensfähigkeit der Reichsgewalt noch weiter beträchtlich eingeschränkt wurde.

Auch die Zerrissenheit des Reiches in unzählige größere und kleinere staatliche Gebilde mit weitgehendster Autonomie wird als ein Hauptgrund des Niedergangs angeführt. Außer den bedeutenderen, Virilstimmen führenden Territorien, die sich schon auf beinahe hundert beliefen, gab es ja noch eine Unzahl von minimalen Bildungen mit fast gleicher Selbständigkeit, Grafschaften, Prälaturen, Reichsrittergüter, Reichsdörfer, Ganerbschaften, die in ihrer Gesammtheit einen nicht unbeträchtlichen Theil des Reichsgebietes ausmachten. Wie spottet man noch heute über die Buntscheckigkeit der damaligen Landkarte Deutschlands, aus deren Anblick man schon ein volles Verständniß der traurigen Lage unsers Vaterlandes gewinnen könne. Man bezeichnet es als einen segensreichen Fortschritt, daß durch die Stürme der Revolutionsepoche eine große Schaar jener Territorien beseitigt und den größeren Gebieten einverleibt wurde.

Als ein weiteres Moment wird der große Uebelstand erwähnt, daß nicht wenige der größeren Territorien mit auswärtigen Königreichen in dynastischer Verbindung standen und dadurch fremden Interessen dienstbar gemacht, ja mit Sympathien für die fremden Gemeinwesen erfüllt wurden. Nicht allein die materiellen Mittel der betreffenden Lande geriethen damit in die Hand auswärtiger Herrscher, sondern auch die auf ihnen ruhenden verfassungsmäßigen Rechte, Kurwürde, Reichstagsvoten, Vikariat ꝛc. ꝛc. Man pflegt die Allgemeine Reichsversammlung der letzten Zeiten mit einem Europäischen Staatencongreß zu vergleichen.

Vornehmlich wird dem auswärtigen Besitz der habsburgischen Dynastie ein großer Theil der Schuld zugeschrieben. Durch diesen directen oder indirecten Besitz und diese Beziehungen, sagt man, verloren die Kaiser jedes Interesse an den ihnen nicht unmittelbar unterstellten deutschen Ländern, lernten sie sich als Beherrscher ihres halbdeutschen Familienbesitzes fühlen, auf dem als nutzbares Recht die Kaiserwürde hafte. Die geringe Gewalt, die das Reichsoberhaupt noch auszuüben vermochte, kennzeichnete sich, um mit den Worten H. v. Treitschkes zu reden, als verhüllte Fremdherrschaft, der natürlich eine Besserung der deutschen Verfassungszustände durchaus fernliegen mußte.

Endlich werden als zersetzendes Element die geistlichen Reichsstände und unmittelbaren Prälaten angeführt, die sich allerdings in beträchtlicher Anzahl bis in unser Jahrhundert hinein conservirt hatten. Sie werden als Untergebene und Diener einer fremden Macht, des Papstthums, bezeichnet, der durch sie ein unmittelbarer

Einfluß auf das deutsche Verfassungsleben gesichert wurde, ein Einfluß, der sich nur in Hemmung und Schwächung des Gemeinwesens äußern konnte. —

Gewiß ist nicht zu leugnen, daß die meisten der erwähnten Momente eine höchst ungünstige Wirkung auf die staatliche Entwicklung Deutschlands geäußert, seinen Niedergang beträchtlich gefördert und den traurigen Zustand mit herbeigeführt haben, in welchem es dem Ansturm des Auslands nicht zu widerstehen vermochte. Dennoch sind wir damit nicht zur wahren Quelle des Uebels vorgedrungen. In all jenen Mißständen sind nicht die Ursachen, sondern nur Symptome der Krankheit zu erkennen, welche die Lebenskräfte unsers Volkes auf staatlichem Gebiete so lange Zeit paralysirte. Es wird nicht allzuschwer sein, den Nachweis hierfür an jedem einzelnen der angeführten Punkte zu erbringen.

Was zuerst das Wahlrecht betrifft,[6]) so bedeutete dessen Geltung einen durchaus unnatürlichen Zustand, der sich bei gesunder Entwicklung des Staates von selbst beseitigt hätte. Thatsächliche Wirkung, d. h. eine vollkommene Unterbrechung der Erbfolge, hat es überhaupt nur in wenigen Fällen, beim Aussterben der Herrschergeschlechter und dann eine kurze Zeit hindurch regelmäßig, während und nach dem Interregnum, ausgeübt, als das Papstthum im Zenith seiner Bedeutung stand und verschiedene Fürstengeschlechter sich an äußerer Macht die Waage hielten. Es war nur ein verhältnißmäßig kurzes Schwanken, welcher Dynastie die Krone dauernd zufallen sollte; dann, nachdem die Entscheidung gefallen war, blieb die höchste Würde wieder fast ohne Unterbrechung an diesem bestimmten Geschlechte haften. Auch die goldene Bulle Karls IV. vermochte hieran nichts zu ändern, ihre Wahlbestimmungen mußten über kurz oder lang beseitigt oder von selber gegenstandslos werden,[7]) wenn sie nicht durch anormale Verhältnisse und Umstände künstlich in Kraft erhalten wurden. Der Grund dafür ist leicht zu erkennen.

---

[6]) Näheres hierüber II. Cap. 4.

[7]) Schritte hierzu sind mehrfach geschehn. Der erste war die Verleihung einer Kurstimme an Böhmen, den Hausbesitz des Kaisers, ein späterer die Gründung der braunschweigischen Kur, deren Inhaber für alle Zukunft verpflichtet wurden, nur dem Primogenito des Hauses Habsburg ihre Stimme zu geben, ein Gelöbniß, das bei jeder Neubelehnung zu wiederholen war. (s. Moser, B. röm. Kayser.) Hierher gehören auch die verschiedentlichen Versuche Oesterreichs, in den Besitz Bayerns zu gelangen.

Man wird gewiß nicht behaupten wollen, daß ein dauerndes Wahlkönigthum in einem wohlgeordneten Gemeinwesen undenkbar sei. Warum soll nicht an der Spitze eines solchen Staates, ähnlich wie in Republiken, ein lebenslänglicher Präsident mit königlichem Rang und königlicher Machtvollkommenheit stehn, dem es völlig fernläge, sein Amt auf seine Nachkommen vererben zu wollen? Aber in Deutschland, wie es sich am Schluß des Mittelalters gestaltet hatte, war die Festhaltung des Wahlrechts im wahren Sinne des Worts vollkommen unmöglich. Einmal war die Idee des Kaiserthums eine zu erhabene, als daß es nicht diese Abhängigkeit von niederen Gewalten als lästige Beschränkung hätte empfinden sollen. Dann aber wurden dem Wahlrecht zu derselben Zeit, wo es sich fest einzuwurzeln schien, bereits die Lebenskräfte entzogen. Gerade damals, im 13. und 14. Jahrhundert, gelangte in allen übrigen weltlichen Institutionen des Reiches das Erbrecht zu fast ausschließlicher Geltung. In den Territorien herrschten die fürstlichen Familien, in den Städten die Geschlechter, ja selbst viele geistliche Gebiete blieben lange Zeiträume hindurch in der Hand derselben Fürstenhäuser. Wie war es möglich, daß sich das höchste Amt von dieser Idee der Vererbung freihielt, die ihm selbst Jahrhunderte lang anerkannter Maßen innegewohnt hatte? Gerade damals waren die großen Herzogthümer zerschlagen worden, die dem Wahlrecht auf die Dauer ein sicheres Fundament hätten schaffen können. Deutschland zerfiel in eine große Zahl an Umfang nicht allzu verschiedener Herrschaften, unter denen ein Stärkerer die Uebrigen nach dem Prinzip des Divide et impera unfehlbar dominiren mußte. Der Anschluß aller Schwachen konnte seine Macht auf's höchste steigern. Das Kaiserthum bedeutete aber immer noch genug, um seinen Träger jedem einzelnen Fürsten überlegen zu machen. — Dahingegen war gerade damals das große Reichsgut, auf dem ehemals die kaiserliche Macht vornehmlich beruht hatte, bis auf wenige Reste verschleudert worden und war es nunmehr unumgänglich nöthig, einen bedeutenderen Reichsfürsten zur höchsten Würde zu erheben. Das Kaiserthum begann sich auf erblichen Besitz zu stützen, anstatt auf das an der Krone haftende, mit ihr durch Wahl verliehene Gut. Die unausbleibliche Folge war, daß dies höchste Amt mit einem solchen erblichen Besitze eng verwuchs und dadurch selbst erblich wurde. Und diese Folge hätte durch kein noch so sinnreiches Wahlgesetz verhütet werden können.

Wie immer man die Kurstimmen vertheilte, schließlich mußte sich doch einmal ein Besitzstand herausbilden, dessen Inhaber man bei der Wahl nicht übergehen konnte, ohne das Reich in schwere Verwirrungen zu stürzen. Der Brauch, schon bei Lebzeiten des Kaisers den Nachfolger zu küren, war dieser nothwendigen Entwicklung in hohem Grade förderlich. Was aber die später üblichen Wahlcapitulationen betrifft, die allerdings als schädlicher Ausfluß des Wahlmodus erkannt werden müssen, so glichen sie den Wällen und Gräben einer Festung, die bei kräftiger Vertheidigung wohl großen Vortheil bieten, eine schwache Besatzung aber auf die Dauer nicht vor Ueberwindung schützen können. Tausend Mittel boten sich einem starken Herrscher, sich den seinen Einfluß ungebührlich schmälernden Bestimmungen zu entziehen, konnte er sich doch im Zweifelsfalle selbst zum höchsten Richter und maßgebenden Interpretator aufwerfen.

Das Wahlrecht der Kurfürsten trägt also nicht in erster Linie die Schuld an dem Niedergang des Reiches, wenn auch seine Schädlichkeit nicht abzustreiten ist; vielmehr ist es als offenbares Kennzeichen eines schwereren Uebels zu betrachten, daß diese Successionsordnung ungeachtet thatsächlicher Vererbung der Krone, noch Jahrhunderte lang ihre formelle Geltung hat bewahren und manche wichtige Folge nach sich ziehen können.

Wenden wir uns nun der Legislative zu, auf deren Schwerfälligkeit man besonders die Schuld an der Zerrüttung der Verfassung zu schieben pflegt. Auch ihre Beurtheilung dürfte sich weit anders stellen. Gerade die Complicirtheit des Organismus mußte einer einheitlichen höchsten Gewalt, der doch trotz aller Einschränkungen noch die Initiative zur Gesetzgebung und das absolute Veto geblieben waren, mit der Zeit die Beherrschung der andern Organe insoweit ermöglichen, als zur Entfaltung ersprießlicher Thätigkeit nöthig war, Fürsten und Städterath waren bei der großen Zahl ihrer Mitglieder, von denen die meisten ziemlich ohnmächtig, leicht in die Hand zu bekommen, um so mehr, da die Einzelnen nicht wie Parlamentarier bezüglich ihres Votum einer Controlle oder Verantwortlichkeit unterworfen waren. Schwieriger stellte sich die Sache beim Kurfürstenrath. Ihm gehörten nur wenige und nur bedeutendere Fürsten an, die sich überdem durch feste Einungen zum Schutz ihrer partikularen Interessen verbündet hatten. Aber auch in diese Vormauer der Sonderbestrebungen ließ sich bei geschickter

Politik allmählich Bresche legen, wenn die reale Macht des Kaiserhauses durch gelegentliche Begünstigungen oder Benachtheiligungen zur Geltung gebracht und das Wohl des Gemeinwesens sichtlich gefördert wurde. Eine einzige vortheilhafte Constellation konnte Verfassungsänderungen in's Dasein rufen, die dem monarchischen Regiment den Weg zu neuer Bedeutung öffneten. Auch hier müssen tiefere Ursachen gewirkt haben, daß die Entwicklung sich nicht in der wahrscheinlichen und natürlichen Richtung vollzogen hat, daß der Partikularismus trotz des starken Kaiserhauses so bedeutende Fortschritte hat machen und schließlich scheinbar die Oberhand hat behalten können.

Ebensowenig lag das Unglück Deutschlands in seiner weitgehenden Zerrissenheit begründet. Eine derartige Gliederung in Landschaften mit erblichen Oberhäuptern, Bisthümer, unmittelbare Städte war noch im Anfang der neueren Zeit ein ganz naturgemäßer Zustand, bei dem die Bevölkerung nicht übel fuhr. Es war bei damaligen Verkehrsmitteln schwer möglich, ein großes Reich centralistisch zu verwalten, die Erblichkeit der Aemter aber entsprach den Anschauungen und den Bedürfnissen der Epoche. Auch in Frankreich und anderen Ländern war es nicht sehr viel anders. Man darf nun nicht, wie es meistens geschieht, alle diese Territorien als Staaten auffassen und als solche wegen ihrer Kleinheit verlachen. Wenn man in dem Frankreich des 15. oder 16. Jahrhunderts alle Herzogthümer, Bisthümer, Herrschaften ꝛc. mit verschiedenen Farben bezeichnet, dann kommt ein mindestens ebenso buntscheckiges Bild heraus, wie das, als welches sich unser Vaterland in den letzten Jahrhunderten darstellte. Der Unterschied liegt nur in dem Grad der Autonomie und in der langen Conservirung dieser Bildungen bei uns bis in eine Zeit hinein, für die sich eine solche Organisation durchaus nicht mehr eignete. Bei natürlicher und segensreicher Entwicklung mußten nicht etwa, wie man gewöhnlich meint, die kleinsten Territorien unter die größeren aufgetheilt werden — das hätte gerade eine starke Beförderung des Partikularismus bedeutet —, sondern es mußte eine allgemeine Reduction des Selbstbestimmungsrechtes eintreten, sodaß sich schließlich die unbedeutendsten und namentlich die geistlichen Gebiete vollständig als unmittelbarer Reichsbesitz dargestellt hätten. Bei den Herrschaften der Reichsritter z. B. wäre das ein Vorgang gewesen, analog der Bauernbefreiung in den größeren Partikularstaaten, indem deren Unterthanen von ihrer Botmäßigkeit emancipirt und zum Reich in directe Beziehungen der Unterordnung gebracht worden wären. Daß das Reich sich nicht in dieser natürlichen Weise fortbildete, ist ein Zeichen, nicht aber die Ursache seiner Krankheit.

Auch die Besitznahme fremder Throne durch Reichsfürsten hätte in einem gesunden Staate nicht geduldet werden dürfen. Es hätte durch Reichsgesetz ohne Schwierigkeit verhindert werden können und würde ein solches auch im Ausland keinen Anstoß erregt haben. Im Mittelalter freilich, wo sich noch die ganze Christenheit als eine gewisse Einheit darstellte und die staatlichen Grenzen weniger bestimmt gezogen waren, kam es oft vor, daß der Herrscher eines Staates in dem Gebiet eines andern Besitzungen zu Lehn trug und Hoheitsrechte ausübte, als sich aber gegen die Neuzeit hin der Staatsbegriff schärfer ausgeprägt hatte, da verschwanden derlei Combinationen bald fast völlig. Sie traten erst wieder auf, und zwar im deutschen Reich, als dieses am tiefsten darniederlag, nach dem dreißigjährigen Krieg, und gerade hieran kann man erkennen, wie auch die Uebernahme fremder Throne durch deutsche Unterthanen nicht die Veranlassung, sondern ein Symptom des Verfalles unsers Gemeinwesens war.

Wie steht es nun mit den auswärtigen Besitzungen des Kaiserhauses selbst? Haben sie wirklich seit so langer Zeit die habsburgische Dynastie dermaßen der deutschen Nation entfremdet, daß von ihr keine heilsame Verwaltung des Reichs und Fortbildung seiner Verfassung zu erwarten war? Dem steht schon die Thatsache entgegen, daß dieses Haus bis zum Ende des 17. Jahrhunderts mit kurzer Unterbrechung im Wesentlichen nur deutsche oder halbdeutsche Gebiete unter seiner Botmäßigkeit vereinte, daß auch noch im vorigen Jahrhundert dieser deutsche Besitz bei weitem überwog. Mußte es wirklich für Deutschlands Selbständigkeit so gefährlich sein, wenn sein Kaiser neben den österreichischen Ländern, Böhmen mit Schlesien, Elsaß, den Niederlanden auch noch Ungarn und Siebenbürgen beherrschte, jenes ein Land, das schon früher zeitweise unter der Lehnshoheit des Reiches gestanden hatte, dieses ein großentheils von Deutschen bewohntes Fürstenthum? Von der Epoche Karls V. müssen wir freilich absehen. Hier wurde der Gang der deutschen Staatsentwicklung wirklich von der Weltstellung des Kaisers höchst ungünstig beeinflußt, im übrigen aber war das nicht der Fall. Es ist wohl anzunehmen, daß bei gesunder Fortbildung unsers Staatswesens auch den habsburgischen Kaisern ihr deutsches Reich bei weitem im Vordergrunde des Interesses gestanden und ihre vornehmlichste Thätigkeit in Anspruch genommen hätte, daß vielmehr die außerdeutschen Länder ihre Herrschaft als fremde Gewalt empfunden und vielleicht eine Loslösung erstrebt haben würden. Schon von der verhältnißmäßig geringen österreichischen Hausmacht fühlten sich die fremden Völker in den Hintergrund gedrängt und in ihren Interessen geschädigt, wie viel mehr, wenn ganz Deutschland in Wahrheit unter habsburgischer Botmäßigkeit gestanden hätte. Ebenso wären die italienischen Besitzungen wie in früheren Zeiten nur als Annex des Reiches erschienen. Es ist also durchaus unrichtig zu behaupten, daß die Erwerbungen des Erzhauses im Auslande dasselbe dauernd unfähig gemacht hätten, das deutsche Scepter zum Heile unsers Vaterlandes zu führen, daß hierin ein Grund der Zerrüttuug unserer staatlichen Verhältnisse zu suchen sei. Gerade zu der Zeit, wo diese Zerrüttung am höchsten gestiegen war, besaßen die Habsburger bis auf geringe Striche von Ungarn nur deutsches Land.

Was endlich die vielen geistlichen Elemente im Reiche betrifft, so waren diese in den letzten Jahrhunderten eine Anomalie geworden, deren Erhaltung aus der Actionsunfähigkeit der Reichsgewalt resultirte und im Interesse des katholischen Kaisers lag. Die klerikalen Reichsstände waren wie alle schwachen, im Besitz formeller Rechte befindlichen Elemente, geeignet, die Macht des Stärksten, also des Reichsoberhauptes, zu erhöhen. Viele von ihnen waren gewissermaßen alternirend zwischen mehreren weltlichen Ständen oder im festen Besitz eines bestimmten Fürstengeschlechtes, die meisten aber gehörten unter den sicheren Anhang des Hauses Oesterreich. Irgend welchen schädlichen Einfluß auf die Fortbildung der Verfassung hätten sie, wenn solche von der österreichischen Dynastie ausging, kaum auszuüben vermocht, im Gegentheil, das große Kirchengut schien dazu prädestinirt, dereinst den unmittelbaren Besitz des Reiches um weite Lande zu vermehren und so der Macht der Centralgewalt eine starke materielle Unterlage zu schaffen. Ein directer Einfluß des Papstthums auf das deutsche Verfassungsleben wurde durch diese Verhältnisse eher verhindert als gefördert. Die Bischöfe standen als Landesfürsten und Mitglieder weltlicher Herrengeschlechter dem Kaiser und ihren fürstlichen Verwandten weit näher als der Kurie. Ihre Obedienz gegen den Stuhl zu Rom war, von Ausnahmen abgesehen, mehr scheinbar als effectiv. Es ist sonach nicht zu verstehn, wie durch diese harmlosen, über kurz oder lang dem Untergang verfallenen Institutionen das Reich soll aus dem Geleise gebracht worden sein. Unser heutiger Ultramontanismus dürfte weit größere Gefahren in sich schließen. Allerdings war ihr langer Bestand und ihre große Autonomie, wie die der andern Partikulargewalten eine Folge der Zerrüttung des Reichs, also auch ein Symptom der Krankheit, auf deren wahre Ursache und Natur wir jetzt zu sprechen kommen werden.

Wiewohl sich unsre eigentliche Aufgabe darauf beschränkt, die staatsrechtliche Entwickelung vom rein formellen Standpunkt zu beleuchten, so ist es doch nöthig, diesen tieferen Grund des Verfalles aufzudecken, um zu zeigen, daß das Reich keineswegs ein unrettbar dem Untergang verfallenes Gemeinwesen war. Dies Resultat wird uns für die Beurtheilung der Katastrophe von 1806 von hoher Wichtigkeit sein.

Es ist Thatsache, daß das Kaiserthum eine Zeit lang in großer Gefahr schwebte, von einer fürstlichen Oligarchie bei Seite geschoben und in zweite Linie gedrängt zu werden. Es war dies unter der Regierung Friedrichs III. und Maximilians I., als die Kurfürsten, durch Verträge fest miteinander verbündet, unter Führung des Erzbischofs von Mainz, Berthold, dem Reich eine neue, lebensfähigere Verfassung geben wollten. Gestützt auf die große Masse der kleineren Fürsten und auf ihre Erblande wußten die Kaiser alle Neuerungen zu hintertreiben oder so zu modificiren, daß sie ihrer souveränen Stellung nicht gefährlich wurden, und als das sogen. Reichsregiment zur Vertretung des Reichsoberhauptes, in welchem namentlich die Gewalt der Kurfürsten hatte zum Ausdruck kommen sollen, endlich unter Karl V. in's Leben trat, da zeigte sich in seiner Zusammensetzung und Competenz der volle Sieg des Kaiserthums über die oligarchischen Bestrebungen. Einzelne ungefährliche Besserungen der Verfassung wurden zwar eingeführt, im übrigen aber hatten die Kurfürsten nichts weiter erreicht, als daß ihnen ihre gesonderte Stellung in der Reichsversammlung und ein gewisser Antheil am Regiment neben dem Kaiser und den niederen Fürsten gesichert blieb.

Diese Krisis war also überwunden, die höchste Gewalt war, wie so oft schon, im entschiedenen Aufsteigen begriffen, als die

Reformationsbewegung zum Ausbruch kam. Es kann wohl kaum ein Zweifel obwalten, daß ein Herrscher, der die neuen, die tiefsten Tiefen der Nation ergreifenden Ideen selbst aufnahm oder ihnen auch nur die nothwendigste Freiheit der Bewegung ohne Hinterhalt vergönnte, der treusten Anhänglichkeit des Volkes versichert sein konnte und keine Sonderbestrebungen mehr zu fürchten brauchte. Welches nun auch die Gründe waren, die eine solche Stellungnahme Karls V. unmöglich machten, Thatsache ist, daß durch seine heftige Bekämpfung der neuen Lehren, wenn sie auch mit milderer Behandlung wechselte, und durch den schließlichen gezwungenen Verzicht seine Absichten durchzuführen, die niederen Gewalten wieder einen weiten Vorsprung gewannen und die Macht der Habsburger außerhalb ihrer Erblande auf's neue lahmgelegt wurde.

Die Protestanten, d. h. der größere Theil der Nation war durch Bedrohung ihrer heiligsten Interessen, die sie auch dem Nationalgefühl und der Kaisertreue nicht opfern wollten, in die Arme des Partikularismus und zur Verbindung mit auswärtigen Mächten gedrängt worden, mit deren Hülfe ihnen der Widerstand schließlich gelang. Es war aber ein Zeichen, wie tief der monarchische Gedanke schon oder noch in den Herzen wurzelte, daß die Anhänger der Reformation bei den unsichersten Zugeständnissen des Kaisers sich schon geneigt zeigten, ihn in seinen eigensten Angelegenheiten zu unterstützen und den großen Gegensatz zu vergessen.[8])

Durch den Augsburger Religionsfrieden war nun dem Kaiserthum der Weg zu wahrhaft monarchischer Machtfülle nicht etwa verlegt und unbeschreitbar gemacht worden, es sah sich blos ein gutes Stück zurückgedrängt und dem Ziele um ein bedeutendes ferner gerückt. Nur die gewaltige religiöse Begeisterung und besondere politische Constellationen hatten den Kampf und den momentanen Erfolg des protestantischen Partikularismus möglich gemacht. Im Grunde war das habsburgische Kaiserhaus noch immer allen übrigen Gewalten im Reich überlegen und zum schließlichen Siege prädestinirt. Eine geschickte Politik, eine gewisse Schonung der protestantischen, eine Ausnutzung der katholischen Gefühle konnte

---

[8]) So wurde einst das ultraroyalistische Volk von England im Jahr 1688 durch die katholischen Tendenzen und gewaltsamen Maßregeln seines Königs auf einen Weg gedrängt, der zur Herrschaft des hohen Adels führen mußte. Auch ihm hätten geringe Zugeständnisse genügt, um sich in die alten Bahnen zurücklenken zu lassen.

wieder alles in's rechte Geleis bringen und die Einheit des deutschen Staates unter österreichischem Scepter herstellen. Und so ließ es sich auch anfänglich an. Die folgenden Herrscher traten weit milder auf, selbst in den kaiserlichen Erblanden machte die neue Lehre gewaltige Fortschritte, sodaß zu Zeiten ein Uebertritt der Dynastie nicht außer dem Bereich der Möglichkeit schien.

Es war die Schuld des Jesuitismus und der Gegenreformation, daß diese friedliche Entwicklung auf's neue gehemmt, der Gegensatz bedeutend verschärft und der Kampf in weit größeren Dimensionen erneuert wurde. Wieder wie zur Zeit Karls V. lehnten sich die protestantischen Stände anfänglich allein gegen die legitime Gewalt auf und riefen, als sie hiermit keinen Erfolg erzielten, auswärtige Mächte, die Dänen, Schweden, Franzosen zur Hülfe herbei. Das vaterländische Gefühl trat auf's neue hinter den schwer gefährdeten religiösen Interessen zurück, mit denen sich allerdings die weltlichen Bestrebungen des Partikularismus auf's engste verknüpft hatten. Der schließliche Erfolg war ein ähnlicher wie nach den Religionskriegen des 16. Jahrhunderts. Beide Parteien hielten sich die Waage, der Anlauf des Kaiserthums auf Rückgewinnung der vollen Obergewalt in Deutschland war wiederum zurückgewiesen worden. In solch gewaltsamer Weise und verbunden mit confessioneller Tyrannei war sie trotz dreißigjähriger Kämpfe nicht durchzusetzen gewesen. Aber auch jetzt war die Macht des Kaiserthums noch keineswegs gebrochen, sein unmittelbarer Besitz war noch immer der größte, sein Anhang im Reich sehr beträchtlich und dank dem conservirten geistlichen Fürstenthum im Reichstage maßgebend. Der protestantische Partikularismus hatte sich die Itio in partes ausbedingen müssen, um nur gegen gesetzmäßige Vergewaltigung von Seiten der katholisch-kaiserlichen Partei geschützt zu sein. Demnach befand sich auch jetzt noch das habsburgische Kaiserthum durchaus nicht in ungünstiger Lage. Die Fürsten hatten sich weit mehr vor den Kaisern, als die Kaiser vor den Fürsten zu hüten.

Nichtsdestoweniger war eine Erneuerung der Einheitsbestrebungen im größeren Maßstab durch dies gewaltige und vergebliche Ringen auf längere Zeit verhindert und damit eine Befestigung der Partikulargewalten und ein allmähliches Einleben der Bevölkerung in diese Verhältnisse, eine Gewöhnung an die Bedeutungslosigkeit des Kaiserthums ermöglicht.

Das Entscheidende und dauernd Wirksame ist aber ein Anderes.

Gerade in dieser Zeit und durch diese Verhältnisse begünstigt, gelang es einem einzelnen Fürstenhaus, dem Hohenzollernschen, einen durch günstige Zufälligkeiten zusammengeflossenen Landbesitz zu behaupten, materiell zu restituiren und zu einem unlösbaren Ganzen zu verschmelzen. Hierdurch war eine Macht geschaffen, die bei gleichem Fortgang der Entwicklung sich dereinst der habsburgischen ebenbürtig zur Seite stellen konnte, d. h. ein neuer Prätendent für den Kaiserthron trat in die Schranken. Brandenburg-Preußen war seit dem dreißigjährigen Krieg allein durch sein Dasein ein natürlicher Gegner Oesterreichs, es mußte von diesem in jeder Weise niedergehalten und wenn möglich gespalten werden. Das war von da ab die einzig richtige Politik dieses Kaiserhauses und alle sogenannten und der Form nach thatsächlichen Ungerechtigkeiten gegen den neuen Rivalen waren geradezu Nothwehrmaßregeln der legitimen Staatsgewalt. Eine erfolgreiche Bekämpfung des Gegners wurde durch dessen nationale Haltung, seine uneigennützige Unterstützung des Erzhauses in auswärtigen Kriegen lange Zeit unmöglich gemacht, nur unbeträchtliche Hemmungen konnte man der Fortbildung des preußischen Staates bereiten, bis endlich die verhüllte Nebenbuhlerschaft in offenem Kampfe zum Ausdruck kam.

Der Grund also, warum seit dem Ende des 17. Jahrhunderts die Einigung Deutschlands keine Fortschritte machte und die Aktionsfähigkeit der Centralgewalt vollständig erlahmte, ist nicht etwa in dem Sieg des Partikularismus zu erkennen, sondern in dem verhüllten resp. offenen Streit zweier Kronprätendenten.[9]) Oesterreich und Preußen paralysirten ihre Kräfte und so war ein Stillstand der Reichsgeschäfte, eine Zügellosigkeit der niederen Potenzen, ein Fortbestehen der absurdesten und durchaus unzeitgemäßen Institutionen und Bildungen möglich. Die deutsche Verfassung stagnirte, aber es war nicht der trübe, unvertilgbare Sumpf einer Tiefebene, aus dem kein Abfluß möglich, sondern der stehende See einer Wasserscheide, dessen Inhalt mit geringer Mühe nach der einen oder andern

---

[9]) Dies ist natürlich nicht so aufzufassen, als wenn die preußischen Könige auf Erlangung der Krone hingearbeitet hätten, aber indem sie ihre Hausmacht und ihren Einfluß im Reiche beständig zu vergrößern suchten, befanden sie sich auf einem Wege, der zum Throne oder mindestens zur thatsächlichen Herrschaft über Deutschland an der Seite eines Schattenkaisers führen mußte. Schon Friedrich der Große war einen Augenblick, durch die Wahl Karls VII., bis zu dieser Stellung gelangt, vermochte sie aber nicht zu behaupten.

Richtung in Fluß gebracht werden kann. Auch ihm blieb die Ueberwucherung mit Sumpfpflanzen nicht erspart, aber deren Beseitigung konnte gegebenen Falles das Werk eines Augenblicks sein.

Dieser Augenblick ließ freilich lange auf sich warten, da die beiden rivalisirenden Mächte sich zwei Jahrhunderte hindurch die Waage hielten. Der bei günstiger Constellation von Preußen unternommene Ansturm wurde von Oesterreich soweit abgewehrt, daß es unter Opferung einer Provinz sich die formelle Stellung an der Spitze Deutschlands wahrte, der nachherige Versuch Josephs II., die Gestaltung des Reichs zu Oesterreichs Gunsten zu verwandeln, wurde von dem Gegner mit Hülfe des Fürstenbundes vereitelt, der nochmalige Ausbruch des Kampfes aber, der vielleicht die Stagnation beseitigt hätte, durch den Vertrag von Reichenbach verhütet. Einige Jahre stritten die beiden Gegner gemeinsam gegen die Revolution, dann aber schieden sich ihre Wege auf's neue. Vereinzelt geschlagen unterlagen sie und mit ihnen ganz Deutschland dem französischen Gewaltherrscher. Der infolge des Thronstreites hoch in's Kraut geschossene Partikularismus kam dem Landesfeind zu gute und wurde bei einer letzten legalen und radicalen Verfassungsänderung, dem jüngsten Reichsschluß von 1803, beträchtlich verstärkt, bis ihm durch völlige Beseitigung der höchsten Gewalt für kurze Zeit eine scheinbar absolute Selbständigkeit gewährt wurde.

Jemehr nun für die Habsburg-Lothringer die Aussicht auf Erneuerung ihrer Kaisermacht schwand, umsomehr concentrirte sich selbstredend ihr Interesse auf ihre deutschen und außerdeutschen Erblande. Die geringen reichsoberhauptlichen Rechte erschienen ihnen nur noch als Annex derselben.[10]) Und als sie selbst diese nicht mehr zu behaupten vermochten, da hinderten sie ein Weiterfunctioniren der Reichsverfassung, um nur die Krone und die thatsächliche Leitung Deutschlands nicht in die Hand des Nebenbuhlers gelangen zu lassen.

Wenn wir noch einmal kurz die Gründe des Verfalls unsers Staatswesens in den letzten Jahrhunderten angeben wollen, so

---

[10]) Die Kaiserliche Entschließung Franz' II. über Niederlegung der Kaiserwürde beginnt wörtlich: „Der Zeitpunkt zur Abtretung der Kaiserwürde ist jener, wo die Vortheile, die aus selber für Meine Monarchie entspringen, durch die Nachtheile, die durch eine fernere Beibehaltung derselben entstehen können, überwogen werden ....“ (Ad. Beer, Zehn Jahre österr. Politik. Lpz. 1877. S. 498.)

müssen wir sagen: Durch den scharfen religiösen Gegensatz zwischen dem legitimen, zu dauernder Herrschaft berufenen Kaiserhause und der Mehrheit der Nation, sowie durch die daraus entstandenen Kämpfe wurde die Einigung unter habsburgischem Scepter so lange gehemmt und hinausgeschoben, bis es einer niederen Potenz gelang, zu ebenbürtiger Macht aufzusteigen und, wenn auch mehr unbewußt, auf die Krone zu ambitioniren. Dieser Thronstreit brachte das Reich dermaßen in Verwirrung, daß es dem Ansturm des Auslandes unterlag und schließlich auf längere Zeit seiner Centralgewalt verlustig ging.

Nach diesen Betrachtungen und Resultaten steht uns der Weg zur Lösung unsrer eigentlichen Aufgabe offen. Wir wenden uns der formell staatsrechtlichen Entwicklung des neuen Reichs aus dem alten zu und fragen nun, welches der Verfassungszustand des deutschen Staatskörpers in dem Momente war, als die Reichsgewalt ihre Functionen einstellte, denn nur auf diesem durfte sich die neue Verfassung aufbauen, wenn sie Anspruch auf Legalität erheben sollte. Alles Frühere ist todt und vergangen, ist staatsrechtlich abgethan, nur der gesetzmäßige Zustand von 1806 ist durch kein Reichsgesetz mehr verändert oder aufgehoben worden. Natürlich werden wir nur diejenigen Institutionen zu betrachten haben, welche für eine grundsätzliche Fortbildung und Umgestaltung der Verfassung von Bedeutung sind, nämlich die Successionsordnung, die Organe der Legislative und die eng damit zusammenhängende territoriale Gliederung. Auch diese aber brauchen wir vorerst nur in großen Zügen kennen zu lernen.

Daß die Erhebung zur Kaiser- resp., wenn der Herrscher noch lebte, zur römischen Königswürde durch Majoritätswahl der Kurfürsten unter Vorsitz des Erzkanzlers vollzogen wurde, ist allgemein bekannt. Durch den jüngsten Reichsschluß von 1803, in welchem noch einmal die formelle Unbeschränktheit der Reichsgewalt klar zu Tage kam, waren beträchtliche Veränderungen eingetreten. Zwei geistliche Kurfürstenthümer, die von Köln und Trier, waren beseitigt, der Kurfürst von Mainz als Kurfürst Primas nach Regensburg verpflanzt, und vier neue weltliche Wahlstimmen geschaffen worden. Danach bestand das Wahlkolleg aus zehn Stimmen, der des Kurerzkanzlers, Böhmen, Pfalzbayern, Sachsen, Brandenburg, Braunschweig (Hannover), Württemberg, Baden, Hessen, Salzburg. Die Letztgenannte, welche dem Hause Toskana als Inhaber des betreffenden Gebietes zustand, wurde zwar im Preßburger Frieden von 1805 durch die Kurstimme Würzburg ersetzt, doch hat diese Translation nicht mehr die Bestätigung des Reichstages gefunden.

Was die Legislative betrifft, so stand diese dem Kaiser zu, welcher jedoch zu ihrer Ausübung der Zustimmung der allgemeinen Reichsversammlung bedurfte. Diesem wichtigsten Reichsorgan stand ebenso wie dem Herrscher das Recht der Initiative zu Gesetzen zu, allein seine Beschlüsse galten nur als Reichsgutachten. Erst das Kaiserliche Ratificationsdecret erhob sie zu Reichsschlüssen, d. h. zu bindenden Gesetzen. Aus dieser Sachlage ergiebt sich klar, daß das Reich bis zuletzt eine beschränkte Monarchie war, keine Oligarchie oder Republik, wie man so vielfach behauptet.

Der Reichstag tagte unter Vorsitz eines kaiserlichen Commissars und gliederte sich in drei Collegien, den Kurfürsten-, Fürsten- und Städterath, die im Allgemeinen gesondert beriethen und gesondert abstimmten und sich dann durch Relation und Correlation über die betreffende Vorlage zu vereinigen suchten. Majorisirung eines Collegiums durch die andern war ausgeschlossen. Außerdem war, wie schon oben erwähnt, jedem Religionskörper gestattet, sich gesondert zu constituiren und durch sein Veto mißliebige Beschlüsse zu verhindern.

Der Kurfürstenrath setzte sich aus sämmtlichen oben angeführten Kurfürsten zusammen. Auch Böhmen, welches ehemals nicht dazugehört hatte, war seit 1708 ein Mitglied dieses Collegs.

Der Fürstenrath hatte ehemals 100 Stimmen gezählt, 94 Viril-, d. h. einzelnen Fürsten zustehende Stimmen und 6 Curial-, d. h. Gruppen-Stimmen. Seit dem Jahre 1803 waren nur noch 82 vorhanden, 78 Viril- und 4 Curialstimmen, die übrigen 18 mußten wegen Abtretung ihrer Territorien an Frankreich in Wegfall kommen. Zwar hatte der Kaiser die Creirung einer Anzahl Grafen und Herren zu Reichsfürsten projectirt, zu einem bezüglichen Gesetz ist es aber nicht mehr gekommen. Somit hat der Bestand von 82 Voten für uns als legal zu gelten. Diese theilten sich in zwei Bänke, die geistliche und weltliche Bank, eine Einrichtung, die allen Sinn verloren hatte, nachdem im J. R. Schl. alle geistlichen Stimmen bis auf drei in die Hände weltlicher Fürsten übergegangen waren.

Es gab, nach innehabenden Fürstenhäusern geordnet, noch folgende legale und active Stimmen:

Kurhaus Brandenburg: 1) Magdeburg. 2) Brandenburg

Onolzbach. 3) Brandenb. Culmbach. 4) Halberstadt. 5) Hinterpommern. 6) Minden. 7) Camin. 8) Ostfriesland. 9) Hildesheim. 10) Paderborn. 11) Münster.

Kurhaus Pfalzbayern: 12) Bayern. 13) Pfalz-Neuburg. 14) Leuchtenberg. 15) Bamberg. 16) Würzburg. 17) Augsburg. 18) Freisingen. 19) Passau. 20) Kempten.

Kurhaus Braunschweig: 21) Bremen. 22) Braunschw. Zelle. 23) Br. Grubenhagen. 24) Br. Calenberg. 25) Verden. 26) Sachsen-Lauenburg. 27) Osnabrück.

Kurhaus Baden: 28) Baden-Baden. 29) Baden-Durlach. 30) Baden-Hochberg. 31) Bruchsal (Speyer). 32) Ettenheim (Straßburg). 33) Constanz.

Fürstliches Haus Sachsen: 34) Sachsen-Weimar. 35) S.-Eisenach. 36) S.-Coburg. 37) S.-Gotha. 38) S.-Altenburg. 39) Henneberg (alternirend mit dem Kurhaus).

Kurhaus Sachsen: 39) Henneberg (alternirend m. d. fürstl. Haus).

Fürstliches Haus Mecklenburg: 40) Meckl.-Schwerin. 41) M.-Güstrau. 42) Schwerin. 43) Ratzeburg.

Fürstliches Haus Nassau-Oranien: 44) Nassau Hadamar und Siegen. 45) Nassau-Siegen, Dillenburg und Diez. 46) Fulda. 47) Corvey.

Erzhaus Oesterreich: 48) Oesterreich. 49) Trient. 50) Brixen.

Kurhaus Salzburg: 51) Salzburg. 52) Eichstädt. 53) Berchtesgaden.

Fürstliches Haus Oldenburg: 54) Holstein-Glückstadt. 55) Holstein-Oldenburg. 56) Lübeck (Eutin).

Kurhaus Württemberg: 57) Württemberg. 58) Ellwang.

Kurhaus Hessen: 59) Hessen-Cassel. 60) Hersfeld.

Fürstliches Haus Braunschweig: 61) Braunschw.-Wolfenbüttel.

Fürstliches Haus Hessen: 62) Hessen-Darmstadt.

Schwedisches Königshaus: 63) Vorpommern.

Ferner: 64) Anhalt. 65) Aremberg. 66) Hohenzollern. 67) Lobkowitz. 68) Salm. 69) Dietrichstein. 70) Auersperg. 71) Schwarzenberg. 72) Lichtenstein. 73) Thurn u. Taxis. 74) Schwarzburg. 75) Fürstenberg. 76) Regensburg (Kurerzkanzler). 77) Der Hoch- u. Deutschmeister. 78) Der Johannitermeister. 79—82) Die schwäbische, wetterauische, fränkische und westphälische Grafencurie.

Der Städterath hatte durch den J. R. Schl. die bedeutendste Reduction erfahren. Er hatte vorher 51 Stimmen gezählt, jetzt besaß er nur noch sechs, nämlich: Nürnberg, Augsburg, Frankfurt und die drei Hansastädte. Alle übrigen waren zu Gunsten benachbarter Fürsten mediatisirt worden, ohne daß ihre Stimmen diesen übertragen worden wären. Die rechtliche Stellung des so reduzirten Collegs im Reichstag war formell dieselbe geblieben, noch vermochte es gegen jeden Beschluß sein Veto einzulegen; thatsächlich natürlich war ein fühlbarer Einfluß nicht mehr vorhanden. Der Rest mußte bei Fortbestand der Verfassung über kurz oder lang ebenfalls verschwinden oder dem Fürstenrath, wie heute dem Bundesrath, eingefügt werden. Somit bestand die Legislative in den letzten Jahren des alten Reichs der That nach nur noch aus drei Faktoren, Kaiser, Kurfürstenrath und Fürstenrath.

Die Territorienzahl hatte sich im Jahre 1803 bedeutend verringert. Wenn man die unter demselben Fürsten stehenden Gebiete in eins zusammenfaßt, so gab es alles in allem noch circa 30 nennenswerthe fürstliche Territorien, sechs Reichsstädte und eine beträchtliche Anzahl kleiner Fürstenthümer, Grafschaften und Herrschaften, welche letztere aber einer beständigen Gefahr der Mediatisirung ausgesetzt blieben, endlich die Gebiete der Reichsritterschaft, gegen deren Einziehung durch die süddeutschen Kurfürsten der Kaiser noch einmal mit Erfolg auftrat.

In diesem Verfassungszustand wurde das Deutsche Reich von der großen Katastrophe des Jahres 1806 ereilt, deren Besprechung und Charakterisirung wir uns im Folgenden zuzuwenden haben.

Zweites Kapitel.

Die sogenannte Auflösung des alten Reichs.

In der Abdankungsakte Kaiser Franz' II. vom 6. August 1806[1]) heißt es nach einer kurzen Darlegung der Situation folgendermaßen:

„Wir erklären demnach durch Gegenwärtiges, daß Wir das Band, welches Uns bis jetzt an den Staatskörper des Deutschen

[1]) Samml. d. Gesetze Franz' II. 21 S. 489—492. J. Jastrow, Kl. Urkundenbuch Berlin 1889 S. 4 f.

Reiches gebunden hat, als gelöst ansehen, daß Wir das reichsoberhauptliche Amt und Würde durch die Vereinigung der conföderirten rheinischen Stände als erloschen und Uns dadurch von allen übernommenen Pflichten gegen das Deutsche Reich losgezählt betrachten und die von wegen desselben bis jetzt getragene Kaiserkrone und geführte kaiserliche Regierung, wie hiermit geschieht, niederlegen.

Wir entbinden zugleich Kurfürsten, Fürsten und Stände und alle Reichsangehörigen, insonderheit auch die Mitglieder der höchsten Reichsgerichte und die übrige Reichsdienerschaft von ihren Pflichten, womit sie an Uns, als das gesetzliche Oberhaupt des Reichs, durch die Constitution gebunden waren.

Unsere sämmtlichen deutschen Provinzen und Reichsländer zählen Wir dagegen wechselseitig von allen Verpflichtungen, die sie bis jetzt unter was immer für einem Titel gegen das Deutsche Reich getragen haben, los . . . . . ."

Nach der hergebrachten Anschauung bezeichnet diese Urkunde einen rechtlichen Akt, welcher die Vernichtung des alten Reichskörpers, seine Auflösung in eine Anzahl Staaten zum Inhalt hat. Eine solche Auffassung aber läßt sich bei näherer Betrachtung der citirten Sätze nicht aufrecht erhalten. Franz II. spricht darin dreierlei aus:

1. Er erklärt, daß er aus bestimmten Gründen das reichsoberhauptliche Amt und Würde für erloschen und sich aller Pflichten gegen das Reich los und ledig betrachte.

Das ist nur der Ausdruck einer Ansicht ohne jede rechtliche Consequenz. Der Kaiser befiehlt nicht, daß das Amt erloschen sei, sondern er meint nur, es wäre erloschen, wobei es Jedermann freisteht, ihm seine Ansicht als falsch zu bestreiten. Am schlagendsten konnte sie widerlegt werden und ist sie schließlich widerlegt worden durch die rechtsgültige Erneuerung der alten Ordnung. Jener Passus ist offenbar nur dazu bestimmt, die folgenden Rechtshandlungen moralisch zu rechtfertigen.

2. Er legt die Kaiserkrone von Deutschland nieder und entbindet die Fürsten, Reichsbeamten und Reichsangehörigen ihrer Pflichten gegen ihn als Reichsoberhaupt.

Damit ist keineswegs gesagt, daß er das Reich aufhebt, daß er die Fürsten 2c. von ihrer Unterordnung unter die Reichsgewalt überhaupt befreit. Hierzu war er nach den Grundgesetzen nicht imstande. Nur der Verpflichtungen gegen seine Person werden sie erledigt, wie das bei einer Abdankung jederzeit gebräuchlich ist. Wenn die Kurfürsten von Pfalz-Bayern und von Sachsen Vikariatspatente erlassen hätten, dann wären die Reichsangehörigen diesen Fürsten, wenn eine Wahl zustande gebracht worden wäre, dem neuen Kaiser zu verfassungsmäßigem Gehorsam verbunden gewesen. Die vorliegende Urkunde hätte ihnen keinen Rechtstitel zur Auflehnung an die Hand gegeben. Ja sogar die Rechtsgültigkeit der Abdankung ließe sich in Zweifel ziehn. Es war nämlich zu einer solchen die Zustimmung der Kurfürsten erforderlich. Bei der Verzichtleistung Karls V. auf den Thron bedurfte es langer Verhandlungen, bis alles reichsgesetzlich geordnet war.[2]) Sie wurde, entsprechend dem Brauch bei geistlichen Aemtern, wie eine Ehescheidung aufgefaßt und behandelt. Da jedoch in unserm Falle von keiner Seite Widerspruch oder Bedenken laut wurden, so kann man wohl von einer Anfechtung dieses Aktes absehen. Eine Opposition der Kurfürsten hätte ja auch hier gar keinen Sinn gehabt, da ihnen selbst die Neuwahl zustand. Bei der Entsagung Karls V. dagegen fiel die Krone einem bereits vorhandenen römischen König zu. Die Genehmigung der Abdankung schloß die Erhebung eines neuen Kaisers ein.

3. Franz II. zählt seine deutschen Provinzen und Reichsländer „wechselseitig“ von allen Pflichten gegen das Deutsche Reich los.

Darin liegt, vom Standpunkt des neugeschaffenen österreichischen Staatsrechts, eine bedeutungsvolle Rechtshandlung, vom Standpunkt des Reichsrechts dagegen ein entschiedener Rechtsbruch. Der Kaiser, der bis dahin nur als Haupt des lothringischen Hauses den kaiserlichen Titel von Oesterreich geführt hat, begründet ein souveränes österreichisches Kaiserthum und gliedert die vorher in erblicher Verwaltung seiner Familie befindlich gewesenen deutschen Reichsländer diesem neuen Staatskörper ein. Indem er also der deutschen Krone entsagt, beraubt er zugleich das noch immer zu Recht bestehende Deutsche Reich einer Anzahl Provinzen. Das dabei gebrauchte Wort „wechselseitig“ ist charakteristisch für das ganze thatsächliche Verhältniß der österreichischen Erblande zum Reich, wie es sich seit Jahrhunderten gestaltet hatte. Nur solange das Reich ihrem Erzherzog die Kaiserkrone zugestand, rechnete derselbe seine Lande als

[2]) Vgl. Ranke, Reformationsgeschichte IX S. 297 ff.

dem Reiche zugehörig, sobald aber dieses seiner Verpflichtungen gegen ihn erledigt wurde, löste er sie „wechselseitig" von ihren Pflichten gegen das Reich. Der Verbleib der Krone beim Hause Habsburg-Lothringen war zu einer Bedingung ihrer Zugehörigkeit zum Reiche geworden.

Daß die Abreißung der österreichischen Lande kein formell rechtlicher Vorgang war, liegt klar auf der Hand und wird von Niemandem bestritten werden, der die Grundgesetze kennt. Kein Kaiser und am wenigsten ein abdankender hatte nach diesen die Befugniß, ohne comitiale Zustimmung Territorien aus dem Reichsverbande zu entlassen.[3]) Aber nothwendig war sie ohne Zweifel, denn niemals konnte sich ein Staat wie Oesterreich, auf den sich die Krone seit Ausgang des Mittelalters gründete, der eben erst fast allein die Macht der Revolution und Napoleons gehemmt hatte, unter die Oberhoheit eines fremden Fürsten beugen. Es wäre ein noch unhaltbareres Verhältniß geworden als dasjenige Preußens seit Friedrichs des Großen Siegen bereits war. Deshalb ist wohl als selbstverständlich anzunehmen, daß der Reichstag diese Action schließlich gebilligt hätte.

Wir haben also festgestellt, daß unsre Urkunde wohl die Abdankung des Kaisers und die Lostrennung der habsburgischen Lande vom Reichskörper, nicht aber eine Aufhebung der Reichsverfassung und Zerstörung des deutschen Gesammtstaates enthält. Somit brauchten wir über die Frage, ob eine Auflösungserklärung von Seiten des Kaisers rechtliche Wirkung gehabt hätte, eigentlich nicht weiter zu meditiren. Viele indessen dürften unsrer Auffassung der Abdankungsakte ihre Zustimmung versagen, und so wird es nicht zu vermeiden sein, auch darauf näher einzugehn.

Offenbar kann es einem Herrscher, der die Befugniß hat, ein Reich zu regieren, nicht zustehn, dasselbe zu zerstören, am allerwenigsten, wenn er, wie hier, nicht einmal der einzige Träger der Legislative ist.[4]) Man muß sich nur den Begriff des Rechtes klar

---

[3]) Westphäl. Friede VIII 2; s. G. Chr. Gack, Westphäl. Friedensschluß. Sulzbach 1848 S. 53.

[4]) G. H. Pertz, Das Leben des Ministers Frh. v. Stein, Berlin 1894 I S. 341 f. „Der staatsrechtliche Bau, Kaiser und Reich, war nicht seiner selbst wegen, sondern als Mittel aufgeführt worden, dem deutschen Volke, welchem Karl der Große zuerst die Staatseinheit gegeben hatte, die größten Güter jedes Volkes, Gerechtigkeit und Frieden, zu sichern und die christliche Kirche zu schützen;

machen, um das es sich hier handelt, des Staatsrechts nämlich. Staatsrecht ist, abgesehen von seiner Bedeutung als Wissenschaft, immer das in einem bestimmten, existirenden Staate geltende öffentliche Recht. Sein Bestand ist an den Bestand dieses Staates gebunden und geht mit ihm zu Grunde. Die Zerstörung eines Staates, wenn auch durch seine eigenen Organe geschehn, ist also eine Zerstörung seines Rechtes und somit unter allen Umständen ein Rechtsbruch. Sonach ist es vollkommen aussichtslos, für die Vernichtung des Reiches irgend einen Rechtstitel ausfindig zu machen, wie es von den Rechtsgelehrten vielfach geschieht. Sie verfallen dabei immer unwillkürlich in den Fehler, daß sie das Reich als ein Conglomerat von Staaten behandeln und auf die innern Verhältnisse dieses Einheitsstaates völkerrechtliche Begriffe anwenden. Schon das Wort Auflösung, wenn man es als eine Rechtshandlung versteht, kann nur auf ein völkerrechtliches Verhältniß, Vertrag, Alliance, Staatenbund Anwendung finden. Es bedeutet den Zerfall eines solchen Gebildes in die Theile, aus denen es zusammengesetzt ist, in die einzelnen Staaten oder Gruppen von solchen. Der Staat selbst ist nicht aus Theilen zusammengesetzt, sondern bildet einen unzertrennbaren Organismus; wenn er zerfällt, so wird er eben vernichtet und andre, neue Staaten treten an seine Stelle, die ein neues Staatsrecht mit sich bringen.

Wenn nun Hermann Schulze in seiner „Einleitung in das deutsche Staatsrecht" das ehemalige Deutschland für ein Reich erklärt, „bestehend aus zahlreichen verschiedenen Staaten, welche aber doch, nach Art eines zusammengesetzten Staatskörpers, unter einem gemeinschaftlichen höchsten, zwar monarchischen, jedoch sehr eingeschränkten, an die Mitwirkung der Reichsständischen Aristokratie gebundenen Oberhaupte vereinigt waren", so wendet er eben wieder den doppeldeutigen Bundesstaatsbegriff auf das Deutsche Reich an, zu dem er durchaus nicht paßt. Das Reich bestand nicht aus einer Anzahl Staaten, sondern es war, wie schon in Kap. 1 hervor-

---

die Pflicht hierzu lag dem Kaiser wie dessen Stellvertretern, den Fürsten, ob; und wenn ein Theil der Letzteren sich von dieser Pflicht lossagte und am Reiche wie am Volke frevelte, so mochte der Kaiser, wenn er nicht helfen konnte, seine Würde niederlegen, aber weder hatte er ein Recht, sich und seine vom Reiche zu Lehen gehenden Lande eigenmächtig vom Reiche zu trennen und sie und sich von der Reichspflicht loszusagen, noch auch des Kaiserthums und Reiches Ende zu erklären . . . . ."

gehoben, ein monarchischer Einheitsstaat, der sich in jahrhundertelanger Entwicklung aus eigner Machtvollkommenheit in eine Menge großer und kleiner, mehr oder weniger autonomer Selbstverwaltungsbezirke gegliedert hatte. Ein Theil der Letzteren trug allerdings beinahe staatlichen Charakter, aber auch sie waren nicht nur abhängig von der Reichsgewalt, sondern existirten nur durch sie und mit ihr. Die Reichsgewalt hinwiederum war keineswegs die Gesammtheit der Territorialgewalten. Sie hatte mit den Territorien direct nichts zu thun, bestand vielmehr aus dem Kaiser und allen Häuptern reichsfürstlicher Familien, deren Mitwirkung allerdings an den Besitz eines Territoriums gebunden war, sowie aus den regierenden Prälaten mehrerer immediaten Stifter und den Senaten unmittelbarer Städte. Nicht auf dem Lande ruhte die Reichstagsstimme, sondern auf der Familie und dem Stift.[5]) Der Landbesitz war nur eine Bedingung der Reichsstandschaft neben andern Erfordernissen. Allerdings wurde sie, da reichsständische Gebiete durch Cession und Vererbung nur an solche Familien übergingen, welche die sonstige Qualification besaßen, immer mit dem Territorium cedirt und vererbt, sodaß die Stimmen schließlich bestimmte Gebiete zu vertreten schienen; strenggenommen aber war der Reichstag bis zuletzt, was die Fürsten anlangt, nur eine Versammlung der Vornehmsten des Reiches, deren Zustimmung der Kaiser zu bestimmten Regierungshandlungen, namentlich zur Legislative bedurfte.

Es steht also fest, daß das Reich nach Reichsrecht ebensowenig aufgelöst werden konnte, wie irgend ein anderer Staat ohne Bruch des Staatsrechts sich selbst vernichten kann. Da sich indessen ein Staat, also auch das Reich, nur in seinen Organen darstellt und ohne sie nicht zu bestehen vermag, so wird ein freiwilliges Versagen dieser Organe die nothwendige Folge nach sich ziehn, daß nun, nicht staats-, sondern völkerrechtlich andern Gewalten, seien es auswärtige oder innere, die Befugniß zufällt, sich auf dem Boden des alten Staates neu zu constituiren und so ein neues Staatsrecht zu begründen.[6])

---

[5]) Vgl. L. K. Aegidi, D. Fürstenrath n. d. Lünev. Frieden S. 203 ff.

[6]) Wenn z. B. der Großherzog von Luxemburg 1867 sein Land an Frankreich überlassen hätte, so wäre das gewiß vom Standpunkt des Luxemburgischen Staatsrechts ein Rechtsbruch gewesen, völkerrechtlich wäre aber die Einverleibung durch Frankreich als eine legale Handlung erschienen, da sich die Luxemburger Staatsgewalt selbst aufgegeben hätte.

Es erhebt sich danach für uns die Frage, ob die Reichsgewalt in der Form, wie sie allein ihren Willen kundzugeben fähig war, d. h. in der Form des Gesetzes, auf eine Weiterexistenz verzichtet hat.

Hermann Schulze[7]) scheint dies zu bejahen. Er sagt, nachdem er die staatsrechtliche Ungültigkeit der Auflösungserklärung festgestellt hat: „Aber die Macht der Thatsachen spottete solcher juristisch-legitimistischen Consequenzen. Die Rheinbundstaaten, also der ganze Südwesten Deutschlands, die österreichischen Lande, waren dem Reichsverbande thatsächlich entzogen. Preußen nahm die Reichsauflösung sofort als eine vollendete Thatsache an, der König von Dänemark incorporirte am 9. September seine deutschen Besitzungen der dänischen Krone, der König von Schweden, als Herzog von Pommern, zog sich schon am 3. Januar vom Reichstage zurück und unterstellte Pommern und Rügen am 26. Juni der schwedischen Reichsverfassung. Nur der König von England, als bisheriger Kurfürst von Hannover, erkannte die Auflösung des Reiches nicht an, obgleich auch er damals nicht öffentlich protestirte. Da in Deutschland also nirgends Widerspruch erhoben wurde und Niemand auftrat, die Fortexistenz des Reiches geltend zu machen und seine Verfassung zu vertheidigen, so muß mit der Abdankung Franz' II. auch das Ende des Deutschen Reiches angenommen werden."

In dieser Auseinandersetzung liegt der große Fehler, daß Schulze die stillschweigende oder durch Handlungen ausgedrückte Anerkennung des thatsächlichen Zustandes von Seiten der einzelnen Reichsstände einem positiven Akt der Legislative dem Werthe nach gleichsetzt. Man muß immer bedenken, auf Deutschland lastete damals der Druck der Fremdherrschaft, französische Heere lagerten auf seinem Boden, die gesetzgebenden Organe hatten keine Möglichkeit sich zu versammeln, eine Anzahl Fürsten waren wider Willen in einen Bund mit dem Eroberer hineingezwungen worden. Was blieb da den andern übrig, als sich mit den gegebenen Verhältnissen abzufinden und zu schweigen. Auch Preußen mußte sich mit dem Versuche begnügen, die Reste Deutschlands in ein kleineres Reich oder in einen Staatenbund zusammenzufassen, ein Versuch, der bekanntlich mißlang und in den Motiven zum Kriege von 1806 eine Rolle spielte.

---

[7]) Einleitung in das deutsche Staatsrecht S. 281 Anm. 10.

Wenn Napoleon der Zerstörung des Reiches völkerrechtliche Legalität verleihen wollte, so mußte er eine authentische Zustimmung der Reichsorgane, nöthigenfalls durch Zwang zu erreichen suchen, ohnedem konnte es nach Abschüttelung der Fremdherrschaft in jedem Moment zu altem Rechte wieder in Function treten. Es war, auch vom völkerrechtlichen Standpunkt betrachtet, keineswegs vernichtet, sondern nur durch das Eingreifen äußerer Gewalt zeitweilig am Functioniren gehindert.[8])

Daß aber der Untergang der alten staatlichen Gemeinschaft nicht den Intentionen der meisten Reichsstände entsprach, das läßt sich ohne Schwierigkeit erweisen. Freilich darf man dazu nicht ihre Handlungen und Aeußerungen aus der Zeit der Fremdherrschaft heranziehn, wo die Möglichkeit einer Wiederaufrichtung des Reiches fast aus dem Gesichtskreis entschwunden war und Niemand sich gegen die bestehenden Zustände aufzulehnen wagte. Erst die Geschehnisse bei und nach Zertrümmerung der französischen Macht können hier in Betracht kommen. Da tritt uns denn als erste freie Aeußerung eines deutschen Fürsten der Aufruf von Kalisch entgegen, der durch den russischen Befehlshaber, Fürsten Kutusoff Smolensk, bei Ueberschreitung der preußischen Grenze zu Beginn des Befreiungsjahres, am 25. März 1813, im Namen des Kaisers von Rußland und des Königs von Preußen erlassen wurde.[9]) Darin heißt es:

„Indem Rußlands siegreiche Krieger, begleitet von denen S. M. des Königs von Preußen, ihres Bundesgenossen, in Deutschland auftreten, kündigen S. M. der Kaiser von Rußland und S. M. der König von Preußen den Fürsten und Völkern Deutschlands die Rückkehr der Freiheit und Unabhängigkeit an. Sie kommen nur in der Absicht, ihnen diese entwandten, aber unveräußerlichen

---

[8]) Pertz a. a. O. I S. 342:

„Daher konnte Franz' II. Abdankung das Deutsche Reich nicht auflösen, es blieb zu Rechte bestehn, wie es in den Zeiten des Zwischenreichs nach Friedrich II. bestanden hatte; dieseUeberzeugung ward von dem Churfürsten von Hannover getheilt, sie lebte im Volke, und sie ist der wahre und unvertilgbare Grund der Rechtsforderungen, welche seit jener Zeit Deutschland unablässig an seine Fürsten gemacht hat und denen es nie entsagen wird, solange der eingeborne uralte Sinn deutscher Rechtlichkeit und darauf beruhender Freiheit in den Herzen lebt."

L. v. Rönne, Das Staatsrecht des Deutschen Reiches, Leipzig 1876 I S. 1: „Damit erreichte thatsächlich, wenngleich nicht rechtlich, das tausendjährige „Römische Reich deutscher Nation" sein Ende."

[9]) Pertz, a. a. O. III S. 320.

Stammgüter der Völker wiedererringen zu helfen und der Wiedergeburt eines ehrwürdigen Reiches mächtigen Schutz und dauernde Gewähr zu leisten. Nur dieser große, über jede Selbstsucht erhabene und deshalb JJ. MM. allein würdige Zweck ist es, der das Vordringen Ihrer Heere gebietet und leitet."

Friedrich Wilhelm III. also, der bedeutendste Reichsstand, der einzige, der als Träger der Kaiserkrone damals in Betracht kommen konnte, gab, indem er den Erlaß dieses Aufrufs in seinem Namen gestattete, die unzweideutige Absicht kund, das „ehrwürdige", d. h. das alte, am Functioniren gewaltsam gehinderte Reich wiederherzustellen, sobald der deutsche Boden befreit sein werde. Der spätere, unvermeidliche Eintritt Oesterreichs in die Coalition vereitelte diese heilsame Absicht und rief mit der Befreiung des Reiches den alten Thronstreit wach.

Aber auch andre Fürsten zeigten eine ähnliche, reichspatriotische Gesinnung. So ist schon in dem Citat aus Schulzes Einl. in das deutsche Staatsrecht der Stellung Braunschweig-Lüneburgs zur Auflösung des Reiches Erwähnung geschehen. Sie geht am klarsten aus einem Schreiben des hannöverschen Ministers Grafen Münster an den braunschweigischen Gesandten am Congreß v. Schmidt-Phiseldeck, datirt vom 25. Nov. 1814,[10]) hervor, worin es heißt:

„Es wird bei dieser Gelegenheit nicht überflüssig sein zu bemerken, daß die Absicht, die Kaiserwürde aufrecht zu erhalten, mit desto größerer Consequenz von Seiten Hannovers verfolgt werden konnte, als S. K. M. von Großbritannien in Ihrer Eigenschaft als Kurfürst des h. R. Reichs, die Aufhebung dessen Verfassung niemals als gültig hatten ansehen wollen. In diesem Sinne war auch die vom Kaiserl. Oesterreichischen Hofe zu seiner Zeit erfolgte Anzeige wegen Niederlegung der teutschen Kaiserkrone von S. K. Majestät erwidert worden, daß Sie diesen Schritt, als einen erzwungenen, nicht anerkennen könnten, und daß Sie das Reich und dessen Haupt als den Rechten nach fortwährend ansehen würden...."

Weiter geht aus dem Brief hervor, daß der Kurfürst-König nach dem Beitritt Oesterreichs zur Coalition dieses zur Wiederübernahme der deutschen Krone wiederholt zu bewegen gesucht habe.

Außer den genannten großen Reichsständen sind aber eine beträchtliche Menge kleinerer zu nennen, die für eine Rückführung des

---

[10]) Klüber, Akten des Wiener Congresses I S. 83 ff.

alten Rechtszustandes in die Schranken traten. Am Wiener Congreß bildete sich bald nach Beginn eine große Vereinigung von Fürsten, deren Zahl zuletzt bis auf 33 stieg, mit der ausgesprochenen Absicht, die frühere Ordnung wiederherzustellen und vornehmlich Kaiserthum und Reich zu erneuern.[11]) Ihre Bestrebungen wurden unterstützt vom Freiherrn v. Stein und verhandelten die betreffenden Gesandten längere Zeit darüber mit Münster,[12]) dessen Vermittlung sie anriefen. Da eine Wiederherstellung des alten Staatskörpers sich bald als unmöglich erwies, so wollten sie wenigstens einen festgefügten Bund mit einem Kaiser an der Spitze geschaffen sehen, wohl erkennend, daß eine solche Bildung dem Effect nach dem alten Reich sehr nahe kommen, vielleicht auch dasselbe übertreffen werde. Münster versagte sich solchen Intentionen unter Verweisung auf geheime Verhandlungen, die man vor dem Pariser Frieden gepflogen habe. Doch auch nach dieser Abweisung verblieben die Fürsten bei der Ansicht, daß es weder dem Pariser Frieden, noch den vorhergegangenen Verhandlungen widersprechen könne, wenn dem Bunde ein Oberhaupt mit dem Titel Kaiser gegeben würde. Sie beriefen sich dabei auf die Worte des Aufrufs von Kalisch, vermochten aber mit ihrer Meinung nicht durchzudringen.

Mitglieder der Vereinigung waren einzelne Mittel- und fast sämmtliche nicht mediatisirte Kleinstaaten, nämlich: Baden, Kurhessen, Hessen-Darmstadt, die drei Anhalts, Braunschweig, Frankfurt, die drei Hansestädte, Hohenzollern-Hechingen und -Sigmaringen, Lippe-Detmold, Mecklenburg-Schwerin und -Strelitz, drei Nassau, vier Reuß, fünf sächsische Herzogthümer, zwei Schwarzburg, Schaumburg-Lippe und Waldeck. Diese alle repräsentirten mit Hannover zusammen mehr als die Hälfte der noch vorhandenen Fürstenrathsstimmen. Außerdem aber sind ihnen, was reichspatriotische Gesinnung betrifft, sicherlich die Mediatisirten beizuzählen, deren fernere politische Existenz nur unter der Reichsgewalt möglich war.

[11]) Ich weiß sehr wohl, daß diese Fürsten damit keineswegs ihre Gewalt schwächen, daß sie im Gegentheil sich gegen die Oligarchie des Fünferausschusses, die den Congreß beherrschte, sichern wollten. Innerhalb des wiederhergestellten Reiches hätten sie aber auch unzweifelhaft eine festere Stellung gehabt, als in einem völkerrechtlichen System, in welchem keine höchste Gewalt zum Schutze der Schwachen bestand. Für unsere Frage ist es völlig gleichgültig, aus welchen Motiven die Bestrebungen jener Potenzen hervorgingen.

[12]) Klüber, a. a. O. I S. 80 ff.; vgl. Pertz a. a. O. IV S. 318 ff.

Hiernach kann es wohl keinem Zweifel unterliegen, daß eine Beseitigung des Reiches in gesetzmäßigen Formen bei freier Abstimmung auf den schärfsten Widerstand von allen Seiten gestoßen wäre, daß also das gezwungene Schweigen bei Auflösung der Reichsorgane keineswegs als stillschweigende Zustimmung gedeutet werden darf.

Wir haben somit festgestellt, daß das Deutsche Reich, welches nach seinem eigenen Staatsrecht überhaupt nicht vernichtet werden konnte, auch nicht durch eine Aktion seiner Organe so dem Untergang preisgegeben worden ist, daß sich nach Völkerrecht an seiner Statt andere souveräne Gewalten constituiren durften. Es bleibt noch die wichtige Frage zu erörtern, in welchen dauernden Zustand denn nun das Reich übergegangen ist, ob nicht dessenungeachtet neue Staatswesen auf seinem Boden erstanden sind.

Wir hatten oben gesehen, daß im Aufruf von Kalisch die Wiederherstellung des alten Reiches verheißen worden war. Der Eintritt Oesterreichs in die Coalition, so wünschenswerth er für die Niederwerfung Napoleons war, machte diese Aussichten vollkommen zunichte. Formell stand einer Herstellung des alten Staatskörpers auch jetzt nichts im Wege, aber die Mitwirkung der Habsburgischen Erblande an der Befreiung des deutschen Bodens erweckte ihren Anspruch auf Zugehörigkeit zu Deutschland und die Prätensionen ihres Herrscherhauses auf eine dominirende Stellung innerhalb desselben. Die Krone Karls des Großen freilich wollte der österreichische Kaiser bei der neuen Lage der Dinge nicht wieder annehmen; er wußte genau, daß sich ein Staat wie Preußen in der jetzt errungenen Machtstellung seinem Scepter niemals, nicht einmal zum Scheine, unterwerfen könnte; aber ebensowenig wollte er die höchste Würde diesem Bundesgenossen gönnen, der denn auch, wie sich die Verhältnisse gestaltet hatten, kein Verlangen danach trug.

Wie seltsam aber, wie erniedrigend für Deutschland war die rechtliche Form, in der die eben dargelegte Nothwendigkeit zum Ausdruck kam. Es hätte sich vom reichsrechtlichen Standpunkt aus wohl vertreten lassen, daß in dem Augenblick nach Befreiung des deutschen Bodens kein neuer Kaiser gewählt wurde. Nach der goldenen Bulle konnte nur ein homo utilis, d. h. ein Mann die Krone tragen, der mit Nutzen das kaiserliche Amt zu verwalten vermochte. Ein solcher war jetzt zweifellos nicht vorhanden, somit konnte und durfte keine Wahl stattfinden, bis die Verhältnisse im Reiche sich nicht von

Grund aus geändert hatten. Dieses Moment aber trat damals amtlich nicht in den Vordergrund. Statt dessen wurde künstlich dasjenige Verhältniß dem Scheine nach aufrecht erhalten, welches bisher seit dem Jahre 1806 thatsächlich bestanden hatte, die Vergewaltigung durch Frankreich. Ein Machtspruch Napoleons hatte die Auflösung der Reichsorgane herbeigeführt, seine in Deutschland lagernden Heere hatten jede Möglichkeit ihrer Wiederherstellung ausgeschlossen; jetzt, nachdem der Usurpator besiegt und gestürzt, Frankreich aufs tiefste gedemüthigt war, da man die Erneuerung des alten Gesammtstaates als selbstverständlich hätte erwarten sollen, da wurde in den Friedensvertrag mit dem zu Boden geworfenen Feinde der kurze, aber bedeutungsvolle Passus eingefügt: „Les états de l'Allemagne seront indépendans et unis par un lien fédératif." [13])

Das rechtliche Verhältniß nach Abschluß dieses Friedens war also das folgende: Die größten und mächtigsten Reichsstände hatten sich Frankreich gegenüber vertragsmäßig verpflichtet, keinen deutschen Gesammtstaat wiedererstehen zu lassen. Sie konnten sich aber nur soweit verpflichten, wie ihre Macht reichte, d. h. sie konnten nicht das Unrecht zum Recht machen und die Zerstörung des Reiches legalisiren; es stand nur in ihrer Macht, die Constituirung der rechtmäßigen Organe zu verhindern, und dies eben haben sie ausgeführt. Das Reich wurde somit vergewaltigt von den stärksten Reichsständen, diese aber waren zu einer solchen Vergewaltigung verpflichtet durch den Pariser Frieden, also formell durch Frankreich, [14]) wenn auch thatsächlich durch Uebereinkunft mit der auswärtigen Macht Oesterreich. So lange der genannte und der ihn bestätigende zweite Pariser

---

[13]) Klüber a. a. O. I S. 16.

[14]) Da auch die anderen Mächte diese Bestimmung unterzeichnet hatten, so hafteten auch sie dem französischen Staate für ihre Ausführung, aber die deutschen Stände waren nicht jenen Mächten, sondern ebenfalls nur Frankreich gegenüber zur Innehaltung verbunden, trotzdem es nicht Frankreich, sondern vornehmlich Oesterreich gewesen war, das die Aufnahme jenes Passus in die Friedensurkunde verlangt hatte. Es ist ein ähnliches Rechtsverhältniß wie dasjenige im Jahre 1866 hinsichtlich der Abtretung nordschleswigischer Gebiete an Dänemark. Napoleon hatte die Aufnahme eines Artikels in den Prager Frieden erzwungen, wonach Preußen unter gewissen Umständen einige Gebiete an Dänemark abtreten sollte. Die Verpflichtung, welche Preußen hieraus erwuchs, war aber keine Pflicht gegen Frankreich oder Dänemark, sondern nur gegen Oesterreich, weil der Frieden eben nur als ein Vertrag mit letzterer Macht zu gelten hatte. Vgl. Thudichum, Verfassungsrecht des Nordd. Bundes. Tübingen 1870 S. 55 ff.

Frieden in Geltung standen, so lange waren jene Stände völkerrechtlich verhindert, ihre staatsrechtlichen Pflichten zu erfüllen, und genöthigt an Stelle des alten, legalen Reiches eine bündische Institution ins Leben zu rufen und zu erhalten. Es trat, vom Standpunkt des Reichsrechts betrachtet, eine Art von anarchischem Zustand ein, wie sie das Leben eines Staates zuweilen zu unterbrechen vermögen, ohne deshalb seine Existenz aufzuheben.[15]) Erst als ein neuer Krieg jenes unwürdige Rechtsverhältniß aufhob, da konnte, wenn auch mit Verlust einiger Glieder, der wahre deutsche Einheitsstaat von neuem seine unterbrochene Thätigkeit aufnehmen. Die am Wiener Congreß hervortretenden reichspatriotischen Bestrebungen aber wurden immer wieder unter Hinweis auf Art. 6 des Pariser Friedens zurückgewiesen.

Man kann also nicht sagen, daß sich an Stelle des alten Reiches eine neue Staatsgewalt constituirt habe, Deutschland wurde vielmehr durch übermächtige Einwirkung des Auslandes künstlich in einem unfertigen und unklaren staatsrechtlichen Zustand erhalten. Leider entsprach dieser Zustand vollkommen den unglücklichen Machtverhältnissen in seinem Innern, wo sich wieder jene zwei gleich starken Gewalten die Waage hielten, beide vorerst unfähig und nicht geneigt, den unvermeidlichen Kampf aufzunehmen.

Wie nun von unserem Standpunkte aus die sogenannte Souveränetät der Einzelstaaten und der Deutsche Bund zu verstehen sind, das soll in den nachfolgenden Ausführungen dargelegt werden.

Drittes Kapitel.

Das Interregnum.

Infolge der Verträge zwischen den Europäischen Mächten und den bedeutendsten Reichsständen war die Wiederherstellung einer legitimen Centralgewalt unmöglich. Es konnte weder ein Kaiser gewählt werden, noch auch ein gesetzmäßiger Reichstag zusammentreten. Insofern ist die nunmehr beginnende Periode als ein Inter-

[15]) Bluntschli, Allgem. Staatslehre S. 91 f.: „Weit häufiger sind die anarchischen Zustände blos vorübergehend und momentane Fieberkrisen, welche zwar das Leben des Staates bedrohen, aber oft nur eine andere Gestaltung der Staatsverfassung vorbereiten.“

regnum im hergebrachten Sinne des Wortes aufzufassen. Sie unterscheidet sich nur dadurch von den sonstigen Zwischenreichen, wie sie, falls kein römischer König vorhanden, bei jeder Thronerledigung eintraten, daß diesmal auch die berufenen Reichsvikare, der Kurfürst von Pfalzbayern „in partibus Rheni et Sueviae et in jure Franconico", der Kurfürst von Sachsen „in his locis, ubi Saxonica jura servantur",[1]) nicht in der Lage waren, ihre Regentschaft anzutreten, ein Fall, der in der Reichsgesetzgebung nicht vorgesehen war. Dennoch ergab sich der Ausweg auf Grund der alten Verfassung von selbst.

Die einzelnen Territorien hatten auf Grund legaler Verleihung schon seit Jahrhunderten die volle Landeshoheit inne, d. h. sie besaßen, abgesehen von bestimmten, ausschließlich der Reichsgewalt reservirten Materien, ein vollkommenes Selbstbestimmungsrecht. Damit waren sie keineswegs souverän, sie blieben der Centralmacht in allem und jedem staatsrechtlich unterstellt, ihren legalen Eingriffen, ja einer Aberkennung der Autonomie ausgesetzt. Die Garantie für dauernden Fortbestand ihrer Rechte lag nur darin, daß die Partikularhäupter selbst einen Faktor der Reichsgewalt bildeten. Wenn nun diese Gewalt ihre Functionen einstellte, dann fiel für die Zeit ihrer Inactivität jede Möglichkeit einer Beschränkung der Landeshoheit, eines höheren Eingriffs in dieselbe weg, dann nahmen die Territorialhäupter vollständig die Stellung von Staatsoberhäuptern ein. Auch die Ausübung jener Reservatrechte, die eigentlich den Vikarien zugestanden hätten, mußte, da diese ihr Amt nicht antraten, denselben Potenzen zufallen. Die Fürsten und Senate wurden gewissermaßen Vikarien innerhalb ihrer Gebiete. Ein Präcedenz für ein solches Rechtsverhältniß läßt sich in der früheren Stellung Oesterreichs bei Thronerledigungen erkennen. Die habsburgischen Lande nämlich waren durch Privilegium ein für alle Mal von der Macht der Reichsvikare eximirt, sodaß sie unter ihrem Erzherzog ein eigenes Vikariat bildeten, ohne deshalb weniger dem Reiche anzugehören. Ebensogut nun wie es früher den Bestand des Reiches nicht aufgehoben hatte, wenn sein Gebiet zeitweise den Grundgesetzen gemäß durch drei verschiedene, territorial getrennte Gewalten regiert wurde, ebensogut konnte dasselbe jetzt unter dem Zwange der Umstände in 30 bis 40 vollkommen

---

[1]) Die Grenzen beider Bezirke wurden 1750 durch Vergleich geregelt.

selbständige Vikariatsbezirke zerfallen, ohne deshalb für immer seine staatliche Existenzfähigkeit zu verlieren. Die Vikarien hatten stillschweigend ihre Competenzen den niederen Gewalten überlassen.

Sonach konnten die einzelnen Fürsten und Städte in Ermangelung einer centralisirten Staatshoheit und in Anbetracht ihrer vollen Unabhängigkeit von einander mit demselben Rechte als souverän bezeichnet werden, wie einst die Kurfürsten von Pfalz und Sachsen, der Erzherzog von Oesterreich, während einer Thronerledigung. Strenggenommen waren sie es ja ebensowenig, wie diese letzteren, denn jetzt wie damals bestand eine Gewalt im Reiche, welche in legaler Weise die betreffenden Stände der ihnen provisorisch zugefallenen Souveränetät durch Vollzug einer Kaiserwahl berauben konnte. Diese Gewalt aber war, wie die Verhältnisse lagen, zu einer solchen Aktion unfähig, somit waren die Einzelstaaten so lange als unabhängig anzusehn, wie diese Unfähigkeit dauerte, d. h. so lange der Dualismus zwischen Preußen und Oesterreich bestand und der Pariser Friede in Kraft blieb. Durch das entscheidende Uebergewicht einer der beiden Mächte und die Zerreißung dieses Friedens, nicht erst durch die Kaiserwahl selbst, wurde diese Souveränetät hinfällig, denn nun vermochte das Organ, welches eine höchste Gewalt zu berufen berechtigt und verpflichtet war, von neuem zu functioniren. Dies Organ setzte sich zwar aus den Ständen selbst zusammen, aber es war doch eine von ihnen juristisch verschiedene Potenz, da es auch ohne Betheiligung Einzelner mit Verbindlichkeit wirken konnte.

Man sieht, vom Standpunkt des Reichsrechts betrachtet, erklärt sich alles in ganz natürlicher, der Wirklichkeit vollkommen entsprechender Weise. Die Einzelstaaten nannten und fühlten sich souverän, aber sie wußten wohl, daß diese Souveränetät nicht über jeden Zweifel erhaben war, daß sie in rechtlicher Weise beseitigt werden konnte, wenn eine der deutschen Großmächte das entscheidende Uebergewicht erlangte und der Rückhalt am Ausland verloren ging. Uebrigens ist das Recht der Kleinstaaten auf politische Selbständigkeit preußischerseits niemals anerkannt worden.

Nachdem nun aber durch die Verträge von Ried, Fulda 2c., sowie durch den Pariser Frieden den einzelnen Territorien ihre formelle Souveränetät völkerrechtlich gewährleistet war, erwuchsen dem Wiener Congreß hinsichtlich der deutschen Angelegenheiten zwei große Aufgaben: Die Ordnung der in der Napoleonischen Zeit zerrütteten Territorialverhältnisse und die Schaffung einer bündischen Institution.

Was die erstere Aktion betrifft, so kann von all den umfassenden Gebietsverschiebungen und -vertheilungen, welche damals und durch die Territorialcommission bis zum Jahre 1818 vorgenommen wurden, reichsrechtlich betrachtet nur dasjenige für dauernd und definitiv gültig angesehen werden, wodurch der im jüngsten Reichsschluß von 1803 festgelegte Zustand wiederhergestellt wurde, alle übrigen Aenderungen blieben trotz ihrer Unvermeidlichkeit, wenn auch nicht illegal, so doch in ihrer streng reichsrechtlichen Gültigkeit von einer künftigen kaiserlichen Bestätigung oder stillschweigenden Zulassung abhängig. Rein formell betrachtet hätte dem neuen Reichsoberhaupt die Befugniß zugestanden, alle während des Interregnums vorgenommenen, einer Zustimmung der Reichsgewalt bedürftigen Veränderungen für ungültig zu erklären, wenn das auch thatsächlich vollständig ausgeschlossen war, da ein Fürst, von dem dies zu befürchten gewesen wäre, niemals die Krone erlangt haben würde. Vorerst also waren jene Abwandlungen nur unter einem gewissen Vorbehalt gültig. Selbst die ungezwungenen Verzichtleistungen konnten, soweit die betreffenden Besitzungen Reichslehen waren, nur in dieser Einschränkung als rechtmäßige Abtretungen gelten, wie z. B. die freiwillige Unterwerfung der Häuser Sayn-Wittgenstein, Wied, Bentheim und Solms unter die Hoheit des Königs von Preußen.[2]) Sobald aber wieder ein rechtmäßiger Kaiser die Zügel der Regierung ergriff, ohne von seinem Rechte der Annullirung Gebrauch zu machen, dann waren alle jene Veränderungen nicht blos von da ab, sondern rückwirkend vom Moment ihres Eintritts an als legale Transformationen zu betrachten.

Dieselben hatten auch im Großen und Ganzen ihre vollkommene Berechtigung.

Wenn 1814 die Reichsgewalt unter zeitgemäßen Reformen hätte erneuert werden sollen, dann hätte eine der ersten Aenderungen in der Beschränkung aller jener kleinen Gewalten bestehen müssen, die namentlich im Süden und Westen große Landstrecken oft minimal parzellirt unter ihrer Botmäßigkeit hielten, der kleinsten Fürsten, der Reichsgrafen und der Reichsritterschaft. Deren Territorien hätten in der Kapitel 1 erwähnten Weise der Reichsgewalt unter-

---

[2]) Klüber a. a. O. II S. 237.

worfen werden müssen. Da dies nicht geschah, da man eine Wiederherstellung der Centralregierung als vollkommen ausgeschlossen betrachtete, so war eine gleiche Lösung unmöglich. Die lebensunfähigen Bildungen mußten in den größeren, lebensfähigen aufgehn und deren Macht erhöhen; wie es denn auch geschah, daß die ganze Reichsritterschaft, fast alle Reichsgrafen und eine Anzahl Fürsten der Oberhoheit der benachbarten Territorialstaaten unterworfen blieben bezw. ihnen einverleibt wurden.

Für die Einwohner der betreffenden Bezirke war es ja im Allgemeinen ein nicht zu unterschätzender Segen, daß sie nunmehr in den Verband größerer, besser organisirter Gemeinwesen eintraten, in denen sie persönlich und wirthschaftlich freier gestellt wurden, im Hinblick auf eine Reactivirung der Reichsgewalt aber bezeichnete dieser Vorgang einen gewaltigen Rückschritt, denn dadurch wurden ihr eine Menge von Kräften unwiederbringlich entzogen und den größeren Einzelstaaten, also den centrifugalen Elementen zugelegt; ein Nachtheil, der nur dadurch aufgewogen wurde, daß der größere Theil dieses, man kann wohl sagen Reichsgutes dem preußischen, d. h. dem einzigen Staate zufiel, durch den jene Reactivirung im wahrhaft nationalen Sinne einmal ermöglicht werden konnte.[3])

Rücksichtlich der zwingenden Nothwendigkeit nun, unter der die besprochenen Umwandlungen vollzogen wurden, kann man sie sicherlich nicht als rechtswidrig, als einen Bruch der Grundgesetze bezeichnen, sondern als eine große, von den Reichsständen selbst unternommene unabweisliche Reform, der man nur die reichsoberhauptliche Sanction nicht zu verschaffen vermochte. Außer den Betroffenen selbst gab es innerhalb des Reichs keine legitime Potenz, die gegen diese Reform protestirt hätte und so war man wohl befugt, sie als rechtskräftig zu behandeln, wenn auch ihre formelle Gültigkeit erst von der Erneuerung der Centralgewalt her datiren konnte.

Als zweite nothwendige Action bezeichneten wir oben die Zusammenfassung der nunmehr selbständig gewordenen Territorien in einen völkerrechtlichen Bund.

Die meisten der bestehen gebliebenen Staaten umfaßten ein Gebiet, welches sich für geregelte innere Verwaltung, Rechtspflege 2c.

---

[3]) Hierüber Näheres Th. II. Kap. 10.

genügend groß erwies. Ueber die in den kleinsten Bildungen infolge ihrer geringen Ausdehnung hervortretenden Mißstände mußte man eben hinwegsehen. Aber es gab staatliche Aufgaben, zu deren Erfüllung auch die stärkeren bis auf zwei nicht befähigt waren, so namentlich die Vertheidigung gegen äußere Feinde, und diese Aufgaben eben waren es, derentwegen man sich zur Gründung des Deutschen Bundes gezwungen sah. Letzterer charakterisirt sich keineswegs als eine rechtliche Fortbildung des alten Reichs zu neuer Form, wenn er auch im Großen und Ganzen das Gebiet desselben umfaßte, sondern nur als ein nothdürftiger Ersatz für den Mangel an legalen Reichsorganen, ein Ersatz, der sich weder ausdrücklich auf das Reichsrecht gründete, noch auch ihm direct widersprach. Dieselben Potenzen, welche, wenn auch nicht die Competenz des Reiches, so doch die Macht zur Herstellung der Reichsorgane in sich trugen, machten nun von einem andern ihnen zustehenden Rechte, der Befugniß Bündnisse zu schließen,[4]) Gebrauch, um das Reichsgebiet gegen auswärtige Feinde sicher zu stellen und ihre Zusammengehörigkeit nicht ganz in Vergessenheit gerathen zu lassen. Ein Analogon hierzu finden wir schon im vorigen Jahrhundert in der Bildung des Fürstenbundes. Auch er bedeutete eine engere Verbindung vieler Territorien innerhalb des bestehenden Reiches, auch er hatte die Tendenz, alle Reichsstände in sich aufzunehmen, wiewohl es in Wirklichkeit nicht dazu gekommen ist. Ebenso hatte Karl V. einstmals den Versuch gemacht, sämmtliche niederen Gewalten im Reich durch einen Bund fester an sich zu knüpfen. Der Plan scheiterte an dem Widerstand der Fürsten, welche dadurch in ihrer Autonomie beschränkt zu werden fürchteten.[5])

Der Gedanke, daß der deutsche Bund den Fortbestand des Reiches nicht aufgehoben, sondern nur als eine Bildung innerhalb desselben zu gelten habe, ist sogar am Wiener Congreß nicht direct abgewiesen worden. Einen Antrag des Luxemburgischen Gesandten von Gagern, dem neuen Bunde den Namen „Der große Bund im teutschen Reich" oder „im Reich teutscher Nationen" beizulegen, wurde in gewisser Weise Folge gegeben. Man beschloß, vorerst den bloßen Ausdruck „teutscher Bund" beizubehalten, doch dem teutschen Bunde, nachdem derselbe constituirt sein werde, das Recht vor-

---

[4]) Westphäl. Friede VIII. 2.

[5]) Vgl. Ranke, Reform.-Gesch. V. S. 12f.

zubehalten, den Titel als teutscher Reichsbund anzunehmen,[6]) ein Recht, von dem er allerdings niemals Gebrauch gemacht hat.

In solchem provisorischen Zustand verblieb das Reich während der nächsten Jahrzehnte. Alle in der Zeit geschehenen Veränderungen sind zwar nicht als reichsrechtlich gültig — dazu hätten sie einer Bestätigung durch Kaiser und Reich bedurft — aber auch nicht als verfassungswidrig zu betrachten, da sie von den einzig möglichen Stellvertretern der fehlenden höchsten Gewalt ausgingen. Man kann sagen, sie waren mit Vorbehalt einstiger Bestätigung rechtskräftig geworden, gerade wie ehemals die von Reichsvikaren erlassenen Gesetze.

Was nun den Bundestag in Frankfurt betrifft, welcher während des Interregnums als Organ der Gesammtheit auftrat, so war dieser nicht etwa dem alten Reichstag gleichzusetzen, der ohne Kaiser weiter functionirt hätte, seine rechtliche Stellung erklärt sich vielmehr ganz anders.

Die Souveränetät ruhte, wie wir oben gesehen haben, in Ermangelung eines gesetzlichen Oberhauptes und in Ermangelung von Reichsvikarien provisorisch bei den einzelnen Fürsten und freien Städten. Diese besaßen die vollkommene Staatshoheit und übertrugen nun gewisse Befugnisse, längst nicht alle und bei weitem nicht so viel als der Reichstag ehedem besessen hatte, an eine aus den Gesandten Aller gebildete Körperschaft. Der Bundestag übte also in bestimmten, ziemlich verwickelten Formen nur die ihm überwiesenen Hoheitsrechte aus und basirte ausschließlich auf der zeitweiligen Souveränetät der Einzelfürsten. Als ein selbständiges Staatsorgan konnte er nicht betrachtet werden, sondern nur als Organ eines nach altem Reichsrecht zulässigen, aber nicht auf ihm sich gründenden Bundes, wesensähnlich dem geplanten Congreß des Fürstenbundes. Die Staaten schuldeten ihm nur insoweit Gehorsam, wie sie sich gegenseitig vertragsmäßig dazu verpflichtet hatten.

Aeußerst schwierig und unklar gestalteten sich nun die staatsrechtlichen Verhältnisse, als die Bewegung des Jahres 1848 über Deutschland hereinbrach.[7]) Neben dem Bundestag mit seiner beschränkten Befugniß erhob sich eine neue, usurpatorische Autorität, die Gewalt

[6]) Klüber, a. a. O. II S. 402.

[7]) Die Daten vgl. Rönne, a. a. O. I S. 4ff.

des in Form eines Parlamentes handlungsfähig gemachten deutschen Volkes. Zur Activirung dieser Autorität hatte der Bundestag selbst, durch die Ereignisse gedrängt, mitgewirkt, nachdem ihm sein eigener Versuch, eine Reichsverfassung zu erlassen, mißlungen war. Er selbst hatte die Ausschreibung von Wahlen in allen Staaten nach den vom sogen. Vorparlament erlassenen Bestimmungen veranlaßt. Hierdurch wurde aber der Charakter der neuen Autorität nicht geändert, sie war und blieb die in ganz Deutschland als solche anerkannte Vertretung des Volkes; mit dem Bundestage und der Souveränetät der Einzelstaaten hatte sie durchaus nichts zu thun.

Sonach standen sich jetzt zwei höchste Gewalten rivalisirend gegenüber, die Souveränetät der Einzelfürsten 2c. und die Souveränetät des gesammten deutschen Volkes. Eine Collision war unvermeidlich, denn nur eine von beiden konnte zu Recht bestehn.

Anfänglich suchte der Bundestag das Parlament als seine eigene Schöpfung hinzustellen und von sich in Abhängigkeit zu erhalten. Er beauftragte dasselbe mit der Ausarbeitung einer Verfassung, die dann nach ihrer Annahme durch die Regierungen zum Gesetz für ganz Deutschland erhoben werden sollte. Allein eine solche secundäre Stellung genügte der Volksvertretung nicht im geringsten. Sie erklärte am 27. Mai 1848, daß an dem von der Bundesversammlung aufgestellten Grundsatze einer Vereinbarung des Verfassungswerkes zwischen Parlament und Regierungen nicht unbedingt festzuhalten, sondern daß die von ihr (der Volksvertretung) zu gründende Reichsverfassung für alle Einzelstaaten unmittelbar verbindlich sei.

Unverkennbar also usurpirte der neue gesetzgebende Körper die volle Staatsgewalt in Deutschland, unter der Voraussetzung, daß dieses Land von Natur einen geschlossenen Staat, ein Reich bilde, als dessen Souverän das ganze Volk und in seiner Vertretung das Parlament zu betrachten sei. So erschienen denn auch schon Reichsgesetze, ehe noch die Reichsverfassung erlassen und damit die Gesetzgebung geregelt war.[8])

Aus einem solchen Reichsgesetz erstand am 28. Juni 1848 eine provisorische Centralgewalt, die für alle gemeinsamen Angelegenheiten die Executive ausüben sollte. Zu ihrem Träger wurde Erzherzog Johann unter dem Titel eines Reichsverwesers erwählt. Der

---

[8]) Vgl. Reichsgesetzblatt 1848/49.

Bundestag wagte es nicht, sich dieser Neuerung zu widersetzen, wollte aber auch nicht von seinem Prinzip der einzelstaatlichen Souveränetät abweichen. So erklärte er sich denn mit der Wahl einverstanden und übertrug durch Beschluß vom 12. Juli 1848 im Namen sämmtlicher Regierungen „die verfassungsmäßigen Befugnisse und Verpflichtungen", welche ihm bis dahin zugestanden hatten, an die neue Centralgewalt. Sodann erklärte er seine Thätigkeit für beendet und löste sich auf.

Hiermit hatte die provisorische Regierung ein doppeltes Fundament gewonnen, und wußte Niemand recht zu sagen, welche staatsrechtliche Stellung sie in Wahrheit innehabe. Einmal war sie ein ausführendes Organ des souveränen deutschen Volkes, mit Macht ausgestattet auch über die dem Reiche unterworfenen Einzelstaaten, andrerseits aber basirte sie auf der Souveränetät dieser Letzteren genau wie der Bundestag, dessen rechtliche Stellung sie einzunehmen bestimmt war. Aus beiden Quellen flossen ihr ganz verschiedene Befugnisse, und die eine Auffassung ihrer juristischen Natur schloß die andre vollkommen aus. Wenn Erzherzog Johann die Volkssouveränetät und damit den Bestand des Reiches anerkannte, wenn er hieraus sein Amt ableitete, dann leugnete er die Machtbefugniß des Bundesraths, dann konnte er sich nichts von ihm übertragen lassen, ganz abgesehen davon, daß eine solche Uebertragung der Idee dieser Versammlung völlig widersprach; wenn er sich aber als Rechtsnachfolger der Letzteren betrachtete, dann konnte er seine Wahl durch das Parlament nur als einen dem Bundesrath unterbreiteten Vorschlag auffassen, nicht als rechtsgültige Ernennung.

An dem unlösbaren Widerspruch in der Grundauffassung des Parlaments und der neuen Centralgewalt krankte die ganze Einheitsbestrebung des Jahres 1848. Solange die Fürsten in Besorgniß vor der Revolution ihre Ansicht nicht zur Geltung zu bringen wagten, solange machte die Idee der Volkssouveränetät rapide Fortschritte. Vom Parlament allein, ohne Mitwirkung der Fürsten, wurde die ganze Reichsverfassung ausgearbeitet und als Gesetz erlassen. Als aber die Monarchien wieder erstarkten, als man infolgedessen zur Vollendung des Baus, als Träger der neugeschaffenen Kaiserkrone, eines Fürsten, und zwar des mächtigsten deutschen Souveräns bedurfte, weil man ohne dessen materielle Macht nicht auskommen konnte, da stießen die verschiedenen Grundanschauungen hart aufeinander. Ein Ausgleich war nicht möglich und so kam das ganze Werk zu Fall.

Wenn wir uns die Ideen vergegenwärtigen, welche in dieser bewegten Zeit nach Anerkennung und Verwirklichung rangen, so finden wir in der Hauptsache die folgenden drei:

1. Die Einigung Deutschlands in der Form eines völkerrechtlichen Bundes mit einem den Titel Kaiser tragenden, machtbegabten Präsidenten an der Spitze.

Es ist das derselbe Gedanke, welcher am Wiener Kongresse, nach Vereitelung der Restitution des alten Reichs, von den kleineren Fürsten und vom Freiherrn v. Stein vertreten wurde. Jetzt war es derjenige, welcher der Mehrzahl der Regierungen annehmbar erschien.

2. Die staatliche Einigung durch eine vom souveränen Volke geschaffene Centralgewalt.

Diese Idee wurde vom Parlament alsbald nach seinem Zusammentritt acceptirt und bis zuletzt hartnäckig verfochten. Im Volke fand sie nur getheilten Beifall, doch da sie die einzige schien, durch welche sich eine wirkliche, staatsrechtliche Einigung ermöglichen ließ, so nahm man sie eben hin, ohne ihrer Konsequenzen völlig klar zu werden. Sie konnte nur im Kampfe gegen das Fürstenthum Realität erlangen.

3. Die Wiederaufrichtung des alten Reichs und des alten Kaiserthums.

Dies war ein Gedanke, der die Wünsche der Fürsten mit den Bestrebungen des Volkes hätte in Einklang setzen können, weil er eben auf historischem, unanfechtbarem Rechte beruhte. Er lebte, meist unbewußt, in den Herzen des Volkes nicht minder als der Fürsten, ohne daß er von den Theoretikern ausdrücklich verfochten worden wäre. Wie hätte es sich auch vermeiden lassen sollen, daß nicht die große Mehrzahl der Nation unter dem Deutschen Reiche, dessen rechtliche Existenz ihnen klargelegt wurde, dasjenige alte Reich verstanden hätte, welches durch ungünstige Constellationen zu einem imaginären Dasein verdammt war? Die historische Erinnerung ließ sich nicht unterdrücken, und so geschah es, daß das Gebahren des Parlaments und vor allem die Kaiserwahl nicht nur den reinen Partikularisten, sondern auch vielen Verfechtern der staatlichen Einheit Deutschlands völlig widerrechtlich erschien. Wenn man hervorhob, daß der innegehaltene Modus nicht derjenige sei, nach welchem ein Kaiser erwählt werden müsse, so identifizirte man bereits das neu zu schaffende mit dem alten Kaiserthum der Ottonen und Hohenstaufen, denn nur für das zu Recht bestehende, durch Gesetz und Herkommen geordnete Reich konnte ein Wahlmodus als rechtmäßig oder unrechtmäßig hingestellt werden.

Am offenkundigsten und geradezu entscheidend trat dieser Gedanke hervor bei der Zurückweisung der Kaiserkrone durch Friedrich Wilhelm IV. Der preußische König konnte sich unter der angebotenen Krone einmal nichts anderes vorstellen, als die alte römisch-deutsche Kaiserkrone, und so wollte er sie auch von Niemandem annehmen, als von denen, welche nach altem Reichsrecht zur Kur befähigt waren. „Er war", wie Ranke sagt,[9] „viel zu sehr ein geborener Fürst und von dem ausschließenden Rechte des deutschen Fürstenthums, über das Kaiserthum, d. h. die höchste Würde auf Erden, zu verfügen, durchdrungen, als daß er nicht den Versuch der Versammlung, aus eigenmächtiger Erhebung diese Würde zu übertragen, als eine Usurpation und gleichsam als Standesbeleidigung betrachtet hätte." Wenn der König aber ein Recht der Fürsten auf Verleihung der alten Kaiserwürde anerkannte, so mußte er auch an ein rechtliches Fortbestehn des alten Reiches glauben, denn nur auf diesem konnte das Recht der Fürsten beruhen.

Demnach ist es wohl zulässig zu sagen, daß die Bewegung von 1848 letzten Endes an ihrem Widerspruch mit dem alten Reichsrecht gescheitert ist. Einmal erwiesen sich die Reste und Träger der wahren Reichsgewalt, die Einzelstaaten, auf die Dauer der popularen Bewegung überlegen, und dann lagen die Ideen des alten Reichsrechts den Deutschen, Fürsten und Unterthanen, noch viel zu tief im Blute, als daß sie so bald dem modernen Gedanken der Volkssouveränetät das Feld hätten räumen können. Das Volk hätte wohl auch eine staatliche Einigung in dieser Form der fortdauernden Zersplitterung vorgezogen, aber einer vollen, ungetheilten Zustimmung war nur diejenige Staatsordnung sicher, welche sich in legaler Weise auf der alten Reichsverfassung auferbaute.

Es wäre durchaus falsch zu meinen, die Idee des dem Rechte nach fortbestehenden Reiches sei ein bloßes Hirngespinnst gewesen, das nur aus einer allzu pedantischen Rechtsauffassung einzelner Gelehrten hervorgehen konnte. Im Gegentheil, die Theoretiker hatten

---

[9]) Briefwechsel Friedrich Wilhelm IV. mit Bunsen. S. W. 49/50. S. 512.

sich ihr längst abgewendet, auf keinem Lehrstuhl mehr wurde sie verkündet, aber sie lebte im Volke und in einem großen Theil der Fürsten als eine Macht, die nur in künstlicher Weise durch äußere Gewalt zurückgedrängt wurde.

Wenn nun die Bestrebungen des deutschen Parlaments zum Ziele geführt hätten, dann wäre das Provisorium, in dem sich Deutschland seit 1806 resp. 1814 befand, beendigt und unter vollständiger Beseitigung des alten Staatsrechts eine Neuordnung von Grund aus geschaffen worden. Das parlamentarische Kaiserthum wäre ein revolutionäres, nicht auf historischem Recht, sondern auf dem Willen des Volkes beruhendes gewesen, dem Königthum Wilhelms III. von England vergleichbar, das ebenfalls einer zweifellos illegalen Volksvertretung sein Dasein verdankte und mit dem alten, englischen Königthum der Tudors und Stuarts in keinem rechtlichen Zusammenhange stand. Der Unterschied wäre nur der gewesen, daß die englische sogenannte Convention von 1688 mit peinlicher Genauigkeit die alten Formen festhielt und erneuerte, um den Schein der Legitimität hervorzurufen, die Paulskirche dagegen offenkundig ihr Werk als eine Neuschöpfung hinstellte.

Es kam anders. Das Frankfurter Parlament wurde beseitigt, die preußischerseits unternommenen Versuche einer festeren Einigung scheiterten und so mußte schließlich der alte Bundestag reactivirt werden. Damit war das frühere Provisorium wiederhergestellt, ein Bündniß der mangels einer legitimen Staatsgewalt zeitweilig souveränen Territorien.

In diesem Zustand schufen die Ereignisse des Jahres 1866 abermaligen Wandel. Unter ausdrücklicher Einwilligung sämmtlicher Staaten, also vollkommen rechtsgültig, löste sich die bisherige Vereinigung auf und räumte einer anderen föderativen Bildung den Platz, welche den Interessen des deutschen Volkes besser zu entsprechen schien, dem Norddeutschen Bunde.

Es sind hauptsächlich drei Aktionen, durch welche die neue Ordnung der Dinge ins Leben gerufen wurde und die eine Beurtheilung von unserem Standpunkt erfordern: der Austritt Österreichs aus dem Verbande der deutschen Staaten, die Annexionen Preußens in Norddeutschland und die Gründung des neuen Bundes.

Was zuerst den Austritt Oesterreichs betrifft, so bedeutet er offenbar mehr als die bloße Zustimmung zur Auflösung des deutschen Bundes, wie sie danach von allen übrigen Staaten ertheilt wurde.

Er bezeichnete vielmehr ein vertragsmäßiges Uebereinkommen zwischen den beiden deutschen Großmächten des Inhalts, daß Oesterreich bei der Neuordnung Deutschlands, in welcher Form diese auch zustande kommen möge, völlig aus dem Spiel bleiben solle. [10]) Der letztere Staat gestand also zu, bei der Bildung eines deutschen Bundes oder Gesammtstaates keinen Anspruch auf Berücksichtigung erheben zu wollen, ein Anspruch, der ihm nur aus dem ideellen Fortbestand des alten Reiches erwachsen konnte. Ebenso aber versprach Preußen stillschweigend, dafür zu sorgen — natürlich, soweit es in seiner Macht stand —, daß deutscherseits keine Rechte auf die kaiserlichen Erblande geltend gemacht würden. Damit war der Austritt Oesterreichs aus dem noch immer fortbestehenden Reiche, wenn auch nicht reichsrechtlich vollzogen, so doch in zweifellose Aussicht gestellt, denn bei Preußens Stellung in Deutschland konnte eine Reaktivirung des Reiches nur seinem Könige die Krone bringen und war es somit befähigt, dem Vertrage selbst in diesem Falle Geltung zu verschaffen. Man könnte hier freilich einwenden, der Kaiserstaat sei bereits im Jahre 1806 formell aus dem Deutschen Reiche ausgeschieden, einer solchen Abtrennung hätte es also später nicht mehr bedurft. Aber einmal haben wir oben die betreffende Aktion des Kaisers Franz als einen Gewaltakt gekennzeichnet, und dann hatte Oesterreich durch seine spätere Einmischung in die deutschen Angelegenheiten, seinen Eintritt in den Deutschen Bund mit den früher zum Reich gehörigen Landen, deutlich genug bekundet, daß es jene Rechtshandlung, soweit sie seine Abtrennung von Deutschland betreffe, als nicht vollzogen ansehen wolle. Sonach war, um ein unanfechtbares Rechtsverhältniß herzustellen, eine nochmalige, definitive Ausscheidung nöthig.

Damit erledigt sich auch die Frage, ob dem Habsburgischen Hause noch ein Mitwirkungsrecht bei der Reaktivirung des Reiches zustand. Reichsrechtlich war ihm dies natürlich nicht genommen, aber der Vertrag mit Preußen lief dem Sinne nach darauf hinaus, daß es dieses Recht nicht ausüben werde. Seine spätere Zustimmung

---

[10]) Der betreffende Passus in den Präliminarien von Nikolsburg und im Prager Frieden lautet: „S. Maj. der Kaiser von Oesterreich erkennt die Auflösung des bisherigen Deutschen Bundes an, und giebt Seine Zustimmung zu einer neuen Gestaltung Deutschlands ohne Betheiligung des Oesterreichischen Kaiserstaates." (Staatsarchiv, her. v. Aegidi und Klauhold 11, 166.)

zu der Herstellung des Reiches hatte nur den Werth einer völkerrechtlichen Anerkennung, nicht eines reichsständischen Votums.[11])

Der zweite zu besprechende Vorgang war die Annexion mehrerer Mittel- und Kleinstaaten durch Preußen. Diese große Umwälzung, welche wiederum die Territorialgrenzen bedeutend veränderte und die Landkarte Deutschlands vereinfachte, beruht auf derselben Rechtsbasis wie die Territorialregulirung der Jahre 1814—18. Sie war offenbar formell nicht gültig, so lange sie nicht durch Kaiser und Reichsversammlung ihre Bestätigung erfuhr; da jedoch keine höchste Gewalt vorhanden war und Niemand außer den Betroffenen protestirte, so konnte sie als vorläufig unter Vorbehalt reichsgesetzlicher Anerkennung in Kraft getreten angesehen werden. Es war eben eine Folge der beanspruchten Souveränetät, daß diese Territorien auch den Schicksalen souveräner Staaten, Krieg und Eroberung verfielen.

So nothwendig freilich, wie die Aufhebung jener unzähligen lebensunfähigen Bildungen, die auf dem Wiener Congreß vollzogen wurde, war ihre Beseitigung nicht. Sie hatten Kraft genug besessen, um innerhalb eines Bundes ihre staatlichen Aufgaben ebenso gut oder schlecht zu erfüllen wie die anderen auch, hätten also ohne großen Schaden für ihre Eingesessenen weiter bestehen können. Ebensowenig waren die Einverleibungen erforderlich, um ein Wiederaufleben der Reichsgewalt möglich zu machen. Hannover, Hessen ꝛc. hatten sich allerdings den preußischen Bestrebungen auf festere Vereinigung der deutschen Staaten bisher entgegengesetzt und damit die Arbeiten gehindert, welche einer Wiederherstellung des Reiches die Basis schaffen konnten; aber so klar lagen doch die Absichten Preu-

---

[11]) In einem Schreiben an den österr. Gesandten in Berlin, Grafen Wimpffen, vom 26. Dez. 1870 weist Graf Beust jede Mittheilung der Novemberverträge von Seiten der preußischen Regierung zurück, „die von uns entweder als zwecklos, oder als eine Aufforderung zu eingehender Prüfung betrachtet werden müßte, und die mich im letzteren Falle mit der Aufgabe einer Discussion oder mit der Verantwortlichkeit für deren Versäumung belasten würde.“ Es wäre richtiger, wenn „Preußen, indem es uns im Allgemeinen von der Thatsache des Abschlusses der Verfassungsverträge und von der dadurch begründeten Prärogative Kenntniß giebt, dabei mehr die Gesichtspunkte hervorhebt, die sich ihm in seiner neuen Stellung in Bezug auf das Verhältniß zu Oesterreich-Ungarn auf dem Felde der allgemeinen europäischen Politik darbieten mögen“. Die österreichische Regierung wünscht also selbst nicht hinsichtlich der inneren deutschen Angelegenheiten befragt, sondern verlangt nur, als auswärtige Macht behandelt zu werden.

ßens nicht am Tage, daß man jenen zumuthen konnte, ohne weiteres daran mitzuwirken. Der Gedanke an eine Unterdrückung aller territorialen Selbständigkeit durch die überlegene Militärmacht lag zu nahe, als daß man nicht im Anschluß an Oesterreich ein Gegengewicht hätte suchen sollen.

Jetzt nun, nachdem der mächtige Rival besiegt und der gemäßigte, deutschnationale Plan der preußischen Regierung in klaren Umrissen hervorgetreten war, hätte man von den annectirten Staaten, falls man sie bestehen ließ, ebensowenig einen Widerstand zu befahren gehabt, wie von den übrigen, die zum Theil nicht minder feindliche Gesinnung bethätigt hatten.

Der verfassungsmäßige Einfluß Preußens auf die Bundesregierung brauchte hierdurch nicht geschmälert zu werden, es wäre blos weniger schwierig und weniger absurd gewesen, die Möglichkeit einer Majorisirung dieses Staates im Bundesrathe offen zu halten.

Mit alledem soll keineswegs gesagt sein, daß es nicht segensreich für Deutschland gewesen sei, eine Anzahl jener Gewalten zu verlieren, die mit ihren Ansprüchen auf weitgehende Autonomie in einen modernen Einheitsstaat nun einmal kaum hineingehören, — nur eine zwingende Nothwendigkeit zu solcher Vergewaltigung großen Stils lag nicht vor. Es war hauptsächlich die Einwirkung des Auslandes, welche Preußen zu dieser Grenzerweiterung bestimmte. [12]) Hätte Napoleon III. den Einschluß Süddeutschlands in den neuen Bund zugestanden, dann wäre sie sicherlich nicht oder längst nicht in dem Umfange erfolgt; erst durch die Unmöglichkeit, eine gesammtdeutsche Vereinigung herzustellen, sah sich die preußische Regierung veranlaßt, von dem Zugeständniß des französischen Kaisers Gebrauch zu machen und jene Mittelstaaten einzuverleiben. Die Kriegserfahrungen des Jahres 1866 ließen ihr das letztere in hohem Maße wünschenswerth erscheinen, doch darf man wohl behaupten, daß schon die Beschaffenheit des neuen Bundes genügte, um eine Wiederkehr solcher Ereignisse zu verhüten.

Wir kommen nun zu der dritten großen Action jener Uebergangsepoche, zu der Gründung des Norddeutschen Bundes.

Der äußere Vorgang ist bekannt. [13]) Durch die Verträge vom August bis Oktober 1866 verpflichteten sich die norddeutschen Re-

---

12) Vgl. hierüber Sybel, Begründung des Deutschen Reiches, B. 19 K. 2 u. 3.
13) Am kürzesten und klarsten bei Rönne a. a. O. I S. 13 ff.

gierungen, binnen einem Jahre den Bund zustande zu bringen und mit einem gewählten Reichstag zu vereinbaren. Der Vertragsinhalt wurde in der Weise erfüllt, daß zuerst ein Wahlgesetz, dessen Grundlage dasjenige vom 12. April 1849 bildete, in den Landtagen zur Genehmigung eingebracht und nach ihm alsdann der constituirende Reichstag gewählt wurde; doch wies man in diesem Wahlgesetz dem neuen Parlament ausdrücklich nur eine berathende Stimme zu. Unterdessen verständigten sich die Regierungen über einen Verfassungsentwurf, der alsbald dem Parlament vorgelegt wurde. Nur mit mannigfachen Abänderungen fand er hier Annahme, doch waren die Verbündeten einstimmig in dem Beschluß, die nunmehrige Fassung zu genehmigen und ihren Landtagen zu überweisen. Nachdem sie hier noch einmal durchberathen und bewilligt war, stand dem Inslebentreten des neuen Bundes nichts mehr im Wege.

Es ist unklar, wie man aus diesem einfachen Vorgang etwas anderes folgern konnte, als daß der Bund ein Werk der Einzelstaaten, ein auf ihre Souveränetät sich gründendes Gebäude war. Die Vereinbarung der Verfassung mit dem Reichstage vermag hieran nichts zu ändern, sie kann nur als eine freiwillige Beschränkung aufgefaßt werden, welche sich die Staaten selbst auferlegt hatten. Selbst wenn man diesem Parlament eine beschließende und nicht nur berathende Stimme eingeräumt hätte, würde das Eingehen der Regierungen auf seine Wünsche sich nicht minder als ein freiwilliges dokumentirt haben, waren doch die Einzelstaaten jeden Augenblick imstande, die ganzen Dispositionen zur Bundesgründung durch Uebereinkommen aller abzuändern. Der Reichstag war doch, auch nach geschlossenem Bunde, kein Staatsorgan, sondern nur in der Form einem solchen gleich.

Die großen Bemühungen unsrer Staatsrechtslehrer, die besprochenen Vorgänge anders zu interpretiren, erklären sich namentlich daraus, daß sie das heutige Deutsche Reich nur als Erweiterung des Norddeutschen Bundes auffassen. Jenem glaubten sie einen staatlichen oder vielmehr bundesstaatlichen Charakter sichern zu müssen, da sie sich ohnedem in Widersprüche verwickelt sahen, und so waren sie gezwungen, auch dem Vorläufer des Reiches, dem engern Bunde, den gleichen Charakter beizulegen.

Doch ihre Theorieen lassen sich nicht halten. Der Norddeutsche Bund war unleugbar nichts anderes, als ein solide gefügter Staatenbund, dessen einträchtiger Fortbestand durch die Uebermacht Preußens, dessen nationaler Charakter durch die seinem Verfassungsbau eingefügte Volksvertretung garantirt wurde. Diese Anschauung finden wir bei Max Seydel[14]) und Andern[15]), auch entspricht sie vollkommen den weiteren Vorgängen.

Die Staaten hatten, wie wir sahen, den Reichstag durch einzelne Landesgesetze zustande gebracht, sie hatten durch Genehmigung der Reichstagsbeschlüsse dieselben zu Gesetzen in ihren Gebieten erhoben, die nur noch der Publication harrten; jetzt, kurz vor dem zum rechtlichen Beginn der neuen Ordnung festgesetzten Tage verkündigten sämmtliche norddeutsche Souveräne die vereinbarte Bundesverfassung als Landesgesetz ihrer Staaten. So lautet z. B. das Publicationspatent des Königs von Preußen vom 24. Juni 1867 folgendermaßen:[16]) „Wir Wilhelm ꝛc. ꝛc. thun kund und fügen hiermit zu wissen: Nachdem die Verfassung des Norddeutschen Bundes von den verbündeten Fürsten und freien Städten mit dem Reichstage vereinbart worden ist und die Zustimmung beider Häuser des Landtags der Monarchie erhalten hat, verkünden Wir nachstehend die gedachte Verfassung und bestimmen zugleich, daß dieselbe im ganzen Umfange der Monarchie einschließlich des Jahdegebiets und der durch die Gesetze vom 20. September und 24. Dezember 1866 mit derselben vereinigten Landestheile am 1. Juli d. J. in Kraft treten soll."

Es kann hiernach kein Zweifel obwalten, daß die Bundesverfassung von nun an wirklich ein gleichlautendes Landesgesetz sämmtlicher Territorien war, daß Bundesrath und Reichstag als Beauftragte jedes einzelnen Staates das Gesetzgebungsrecht ausübten und in das innere Leben der Staaten eingriffen, daß die Bürger der Letzteren nur ihren Gehorsam gegen ihr Gemeinwesen und dessen Oberhaupt bethätigten, wenn sie sich den Bundesgesetzen fügten. Max Seydel hat ganz correct diese unbestreitbare Theorie bis in ihre letzten Consequenzen verfolgt und nur den Fehler begangen, daß er sie auch auf das Deutsche Reich gemeint hat anwenden zu

---

[14]) a. a. O. S. 3ff.

[15]) Selbst H. v. Treitschke schrieb 1867, als ihn noch kein Deutsches Reich in dieser sachgemäßen Auffassung beirrt hatte: „Der Norddeutsche Bund ist ein nationaler Staatenbund unter preußischer Hegemonie ..... Die Formen des Staatenbundes sind so ängstlich festgehalten, daß sogar die Stimmordnung des alten Bundestags wieder auflebt." Preuß. Jahrb. 19 S. 723.

[16]) Kgl. Preuß. Staatsanzeiger vom 24. Juni 1867.

dürfen. Sie läßt sich nicht, wie Rönne[17]) versucht, durch die Betrachtung beseitigen, daß die Verfassung vielfach einen für ein Landesgesetz unmöglichen Inhalt hat. Wenn sie als solches verkündet wird, so soll das eben nur besagen: Das Staatsoberhaupt befiehlt mit Zustimmung der gesetzgebenden Faktoren, daß der Staat und seine sämmtlichen Bürger in all die Beziehungen und Rechtsverhältnisse eintreten sollen, die sich aus der verkündigten Verfassung des Norddeutschen Bundes ergeben. Der Fürst resp. Senat befiehlt natürlich blos das, was er befehlen kann, alles übrige ist für ihn nur enuntiativ, d. h. zum Verständniß nöthiges Beiwerk. Es würde aber völlig widersinnig gewesen sein, das erstere etwa auszusondern und in die gewöhnliche dispositive Form eines Gesetzes zu fassen. Niemand hätte sich ein klares Bild von den Verhältnissen machen können, in die der Staat nunmehr verflochten werden sollte. Jedes Wort der Verfassung war für ihn von Wichtigkeit und Interesse, darum mußte sie auch ungetheilt von Seiten der Regierung als Gesetz verkündet werden.

Dies Verfahren steht übrigens nicht vereinzelt in der deutschen Verfassungsgeschichte da. Der Westphälische Friede, ein Vertrag zwischen dem Kaiser als König von Ungarn und Böhmen, dem Reiche und den Kronen Frankreich und Schweden, also ein völkerrechtliches Uebereinkommen, wurde damals als Grundgesetz des Deutschen Reiches anerkannt und als solches dem Reichstagsabschied von 1654 einverleibt. Darin standen natürlich auch eine Menge Dinge, die von der Reichsgewalt unmöglich decretirt werden konnten, so vor allem die Zugeständnisse der auswärtigen Mächte, und doch wurde das Ganze ungetheilt als Reichsgesetz verkündet. Das wollte nur sagen, daß jeder Verstoß gegen den Inhalt des Friedens als Gesetzesverletzung aufgefaßt werden sollte. Gleicherweise war jeder Verstoß gegen die Verfassung des Norddeutschen Bundes oder gegen die von ihm verfassungsmäßig erlassenen Gesetze ein Bruch der Landesgesetze des Einzelstaats und zwar eines Verfassungsgesetzes, denn als solches war die Bundesverfassung behandelt worden.

Freilich bei der Redaction der Letzteren hat unzweifelhaft die Idee des Einheitsstaates oder vielmehr der durchaus unklare Begriff des Bundesstaates mitgewirkt, und so hat sie einen Inhalt bekommen, der für einen Staat fast noch besser geeignet war, wie für

[17]) a. a. O. I S. 41 f.

einen Bund. Sie würde nur, von einem Staat als Grundgesetz erlassen, unter ganz anderen Voraussetzungen in's Leben getreten sein und daher vielfach anders interpretirt werden müssen. Thatsächlich ist sie aber als gleichmäßiges Landesgesetz verbündeter Staaten publicirt worden und so muß sie staatsrechtlich, trotz mancher uns seltsam scheinender Consequenzen, von diesem Standpunkt aus beurtheilt und erklärt werden. Das umgekehrte, so vielfach eingeschlagene Verfahren, aus ihrem Inhalt die Grundlagen, denen sie entsprossen ist, finden, klare Thatsachen wegdemonstriren zu wollen[18]), ist als durchaus incorrect abzuweisen. Man kann niemals eine Verfassung interpretiren, von der man nicht weiß, wie sie entstanden, von wem sie erlassen ist.

Die Form des Publicandums vom 26. Juli 1867[19]), durch

[18]) R. v. Mohl a. a. O. setzt uns in seinem ganzen ersten Kapitel: „Das rechtliche und das politische Wesen des Deutschen Reiches“ auseinander, wie die Kategorien Staatenbund, Bundesstaat, Einheitsstaat nur Prokrustesbetten seien, in die man ein lebendiges, politisches Gebilde nicht einzwängen dürfe, wie man vielmehr nur aus seiner Verfassung seine rechtliche Natur herzuleiten habe, ohne jene Kategorien innezuhalten. Consequent bleibt er sich darin allerdings nicht, denn S. 27 f. erkennt er an, daß man bei Unklarheiten oder Lücken in der Gesetzgebung sich aus der Natur des Reiches Klarheit zu verschaffen gezwungen sei.

Mohl huldigt also dem allgemein verbreiteten Irrthum, als ob es mehrere Kategorien politischer Gebilde gebe, und bestreitet eine scharfe Scheidung derselben als der Wirklichkeit nicht entsprechend. Es existirt aber in der That nur der eine Begriff „Staat“, der entweder in der Einzahl oder in der Mehrzahl, d. h. in völkerrechtlichen Verbindungen auftritt. Von ihm giebt es allerdings die verschiedensten Arten, Monarchie, Demokratie, centralisirter, decentralisirter Staat 2c. 2c. und in diese Arten darf man ein lebendiges Gebilde unter Umständen nicht einzwängen, da es unendlich viele Zwischenstufen geben kann. Zwischen einem einzelnen Staate und einer Mehrzahl von Staaten kann es aber unmöglich eine Zwischenstufe geben, die in gewisser Beziehung das eine, in andrer das andre sein könnte, ebensowenig wie man zwischen einem Menschen und einem Volke ein Mittelglied zu finden vermag, das von beiden Begriffen einzelne Eigenschaften in sich trüge. Allerdings ließen sich eine Unzahl von politischen Gebilden anführen, bei denen die Rechtsverhältnisse noch ungeklärt sind, von denen man nicht weiß, ob sie einen Staat oder ein Aggregat von Staaten bedeuten, aber auch diese muß man je nach dem Parteistandpunkt entweder als das eine oder als das andre auffassen, niemals darf man sie als ein Mittelglied zwischen beiden hinzustellen suchen.

Ob nun eine Einzahl oder Mehrzahl von Staaten vorliegt, das kann man nicht immer aus dem Inhalt der Verfassung ersehen, sondern namentlich aus der Art, wie die Verfassung entstanden ist, denn dadurch eben modifizirt sich der Sinn ihres Inhalts.

[19]) Bundesgesetzbl. d. Nordd. Bundes 1867 Nr. 1.

welches der König von Preußen die Uebernahme seiner neuen Gewalt verkündet und die Verfassung noch einmal bekannt gemacht hat, entspricht unsrer Auffassung vollkommen. Sie lautet:

„Wir Wilhelm ꝛc. ꝛc. thun kund und fügen hiermit im Namen des Norddeutschen Bundes zu wissen:

Nachdem die Verfassung des Norddeutschen Bundes von Uns, S. Maj. dem König von Sachsen ꝛc. ꝛc. ꝛc. mit dem zu diesem Zwecke berufenen Reichstage vereinbart worden, ist dieselbe in dem ganzen Umfange des Norddeutschen Bundesgebietes, wie folgt:

Verfassung des Norddeutschen Bundes
(folgt die ganze Verfassung incl. Eingang)

unter dem 25. Juni d. J. verkündet worden und hat am 1. Juli d. J. die Gesetzeskraft erlangt.

Indem Wir dies hiermit zur öffentlichen Kenntniß bringen, übernehmen Wir die Uns durch die Verfassung des Norddeutschen Bundes übertragenen Rechte, Befugnisse und Pflichten für Uns und Unsere Nachfolger in der Krone Preußen.

Wir befehlen, dieses Publicandum durch das Bundesgesetzblatt des Norddeutschen Bundes zu veröffentlichen."

Aus dieser rechtlich völlig indifferenten Mittheilung, welche nur die staatsrechtlichen Vorgänge kurz recapituliren, die Uebernahme des neuen Amtes durch den König von Preußen verkündigen und die vereinbarte Verfassung an die Spitze des Bundesgesetzblattes bringen sollte, ist klar zu ersehen, wie die Verfassung eben nicht als Bundesgesetz erlassen ist, wie sie vielmehr durch die Legislative der Einzelstaaten zustande gekommen und durch deren Publication bereits am 1. Juli zur Geltung gelangt war[20]).

---

[20]) Im Gegensatz hierzu sagt Haenel, Studien zum Deutschen Staatsrecht I S. 76 ff.: „Der hiermit organisirte Bund mußte die Bundesverfassung als seine oberste rechtliche Willensbestimmung sich aneignen und damit, gestützt auf die, durch die Landesgesetze in ihren negativen Funktionen gewährte, rechtliche Möglichkeit, die Bundesverfassung zum obersten Bundesgesetz als solchem, zum rechtsverbindlichen Willen der Gesammtheit als solcher erheben.

Das ist geschehen durch das Publicandum vom 26. Juli 1867, welches der König von Preußen im Namen des Bundes und durch das Bundesgesetzblatt erließ." Einer solchen Auffassung widerspricht der klare Wortlaut des Publicandums. Es ist nicht einzusehen, wie die bloße Mittheilung, daß andere Faktoren ein Gesetz erlassen haben, selbst zu einem Gesetze gleichen Inhalts werden soll, und ebensowenig, warum die Landesgesetze nur negativ die Mög-

Daß nicht erst obiger Erlaß vom 26. Juli diese Urkunde in Kraft setzte, wie man wohl angenommen hat[21]), erhellt schon daraus, daß der König bereits am 14. Juli den Ministerpräsidenten v. Bismarck zum Bundeskanzler ernannte[22]).

Durch die in solcher Weise begründete Neubildung wurde das Deutsche Reich ebensowenig rechtlich zerstört, wie durch die Gründung des Deutschen Bundes, wenn sie auch einen bei weitem mehr staatlichen Charakter zeigte und dadurch den Bedürfnissen des deutschen Volkes in unvergleichlich höherem Maße gerecht zu werden vermochte. Nach wie vor bestand das Vikariat der Einzelstaaten, hervorgegangen aus dem Mangel einer Centralgewalt — nur waren jetzt nicht alle, sondern blos ein Theil von ihnen zum Bunde geeinigt — nach wie vor bestand ein Hinderniß, die Centralgewalt wieder in's Leben zu rufen.

Was dies letztere betrifft, so war jetzt eine bedeutsame Veränderung eingetreten. Bisher mußte man den eigentlichen Grund des fortdauernden Interregnums in dem Dualismus von Preußen und Oesterreich erblicken. Keiner von beiden Staaten hätte den Herrscher des anderen als Reichsoberhaupt anerkennen können, keiner aber traute sich die Kraft zu, die Anerkennung des andern zu erzwingen. Der formelle Grund indessen, weshalb das Reich nicht wieder aufleben konnte, lag noch immer in dem 6. Artikel des Pariser Friedens, wiewohl Frankreich Jahrzehnte hindurch gegebenen Falles nicht daran gedacht hätte und gar nicht in der Lage gewesen wäre, die Einigung Deutschlands zu hindern. Jetzt nun war der Dualismus aufgehoben, die Möglichkeit einer festen Vereinigung des ganzen außerösterreichischen Deutschlands gegeben, da setzte sich einer solchen Entwicklung gerade die Macht entgegen, welcher im Jahre 1814 die größten deutschen Staaten freiwillig das Recht dazu eingeräumt hatten[23]). Das bisher nur formelle Hinderniß wurde zu einem thatsächlichen.

---

lichkeit zur Herstellung des Bundes gewährt haben sollen, wo sie doch ganz positiv die Bundesverfassung decretirt haben. Haenel geht eben unbewußt schon von der Ansicht aus, der Norddeutsche Bund sei ein Staat oder Bundesstaat gewesen und modelt sich danach den klaren Sinn der Urkunden um.

[21]) Rönne a. a. O. I S. 42.

[22]) Preuß. Staats-Anzeiger vom 1. August 1867.

[23]) vgl. Sybel a. a. O. B. 19 Kap. 3.

Der französische Kaiser ging freilich, indem er jede politische Verbindung des Nordens mit dem Süden verbot, weit über sein formelles Recht hinaus, da ja in jenem Art. 6 gerade eine föderative Einigung ganz Deutschlands verheißen und somit erlaubt war. Bisher hatte nur eine staatliche Verbindung, also vornehmlich die Reactivirung des alten Reiches als unstatthaft gegolten, jetzt prätendirte der Nachbarstaat gar, das den deutschen Territorien zustehende Bündnißrecht einschränken zu dürfen.

Hiernach standen die deutschen Staaten seit 1866 unter einem widerrechtlichen Druck des Auslandes, einem Druck freilich, der den Südstaaten außer Baden vorerst nicht unwillkommen sein mochte. Er hat schließlich unserm Vaterlande zum Segen gereicht, denn es ist kaum anzunehmen, daß eine damals zustande gekommene Einigung so den Wünschen der Nation entsprochen hätte und namentlich so auf gegenseitigem Vertrauen basirt gewesen wäre, wie diejenige von 1871. Jedenfalls hätte man es in jenem Moment bei einem völkerrechtlichen Bunde bewenden lassen und wäre nicht, wie wir es für 1870/71 nachzuweisen gedenken, zu einer wirklichen Herstellung des alten Reiches geschritten.

Ueberblicken wir nun noch einmal kurz die Vorgänge des Interregnums vom reichsrechtlichen Standpunkt aus:

Am 6. August 1806 legte Franz II. unter dem Druck fremder Invasion die Krone nieder. Die Reichsgewalt löste sich auf, weder die Kurfürsten noch die Reichsvikare walteten ihres Amtes, weil fast alle dem Gebot eines fremden Monarchen gehorchen mußten.

Als die feindlichen Heere vom deutschen Boden vertrieben waren, verpflichteten sich die mächtigsten Reichsstände, deren Mitwirkung für die Herstellung der Centralgewalt unentbehrlich war, dem besiegten Staate gegenüber, die deutschen Territorien nur in föderativen Formen zu einigen. Auf Grund dieser Bestimmung betrachteten sich sämmtliche Staaten als souverän und vereinigten sich zum Deutschen Bunde. Damit geriethen sie mit dem Reichsrecht insofern nicht in Widerspruch, als ihnen allen das Bündnißrecht zustand und sie in Ermangelung einer Reichsgewalt deren Befugnisse in ihren Staaten und damit die zeitweilige Souveränetät übernehmen durften. Das Reich bestand also trotz dieser Vorgänge weiter zu Recht. Die Bewegung von 1848 wollte an der Stelle des alten Staatsrechts ein neues auf die Volkssouveränetät basirtes setzen, doch scheiterte der Versuch an der Idee des fortbestehenden Reiches.

In Folge des Krieges von 1866 verzichtete Oesterreich auf fernere Mitwirkung an der Gestaltung Deutschlands. Dadurch schien die Begründung einer Centralgewalt möglich, aber Frankreich widersetzte sich der angestrebten Einung. Trotz der Gründung eines festgefügten Bundes der Nordstaaten verblieb das Reich in seinem Provisorium. Das Einzelvikariat blieb bestehen, von einer Reactivirung der Reichsgewalt mußte man absehen. Erst die Ereignisse des Jahres 1870, auf die wir jetzt unsre Blicke zu lenken haben, brachten die deutsche Frage von neuem in Fluß.

Viertes Kapitel.

Der projektirte Deutsche Bund von 1870.

Die ersten Verhandlungen, welche nach den gemeinsamen entscheidenden Siegen über die französische Armee mit den Südstaaten auf deren Veranlassung eröffnet wurden, zielten offenbar auf eine Fortsetzung des Provisoriums in veränderter Gestalt, auf Neugründung eines dem bestehenden gleichartigen, aber alle deutschen Staaten außer Oesterreich, Luxemburg und Lichtenstein umfassenden Bundes.

Freilich war durch Art. 79 der Norddeutschen Verfassung[1]) bereits der Zutritt jener Länder berücksichtigt und die Competenz der Bundesgesetzgebung auf deren Eingliederung ausgedehnt worden; dennoch ist beim Abschluß der bezüglichen Verträge von dem genannten Artikel kein Gebrauch gemacht worden. Die Veränderung war zu bedeutend und einschneidend, als daß man sie nur als eine durch Zutritt neuer Mitglieder geschehene Erweiterung des Bundes auffassen wollte.

Diese Thatsache wird meistens völlig verkannt, indem ganz allgemein der projektirte Deutsche Bund und mit ihm das nachherige Deutsche Reich als einfache Fortsetzung und Erweiterung der

[1]) Abs. 2 desselben lautet: der Eintritt der Süddeutschen Staaten oder eines derselben in den Bund erfolgt auf den Vorschlag des Bundespräsidiums im Wege der Bundesgesetzgebung.

bestehenden Vereinigung angesehen wird. Und doch ist aus dem Wortlaut der Verträge und aus der Verfassung selbst die Unrichtigkeit einer solchen Anschauung klar zu erkennen.

Die Nr. 598 des Bundesgesetzblattes von 1870 ist überschrieben: „Protokoll betreffend die Vereinbaruug zwischen dem Norddeutschen Bunde, Baden und Hessen über Gründung des Deutschen Bundes", und in diesem Protokoll heißt es: „Nachdem S. M. der König von Preußen, S. K. H. der Großherzog von Baden und S. K. H. der Großherzog von Hessen und bei Rhein übereingekommen sind, über die Gründung eines Deutschen Bundes in Verhandlung zu treten 2c." Von einem Eintritt in den Norddeutschen Bund ist nirgends die Rede, sondern nur von einer Neugründung. Ebenso heißt es im B.G.Bl. Nr. 599: „Vertrag zwischen dem Norddeutschen Bunde, Baden und Hessen einerseits und Württemberg andrerseits, betreffend den Beitritt Württembergs zur Verfassung des Deutschen Bundes nebst dazu gehörigem Protokoll." Hier ist nur ein Beitritt des süddeutschen Königreichs zu dem neuen, projektirten Bunde gemeint, nicht aber zu dem schon bestehenden, denn der mit Baden und Hessen in Aussicht genommene war ja eben nicht der norddeutsche.

Noch klarer und unzweifelhafter aber stellt sich die Sache bei dem Vertrage mit Bayern vom 23. November 1870, ratifizirt am 22. Januar 1871 [2]). Derselbe lautet:

„S. M. der König von Preußen im Namen des Norddeutschen Bundes und S. M. der König von Bayern haben . . . beschlossen, über Gründung eines Deutschen Bundes Verhandlungen zu eröffnen . . . .

Art. 1. Die Staaten des Norddeutschen Bundes und das Königreich Bayern schließen einen ewigen Bund, welchem das Großherzogthum Baden und . . . Hessen . . . schon beigetreten sind.

Art. 2. Die Verfassung des Deutschen Bundes ist die des Norddeutschen Bundes, jedoch mit folgenden Abänderungen: . . . .

Art. 6. Gegenwärtiger Vertrag tritt mit dem 1. Januar 1871 in Wirksamkeit . . . ."

Auch hier kein Wort von einem Eintritt Bayerns in den bestehenden Bund, kein Wort von einer verfassungsmäßigen Erweiterung

---

2) Bundesgesetzblatt von 1871 Nr. 610.

desselben, sondern im Gegentheil die unzweideutige Erklärung, daß eine neue föderative Bildung in's Leben treten solle[3]).

Wenn dies nun richtig ist, dann mußte der alte Bund am 1. Januar dem neuen das Feld räumen, er mußte sich auflösen. Dadurch begaben sich sämmtliche norddeutsche Staaten aller der Rechte und Pflichten, welche sie durch Anerkennung der Verfassung sich gegenseitig gewährt und auferlegt hatten, um durch Anerkennung einer neuen, der alten fast gleichlautenden Verfassuug mit einer größeren Anzahl Staaten in eine gleich enge völkerrechtliche Verbindung zu treten.

In den Vereinbarungen mit Baden, Hessen und Württemberg, sowie in der Bundesverfassung selbst sind die Ausdrücke nicht korrekt gewählt, es ist da von einem Bündniß zwischen dem Norddeutschen Bunde und den Südstaaten die Rede, als wenn dem ersteren bestimmt wäre, innerhalb des neuen Bundes gesondert fortzuexistiren. Davon konnte natürlich keine Rede sein, und ist es daher als erwünschte Klarstellung zu begrüßen, wenn es im Art. 1 des bayrischen Vertrages heißt: „Die Staaten des Norddeutschen Bundes". Damit ist die Auflösung der bisherigen Union mit dem Moment des Beginnes der neuen Ordnung ausgesprochen. Die

---

[3]) Rönne I S. 42 sucht die Continuität zwischen Norddeutschem und Deutschem Bunde durch eine spitzfindige Auseinandersetzung unter Benutzung des Art. 79 aufrechtzuerhalten. Er sagt darin: „Indem diese letzteren (die Südstaaten) den Norddeutschen Bund als vertragschließende Partei annahmen, nahmen sie auch dessen Existenz und Verfassung zur Voraussetzung, so daß also die Absicht und Wirkung der Verfassungsverträge lediglich der Anschluß der süddeutschen Staaten an das bereits bestehende Bundesverhältniß und die Ausdehnung der Bundesverfassung auf die in den Bund eintretenden Süddeutschen Staaten sein konnte." Es ist dagegen zu fragen, warum man die erwähnte Absicht nicht einfach ausgeführt, warum man nicht durch ein klares Bundesgesetz die Aufnahme vollzogen hat? Ein solches Gesetz existirt nicht, und ebensowenig ist in den Verträgen irgendwo von einer Aufnahme in den Nordbund die Rede.

In andern Werken, G. Meyer, O. Mejer 2c. wird die Continuität ohne weiteres angenommen. Nur Ph. Zorn „Das Staatsrecht des Deutschen Reiches" 1880/83 schreibt S. 39: „Diese seit 1. Januar 1871 bestehende deutsche Staatsgewalt war staatsrechtlich neu. Thatsächlich genau auf den nämlichen Prinzipien und auf der verhältnißmäßig nur wenig veränderten Verfassung wie der Norddeutsche Bund beruhend, ist das Reich staatsrechtlich doch nicht Rechtsnachfolger des Norddeutschen Bundes geworden, denn die Staatsgewalt des letzteren war eine thatsächlich und juristisch andere, als die des ersteren." Hier möchte ich nur an dem Worte „Staatsgewalt" Anstoß nehmen. Es konnte nur von einer Bundesgewalt die Rede sein.

Verhandlungen zur Gründung des neuen Bundes wurden noch von der Centralgewalt des bisherigen geführt, da dieser die Vertretung der Einzelstaaten dem Ausland gegenüber nach der Verfassung zustand, in dem Vertrag selbst aber, der erst mit Auflösung des älteren Bundes in Kraft treten konnte und sollte, erschienen die partikularen Gewalten als selbständige, außer Rechtsverbindung mit einander stehende Potenzen, als unabhängige Contrahenten, die nur zum Abschluß des Vertrages sich noch der bündischen Formen bedient hatten. Ihre Organe allein, nicht die des Bundes, waren für seine Erfüllung verantwortlich.

Streng juristisch genommen bedeutet es gewiß eine Competenzüberschreitung der Centralgewalt, mit auswärtigen Staaten Verträge zu schließen, die eine Auflösung des Bundes zur Voraussetzung hatten und bedingten, war doch eine solche, genau wie die Gründung, nur durch freies Uebereinkommen sämmtlicher Souveräne mit Zustimmung aller Einzellandtage möglich; da jedoch eine Erweiterung des Bundes über die süddeutschen Staaten nach Art. 79 in der Competenz der gesetzgebenden Organe lag und der neue Bund in Wirklichkeit und der Wirkung nach nichts wesentlich anderes war, als ein solcher erweiterter Nordbund, so konnte es Niemandem einfallen, gegen das eingeschlagene Verfahren Protest zu erheben. Die Thatsache der formellen Verschiedenheit beider Institutionen bleibt trotzdem bestehn.

Uebrigens hat die Frage nach der Identität zweier Bünde nicht entfernt die Bedeutung, wie die nach dem Rechtszusammenhang zwischen zwei Staaten. Ein Bund kann sich in ganz legaler Weise entweder durch Vertragserweiterung oder durch Auflösung und Neugründung in einen andern Bund verwandeln, die Souveränetäten, d. h. die Einzelstaaten bleiben dabei immer die gleichen, ein Staat dagegen kann nur identisch fortgebildet oder durch Rechtsbruch zerstört und durch einen neuen Staat, eine neue Souveränetät ersetzt werden. Die Continuität läßt sich dort in gesetzmäßiger Weise, hier nur durch Rechtsverletzung unterbrechen.

In unserm Fall sollte also der Uebergang von einem Bund zum andern durch Auflösung und Neugründung erfolgen. Durch die Verträge mit den Südstaaten erklärte die Regierung des Norddeutschen Bundes, daß alle von ihr vertretenen Staaten am 1. Januar 1871, unter Aufhebung des gegenwärtig zwischen ihnen bestehenden völkerrechtlichen Verhältnisses, mit jenen Staaten das in den Verträgen präcisirte Verfassungsbündniß eingehen würden. Da es aber selbstredend nicht in der Absicht liegen konnte, die ganze mit Mühe vereinbarte Verfassung des Nordbundes, alle seine Gesetze, die in langer Arbeit geschaffenen Einrichtungen zu beseitigen und das gewaltige Werk ganz von vorn zu beginnen, so bestimmte Art. 2 des Vertrages kurz und bündig: „Die Verfassung des Deutschen Bundes ist die des Norddeutschen Bundes", und fügte eine Reihe von Abänderungen bei, welche sich aus dem Zutritt der Südstaaten ergaben. Damit war nicht etwa der Bestand einer Continuität festgestellt, sondern nur die Uebernahme der bisherigen norddeutschen Verfassung auf den neuen Bund ausgesprochen. Ebensogut hätte man die Grundgesetze der Vereinigten Staaten von Amerika oder die Schweizer Cantonalverfassung mit den nöthigen Abänderungen annehmen können. Immer wäre es eine auf der Grundlage der zeitweiligen Einzelstaats-Souveränetät errichtete Neubildung gewesen ohne rechtliche Beziehung zu den Staatencomplexen, welchen man die Verfassung entlehnt hatte.

Unter den Abänderungen ist der § 26 von besonderer Wichtigkeit. Er lautet: „Der bisherige Art. 79 der Bundesverfassung (über den Beitritt der Südstaaten) fällt weg. An dessen Stelle tritt folgende: Uebergangs-Bestimmmung. Art. 79. Die nachstehend genannten, im Norddeutschen Bunde ergangenen Gesetze werden zu Gesetzen des Deutschen Bundes erklärt und als solche von den nachstehend genannten Zeitpunkten an in das gesammte Bundesgebiet mit der Wirkung eingeführt, daß, wo in diesen Gesetzen von dem Norddeutschen Bunde, dessen Verfassung, Gebiet, Mitgliedern oder Staaten 2c. 2c. die Rede ist, der Deutsche Bund und dessen entsprechende Beziehungen zu verstehen sind." Hierdurch werden also verfassungsmäßig eine Anzahl von fremden, einem vergangenen politischen Gebilde angehörigen Gesetzen zu Bundesgesetzen erkärt, d. h. der Bund giebt sich neben der Verfassung durch einen Paragraphen derselben eine Reihe von Gesetzen, welche mit dem Inslebentreten des Bundes gleichzeitig den Charakter von Bundesgesetzen erhalten und an den näher bezeichneten Terminen in Kraft treten sollen.

Auch die Verfassungs-Urkunde vom 31. Dezember 1870 spricht nicht von einer Fortsetzung des bisherigen, sondern von der Gründung eines neuen Bundes. Sie sagt im Eingang: „S. M. der König von Preußen im Namen des Norddeutschen Bundes 2c.

schließen einen ewigen Bund," und bedeuten diese Worte selbstredend nichts anderes, als was in dem Bayrischen Vertrage steht, daß nämlich die Staaten des Nordbundes nach Auflösung des Letzteren die neue Verbindung eingehn.

Durch die somit festgestellte Thatsache, daß der geplante Deutsche Bund als rechtliche Neubildung zu gelten hat, ist natürlich nicht ausgeschlossen, daß nicht der neue Bund dem Auslande gegenüber, sowie in privatrechtlicher Beziehung die Rechte und Pflichten der beseitigten Organisation übernehmen konnte, wie es auch das Deutsche Reich nachher gethan hat. Es ist ein in unsrer Staatengemeinschaft allgemein anerkannter und befolgter Brauch, daß jeder Erwerber eines Territoriums, d. h. jede neue Regierungsgewalt in demselben, mag sie legitimen oder illegitimen Ursprungs sein, mag sie als Fortsetzung und Weiterentwicklung der früheren gelten oder nicht, wenn vom Ausland anerkannt, als Erbin des vorherigen Regiments aufgefaßt wird. Die bestehenden Verträge bleiben in Gültigkeit, die Schulden werden übernommen, alle rechtmäßigen Ansprüche aufrecht erhalten. Das war in unserm Falle um so mehr nöthig, als die eigentlichen Rechtssubjecte, die Staaten, keinerlei Veränderung erlitten hatten, sondern nur in veränderter Weise vertreten werden sollten. Die Uebernahme solcher Erbschaft kann also durchaus nicht als Beweisgrund für die Wahrung der Continuität zwischen der neuen und der ehemaligen Ordnung betrachtet werden.

Der projektirte Deutsche Bund sollte nun, das war offenbar die Intention der vertragschließenden Theile, ein dem Norddeutschen völlig analoges Gebilde werden, also vom Standpunkt des alten Reichsrechts betrachtet ein neues Provisorium. Dazu mußte er ungefähr in gleicher Weise zustande gebracht werden, wie das politische Werk des Jahres 1867. Versuchen wir deshalb beide Entstehungsarten einer Vergleichung zu unterziehen.

Damals schloß zuerst Preußen mit den norddeutschen Staaten die auf ein Jahr gültigen Bündnißverträge vom Herbst 1866 folgenden Inhalts:

a) Es wird ein Offensiv- und Defensiv-Bündniß bestehen.
b) Die Truppen werden unter den Oberbefehl von Preußen gestellt.
c) Es soll eine Bundesverfassung geschaffen werden auf der Basis der Grundzüge des preußischen Bundesreformentwurfs vom 10. Juni 1866.

d) Es wird ein gemeinsames Parlament einberufen und mit diesem der Verfassungsentwurf vereinbart.

Die ersten drei von diesen Abmachungen sind auch Inhalt der zwischen Norddeutschland und den Südstaaten geschlossenen Verträge, wiewohl nicht eines einzigen Abkommens. Bei Gelegenheit des Friedensschlusses von 1866 wurde ein, wenn auch mehr defensives Bündniß geschlossen, bei Beginn des Krieges von 1870 wurden die süddeutschen Truppen unter den Oberbefehl des Königs von Preußen gestellt, in den Novemberverträgen wurde zwar nicht wie in dem 1866er die zukünftige Vereinbarung einer Bundesverfassung ausgemacht, aber es wurde direkt eine solche, und zwar die entsprechend veränderte Norddeutsche Verfassung vereinbart. Nur der vierte Punkt findet kein Analogon in den Vorgängen von 1870. Ein gemeinsames Parlament wurde nicht einberufen, obwohl sich im Norddeutschen Reichstag Stimmen erhoben, welche den Zusammentritt eines solchen zum Zweck der Verfassungsrevision forderten[4]).

In dieser Unterlassung ist aber kein wesentlicher Unterschied zwischen den beiderseitigen Vorgängen zu erkennen, denn einmal war jenem ersten Reichstag von 1867 nur eine berathende Stimme zuerkannt, so daß seine Thätigkeit nicht als ein legislatorischer Akt aufgefaßt werden kann, und dann war ja im Jahre 1870 bereits eine zur Uebernahme auf den neuen Bund geeignete Verfassung vorhanden, für deren Neuredaktion der große Apparat eines constituirenden Parlaments nicht erforderlich schien.

Dazu kam noch ein anderer Umstand. Im Jahre 1867, wo die Verhandlungen zwischen den Regierungen verhältnißmäßig wenig Schwierigkeiten geboten hatten, konnte es dem Reichstage gelingen, für verschiedene Modifikationen, die vornehmlich in Erweiterungen der Bundeskompetenz bestanden, die Einwilligung der Staatsoberhäupter zu erlangen und so eine wirklich fruchtbringende Thätigkeit zu entfalten; bei Stiftung des Deutschen Bundes dagegen, wo man nur mit großer Mühe eine Einigung auf ganz bestimmten Wort-

[4]) Ein am 2. Dezember 1870 dem Norddeutschen Reichstag von Duncker und 14 Genossen eingereichter Präjudizial-Antrag lautete: Der Reichstag wolle beschließen: „Die verbündeten Regierungen aufzufordern, diejenigen Schritte zu thun, welche den süddeutschen Regierungen und verfassungsmäßig dem Reichstage des Norddeutschen Bundes gegenüber erforderlich sind, um die deutsche Verfassung einem nach den Wahlgesetzen zum Zollparlament gewählten, gemeinsamen Reichstage zur Vereinbarung mit den deutschen Regierungen vorzulegen". (Drucksachen Nr. 19.) Dem Antrage wurde keine Folge gegeben.

laut erzielt hatte, konnte hiervon keine Rede sein. Auch der Norddeutsche Reichstag und die süddeutschen Kammern, deren Zustimmung eingeholt werden mußte, durften nur ja oder nein sagen, jede Abänderung hätte das ganze Werk in Frage gestellt[5]). Ein gemeinsames Parlament hätte unter solchen Umständen das Werk nur zu gefährden, nicht aber zu fördern vermocht.

Bis hierher also war keine prinzipielle Abweichung in der Entstehungsart der beiden föderativen Bildungen zu erkennen gewesen, jetzt aber scheiden sich ihre Wege ganz unverkennbar. Im Jahre 1867 wurde die festgestellte Verfassung, welche am 1. Juli in Kraft treten sollte, kurz vor dem genannten Termin in jedem einzelnen Bundesstaat als Landesgesetz publizirt und diese Thatsache, sowie ihre Folge, der Beginn der neuen Ordnung am 1. Juli, durch das Publicandum vom 26. Juli konstatirt. Zur Gründung des Deutschen Bundes von 1870 dagegen war ein etwas anderes Verfahren nothwendig.

Zuerst hatten sich, wie bekannt, Baden und Hessen mit dem Norddeutschen Bunde und dann alle drei mit Württemberg über die Bundesverfassung geeinigt. Ueber das bayrische Abkommen soll später geredet werden. Diese Staaten hatten unter einander Verträge geschlossen, deren Inhalt kein anderer war, als daß sie zum 1. Januar einen Bund mit jener Verfassung in's Leben rufen wollten oder, was dasselbe sagen will, daß sie diese Verfassung bis zu dem festgesetzten Termin in ihren Staaten zum Landesgesetz erheben wollten, denn nur dadurch konnte ein solcher Bund zustandekommen.

Wenn nun der Norddeutsche Bund, Baden und Hessen die einzigen Contrahenten waren, dann stellte sich die Sache sehr einfach. Eine Publication des Vertrages selbst war ebensowenig nöthig, wie 1867 die Vereinbarung zwischen den Regierungen über Annahme der Verfassung erst noch als Vertrag ratifizirt und veröffentlicht worden ist. Es genügte vollkommen, wenn man die Vereinbarung erfüllte und die Verfassung als Landes- resp. Bundesgesetz erließ. In das Abkommen mit Württemberg jedoch wurden noch einige Bestimmungen aufgenommen, welche den Inhalt des

---

[5]) Dieser Thatsache gab Schulze-Delitzsch am 5. Dezember im Reichstage Ausdruck. Er schloß seine Ausführung mit den Worten: „Ja, m. H., so sind wir denn vor diese ungemein wichtige und bedeutende Frage gestellt mit der Aufforderung, entweder ja oder nein zu sagen.“

neuen Grundgesetzes modifizirten. Damit auch diese in den einzelnen Ländern zu rechtlicher Gültigkeit gelangten, mußte man sie ebenfalls als Gesetz publiziren, und das ließ sich am besten dadurch erreichen, daß man den ganzen Inhalt des Vertrages, also seinen Wortlaut, zum Gesetz erhob.

Es dürfte hier am Orte sein, den Unterschied zwischen Gesetz und Vertrag scharf hervorzuheben. Ein Gesetz enthält einen Befehl der Staatsgewalt an die Staatsangehörigen, tritt also in direkte Beziehung zu diesen, ein Vertrag mit auswärtigen Mächten dagegen berührt zunächst nur die Staatsgewalt selbst, auch wenn die Volksvertretung dazu mitgewirkt hat, denn sie ist ja ein Faktor derselben. Erst durch Vermittlung der Regierung, durch ihr dem Vertrage entsprechend verändertes Verhalten übt Letzterer auf die Bevölkerung eine Wirkung aus. Wenn ein solches Uebereinkommen veröffentlicht wird, so hat das nur den Werth einer Mittheilung. Die Staatsgewalt sagt: Ich werde mich künftig dem Ausland und euch gegenüber so und so verhalten. Wird dabei die Zustimmung von gesetzgebenden Organen erwähnt, so bedeutet das gewissermaßen eine Legitimation der publizirenden Gewalt als der wahren Staatsgewalt. Feierliche Formen, Unterschrift und Siegel des Monarchen ꝛc. sind dazu durchaus unnöthig, der einfache Abdruck in einem Regierungs- oder Gesetzblatt ist vollkommen ausreichend.

Die Sache ändert sich, wenn in dem Abkommen gewisse Versprechungen enthalten sind, welche nur durch Mitwirkung der Unterthanen erfüllt werden können. Dann müssen die Letzteren auf gesetzlichem Wege hierzu angehalten, dem völkerrechtlichen Vertrage mit dem Ausland muß ein staatsrechtlich gültiges Gesetz für das Inland beigefügt werden[6]). Das aber geschieht am einfachsten, wenn man die Staatsangehörigen legislatorisch auf den Inhalt des Vertrages verpflichtet. Der bloße Abdruck würde durchaus unverbindlich sein, es müssen vielmehr hier dieselben Formen angewendet

[6]) Zorn, Das Staatsrecht des Deutschen Reichs, Berlin und Leipzig 1883 I S. 421 f. hebt hervor, „daß Staatsverträge als solche gar keinen juristischen Charakter haben, da es sich bei denselben an sich nicht um Befehle des Staates an die Unterthanen, sondern um Verabredungen von Staat zu Staat handelt. . . . . . Der Vertrag gewinnt jedoch den Rechtscharakter dadurch, daß die zwischenstaatliche Vereinbarung zum Gesetz oder zur Verordnung erhoben wird. Als Gesetz oder als Verordnung können die Sätze der zwischenstaatlichen Vereinbarung zum Befehl an die Unterthanen werden und dadurch den Rechtscharakter gewinnen.“

werden, unter denen sonst Gesetze in Wirksamkeit treten, also in constitutionellen Monarchien die Verkündigung durch den Fürsten unter ministerieller Gegenzeichnung.

Da in unserm Falle der Bund ohne direkte Betheiligung des Volkes, ohne dessen Gehorsam gegen die Gesetze und Anordnungen der Bundesgewalt überhaupt nicht functioniren konnte, so war es unumgänglich nothwendig, daß alle verbündeten Regierungen resp. der Norddeutsche Bund als Organ der Nordstaaten die vereinbarte Verfassung und den Vertrag mit Württemberg in der feierlichen Form des Gesetzes verkündigten. Mitgetheilt konnte außerdem werden: das Protokoll über den Vertragsabschluß, da hierdurch das Verständniß des Uebrigen erleichtert wurde.

Sehen wir, wie die einzelnen Regierungen dieser Verpflichtung nachgekommen sind.

In Hessen erließ am 31. Dezember 1870 das Ministerium des Großherzoglichen Hauses und des Aeußern „zufolge Allerhöchster Ermächtigung S. Kgl. Hoh. des Großherzogs“ eine „Bekanntmachung.“ [7]) Die Verfassung, das Protokoll und der Vertrag mit Württemberg wurden darin „zur Kenntnißnahme und Nachachtung in den nicht zum Norddeutschen Bunde gehörigen Theilen des Großherzogthums“ verkündet mit dem Anfügen, „daß Einwilligung der Stände und Ratification stattgefunden hat“.

Wohl niemals ist ein großes, tiefeinschneidendes Staatsgrundgesetz in einer formloseren Weise in Kraft gesetzt worden. Durch einfache Bekanntmachung des Ministeriums, als wenn es sich um eine Hundesperre oder dgl. handelte, wird die noch unabhängige Hälfte des Landes einem ewigen Bunde angegliedert, der ihm de facto die Souveränetät entreißen mußte. Wenn nicht das eine Wort „Nachachtung“ darinstände, dann hätte man der Urkunde jede Rechtsverbindlichkeit für die Staatsangehörigen abstreiten müssen. Und auch so ließe sie sich als Gesetz wahrscheinlich anfechten, aber die Sache selbst, der Eintritt Südhessens in den Bund, war so selbstverständlich, daß eine solche Anfechtung sicher nie erfolgt wäre.

Feierlicher und correcter ist das Verfahren Großherzog Friedrichs von Baden.[8]) Er verkündet die Verfassung und die Verträge am 31. Dezember 1870 selbst unter Gegenzeichnung zweier Minister, aber Gesetzescharakter wird den betreffenden Urkunden auch nur

[7]) Hessisches Regierungsblatt vom 31. Dezember 1870.
[8]) Badisches Regierungsblatt vom 31. Dezember 1870.

durch die kurzen Worte „zur allgemeinen Nachachtung“ beigelegt. Auch dies Dokument erscheint mehr wie eine bloße Vertragspublication, als wie ein legislatorischer Akt.

Der entsprechende Erlaß des Königs Karl von Württemberg lautet folgendermaßen[9]): „Karl v. G. G. König von Württemberg. Nachdem die zwischen Bevollmächtigten Württembergs ꝛc. ꝛc. abgeschlossenen Verträge: . . . . . . die verfassungsmäßige Zustimmung Unserer getreuen Stände erlangt haben und allseitig ratifizirt worden sind, so verordnen Wir . . . ., daß diese Verträge hiernach verkündigt werden.

Zugleich werden nachstehende, zu denselben gehörige Beilagen öffentlich bekannt gemacht: 1) der Vertrag zwischen dem Norddeutschen Bunde, Baden und Hessen . . . . 2) die diesem Vertrage beiliegende Verfassung des Deutschen Bundes mit nachfolgenden Aenderungen: . . . .“

Es dürfte schwer sein, hierin einen gesetzgeberischen Akt zu erblicken. Es war offenbar nur eine Veröffentlichung von völkerrechtlichen Verträgen, für deren Erfüllung nach wie vor ausschließlich die Regierung Vorsorge zu treffen verbunden war. Wenn die projectirte Union vollendet worden wäre, so hätten die Württemberger streng genommen bei jedem Bundesgesetz erst eine Bestätigung durch die Landesgesetzgebung verlangen können, denn kein Landesgesetz nöthigte sie oder erlaubte ihnen, dem Ersteren ohne weiteres zu gehorchen. Die völkerrechtliche Verpflichtung der Regierung freilich, ihre Unterthanen hierzu anzuweisen, war vorhanden und bekannt gegeben worden, aber erfüllt war diese Verpflichtung damit noch nicht, und dem Einzelnen stand kein Recht zu, der Staatsgewalt darin vorzugreifen.

Allerdings ist durch letzterwähntes Aktenstück auch die „Verfassung des Deutschen Bundes“ publizirt worden, aber nicht, wie durch die Patente der beiden Großherzogthümer, als selbständige Urkunde, die man als Gesetz auffassen konnte, sondern nur als Inhalt, resp. als Beilage eines Vertrages. So ist man denn, falls man nicht das Wort „verkündigen“ ohne weiteres als „zum Gesetz erheben“ interpretiren will, zu der Annahme gezwungen, daß König Karl mit seiner amtlichen Auslassung keinen gesetzgeberischen Akt vollzogen, sondern nur die ratificirten Verträge nebst einigen zum Verständniß nothwendigen Anlagen seinem Volke mitgetheilt hat.

---

[9]) Württembergisches Regierungsblatt 1871 Nr. 1.

Am klarsten und juristisch am correctesten ist das bayrische Publications-Patent[10]) ausgefallen, wiewohl sich zur Zeit seines Erlasses, dem 30. Januar 1871, die staatsrechtlichen Verhältnisse bereits von Grund aus geändert hatten. König Ludwig hat sich über den Beschluß der Kammern hinsichtlich der vier Verträge Vortrag halten lassen und ertheilt nun seine „Königliche Entschließung" wie folgt:

„Nachdem zu diesen Verträgen, insoweit durch deren Inhalt der verfassungsmäßige Wirkungskreis des Landtags berührt wird, ... die Zustimmung des Landtags erfolgt ist, haben Wir zu denselben Unsere Ratification ertheilt, und nachdem am 29. Januar 1871 zu Berlin die Auswechselung der Ratificationen stattgefunden hat, ertheilen Wir hiermit allen darin enthaltenen Bestimmungen, welche den verfassungsmäßigen Wirkungskreis des Landtags berühren, gesetzliche Kraft und Geltung und verfügen, daß diese Verträge sofort durch das Gesetzblatt .... verkündigt und ihrem ganzen Inhalt nach zum Vollzuge gebracht werden......"

Hier ist kein Mißverständniß möglich. Der König ertheilt allen den Bestimmungen der Verträge, welche den Wirkungskreis des Landtags berühren, also allen, welche überhaupt Inhalt von Landesgesetzen sein können, gesetzliche Kraft und Geltung. Jetzt sind die Verträge zwar immer noch völkerrechtliche Abmachungen, aber ein Theil ihres Inhalts ist zugleich zum Gesetz geworden und damit für die Staatsangehörigen ohne weiteres verbindlich. Wenn solche Declarationen in allen deutschen Staaten erlassen worden wären, dann hätte man das geplante Verfassungsbündniß als abgeschlossen betrachten können, dann wäre der Deutsche Bund genau in derselben Weise in's Leben getreten, wie ehemals der Norddeutsche.

Es geschah nicht so. **Der projectirte Deutsche Bund ist niemals zustande gekommen.**

Während in den vier süddeutschen Staaten dem Abdruck der Verfassung und der darauf bezüglichen Verträge überall ein Publications-Patent vorangestellt wurde, welches entweder wirklich den Inhalt dieser Urkunden zum Landesgesetz erhob oder doch allenfalls so verstanden werden konnte, so sind sie in Norddeutschland zweifellos nur als Verträge resp. ohne jede Verbindlichkeit veröffentlicht worden.

Wenn man auch dem Norddeutschen Bunde das bestreitbare

---

[10]) Bayrisches Gesetzblatt vom 30. Januar 1871.

Recht zugestehen wollte, die Verfassung des neuen Bundes in allen seinen Staaten zu gesetzlicher Gültigkeit zu erheben und damit diese Union mit schaffen zu helfen, so mußte eine solche Aktion doch zum mindesten in der Form eines Bundesgesetzes geschehen. Der König von Preußen mußte also im Namen des Norddeutschen Bundes nach erfolgter Zustimmung des Bundesrathes und Reichstags für die norddeutschen Staaten dasselbe verordnen, was der König von Bayern nachher in seiner Deklaration bestimmte, und mußte in dieses Gesetz die ganzen Verträge und die Verfassung dem Wortlaute nach einfügen. Statt dessen ist nichts weiter geschehen, als daß am 31. Dezember 1870 Verfassung, Verträge und Protokolle ohne irgend einen Zusatz im Bundesgesetzblatt abgedruckt wurden.[11])

Damit erweist sich die Anschauung, als seien diese Urkunden am 1. Januar gesetzlich in Kraft getreten, als vollkommen hinfällig.[12]) Der Abdruck der Verfassung selbst konnte nur als Mittheilung an das norddeutsche Volk gelten, welche besagte: So soll der künftige Bund aussehn, den wir in's Leben zu rufen bestrebt sind; gegründet aber war er deshalb keineswegs. Durch die Wiedergabe der Verträge wurden diese wohl als Verträge publicirt, aber keineswegs ihr Inhalt zum Gesetz erhoben.[13])

---

[11]) Dieser Umstand wird meistens vollständig übergangen. Nur Rönne sagt I S. 25: „Im Norddeutschen Bunde erfolgte die Publication der Verträge mit Hessen und Baden und Württemberg, sowie der „Verfassung des Deutschen Bundes" (letztere ohne Publicationspatent) am 31. Dezember 1870"; rechtliche Folgerungen zieht er aber daraus nicht.

[12]) Zorn a. a. O. I S. 35 erkennt in den Verträgen 2c. einfach 5 Einzelstaatsgesetze. Ihr Inhalt sei die Erklärung in der feierlichen Form des Gesetzes: auf der Grundlage des vorgelegten Verfassungsentwurfs ein Bestandtheil des vom 1. Januar 1871 ab zu constituirenden Bundesstaates sein zu wollen". Er weist aber nicht nach auf welche Weise sie Gesetzeskraft erlangt haben, und sucht, wie so viele, den legal unmöglichen Uebergang von der völkerrechtlichen zur staatsrechtlichen Verknüpfung durch den zweideutigen Begriff des Bundesstaates zu vermitteln.

[13]) Wenn Minister Delbrück am 31. Dezember nach Versailles meldet, am Abend werde in Berlin die gedruckte Reichsverfassung erscheinen, die mit dem nächsten Tage, als solche Kaiser und Reich verkündend, in Kraft trete, so hat er eben eine falsche Auffassung von der Rechtslage. Die Regierungen mochten sich an die neue Verfassung gebunden achten, für das Volk bestand sie noch nicht als Gesetz. Nach der angeführten Stelle scheint es, daß das Cabinet den Abdruck gar nicht befohlen, sondern im Gegentheil nichts vorher davon gewußt hat, der Minister aber war nicht befugt, ein Gesetz selbständig zu publiciren und in Kraft zu setzen. Vgl. Kaiser Friedrichs Tagebuch 31. Dezember. Deutsche Rdsch. XV H. 1.

Und dies Verhalten des Bundespräsidiums darf durchaus nicht als eine Vertragsverletzung oder Nichterfüllung eingegangener Verpflichtungen verstanden werden. Man war gar nicht in der Lage der Verfassung 2c. gesetzliche Gültigkeit zu verleihen, da es niemals in der Absicht der Contrahenten gelegen hat, einen Bund zu schaffen, wie er sich aus diesen Urkunden ergab, einen Bund nämlich zwischen den norddeutschen Staaten, Hessen, Baden und Württemberg. Ehe nicht die Ratification des Abkommens mit Bayern erfolgt war, ehe konnte dem Werke kein legislatorischer Abschluß gegeben werden. Dies geschah aber erst am 22. Januar 1871, also lange nach dem Termin, an welchem der Bund den Verträgen nach hätte in Wirkung treten sollen. Allerdings hatte man die Einwilligung der bayrischen Regierung schon im November erlangt, aber die Zustimmung der bayrischen Kammern fehlte noch, und so war die Ratification nicht eher möglich.

Dieser Umstand, daß die Verträge, wie sie am 31. Dezember bestanden, noch nicht für den geplanten Bund genügten, mag wohl die süddeutschen Regierungen veranlaßt haben, ihren Publicationspatenten eine so unklare Fassung zu verleihen im Gegensatze zu dem bayrischen, das den Verträgen den letzten Abschluß geben sollte. Als staatsrechtlich correct kann ihr Verfahren jedenfalls nicht gelten.

Da nun der Norddeutsche Bund offenbar der neuen Verfassung und ihren Anhängen zum 1. Januar 1871 keine Gesetzeskraft ertheilt hat, so war damit auch der Inhalt jener Dekrete des Königs von Württemberg und der beiden Großherzoge insoweit, als er legislatorisch zu wirken vermocht hätte, vollkommen hinfällig. Der neue Bund konnte, wie der Norddeutsche, nur zustande kommen, wenn die Verfassung 2c. in allen contrahirenden Staaten als gleichmäßiges Landesgesetz verkündigt wurde. Geschah dies in einem Theile der Staaten nicht, so waren auch die Verkündigungen in den übrigen Ländern werthlos und der Zweck nicht erreicht.

Demnach wurde die Bestimmung der Verträge, welche den Beginn des neuen politischen Gebildes auf den 1. Januar 1871 gesetzt hatte, nicht innegehalten. Da dies aber mit vollem Einverständniß der Betheiligten und ohne jeden Protest geschah, so wurde dadurch die fernere Gültigkeit der Verträge nicht beeinträchtigt. Die beigetretenen Staaten blieben auf ihren Inhalt und auf die Verfassung verpflichtet, ohne daß die geplante Einung wirklich zustande gekommen wäre, denn ohne Erhebung des Vertragsinhalts und der Verfassung zum Gesetz bestand zwar auch eine Art Bundesverhältniß, aber nicht der festgefügte Staatenbund, auf den sich die Wünsche der Regierenden und der Nation concentrirt hatten.

Und die Richtigkeit dieser Behauptung wird durch die offenkundigen Thatsachen bestätigt, indem der Norddeutsche Bund, welcher durch die neue Ordnung hätte beseitigt sein müssen, noch über den 1. Januar 1871 hinaus weiter functionirte. Daß noch immer ein „Bundesgesetzblatt des Norddeutschen Bundes" ausgegeben wurde, daß im Preußischen Staatsanzeiger auch fernerhin eine Rubrik „Norddeutscher Bund" existirte[14]), ist zwar bezeichnend, aber noch nicht voll beweisend[15]). Indessen das Präsidium des Norddeutschen Bundes hat als solches weiter Verordnungen erlassen, es hat z. B. am 6. Januar den Kaufmann S. Koppel zum Consul des Norddeutschen Bundes ernannt[16]). Das sind doch offenbar Regierungshandlungen, die einen Zweifel an dem Fortbestand der genannten Institution nicht aufkommen lassen. Bestand sie aber weiter, so war das gleichzeitige Bestehen eines Deutschen Bundes ausgeschlossen.

Da nun auch nach dem 1. Januar kein Akt zu entdecken ist, welcher als Inaugurirung des neuen Bundes angesehen werden

---

[14]) Bis zum 18. Januar. Dann erhielt die betreffende Rubrik gar keine Ueberschrift. Erst mit dem 27. Januar, als die Berufungen von Bundesrath und Reichstag abgedruckt wurden, erschien die Ueberschrift „Deutsches Reich".

[15]) Rönne a. a. O. I S. 30 Anm. 1a sagt hierüber: „Den Titel: „Bundesgesetzblatt des Norddeutschen Bundes" haben auch noch — ohne daß ein Grund hierfür erhellt — nach Errichtung des Deutschen Bundes die ersten drei Nummern des Jahrganges 1871 beibehalten, wobei nur ein Versehen der Redaction des Blattes vorzuliegen scheint." Es ist nur wunderbar, daß die Redaction des Preußischen Staatsanzeigers sich genau ebenso verhalten hat. Nach unsrer Auffassung erhellt der Grund für diese Erscheinung sehr wohl. Es ist auch durchaus kein Fehler der Redaction gewesen, der dieselbe veranlaßt hat. Die Deutsche Reichskorrespondenz schreibt darüber Anfang Januar: „Es ist aufgefallen, daß, nachdem das Bundesgesetzblatt bereits durch die Publication der Verträge mit Württemberg, Baden und Hessen die Existenz des Deutschen Reiches proklamirt hat (?), der Staatsanzeiger seine Rubrik „Norddeutscher Bund" immer noch fortführt. Wir hören, daß deshalb Verhandlungen zwischen hier und Versailles gepflogen wurden, welche die vorläufige Beibehaltung dieser Rubrik bestimmen ließen." Vgl. Schles. Ztg. 5. Jan. 1871 S. 1. Dies letztere Journal wollte klüger sein, als die Regierung und überschrieb alsbald seine entsprechende Rubrik mit „Deutsches Reich".

[16]) Außerdem sind eine Anzahl postalischer und fiskalischer Bekanntmachungen sowie die Ernennung eines Ober-Postdirectors im Namen des Norddeutschen Bundes erfolgt. Vgl. Preuß. Staatsanz. 1.—18. Jan. 1871.

könnte — denn die Deklaration des Königs von Bayern vom 30. Januar konnte wohl zur Schaffung des Bundes beitragen, nicht aber den Bund allein zustande bringen —, so ist keine andre Auffassung möglich, als daß die neue föderative Bildung nie in's Leben getreten, daß sie ein Project geblieben ist. Wir werden bald sehn, welche andere, den Wünschen des deutschen Volkes in weit höherem Maße entsprechende Institution dessen Stelle einnehmen sollte.

Zu erwähnen ist noch, wiewohl die nähere Erörterung einem späteren Kapitel vorbehalten bleibt, daß die Verträge Mitte Dezember in der Form der Verfassungsänderung insofern eine Abwandlung erlitten haben, als dem projectirten Bunde der Name „Deutsches Reich", seinem Leiter der Titel „Deutscher Kaiser", verheißen wurde. Wenn die neue Ordnung in der geplanten Weise in Kraft getreten wäre, dann würden wir heute, der Auffassung vieler Staatsrechtslehrer entsprechend, ein Reich haben, das in Wahrheit nur ein Bund von Staaten wäre, und einen Kaiser, dem zwar der Titel und die Würde eines Monarchen zustände, der aber in Wirklichkeit nur als erblicher Beamter der zum Bunde vereinigten Regierungen erschiene.

In der That hat diese Verfassungsänderung eine ganz andere Bedeutung gehabt. Statt des projectirten Bundes ist wirklich ein Reich, statt des erblichen Präsidiums ein wahrhaft monarchisches Kaiserthum erstanden.

Fünftes Kapitel.

Die Kaiserwahl.

Wir hatten im zweiten Kapitel gesehen, daß das Deutsche Reich im Jahre 1806 resp. 1814 rechtlich nicht aufgehört hat zu bestehen, und haben in den folgenden gezeigt, wie auch während des langen Interregnums nichts geschehen ist, was mit seinem ideellen Fortbestande unvereinbar gewesen wäre.

Der Zustand des Reiches in diesem ganzen Zeitraum läßt sich, wenn man den Vergleich zwischen staatlichen und bündischen Verhältnissen überhaupt zulässig erachtet, am besten und einleuchtendsten an demjenigen erklären, in welchem sich der Norddeutsche Bund vom 1. bis zum 26. Juli 1867 befand. Dieser Bund bestand damals, wie oben dargelegt, vollkommen zu Recht. Nicht blos waren die Verträge zwischen den Staaten abgeschlossen, nicht blos hatte die Verfassung die erforderliche Zustimmung sämmtlicher Staatsorgane gefunden, sondern die neue Ordnung der Dinge war auch durch Publicanda der hierzu befugten Potenzen in Kraft getreten. Dennoch lebte sie nur in der Idee, solange nicht der nunmehr gesetzmäßig zur Uebernahme der Leitung berechtigte und verpflichtete Fürst sich thatsächlich an die Spitze stellte und die ganze, neue Organisation in Gang setzte. Bis dahin bewegte sich alles im alten Geleise. Die Regierungen verwalteten ihre Länder gewohntermaßen und hätten sich auch, wenn die Nothwendigkeit an sie herangetreten wäre, zu solchen Handlungen befugt erachtet, die nach der neuen Verfassung nur der Centralgewalt zustanden. So lange diese nicht functionirte, so lange waren sie auch nicht durch sie gebunden und beschränkt.

Im Deutschen Reich während des Interregnums verhielt sich die Sache ganz ähnlich, nur daß hier die Ursache des Stillstandes noch weiter zurückgeschoben war. Während im Norddeutschen Bunde die Centralgewalt noch nicht functionirte, aber zu Recht bestand, war im Reiche keine oberste Gewalt vorhanden, doch konnte sie durch thatsächlich existirende Organe von neuem geschaffen werden. Und diese Organe eben waren es, welche ihre Thätigkeit, zu der ihnen die Verpflichtung oblag, eingestellt hatten oder vielmehr hatten einstellen müssen. Der Unterschied in der Dauer des Stillstandes trägt dabei nichts aus.

Wir wollen jetzt die ganzen politischen Verhandlungen und verfassungsgeschichtlichen Ereignisse der Jahre 1870 und 1871 aus dem Gedächtniß streichen und völlig unabhängig davon untersuchen, was alles hätte geschehen müssen, um das alte Reich in diesem Zeitpunkt wieder in Aktivität zu setzen. Die Möglichkeit dazu war vorhanden, es gab wieder einen Candidaten für den Kaiserthron, nachdem von den beiden rivalisirenden Mächten, die sich gegenseitig an der Uebernahme der Krone gehindert hatten, die eine vom Schauplatz abgetreten war. Es gab jetzt einen homo utilis, den König von Preußen, der, gestützt auf erblichen Besitz, die höchste Gewalt auch den größten deutschen Fürstenthümern gegenüber zur Geltung bringen konnte, und kein fremder Staat mehr wagte es, der Entwicklung Deutschlands zu staatlicher Geschlossenheit Einhalt zu thun. Eine Wahl im gewöhnlichen Sinne des Wortes, d. h. eine Auswahl aus vielen vorhandenen Candidaten, war unter diesen Umständen nicht nöthig; es konnte nur eine Anerkennung des einen, als Reichsoberhaupt denkbaren Fürsten stattfinden. Aber auch die ehemaligen Kaiserwahlen darf man selbst formell nicht so auffassen, als hätten die Wahlfürsten irgend einer beliebigen Person die höchste Würde übertragen dürfen. Dies verlangt eine nähere Beleuchtung.

Nach der hohen, dem Kaiserthum innewohnenden Idee war der Kaiser der von Gott erkorene weltliche Leiter der Christenheit. Die wählenden Fürsten galten als Gottes Werkzeuge, die, von ihm inspirirt, dem Würdigsten die Krone übertrugen. Hieraus folgt, daß die Erhebung eines offenbar Unwürdigen oder Ungeeigneten dem Sinne der ganzen Institution widersprach und, wenn auch nicht als ungültig, so doch als eine Verirrung erscheinen mußte. Reichsgesetzlich wurde das in den Worten der Goldenen Bulle, der Erwählte solle ein homo bonus, probus, utilis sein, festgelegt. Danach konnte die Auswahl zu Zeiten recht gering sein, ja es konnte sich, wie in unserm Fall, nur um die Anerkennung einer einzigen Persönlichkeit handeln. — Es wäre auch durchaus unrichtig zu meinen, die Gewalt des Kaisers sei in Consequenz der Wahl eine von der Macht der Wahlfürsten abgeleitete gewesen. Im Gegentheil, das Kaiserthum resp. Königthum galt als die primäre Institution, von ihr emanirte durch Verleihung und Belehnung die Competenz der Fürsten einschließlich des Rechtes, nach oder schon vor der Thronerledigung den Nachfolger zu küren. Insofern pflanzte sich das reichsoberhauptliche Amt nicht minder, wenn auch in andrer Weise, aus sich selber fort, wie die höchste Gewalt einer Erbmonarchie. Jeder Kaiser schuf die Organe, welche ihm in bestimmter Form und unter bestimmten Bedingungen einen Nachfolger setzen durften und mußten. Dies Mandat erlosch mit dem Moment der Neuwahl und wurde erst durch Belehnung von Seiten des Erwählten erneuert [1]).

Im Jahre 1870 war also, wie gesagt, eine Auswahl nicht mehr erforderlich. Jeder kannte den Einen, der allein das kaiserliche Amt zu verwalten vermochte. So bedurfte es denn nur noch der Anerkennung von Seiten der dazu befugten Potenzen, um ihn in den Besitz der Gewalt zu setzen, ihm die Krone der Salier und

[1]) Nach der Gold. Bulle II, 4 durfte der Kaiser, bevor dies geschehen war, keine andere Regierungshandlung vollziehn (vgl. Kap. 7).

Hohenstaufen auf's Haupt zu drücken. Es fragt sich, wem diese Anerkennung auszusprechen zustand und in welchen Formen sie vollzogen werden mußte.

Nach der Goldenen Bulle Kaiser Karls IV., die, oftmals bestätigt, bis zum Zerfall des Reiches soweit in Gültigkeit blieb, als sie nicht durch spätere Gesetze, namentlich den Jüngsten Reichsschluß modifizirt wurde, die deshalb auch von uns zu berücksichtigen ist, sollte der Kurfürst von Mainz, seit 1803 der Kurfürst-Erzkanzler, binnen eines Monats nach Erledigung des Thrones[2]) seine Mitkurfürsten einladen, sich an bestimmtem Tage in Frankfurt a. M. zur Vornahme der Kaiserwahl zu versammeln oder bevollmächtigte Gesandte zu dem Zweck dorthin zu entsenden. Diese Mitkurfürsten waren nach der letzten rechtsgültigen Fassung der Reichsgewalt: Böhmen, Pfalz-Bayern, Sachsen, Brandenburg, Braunschweig-Lüneburg, Württemberg, Baden, Hessen, Salzburg. Während des Interregnums aber hatten große Veränderungen Platz gegriffen. Einen Kurerzkanzler gab es nicht mehr, noch auch irgend einen Kirchenfürsten, der als dessen Rechtsnachfolger hätte gelten können, denn das heutige Bisthum Mainz steht mit dem alten Erzbisthum in keinerlei rechtlichem Zusammenhang. Ebenso waren verschwunden oder ausgeschieden: die Stimmen Böhmen, Sachsen (da es die eigentlichen Kurlande nicht mehr besaß), Braunschweig-Lüneburg (Hannover), Hessen und Salzburg. Somit bestand das Kurfürstenkolleg, wenn man es reconstruiren wollte, nur noch aus den Stimmen Pfalz-Bayern, Brandenburg, Württemberg und Baden. Diese geringe Zahl der Electoren war an und für sich kein Hinderniß für eine rechtmäßige Kaiserwahl, nirgends ist in obigem Grundgesetz bestimmt, wieviel Wähler zum mindesten erforderlich seien, aber gegen ihre fernere Berechtigung zur Kur lassen sich gewichtige Bedenken erheben.

Es heißt in der Goldenen Bulle (I, 16): „Wenn aber der Erzbischof (von Mainz) eine solche Vollziehung und Ankündigung (die Wahlberufung) zu vernachlässigen oder vielleicht daran gehindert zu sein scheint, dann sollen diese Fürsten (die Kurfürsten) aus eigenem Antrieb auch unberufen hiernach innerhalb dreier Monate

---

[2]) Gold. Bulle I, 16 „extunc infra unum mensem a die noticie obitus . . . intimationem, de quibus premittitur, per archiepiscopum Maguntinensem jubemus . . . .“

in obiger Stadt Frankfurt zusammenkommen, um den zum Kaiser zu befördernden römischen König zu erwählen[3]."

Die principes electores waren also, wenn sie binnen eines Monats nach des Kaisers Tode oder Rücktritt keine Wahleinladung erhalten hatten, verpflichtet, von da binnen drei Monaten den Wahltag von selbst zu beschicken, ein Fall, der im Jahre 1806 resp. 1814 zweifellos vorlag. Der Kurerzkanzler war durch eigenen Abfall vom Reiche unfähig geworden, die Ausschreiben zu erlassen, die gesetzmäßige Neuwahl eines solchen unterblieb, also mußten nach Reichsrecht die Wahlgesandten in der Zeit vom 6. September bis 6. Dezember 1806 resp. vom 30. Mai (erster Pariser Friede) bis 30. August 1814 zur Kur zusammentreten.

Weiter heißt es in der Goldenen Bulle (I, 18): „Wenn aber ein Kurfürst, der solcher Weise zur Wahl berufen und verpflichtet war, weder selbst erscheint, noch auch bevollmächtigte Gesandte schickt, so soll er dafür der Wahlstimme und des Wahlrechts, welche er für diese Wahl besessen, deren Ausübung er aber solcher Weise versäumt hat, verlustig gehn."[4]) Nun sind die Kurfürsten in der That nicht zur Wahl erschienen, auch nicht als die feindlichen Heere, deren Invasion ihr Fernbleiben entschuldigen konnte, vom Boden Deutschlands vertrieben waren, folglich ist ihr Kurrecht für die nächstfolgende Kaiserwahl als erloschen anzusehn. Indessen sollte ihnen in solcher Weise durch die Goldene Bulle nur derjenige Zuwachs an Rechten entzogen werden, den sie durch dies Gesetz selbst erlangt hatten, nicht aber jene Befugnisse älteren Datums, welche durch die Goldene Bulle für die Dauer ihrer Gültigkeit außer Kraft gesetzt, jedoch niemals aufgehoben waren, d. h. sie besaßen wohl noch ein Wahlrecht, aber nicht wie sonst das ausschließliche Recht, den Kaiser zu küren. Dies bedarf einer näheren Erläuterung.

---

[3]) quod si idem archiepiscopus in executione et intimatione hujusmodi negligens aut remissus fortassis existeret, extunc iidem principes motu proprio eciam non vocati . . . . post hoc infra tres menses . . . in civitate Frankenford sepedicta conveniant electuri regem Romanorum in Cesarem promovendum.

[4]) Princeps vero elector ad electionem hujusmodi vocatus et requisitus et ad ipsam non veniens vel legales nuncios . . . non dirigens . . . electionis voce seu jure, quod in eadem electione habuit et tali modo deseruit, careat ea vice.

Das besprochene Gesetz hat mit den angeführten Stellen für einen bestimmten, nicht vorausgesehenen, jetzt aber thatsächlich eingetretenen Fall seine eigenen Wahlverordnungen annullirt, für den Fall nämlich, daß keiner der von ihm privilegirten Fürsten von seinem Wahlprivileg binnen gewisser Frist Gebrauch machte. Wenn nun die Successionsordnung der Goldenen Bulle die einzige wäre, die jemals im Reiche Geltung gehabt hätte, oder wenn durch sie alle früheren ausdrücklich aufgehoben worden wären, dann hätte sich in der That jetzt keine Möglichkeit finden lassen, ein wahrhaft legales Oberhaupt aufzustellen. Das Reich hätte sich in einer analogen Lage befunden, wie eine Erbmonarchie, deren Dynastie vollkommen ausgestorben wäre, ohne daß man für diesen Fall gesetzliche Vorsorge getroffen hätte. So liegt die Sache aber keineswegs.

Ursprünglich stand in Deutschland ein ganz anderes Wahlrecht in unbestrittener Geltung, wonach der von sämmtlichen zum Wahlakt erschienenen Fürsten einstimmig Erkorene die Krone erhielt.[5]) Erst gegen Ende der Hohenstaufenzeit und während des Interregnums entwickelte sich unter curialer Einwirkung ein neuer Wahlgebrauch, indem die sieben bedeutendsten Fürsten ein Vorrecht beanspruchten und schließlich den andern nur noch ein werthloses Recht der Zustimmung beließen.[6]) Die Goldene Bulle nun erhob nicht etwa den neuen Brauch unter völliger Beseitigung des ursprünglichen zum Gesetz, sondern sie nahm diesen Brauch als Thatsache hin und gab nur genaue Bestimmungen darüber, wer als princeps elector anzusehen sei, welche sonstigen Vorrechte diesen Fürsten gebühren sollten und unter welchen Formalitäten die Wahl stattzufinden habe. Das Grundgesetz Karls IV. hatte also den Zweck, den Kurfürsten das durch oftmalige Ausübung erworbene Vorrecht dauernd zu sichern, um, wie es in der Einleitung ausdrücklich heißt,[7]) jede Zwietracht zwischen ihnen zu verhüten, einmüthige

---

[5]) vgl. Waitz, Verf.-Gesch. XI S. 155.

[6]) Namentlich durch Innocenz III. war der Begriff der Kurfürstenwahl entsprechend dem päpstlichen Wahlmodus in die deutsche Verfassung hereingekommen. Vgl. O. Harnack, Das Kurfürstencollegium bis zur Mitte des 14. Jahrh. S. 23 ff.

[7]) Goldene Bulle Arenga: Sane cum ex officio, quo cesarea dignitate potimur, futuris divisionum et dissensionum periculis inter electores ipsos .... infra scriptas leges ad unitatem inter electores fovendam et

Wahlen zu erzielen und alle aus Uneinigkeiten hervorgehenden Gefahren zu vermeiden. Die Wirkung blieb nicht aus, es ist seitdem niemals wieder zu Doppelwahlen gekommen.

Doch das Gesetz stellte dem bestätigten Vorrecht eine Pflicht gegenüber, und machte deren Erfüllung zur Bedingung für die Ausübung des ersteren. Die Kurfürsten mußten binnen bestimmter Frist zur Neuwahl schreiten. Sobald sie dies alle unterließen, trat die Goldene Bulle hinsichtlich ihrer Wahlbestimmungen außer Kraft, verlor also das kurfürstliche Vorrecht jeden gesetzlichen Rückhalt. Für die eine folgende Wahl trat alles in den Rechtszustand der Zeit vor 1355 zurück, und stand es den übrigen Fürsten frei, ein Mitstimmrecht zu beanspruchen, wie es in alten Zeiten stets von ihnen ausgeübt worden war.[8]) Ein Vakuum konnte nicht eintreten, da die ehemalige Wahlordnung von der späteren nur in den Hintergrund gedrängt, nicht aber völlig beseitigt worden war. Sobald die Goldene Bulle sich selbst annullirte, erhielt jene die Möglichkeit, wieder zur Geltung zu gelangen. Sie brauchte nicht

---

electionem unanimem inducendam ac detestande divisione predicte variisque periculis ex ea sequentibus aditum precludendum in solempni curia nostra . . . . . matura deliberatione previa de imperialis potestatis plenitudine edidimus, statuimus et duximus. . . .

[8]) Schon in dem letzten Jahrhundert des alten Reichs ist einmal der Gedanke einer Wahl durch alle Fürsten aufgetaucht. J. J. Moser berichtet darüber „Vom Römischen Kayser" II § 19: „Anno 1741 hielt ein hiziger Fürstlicher Gesandter denen Chur-Fürstlichen Wahlbotschaftern entgegen: Wenn bey jezigen weit aussehenden Sachen die Chur-Fürsten nicht in Zeiten dem Reich ein Oberhaupt geben würden, könnten und wollten die Fürsten und die übrigen Reichsstände nicht das Sacrificium anderweiter partikular-Convenienzien abgeben, sondern müßten einmal die Commissionem perpetuam wieder aufheben und das alte Fürsten-Recht im Reich wieder hervorsuchen." Damals natürlich konnten solche ohnmächtige Bestrebungen nicht zur Geltung kommen, wenn aber, wie in unserm Fall, die Kurfürsten selbst nicht auf ihrem ausschließlichen Wahlrecht bestanden, dann war eine Wahl durch alle Fürsten nach altem Ritus sicherlich zum mindesten ebenso rechtmäßig, wie die Kurfürstenwahl.

Auch im Jahre 1870 war das Bewußtsein von der Wahlcompetenz der Fürsten noch nicht geschwunden. Der Herzog von Coburg plaidirte schon im Oktober für eine Wahl durch die Fürsten, welche an die Stelle der Kurfürsten träten (Kaiser Friedrichs Tagebuch 9. Oktober), und auch Kronprinz Friedrich Wilhelm wünschte eine Proklamirung des Kaisers durch die Mehrzahl der Fürsten und Aufstellung einer den berechtigten Forderungen des deutschen Volkes entsprechenden Verfassung, selbst ohne Zustimmung Bayerns und Württembergs (Tagebuch, 12. Nov.).

zur Geltung zu kommen, denn auch vor Erlaß jenes Grundgesetzes hatten Kurfürstenwahlen ohne Einspruch der übrigen Fürsten stattgefunden, aber die Lage der Dinge ließ keinen andern Ausweg offen.

Die Kurfürsten nämlich, wie auch ihre Rechtsnachfolger, hatten längst jeden Anspruch auf einen diesbezüglichen Vorzug vor den andern Fürsten aufgegeben. Beim Wiener Congreß, als die Herstellung des Kaiserthums erwogen wurde, im Jahre 1848 bei dem mißglückten Versuch einer Reichserneuerung war immer nur von einer Berufung durch alle Fürsten die Rede, allerdings wohl namentlich deshalb, weil man souveräne Monarchen nicht majorisiren zu dürfen meinte. Das Reichsrecht stimmte eben in diesem Punkte mit dem Bundesrecht zusammen. Desgleichen hatten alle Kurfürsten, mit Ausnahme des hessischen, ihren kurfürstlichen Titel aufgegeben, und auch dieser eine hatte sich seiner betreffenden Auslassung nach nur aus Pietät zu dessen Beibehaltung entschlossen, ohne Rechte daraus ableiten zu wollen.[9]) Demnach kann wohl kaum ein Zweifel obwalten, daß eine rechtsgültige Kaiserwahl nur der ursprünglichen Wahlordnung gemäß stattfinden durfte.

Bis in die Zeiten Kaiser Friedrichs II. also galt es als unbestrittener Rechtssatz, daß demjenigen die Krone gebührte, welcher von allen wählenden Fürsten einstimmig zum König erkoren würde. Dazu kamen noch verschiedene Formalitäten und Ceremonien, die sich allmählich zu festen Regeln ausgebildet hatten, so namentlich die Berufung zur Wahl und Leitung derselben durch den Erzbischof von Mainz, wie auch die Krönung des Gewählten durch den Erzbischof von Cöln. Die wesentlichsten Bedingungen aber, worauf die Gültigkeit der Wahl in erster Linie beruhte, ohne welche sie niemals als gesetzlich anerkannt werden konnte, waren die Einstimmigkeit aller wählenden — nicht etwa aller vorhandenen — Fürsten und die zweifellose Eruirung ihrer Willensmeinung. Gegen alles übrige ist hin und wieder verstoßen worden, ohne daß man daraus eine Nichtigkeit abgeleitet hätte. Nur bei zwiespältiger Wahl gewannen diese Formalitäten eine höhere Bedeutung, indem

---

[9]) In der Note der kurfürstlich-hessischen Congreßgesandtschaft betreffend die Beibehaltung des kurfürstlichen Titels heißt es: „S. Kurfürstl. Durchl. von Hessen, jedes ehrwürdige Andenken der alten Verfassung des großen Teutschen Vaterlandes schätzend, sind entschlossen den kurfürstlichen Titel beizubehalten..“ Klüber a. a. O. II S. 201.

nach ihrer Innehaltung das größere oder geringere Recht der streitenden Parteien beurtheilt wurde. Selbst das persönliche Zusammenkommen der Fürsten war nicht für alle Wählenden erforderlich. Conrad I. und Heinrich I. wurden nur von einem Theil der Großen gewählt und holten sich die Zustimmung der Uebrigen selbst in deren Heimath. Aber auch später kam es vor, daß die Rechtskraft einer Wahl durch nachträgliche Zustimmung Abwesender erhöht wurde.[10]) Ueber jeglichen Zweifel erhaben jedenfalls wäre eine durch sämmtliche vorhandenen Fürsten erfolgte, einstimmige Kur erachtet worden, selbst wenn man alle Aeußerlichkeiten bei Seite gesetzt hätte, denn dadurch eben, daß sämmtliche Fürsten diese Formen außer Acht ließen, wäre ihre Bedeutungslosigkeit rechtsgültig anerkannt worden.

Im Mittelalter war eine solche vollkommene Vernachlässigung der Form von Seiten der Fürsten undenkbar, da die Ueberzeugung von dem Werthe derselben, von der magischen Wirkung der Ceremonie den Menschen tief im Blute saß, aber in unserm, stets mehr die Sache betonenden Jahrhundert kann unmöglich die Rechtsgültigkeit eines politischen Aktes von der Innehaltung solcher in ihrem Ursprung höchst zweifelhaften Aeußerlichkeiten abhängig gemacht werden, die einzeln selbst in jenen Zeiten oft bei Seite gesetzt wurden.

Dazu kommt, daß sie niemals gesetzlich fixirt worden, daß sie immer ein sich ständig ändernder Gebrauch geblieben sind; denn die detaillirten Bestimmungen der Goldenen Bulle über die Königswahl verstehen sich nur für eine Kur durch die principes electores, welche bei den ganzen Vorgängen die wichtigste Rolle zu spielen hatten. Wenn die Kurfürsten, wie in unserm Fall, gesetzmäßig als solche außer Function traten, dann verloren auch alle jene Vorschriften ihren Sinn und ihre Rechtskraft, sie wurden für diese eine Wahl ohne Zweifel hinfällig, ganz abgesehen davon, daß sie in unsre heutige Zeit überhaupt nicht mehr paßten.

Und der eigentliche Zweck, der die Feststellung solcher Formen veranlaßt hatte, erlaubte auch ihre Beseitigung, konnte er doch ohne sie vollkommen erfüllt werden. Sie waren entstanden in einer Epoche, wo zwiespältige Wahlen möglich und zeitweise an der Tages-

[10]) Die Thronberechtigung Ottos IV. wurde erhöht durch nachträgliche Zustimmung des Erzbischofs von Mainz und des Pfalzgrafen bei Rhein, die sich zur Zeit der Wahl im Orient aufgehalten hatten. Vgl. Harnack a. a. O. S. 26.

ordnung waren. Ehemals kam es vor allem darauf an, den Fürsten eine ungehinderte und ungefährdete Berathung zu sichern und ihren Willen so zu eruiren, daß kein Zweifel an seiner Authenticität aufkommen konnte. Dazu war bei den damaligen inneren Zuständen und Verkehrsverhältnissen eine persönliche Zusammenkunft oder eine Vereinigung von Abgesandten durchaus zu wünschen. Außerdem aber mußte, wie in jeder größeren Versammlung, eine bestimmte, zweckmäßige Geschäftsordnung beobachtet werden, aus welcher jedem die Möglichkeit erwuchs, das ihm zustehende Recht ungehindert auszuüben und zur Geltung zu bringen.

Wie anders im Jahre 1870. Eine Berathung über die Person des neuen Kaisers kam überhaupt in Wegfall, da jeder wußte, wer allein diese Würde zu bekleiden imstande war, von zwiespältiger Wahl konnte keine Rede sein, und so galt es nur, die Willensmeinung der Fürsten zu erkunden, ob sie diesem einen Kandidaten die Krone übertragen, ob sie ihn als legitimen Kaiser anerkennen wollten oder nicht. Dazu bedurfte es keines so großen Apparates, wie er bei früheren Wahlen verlangt worden war.[11]) Man muß nur daran festhalten, daß nach der Grundidee, welche dem alten Deutschen Königthum und Kaiserthum innewohnte, König Wilhelm als der einzig mögliche Kaiser geradezu ein Recht auf den Thron hatte. So war die Findung des der Krone würdigsten Mannes, die doch den hauptsächlichsten Inhalt des Wahlaktes bilden sollte, bereits vollzogen, ehe nur eine Wahl stattfand. Was noch fehlte, war allein die formelle Anerkennung jener Thatsache durch die

---

[11]) Dennoch hat auch 1870 die namentlich von Kronprinz Friedrich Wilhelm vertretene Absicht bestanden, in Versailles einen Fürsten-Congreß zur Lösung der Kaiserfrage zu versammeln. Der Kronprinz schreibt Anfang November in seinem Tagebuch: „Da Bismarck nicht von hier kann, hat man den Gedanken, den Deutschen Reichstag hierher zu berufen, die Macht des Eindrucks würde wirken, und wenn dazu nun gar noch der von mir gewünschte Fürstencongreß mit jenen Sitzungen zusammenfiele, so würde der deutschen Sache mit einem Schlage geholfen sein"; und später: „Der Großherzog von Oldenburg kommt, so werden wir bald genügendes Material zu einem Fürstencongreß haben." Am 25. November ist starke Aussicht auf Zustandekommen des Congresses: „Fürst Lynar wird mit eigenhändigen Schreiben des Königs an Bayern, Württemberg und Sachsen abgesandt, um die Souveräne einzuladen. Holnstein ist angekommen und sieht sich Wohnung und Stallung für den König (von Bayern) in den Trianons an . . . . ." Nachher ist der Plan doch gescheitert. s. Kaiser Friedrichs Tagebuch vom November.

hierzu berechtigten Fürsten und damit die Aufgabe ihres Widerstandes gegen ein Wiederaufleben der alten Staatsordnung. Dazu aber genügte das einfache Angebot der Krone in irgendwelcher der Bedeutung des Aktes entsprechenden Form.

Hier könnte sich das gewichtige Bedenken erheben, ob nicht die im Jahre 1870 regierenden Fürsten reichsrechtlich als illegitim, die von ihnen vollzogenen Rechtshandlungen als ungültig zu betrachten seien, da doch seit ein resp. mehreren Generationen keine Belehnung von Seiten eines Reichsoberhauptes stattgefunden hatte. Doch auch darüber beruhigen uns die alten Grundgesetze, indem während eines Interregnums die Thronbelehnungen stets ihre Gültigkeit bewahrten, Thronlehen aber waren fast alle reichsständischen Territorien.[12]) Sonach waren die Fürsten trotz mehrfachem Regierungswechsel zur Kaiserwahl befugt.

Wir haben also festgestellt, daß die Vorschriften der Goldenen Bulle für diese eine Wahl außer Wirksamkeit getreten waren, und haben gesehn, daß damit nicht etwa eine Kur unmöglich wurde, sondern jene alte Wahlordnung wieder Geltung gewann, nach der ein von allen wählenden Fürsten einstimmig Erkorener die Krone empfing, daß aber ein Abweichen von den im Mittelalter üblichen Formen zulässig war.

Wer nun sollte zum Wahlakt die Initiative ergreifen, die Handlung einleiten und den Willen der Fürsten erkunden?

Einen Kurerzkanzler, dem diese Pflicht obgelegen hätte, gab es nicht mehr, der König von Böhmen in der Person des Kaisers von Oesterreich hatte im Prager Frieden auf jede Mitwirkuug an der Neugestaltung Deutschlands Verzicht geleistet. So mußte dem Könige von Bayern als rechtmäßigem Nachfolger des Kurfürsten von Pfalz-Bayern der erste Rang unter den wählenden Fürsten eingeräumt werden. Wenn Jemandem, so gebührte es ihm, den

---

[12]) J. J. Moser, Deutsches Staatsrecht I Kap. 9 § 4 S. 217: „Ist aber kein Römischer Künig zugegen, und entstehet mithin ein Zwischenreich, so kan ein Reichsvasall, der Thronlehen besitzet, ruhig seyn, das Interregnum mag währen, so lang es will; weil die Reichs-Vikarien, nach der güldenen Bull Tit. 5 § 1 keine Macht haben, Belehnungen über Reichsthron-Lehen zu ertheilen."

Und ebenso: Moser, Vom Römischen Kayser II § 25: „Ein weltlicher Churfürst kan der Wahl gleichfalls beywohnen, wann er schon von dem Kayser noch nicht belehnet ist: weil, gedachter massen, der Mangel dieser Belehnung keinen Reichs-Stand in Ausübung irgend einiges Rechtes hinderlich ist."

Willen der Betheiligten zu erforschen und auf ihre Zustimmung gestützt dem Könige von Preußen die Kaiserkrone zu übertragen. Es gab sogar eine im Schwabenspiegel niedergelegte Anschauung, wonach dem Pfalzgrafen rechtlich die Vertretung des Erzbischofs von Mainz in der Wahlberufung zustand,[13]) doch war dies eine unsicher beglaubigte und niemals ausgeübte Befugniß. Und wir haben sie auch nicht nöthig, da in unserm Falle wohl Niemand dem bayrischen Könige dies Ehrenvorrecht bestreiten wird.

Nach altem Brauch also hätte Ludwig II. sämmtliche Fürsten Deutschlands zu einem Wahltage berufen und die feierliche Kur dort vornehmen lassen müssen. Da jedoch die Innehaltung dieses Brauches, wie oben dargethan, für die Gültigkeit der Wahl ohne Bedeutung war, so genügte es auch, wenn der König in andrer Weise die Uebertragung der Krone auf Wilhelm I. bei den Fürsten anregte und zum Vollzug brachte.

Vergleichen wir nun das, was wirklich geschehen ist, mit dem, was wir eben als nothwendig constatirt haben.

Am 4. Dezember 1870, als die Verhandlungen über jene, die Gründung eines Deutschen Bundes bezweckenden Verträge ihren Abschluß gefunden, die letzteren aber noch keine Rechtskraft erlangt hatten, richtete der König von Bayern, — also gerade der hierzu prädestinirte Fürst — in nachfolgender Fassung gleichlautende Briefe an sämmtliche deutschen Fürsten und die Senate der freien Städte:

„Die von Preußens Heldenkönige siegreich geführten deutschen Stämme, in Sprache und Sitte, Wissenschaft und Kunst seit Jahrhunderten vereint, feiern nunmehr auch eine Waffenbrüderschaft, welche von der Machtstellung eines vereinigten Deutschlands glänzendes Zeugniß giebt. Beseelt von dem Streben, an dieser werdenden Einigung Deutschlands nach Kräften mitzuwirken, habe ich nicht gesäumt, deshalb mit dem Bundeskanzleramte des Norddeutschen

---

[13]) Litterae Urbani IV ad Richardum regem ad a. 1263 1 c. „Ad Archiepiscopum Maguntinum et Comitem Palatinum Rheni, vel ipsorum alterum altero nequeunte, vel forsitan non volente, pertinet, ad electionem ipsam celebrandam diem praefigere, ac ceteros Electores Principes convocare."

Schwabenspiegel CXIII § 10: „Und suuvanne si went wullen; so sulen si ain Gespreche gebieten hinz Frankenfurt. § 11. Daz sol gebieten der Bischoff von Mänz bi dem Banne, und sol der Pfallentzgrave von dem Rin gebieten bi der Acht." Vgl. J. D. von Olenschlager, Neue Erläuterungen der gold. Bulle K. Karls IV. Frankf. u. Leipz. 1766 S. 12 Anm. 4.

Bundes in Verhandlung zu treten. Dieselben sind jüngst in Versailles zum Abschluß gediehen. Nach dem Beitritte Süddeutschlands zum deutschen Verfassungsbündnisse werden die Sr. Majestät dem Könige von Preußen übertragenen Präsidialrechte über alle deutschen Staaten sich erstrecken. Ich habe mich zu deren Vereinigung in Einer Hand in der Ueberzeugung bereit erklärt, daß dadurch den Gesammtinteressen des deutschen Vaterlandes und seiner verbündeten Fürsten entsprochen werde, zugleich aber in dem Vertrauen, daß die dem Bundespräsidium nach der Verfassung zustehenden Rechte durch Wiederherstellung eines Deutschen Reiches und der deutschen Kaiserwürde als Rechte bezeichnet werden, welche Seine Majestät der König von Preußen im Namen des gesammten deutschen Vaterlandes auf Grund der Einigung seiner Fürsten ausübt. In Würdigung der Wichtigkeit dieser Sache wende ich mich an den Fürsten ꝛc. mit dem Vorschlage, in Gemeinschaft mit mir bei Seiner Majestät dem König von Preußen in Anregung zu bringen, daß die Ausübung der Bundespräsidialrechte mit Führung des Titels eines „Deutschen Kaisers" verbunden werde. Es ist mir ein erhebender Gedanke, daß ich mich durch meine Stellung in Deutschland und durch die Geschichte meines Landes berufen fühlen kann, zur Krönung des deutschen Einigungswerkes den ersten Schritt zu thun, und gebe mich der freudigen Hoffnung hin, daß Eure .... meinem Vorgehen Ihre freundliche Zustimmung ertheilen werden."[14])

Dieser ganze Brief krankt an einer solchen widerspruchsvollen Unklarheit, daß zwei entgegenstehende Auffassungen seines Sinnes zulässig erscheinen. Jede von beiden Auffassungen wird durch einzelne Sätze bestätigt, kann aber nur dann vollkommen aufrecht erhalten werden, wenn man dem Sinne andrer Theile des Schreibens gewissermaßen Gewalt anthut.

Nach der einen Auslegung, welche bisher allgemein acceptirt worden ist, hat Ludwig II. folgendes sagen wollen: Die bisher durch verschiedene Bande, aber nicht politisch, verknüpften, selbständigen deutschen Stämme — von dem tausendjährigen Deutschen

---

[14]) Daß der Wortlaut des an Wilhelm I gerichteten und damit zugleich der ihm fast identische des vorliegenden Schreibens gar nicht bayrischen Ursprungs ist und somit nicht Gedanken Ludwigs II. und seiner Minister wiedergiebt, erscheint staatsrechtlich vollkommen irrelevant, da der König den Briefen seine Unterschrift gegeben und somit jene Gedanken acceptirt hat. Vgl. über die Entstehung: Kaiser Friedrichs Tagebuch 30. November.

Reiche ist ihm nichts zu Ohren gekommen — sind durch die gegenwärtige Waffenbrüderschaft einer politischen Einigung nähergeführt worden. Diese Einigung habe ich durch die Versailler Verhandlungen zu fördern gesucht, und werden nun nach dem Anschluß Süddeutschlands an das bestehende Verfassungsbündniß Preußens Präsidialrechte sich über ganz Deutschland erstrecken. Meiner Zustimmung hierzu haben zwei Gedanken zu Grunde gelegen, einmal die Ueberzeugung, daß dadurch den Interessen Deutschlands gedient sei, und dann die Erwartung, daß die Bezeichnungen Deutsches Reich und Deutscher Kaiser wieder aufgenommen werden würden, zum Zeichen dessen, daß die Präsidialrechte vom König von Preußen im Namen des gesammten Deutschland auf Grund der Einigung seiner Fürsten ausgeübt würden. Ich bitte deshalb die Fürsten, mit mir beim König von Preußen anzuregen, daß die Ausübung der Bundespräsidialrechte mit dem Titel Deutscher Kaiser verbunden werde, indem ich mich durch meine Stellung in Deutschland und die Geschichte meines Landes hierzu berufen fühle.

Gegen diese Auslegung sprechen offenbar die Worte: „Durch Wiederherstellung eines Deutschen Reiches und der Deutschen Kaiserwürde". Man muß dieselben bedenklich wenden und drehen, um einen nur einigermaßen passenden Sinn herauszubekommen. Wiederherstellung bedeutet nun einmal nichts anderes, als die Renovirung eines zerstörten oder beschädigten, jedenfalls aber, wenn auch nur in seinen Theilen, vorhandenen Gegenstandes, oder auch die Heilung eines erkrankten Organismus. Wenn nun, wie hier, das rechtliche Bestehen eines Reiches gerade abgeleugnet werden soll, dann kann jener Ausdruck höchstens in dem Sinne von „abermalige Gründung" gefaßt werden, eine Bedeutung, die ihm wohl niemals vorher beigelegt worden ist. Doch auch so ist der Widerspruch eineswegs beseitigt.

Wenn Ludwig II. sagt, die dem Präsidium zustehenden Rechte sollten durch Wiederherstellung des Reiches in besonderer Art gekennzeichnet werden, so stellt er zwei Aktionen neben- und zeitlich hintereinander, die Gründung des Bundes und die Wiederherstellung d. h. die abermalige Gründung eines Deutschen Reiches. In dem Zeitpunkt, wo das Präsidium bereits besteht und nach der Verfassung des bestehenden Bundes Rechte besitzt, soll ein Reich gegründet werden und durch sein Inslebentreten diese Rechte in gewisser Weise kennzeichnen. Die Reichsgründung soll also keinen weiteren Effect haben, als diese Kennzeichnung der Präsidialrechte. Das ist natürlich eine Absurdität.

Weiter könnte man, um der vorliegenden Schwierigkeit zu entgehen, hinter „Wiederherstellung" die Worte „des Namens" ergänzen. Es hieße dann: „daß die dem Bundespräsidium nach der Verfassung zustehenden Rechte durch Wiederherstellung des Namens eines Deutschen Reiches und der Deutschen Kaiserwürde als Rechte bezeichnet werden, welche zc." Aber auch hiergegen ließen sich begründete Bedenken erheben, denn einmal ist das doch eine ziemlich willkürliche und unberechtigte Interpolation, und dann sind ja gerade der Name „Deutsches Reich" und die Würde eines Deutschen Kaisers niemals ausdrücklich anerkannt worden. Der letztere Titel zum wenigsten ist ein vollkommen neuer. Der König hätte, wenn er sich obiger Interpretation entsprechend ausdrücken wollte, von einer Einführung dieser Namen, nicht aber von einer Wiederherstellung des Reiches und der Kaiserwürde sprechen müssen.

Was endlich den Schlußpassus des Briefes betrifft, so bleibt es bei Festhaltung jener ersten Deutung zu verwundern, wie sich der König von Bayern durch seine Stellung in Deutschland und durch die Geschichte seines Landes berufen fühlen konnte, zur Krönung der deutschen Einigung den ersten Schritt zu thun, wo er doch die ganze gemeinsame politische Geschichte Deutschlands einfach ignorirt. Falls er das Reich als Neugründung auffaßte, dann besaß er überhaupt keine rechtliche Stellung in Deutschland, sondern nur eine internationale Position, dann konnte er auch nicht aus der Vergangenheit unseres Vaterlandes irgend welche Rechte und Zuständigkeiten ableiten, denn diese alle waren für ihn mit dem alten Reich erloschen und ohne fernere Consequenz.

Alles in allem ist zu erkennen, daß man zu recht gewaltsamen Modifikationen des vorliegenden Schreibens gezwungen ist, um der landläufigen Auffassung eine leidliche Unterlage zu schaffen, daß aber trotzdem nicht alle Widersprüche sich beseitigen lassen. Wenden wir uns daher der zweiten Auslegung zu, die den Brief mit unsern Theorien in Einklang zu setzen fähig ist.

Hiernach hat Ludwig II. folgendes sagen wollen: er habe der Vereinigung der Präsidialrechte über alle Deutsche Staaten in einer Hand zugestimmt, — d. h. er habe eingewilligt, daß diejenigen Rechte, welche im Norddeutschen Bunde Präsidialrechte genannt werden, auch von Seiten der Südstaaten dem Könige von Preußen übertragen würden — in der Erwartung, daß man hierbei nicht stehen bleiben werde; er habe vertraut, daß das Deutsche Reich und die deutsche Kaiserwürde rechtsgültig wiederhergestellt würden, und daß dadurch die Rechte, welche dem König von Preußen aus den bald in Gültigkeit tretenden Verträgen erwachsen sollten, einen durchaus anderen Charakter gewönnen und als Rechte erschienen, die derselbe, als Reichsoberhaupt, im Namen des gesammten staatlich geeinten Vaterlandes auf Grund der Einigung, d. h. der einheitlichen Zustimmung seiner Fürsten ausübe; deshalb und in diesem Sinne schlage er den Fürsten ꝛc. vor, den König von Preußen zu bitten, daß er die Ausübung jener Rechte mit der Annahme des Titels „Deutscher Kaiser" verbinden möge, oder mit andern Worten, daß er in dem Moment, wo ihm jene Rechte durch Ratifikation der Verträge verliehen sein würden, das kaiserliche Amt übernehmen möge.

Hier sind die Unstimmigkeiten der ersten Auffassung beseitigt. Das Wort „Wiederherstellung" behält seinen eigentlichen Sinn, und auch die Hintereinanderstellung der Bundesgründung und der Reichserneuerung läßt sich halten, da sich beide nicht gegenseitig ausschließen. Der Inhalt der Verträge bleibt ja, auf eine neue Rechtsbasis gestellt, als Grundgesetz des Reiches materiell bestehn. Dennoch lassen sich auch gegen diese Interpretation erhebliche Einwände vorbringen.

Vornehmlich will der Passus: „Daß die Ausübung der Bundespräsidialrechte mit Führung des Titels eines „Deutschen Kaisers" verbunden werde", nicht zu ihr stimmen. Danach scheint es, als sollte dem König von Preußen wirklich nur ein Titel verliehen werden, unter dem er seine Präsidialrechte auszuüben habe, und wenn in dem Briefe nichts weiter stände als dies, dann ließe sich allerdings keine andere Auslegung rechtfertigen. Da König Ludwig aber bereits den Wunsch kundgegeben hat, das Deutsche Reich und die alte Kaiserwürde erneuert zu sehn, so gewinnt diese Titelübertragung doch eine höhere Bedeutung. Es kann nicht anders sein, als daß Wilhelm I., dem de facto schon monarchische Rechte über ganz Deutschland zugesprochen waren, nun auch de jure zum Reichsoberhaupt im alten Sinne erhoben werden sollte. Der Wortlaut des besprochenen Passus schließt diese Deutung nicht unbedingt aus, nothwendig aber wird sie durch die vorgehenden Kundgebungen.

Freilich klingt auch das Wort „eines" nach „Wiederherstellung" seltsam, es scheint auf einen Unterschied zwischen dem alten und neuen Reich hinzuweisen. Wenn aber der König einen solchen Unterschied hervorheben wollte, dann durfte er, wie oben erörtert, überhaupt nicht von Wiederherstellung reden; das mußte ja unvermeidlich Mißverständnisse hervorrufen und die zweite Auslegung begünstigen.

Es ist somit einzugestehn, daß auch diese Erklärung des Briefes gleichwie die erste nur unter gewissen Schwierigkeiten aufrecht erhalten werden kann. Dennoch, wenn man ihn im Zusammenhang mit allen geschichtlichen Thatsachen und mit dem staatsrechtlichen Zustand betrachtet, in welchem sich Deutschland damals befand, wird man nicht umhin können, der zweiten Auffassung bei weitem den Vorzug einzuräumen.

Das alte Deutsche Reich bestand, wie wir bewiesen haben, noch immer zu Recht. Seine Reactivirung war formell durch zwei Umstände verhindert worden, durch den Art. 6 des Pariser Friedens, welcher den deutschen Territorien ausschließlich in föderativer Weise sich zu verbinden erlaubte, und durch den Mangel eines zum Tragen der Krone befähigten Thronkandidaten. Jetzt nach dem Ausschluß Oesterreichs und der Niederwerfung Frankreichs waren beide Hindernisse beseitigt. Der Pariser Friede stand nach den Grundsätzen des Völkerrechts nicht mehr in Geltung, ein Fürst war vorhanden, der wie kaum ein anderer vor ihm die kaiserliche Gewalt mit Nutzen für die Gesammtheit auszuüben vermochte. Wenn nun derjenige Reichsstand, welcher nach altem Reichsrecht vor allen Uebrigen zu solchem Schritte befugt war, sämmtliche Stände aufforderte, jenem zum Thron prädestinirten Fürsten die Kaiserkrone anzubieten, und er ihm selbst dies Anerbieten aussprach, dann konnte man, falls es nicht durch den Wortlaut der betreffenden Schreiben klar und bündig in Abrede gestellt wurde, nichts anderes annehmen, als daß die übertragene Krone eben die Krone des alten zu Recht bestehenden Reiches sei, daß dem Bayrischen König eine Reactivirung dieses Reiches im Sinne gelegen habe.

Wir haben gezeigt, daß unsre Auffassung dem Wortlaut des Briefes nach zum mindesten ebenso zulässig ist, wie die ihr entgegenstehende, daß keine Gründe vorhanden sind, welche unbedingt zu ihrer Verwerfung zwingen; im Gegentheil, es ist in dem fraglichen Brief ausdrücklich von der Wiederherstellung eines Reiches, von der historischen Stellung des Königs von Bayern in Deutschland gesprochen, somit kann es keinem Zweifel unterliegen, daß die Empfänger und König Wilhelm das Vorgehen Ludwigs II. als Erfüllung der von ihm und seinen Vorgängern seit mehr denn sechzig Jahren versäumten Pflicht, als reguläre Kaiserwahl aufzufassen berechtigt waren[15]).

Wenn König Ludwig und seine Rathgeber die deutsche Verfassungsgeschichte nicht so weit beherrschten, daß ihnen die Möglichkeit einer solchen Auslegung des Briefes in den Sinn kommen konnte, so haben sie eben denselben Fehler begangen, wie ein Diplomat, der aus Unkenntniß der Rechtslage einen seinem Lande ungünstigen Vertrag unterschreibt. An der Rechtsgültigkeit kann diese Unkenntniß nichts ändern, hier um so weniger, als es so sehr einfach war, jedes Mißverständniß auszuschließen[16]).

Die Wahlhandlung der übrigen Fürsten und der freien Städte geschah nun in der Art, daß dieselben dem Könige von Preußen persönlich in Versailles oder schriftlich ihre Zustimmung zu dem Vorschlage Ludwigs II. aussprachen[17]). Wenn sich nicht alles in jener bewegten und schnellfließenden Zeit während des Krieges abgespielt hätte, so wäre es zu verwundern, daß 23 Regierungen ohne Rückfrage ihren Willen mit dem Inhalt eines solchen unklaren und zweideutigen Schriftstücks identifiziren konnten, als das wir den Brief des Königs von Bayern erkannt haben. Es machte sich eben

---

[15]) Eine solche Auffassung wird durch jene Thronrede des Königs Ludwig vom 17. Januar 1870 (Bezold, Material. z. Reichsverf. III S. 857) nicht ausgeschlossen, worin es heißt: „So sehr ich die Wiederherstellung einer nationalen Verbindung der Deutschen Staaten wünsche und hoffe, so werde ich doch nur in eine solche Gestaltung Deutschlands willigen, welche die Selbständigkeit Bayerns nicht gefährdet. Indem ich der Krone und dem Lande die freie Selbstbestimmung wahre, erfülle ich eine Pflicht nicht allein gegen Bayern, sondern auch gegen Deutschland. Nur wenn die Deutschen Stämme sich nicht selbst aufgeben, sichern sie die Möglichkeit einer gedeihlichen Entwicklung Gesammt-Deutschlands auf dem Boden des Rechtes." In der Art, wie Bayern jetzt dem Deutschen Reiche eingegliedert wurde, konnte der König sehr wohl eine genügende Garantie für die fortdauernde Selbständigkeit und Selbstbestimmung dieses Landes erblicken.

[16]) Eine Quittung auf die seltsamen Wendungen und die Unklarheit des besprochenen Briefes war die Heiterkeit, welche seiner ersten Verlesung im Norddeutschen Reichstag (5. Dez. 1870) folgte. Vgl. Bezold III S. 165 (Laskers Rede). Es war die erste Ankündigung von Kaiser und Reich.

[17]) Erklärung d. Ministers Delbrück im Nordd. Reichstag, d. 5. Dez. 1870.

damals Niemand die Consequenzen dieses Schrittes vollkommen klar. Die Fürsten wünschten, ergriffen von der mächtigen Sehnsucht der ganzen Nation, die Errichtung von Kaiserthum und Reich, die Formen aber, in denen dies geschah, waren ihnen ziemlich gleichgültig, wenn nur die vereinbarte Verfassung unangetastet blieb. Die Consequenz ihres Verhaltens ist, daß auch ihre Propositionen staatsrechtlich genau so aufgefaßt werden müssen, wie diejenige Ludwigs II. Ist man der Ansicht, Letzterer habe als Wahlfürst im Sinne des alten Reichsrechts die Krone vergeben, so muß man es auch von den Uebrigen annehmen, glaubt man dagegen, er habe nur als Bundesfürst dem Präsidium den kaiserlichen Titel zuerkannt, so haben auch die andern Fürsten als Souveräne gehandelt.

Der Brief nun des Königs von Bayern an Wilhelm I., wiewohl sonst genau in derselben doppelsinnigen Weise und fast mit denselben Worten abgefaßt, wie der an die Fürsten[18]) enthält doch am Schlusse einen bemerkenswerthen Zusatz. Es heißt dort: „Sobald mir Eure Majestät und die verbündeten Fürsten ihre Willensmeinung kundgegeben haben, würde ich meine Regierung beauftragen, das Weitere zur Erzielung der entsprechenden Vereinbarungen einzuleiten.“

Danach könnte es scheinen, als wenn König Ludwig sein Schreiben nur als eine Vorfrage betrachte, nicht als ein rechtliches Dokument, als habe er sich nur im Voraus der Zustimmung des preußischen Königs und der andern Fürsten versichern wollen, um dann mit der Gewißheit des Erfolges die eigentliche Aktion durch sein Ministerium einleiten zu lassen. Diese Aktion hätte in einer Einfügung der Bezeichnungen Kaiser und Reich in die Bundesverfassung bestanden, und verdankte sonach das neue Kaiserthum nicht jenem Briefe, sondern dieser Verfassungsänderung seine Entstehung.

Eine solche Auffassung des angeführten Passus scheint sehr nahe zu liegen, doch erweist sie sich bei genauerer Betrachtung als durchaus unzulässig.

Der König von Bayern stand, wenn man unsre Theorie vom damaligen Zustand Deutschlands aufgiebt, völkerrechtlich einem geschlossenen Ganzen, dem Norddeutschen Bunde gegenüber, der sich für alle auswärtigen Angelegenheiten als Einheit constituirt und insoweit einen staatsähnlichen Charakter angenommen hatte. Mit

---

[18]) Er beginnt erst mit den Worten: „Nach dem Beitritt Süddeutschlands“ und enthält nur die hinsichtlich des Adressaten nothwendigen Abweichungen.

der Anerkennung des Norddeutschen Bundes hatte Bayern darauf verzichtet, mit den norddeutschen Einzelstaaten solche völkerrechtliche Beziehungen zu unterhalten, die das Interesse des Bundes berühren konnten. Auch die Verhandlungen über den zu gründenden Deutschen Bund waren nur zwischen den Bundesorganen und den süddeutschen Regierungen geführt worden. Wenn nun der bayrische König sich in irgend einer diesbezüglichen Frage direct an die Fürsten wandte, so bedeutete das nichts anderes, als eine unberechtigte Einwirkung des Auslandes auf die Mitglieder eines Bundesorgans, gerade als wenn er vor Abschluß eines Vertrages mit dem Bunde jeden Reichstagsabgeordneten öffentlich über sein voraussichtliches Votum hätte befragen wollen. Was ging es Ludwig II. an, in welcher Weise die Zustimmung des Norddeutschen Bundes zu der geplanten Verfassungsänderung, oder vielmehr zu der Aenderung im Wortlaut des Bündnißvertrages zustande kam? Warum mußte er die Willensmeinung sämmtlicher Fürsten und freien Städte erkunden, wo doch eine Zweidrittel-Majorität genügte, um seinen Vorschlag zur Annahme zu bringen? Wenn er wirklich sich nur dieser Annahme versichern wollte, dann mußte er, um correct zu handeln, sich vertraulich an den Norddeutschen Bund und die andern Südstaaten wenden und es der Regierung jener Union überlassen, sich über die Aussichten der beabsichtigten Vorlage bei den einzelnen Bundesfürsten zu informiren. Freilich könnte man annehmen, König Ludwig habe diese Sachlage nicht so genau erwogen und sich eben in bester Absicht eines kleinen Fehlers schuldig gemacht, dann fragt sich aber, warum man diesen Schritt geradezu von ihm erwartet und verlangt hat, warum man solche persönliche Aeußerung aller Fürsten und Senate für so durchaus erforderlich hielt, daß sogar der König von Sachsen daran gedacht hat, bei längerem Zögern Ludwigs die Initiative zu ergreifen.

Alles weist darauf hin, daß der ganze Vorgang eine höhere, unsrer Theorie entsprechende Bedeutung gehabt hat, und so muß sich auch der angeführte Passus des Briefes an Wilhelm I. in andrer Weise erklären lassen. Dies aber bietet geringe Schwierigkeit.

Man muß im Auge behalten, daß die deutschen Regierungen im Begriff waren, einen Vertrag abzuschließen, dessen Inhalt bereits festgestellt war und der die Grundlage für ein enges Bundesverhältniß zwischen den contrahirenden Staaten abzugeben hatte.

Wenn das Deutsche Reich wieder aufgerichtet und die Kaiserwürde erneuert werden sollte, dann konnten und mußten zwar die Verträge immer noch abgeschlossen werden, aber sie erhielten einen andern Zweck, als sie vorher gehabt hatten. Sie sollten nun nicht mehr einem in's Leben zu rufenden Bunde von selbständigen Staaten zur Unterlage dienen, sondern die gesammte innere Ordnung eines bereits bestehenden Einheitsstaates, des Deutschen Reiches, begründen. Um dieser Bestimmung zu genügen, dazu bedurften die Verträge, und zwar die zu ihrem Inhalt gehörige Verfassungsurkunde, gewisser Aenderungen, welche aber, da der letzteren schon an und für sich mehr die Form und der Inhalt einer Staats- als einer Bundesverfassung gegeben worden war, nur ganz geringfügig zu sein brauchten.

Wenn nun König Ludwig schreibt, er wolle nach Zustimmung des Königs von Preußen und der verbündeten Fürsten das Weitere zur Erzielung der entsprechenden Vereinbarungen einleiten lassen, so erklären sich diese Worte sehr einfach in der Weise, daß der König nach Annahme der Krone durch Wilhelm I. jene sich aus dem veränderten Zweck der Verträge ergebenden Aenderungen mit den übrigen Contrahenten feststellen wollte.

Sonach ist auch in dem letzten Passus des Briefes kein Widerspruch gegen unsre Auffassung, sondern eher eine Bestätigung derselben zu erkennen, und können wir jetzt noch einmal den ganzen Vorgang recapituliren, wie er sich nach dieser Theorie darstellt.

Am 3. Dezember forderte der König von Bayern unter Bezugnahme auf die historische Stellung seines Hauses in Deutschland sämmtliche Fürsten und freien Städte durch gleichlautende Schreiben auf, zum Zweck einer Wiederherstellung des Deutschen Reiches dem Könige von Preußen die Kaiserkrone zu übertragen und erhielt er bald darauf von allen Seiten zustimmende Antworten. Gleichzeitig übersandte er durch den Prinzen Luitpold dem preußischen Könige einen Brief nach Versailles, welcher in fast gleicher Fassung diesem Fürsten die deutsche Krone antrug und ihm von der geschehenen Aufforderung an alle Fürsten und freien Städte Mittheilung machte. Die in Versailles anwesenden Fürsten sprachen dem Könige von Preußen ihr Einverständniß mit dem Inhalt des bayrischerseits an sie gerichteten Briefes aus und gaben damit ihre reichsrechtlich erforderliche Einwilligung zur Annahme der Kaiserkrone. Dasselbe thaten die abwesenden Fürsten und Senate durch Uebersendung von Briefen entsprechenden Inhalts.

Damit war dem uralten, niemals aufgehobenen Wahlrecht, wie es vor dem Aufkommen der Kurfürstenwahl Jahrhundertelang geübt worden, noch einmal und nun zum letzten Mal vollkommen Genüge geschehn. Nicht blos alle wählenden, sondern sogar alle vorhandenen, im unbestrittenen Besitz von Reichsland befindlichen Fürsten hatten dem Oberhaupt des bei weitem größten Territoriums ihre Stimme gegeben und damit eine Wahl zustande gebracht, wie sie unanfechtbarer wohl selten in der Reichsgeschichte vorgekommen ist. Daß auch die Städte zugelassen wurden, war nach altem Herkommen nicht erforderlich, aber, in Anbetracht ihrer seit langem erfolgten Gleichstellung mit den fürstlichen Territorien, durchaus berechtigt. Diese Zulassung hätte, wenn Deutschland ein Wahlreich geblieben wäre, ein Präcedenz für spätere Kaiserwahlen abgegeben.

Für die Hintansetzung aller ehemals gebräuchlichen Formalitäten, welche diese letzte Kur charakterisirt, ist, wenn man sie überhaupt entschuldigen zu müssen glaubt, die Unvereinbarkeit jener Formen mit den modernen Verhältnissen und letzten Endes der Kriegszustand des Reiches ein vollauf genügender Grund. Auch im alten Reich hätte bei gleicher Lage Niemand an derlei Unregelmäßigkeiten Anstoß genommen, wenigstens nicht zu jener Zeit, da das alte deutsche Successionsrecht noch nicht durch klerikale Zuthaten zersetzt worden war. Das allein Entscheidende, der Wille der Fürsten, war über allen Zweifel festgestellt, das Reichsrecht verlangte mit Bestimmtheit, daß ein Kaiser sei, einen zweiten Prätendenten gab es nicht und konnte es nicht geben, folglich gebührte demjenigen die Krone, welchem die Fürsten den kaiserlichen Titel zugestanden hatten.

Allerdings war der ganze Vorgang eine bloße Formalität, denn wenn man überhaupt das Reich wieder als bestehend anerkannte, dann blieb gar kein anderer Ausweg, als den König von Preußen auf dessen Thron zu erheben; doch diese Formalität war nun einmal nöthig, um die Rechtscontinuität zu erhalten, um den alten Gesetzen genug zu thun, und so ist sie denn noch einmal innegehalten worden. Es war aber durchaus richtig, daß man hierbei alle unnützen Schnörkel wegließ und sich rein auf das Sachliche beschränkte. Die Uebertragung der Krone auf Wilhelm I. war zu selbstverständlich, als daß sie mit großem Apparat und mittelalterlichem Pomp in Scene gesetzt zu werden brauchte.

Doch mit diesem unserm Nachweis, daß die Wahl eine rechtmäßige gewesen, ist noch nicht alles gewonnen. Die Hauptsache bleibt immer, wie sich der Erwählte selbst zu der Frage gestellt hat, ob er die Krone angenommen hat als die wahrhaft monarchische, ehrwürdige des alten Reiches oder nur als einen bedeutungslosen Zierrath des ihm übertragenen Bundesamtes; und namentlich ist zu erkunden, ob ausdrücklich eine Erneuerung des seit so vielen Jahrzehnten allgemein als aufgelöst und beseitigt angesehenen Deutschen Reiches stattgefunden hat. Die Inaugurirung der neuen Ordnung wird uns darüber Aufschluß geben.

Sechstes Kapitel.

Die Kaiserproklamation.

Am 31. Dezember 1870 bestand zwischen den Staaten des Norddeutschen Bundes und den Südstaaten Baden, Hessen und Württemberg ein Vertragsverhältniß. Das Uebereinkommen mit Bayern war noch nicht ratifizirt, also staatsrechtlich nicht vorhanden. Inhalt der Verträge war die allseitige Verpflichtung, am 1. Januar 1871 einen Deutschen Bund in's Leben zu rufen, dessen Verfassung in denselben Dokumenten genau festgesetzt war, und dem sie alle angehören sollten. Durch die Verträge wurde der geplante Bund selbstredend noch nicht gestiftet, seine Vollendung mußte vielmehr, wenn er einen dem Norddeutschen Bunde analogen Charakter tragen sollte, in der Weise erfolgen, daß sämmtliche norddeutschen Fürsten oder in ihrem Auftrag der König von Preußen und gleichermaßen die Regierenden der Südstaaten das ganze Resultat der Novemberverhandlungen zum Landesgesetz ihrer Staaten erklärten.

In Württemberg, Baden und Hessen kann man dies allenfalls als geschehen annehmen, in Norddeutschland dagegen sicherlich nicht. Somit ist der Bund am 1. Januar, wie schon im vierten Kapitel dargelegt, nicht zustande gekommen, denn ohne Einschluß der Norddeutschen Staaten hatte die ganze Verfassung keinen Sinn. Die Verträge sind, infolge unvorhergesehener Hinderung, vorerst nicht erfüllt worden und dauerte daher der Norddeutsche Bund, welcher an dem festgesetzten Termin durch Gründung des neuen Bundes beseitigt werden sollte, über den genannten Termin hinaus fort. Dennoch wurde dieser Vorgang nicht als Vertragsverletzung aufgefaßt, weil Jeder den Hinderungsgrund kannte und überzeugt war, daß die vereinbarte Verfassung nach Beseitigung desselben alsbald in Kraft treten werde. Welche Wandlung in der Rechtslage durch das Vorgehen der Fürsten bezüglich der Kaiserfrage geschaffen worden war, das vermochte noch Niemand klar zu übersehen, und wurde daher die Einführung der Bezeichnungen Kaiser und Reich allgemein und namentlich von den preußischen und süddeutschen Ministern[1]) als eine rein formale Aenderung aufgefaßt.

Wenn diese Anschauung richtig war und wirklich noch der anfänglich geplante Deutsche Bund in's Leben gerufen werden sollte, dann ergab sich der Weg hierzu ganz von selbst. Zuerst mußte das Hinderniß beseitigt, die Ratification des bayrischen Vertrages erwirkt werden und zwar, wie es denn auch wirklich geschehen ist, in der Weise, daß dem Vertrage bis zum 1. Januar rückwirkende Kraft verliehen wurde. Alsdann war es erforderlich, durch eine kurze Verordnung der norddeutschen Bundesregierung der am 31. Dezember veröffentlichten Verfassung und dem Inhalt sämmtlicher Verträge incl. des bayrischen in allen norddeutschen Staaten Gesetzeskraft zu verleihen, ebenfalls rückwirkend auf den 1. Januar. Zum Schluß konnte dann der König von Preußen durch eine dem Publicandum des 26. Juli 1867 ähnliche Urkunde den am 1. Januar rechtsgültig erfolgten Beginn des neuen Bundes constatiren und unter Annahme des kaiserlichen Titels die Uebernahme der Präsidialbefugnisse erklären. Dies war das einfache, staatsrechtlich correcte Verfahren, welches jeden Zweifel an der rechtlichen Natur des neuen Deutschen Reiches ausgeschlossen und

---

[1]) Minister von Lutz in der Bayrischen Abgeordnetenkammer: „.... endlich kommen in Betracht diejenigen Modificationen, welche die Bundesverfassung an zwei Stellen zu erleiden hat, nachdem auf Anregung unsers allergnädigsten Königs und Herrn der Beschluß gefaßt wurde, daß der König von Preußen als Präsident des Bundes den Titel „Deutscher Kaiser" zu führen habe, und das Bundesgebiet (?) den Namen „Deutsches Reich" erhalten soll ...."

Gleichermaßen sagt die Adresse der württembergischen Abgeordnetenkammer vom 30. Dezember: „Die freudigsten Hoffnungen knüpft es (das Haus) an die Wiederaufrichtung der altehrwürdigen Namen Kaiser und Reich."

keine Möglichkeit für die Annahme eines Zusammenhangs zwischen ihm und dem alten römischen Reich deutscher Nation offengelassen hätte.

Was ist statt dessen in Wirklichkeit geschehen? Es bestand wohl die Absicht, mit Inaugurirung der neuen Ordnung so lange zu warten, bis die Ratification des bayrischen Vertrages erfolgt wäre, allein man hat sie doch schließlich ohne Rücksicht auf das Fehlen dieser Ratification vorgenommen, weil den leitenden Staatsmännern eben nicht ein Bund, sondern ein Reich vor Augen stand, dem jener Vertrag wohl zur Regulirung seiner inneren Verhältnisse, keineswegs aber zu seiner staatsrechtlichen Existenz vonnöthen war.[2]) Hätte das neue Gebilde der projectirte Bund sein sollen, dann wäre es eine Absurdität gewesen, seinen Abschluß zu constatiren und seine Organe in Thätigkeit treten zu lassen, ehe seine Herstellung wirklich vollendet war, bei dem Reiche, dem de jure niemals beseitigten Staatskörper, konnte ein solches Bedenken nicht in Betracht kommen.

Wenn schon die Zeit der Inaugurirung sich nur mit unsrer Theorie vereinigen läßt, so wird diese im höchsten Maße bekräftigt durch den Vorgang selbst.

Die an den König von Sachsen ausgefertigte Notification vom 14. Januar war zwar noch nicht geeignet, alle Zweifel über die Bedeutung der Aktion zu benehmen. Sie dankt nur für die „Aufforderung zur Herstellung der Deutschen Kaiserwürde" und erklärt es für des Königs Pflicht, dem „ergangenen Rufe Folge zu leisten". Völlige Klarheit aber giebt die vom 17. Januar datirte Proklamation an das deutsche Volk, welche bei dem großen Festakt im französischen Königsschloß zu Versailles am 18. Januar auf Befehl des Königs durch den Bundeskanzler Grafen Bismarck öffentlich verlesen und dann im ganzen Reich bekannt gemacht wurde.

Sie lautet folgendermaßen:[3])

„An das Deutsche Volk! Wir Wilhelm v. G. Gn. König von Preußen, nachdem die deutschen Fürsten und freien Städte den

[2]) Köln. Ztg. 19. Jan. 1871: „Es ist schließlich nicht geziemend erschienen, daß zur Vollendung der Reichsgründung gewartet werden sollte, bis die sogenannten Patrioten in München ihre langwierigen Verhandlungen zu beenden sich entschließen würden. . . . . . Das Reich ist nunmehr auch formell begründet und der Kaiser proklamirt worden."

[3]) Kgl. Preuß. Staats-Anzeiger 1871 Nr. 19.

einmüthigen Ruf an uns gerichtet haben, mit Herstellung des Deutschen Reiches die seit mehr denn 60 Jahren ruhende deutsche Kaiserwürde zu erneuern und zu übernehmen, und nachdem in der Verfassung des Deutschen Bundes die entsprechenden Bestimmungen vorgesehen sind, bekunden hiermit, daß Wir es als eine Pflicht gegen das gemeinsame Vaterland betrachtet haben, diesem Rufe der verbündeten Deutschen Fürsten und Städte Folge zu leisten und die Deutsche Kaiserwürde anzunehmen. Demgemäß werden Wir und unsere Nachfolger an der Krone Preußen fortan den kaiserlichen Titel in allen Unseren Beziehungen und Angelegenheiten des Deutschen Reiches führen und hoffen zu Gott, daß es der deutschen Nation gegeben sein werde, unter dem Wahrzeichen ihrer alten Herrlichkeit das Vaterland einer segensreichen Zukunft entgegenzuführen. . . . . Uns aber und Unsern Nachfolgern an der Kaiserkrone wolle Gott verleihen, allezeit Mehrer des Deutschen Reiches zu sein, nicht an kriegerischen Eroberungen, sondern an den Gütern und Gaben des Friedens auf dem Gebiete nationaler Wohlfahrt, Freiheit und Gesittung.

Gegeben Hauptquartier Versailles, 17. Januar 1871. Wilhelm."

Alle, welche bisher obige Vorgänge staatsrechtlich beleuchtet haben, sind an diesem wichtigen Dokument mit einem kurzen Seitenblick vorübergegangen, als wäre es nur eine patriotische Festrede bei Gelegenheit der Uebernahme des Kaisertitels, ohne jede weiterreichende Bedeutung. So behauptet Zorn:[4]) „Staatsrechtlich ist der historisch so überaus denkwürdige Akt vom 18. Januar im Prunksaal der französischen Könige zu Versailles ebenso irrelevant, wie s. Z. das Publicandum vom 26. Juli 1867. Denn bereits vom 1. Januar ab hatte König Wilhelm die ihm durch die Verfassung übertragenen Rechte und Pflichten durch die concludente Handlung der thatsächlichen Ausübung juristisch übernommen."

Dies widerspricht vollständig den von uns festgestellten Thatsachen. Als das Publicandum vom 26. Juli 1867 erschien, war, wie dieses selbst bestätigt, der Norddeutsche Bund bereits seit dem 1. Juli in Kraft, und zwar durch die Decretirung der Verfassung in allen Bundesstaaten, der sogenannte Deutsche Bund aber blieb über den 1. Januar hinaus und für immer ein Project, da seine Verfassung in dem weitaus größten Theil seines Gebietes, dem

[4]) Staatsrecht des Deutschen Reiches S. 38 f.

ganzen Norddeutschland, nicht zum Landesgesetz erklärt wurde. Consequenter Weise hatte der König von Preußen im letzteren Falle die ihm nach der Verfassung zustehenden Rechte und Pflichten vor dem 18. Januar noch nicht übernommen. Der einzige Titel, den er sich bis dahin über seinen Königstitel hinaus zulegte, war: „Oberbefehlshaber der deutschen Heere", diesen aber führte er nur in militärischen Angelegenheiten auf Grund des Kriegsbündnisses mit den Südstaaten. Es ist in der Zeit vom 1. bis 18. Januar keine Regierungshandlung nachzuweisen, die er als Leiter des Deutschen Bundes oder Reiches vorgenommen hätte, vielmehr hat der König seine norddeutschen Präsidialrechte ununterbrochen weiter geübt.

Noch kürzer wie Zorn findet sich O. Mejer[5]) mit der Kaiserproklamation ab, wenn er sagt, der König habe feierlich proklamirt, „daß Kaiser und Reich — beides begriffen nicht im alten Sinne, sondern in dem der nationalen Gegenwart — wieder erstanden seien". Warum Kaiser und Reich ihren eigentlichen Sinn verloren haben sollen, giebt er nicht an, in der Proklamation selbst steht nichts davon zu lesen.

Ebenso begnügt sich G. Meyer[6]) mit den Worten: „Die feierliche Annahme der Deutschen Kaiserwürde erfolgte zu Versailles am 18. Januar 1871 und wurde dem deutschen Volke durch eine Proklamation bekannt gemacht", und ähnlich die meisten andern.

Es ist auch schließlich nicht zu verwundern, daß niemand sich auf eine nähere Betrachtung und Würdigung der vorliegenden Urkunde einlassen wollte, ist sie doch geeignet, die Grundlage der Deductionen jener Staatsrechtslehrer auf das bedenklichste zu erschüttern. Uns dagegen wird es zu großem Vortheil gereichen, auch dieses Dokument eingehend zu untersuchen und zu unsern Betrachtungen seiner Bedeutung entsprechend heranzuziehen. Es dürfte zum Bau unsrer Beweisführung die wichtigsten Steine liefern.

Daß das vorliegende Aktenstück urkundlichen Charakter trägt, ist schon aus seiner äußeren Form, dem Eingang: „Wir Wilhelm

---

[5]) Einleitung in das Deutsche Staatsrecht S. 330.

[6]) a. a. O. S. 158.

Wie gering die juristische Bedeutung der Proklamation angeschlagen wird, ersieht man z. B. daraus, daß in Bezold's Sammlung der Materialien zur Reichsverfassung diese Urkunde überhaupt nicht abgedruckt worden ist.

v. G. Gn. rc." und dem Schluß: „Gegeben Versailles rc." zu erkennen, sowie auch aus der feierlichen Verlesung durch den Bundeskanzler,[7]) welcher mit dem Moment thatsächlich die Funktionen eines Reichskanzlers übernahm, wenn ihm auch der Titel erst einige Zeit später, am 12. Mai, beigelegt wurde. Die juristische Wirkung aber, welche die Proklamation ausgeübt hat, läßt sie unzweifelhaft als den Ausdruck einer großen staatsrechtlichen Aktion erscheinen. Vor ihrem Erlaß bestand ein Norddeutscher Bund mit einem functionirenden Präsidium, nach ihrem Erlaß war derselbe verschwunden und an seiner Stelle ein Deutsches Reich erstanden, das, geleitet von einem Deutschen Kaiser, zugleich die Südstaaten sämmtlich umfaßte, wiewohl der Vertrag mit Bayern noch der Ratification harrte. Es ist auch kein anderer Akt zu ersehen, welcher die neue Ordnung der Dinge eingeleitet und in Kraft gesetzt haben könnte, ein solcher Akt aber war staatsrechtlich unbedingt erforderlich.

Ueber diese Proklamation ist nun folgendes zu constatiren:

I. Sie enthält keine Erhebung der Reichsverfassung, d. h. der Resultate jener Novemberverhandlungen, zum Gesetz für die Staaten Norddeutschlands, wie wir es eben als nöthig bezeichnet haben, denn einmal waren jene Verhandlungen noch gar nicht soweit abgeschlossen, daß ein auf sie gegründetes neues politisches Gebilde hätte proklamirt werden können, und dann ist auch in unserm Aktenstück keine solche Veröffentlichung zu finden. Ebensowenig ist es eine dem Publicandum vom 26. Juli 1867 entsprechende Urkunde. Es ist vielmehr eine an das ganze deutsche Volk gerichtete amtliche Notification.

II. Die Proklamation nimmt nur nebensächlich Bezug auf die Reichsverfassung und die darin vorgenommenen Aenderungen. Ihr Hauptgewicht legt sie auf den Ruf der Fürsten und freien Städte.[8]) Wilhelm I. sagt ausdrücklich, daß er es als Pflicht betrachtet habe,

[7]) Kaiser Friedrichs Tagebuch, 18. Januar, berichtet, Bismarck habe „in tonloser, ja geschäftlicher Art" die Ansprache verlesen und auch die „Köln. Ztg." ließ sich von einem Augenzeugen (Wachenhusen) schreiben: „Nur der eiserne Graf verlas die Proklamation mit einer Ruhe, als habe er ein diplomatisches Aktenstück vor sich." Diese tonlose Verlesung könnte wohl als ein Anzeichen betrachtet werden, daß der Graf den Inhalt nicht völlig billigte, dessen Bedeutung aber wurde durch diese Behandlung eher erhöht als gemindert, indem dadurch der amtliche Charakter der Kundgebung noch schärfer hervortrat.

[8]) Dies ist s. Z. durchaus nicht unbemerkt geblieben, doch fand man keine stichhaltige Erklärung dafür. Vgl. Schles. Ztg. 21. Januar 1871 S. 1.

diesem Rufe Folge zu leisten. Als Inhalt des Rufes aber giebt er an: Herstellung des Deutschen Reiches, Erneuerung der seit mehr denn 60 Jahren ruhenden Kaiserwürde und Uebernahme derselben durch ihn, den König von Preußen. Diese drei Handlungen werden sonach durch die Urkunde vollzogen.

In ihr ist zugleich die amtliche Antwort auf den Brief Ludwigs II. zu suchen, in ihr der authentische Ausdruck der Auffassung, welche Wilhelm I. von dem Inhalt jenes doppelsinnigen Schreibens gewonnen hat. Wenn der Brief des Königs von Bayern keine andere Bedeutung hätte, als die, welche ihm bisher von allen Staatsrechtslehrern beigelegt worden ist, dann konnte er nur die Wirkung haben, daß der preußische König sich zur Annahme obiger Würde bereit erklärte und der dazu nothwendigen Verfassungsänderung beistimmte. Bei der Annahme selbst durfte er sich aber nicht mehr auf den Ruf der Fürsten beziehen, als wenn dieser ihn zu solcher Handlung berechtige, sondern nur auf die Bundesverfassung, welche als Ausdruck des Willens aller Organe der Südstaaten und des Norddeutschen Bundes ihm die Kaiserkrone zusprach.

Daß der König in der Proklamation sein Recht ausschließlich auf den Ruf der Fürsten basirt und der Verfassungsänderung nur nebenbei als einer Formalität Erwähnung thut, zeigt klar, daß er jenem Ruf eine ganz andere Bedeutung beimißt, als ihm gewöhnlich zugeschrieben wird. Er sieht in den Fürsten und Senaten die wahlberechtigten Reichsstände, die ihm gemäß der alten Successionsordnung die Krone des tausendjährigen Deutschen Reiches übertragen, und dementsprechend hat er den Brief des Königs von Bayern verstanden.

III. Durch die Worte: „mit Herstellung des Deutschen Reiches die seit mehr denn 60 Jahren ruhende Deutsche Kaiserwürde zu erneuern und zu übernehmen“, ist es klar und unzweideutig ausgesprochen, daß nicht ein neues föderatives Gebilde geschaffen, sondern das ehemalige, widerrechtlich außer Wirksamkeit gesetzte Reich wiederhergestellt werden sollte. Allerdings könnte ein gewandter Interpretator das Wort „Herstellung“ einfach als Gründung erklären und hervorheben, daß ein Präsident des Deutschen Bundes mit dem Titel „Kaiser“ ebenfalls die deutsch-kaiserliche Würde erneuere, ohne doch in rechtliche Beziehungen zu den früheren Kaisern zu treten, allein auch diese kunstreichen Einwände lassen sich ohne Schwierigkeit widerlegen.

Daß König Wilhelm unter Herstellung eine Wiederherstellung verstanden wissen wollte, ersieht man aus anderen amtlichen Auslassungen jener Zeit. In der bei derselben Feier vorher an die deutschen Fürsten gerichteten Ansprache[9]) heißt es:

„Durchlauchtigste Fürsten und Bundesgenossen!

In Gemeinschaft mit der Gesammtheit der deutschen Fürsten und freien Städte haben Sie sich der, von des Königs von Bayern Majestät an mich gerichteten Aufforderung angeschlossen, mit Wiederherstellung des Deutschen Reichs die Deutsche Kaiserwürde für Mich und Meine Nachfolger an der Krone Preußen zu übernehmen rc."

Und ähnlich drückt er sich in seiner Antwort[10]) auf die am 18. Dezember überreichte Adresse des Norddeutschen Reichstags aus. Der betreffende Passus lautet:

„Mit tiefer Bewegung hat Mich die durch S. Maj. den König von Bayern an Mich gelangte Aufforderung zur Herstellung der Kaiserwürde des alten Deutschen Reiches erfüllt".

Auch die Thronrede bei Eröffnung des ersten Deutschen Reichstags[11]) enthält die Worte: „Möge die Wiederherstellung des Deutschen Reiches für die deutsche Nation auch nach Innen das Wahrzeichen neuer Größe sein."

Es ist nicht zu verstehen, wie Jemand nach Betrachtung solcher Aussprüche noch behaupten kann, der König habe bei Erlaß der Proklamation nur die Gründung eines Bundes und die Uebernahme eines juristisch bedeutungslosen Titels im Sinne gehabt. Eine solche Auffassung ist auch damals, im Norddeutschen Parlamente wenigstens, nicht zur Herrschaft gekommen, heißt es doch in der am 18. Dezember überreichten Adresse des Norddeutschen Reichstags wörtlich: „Die Deutsche Krone auf dem Haupte Ew. Majestät wird dem wiederaufgerichteten Reiche Deutscher Nation Tage der Macht, des Friedens . . . . eröffnen." Hier ist sogar der ehemals übliche Titel mit Weglassung des Wortes „römisch" von neuem zur Anwendung gekommen. In der badischen Kammer[12]) sprach Minister Jolly von der „Wiederherstellung des Deutschen Reiches" und bezeichnete er dabei die früheren Kaiser als Kaiser Wilhelms

---

[9]) Kgl. Preuß. Staats-Anzeiger 26. Jan. 1871.

[10]) Bezold, a. a. O. III S. 124f.

[11]) Bezold III S. 861.

[12]) Bezold, III S. 421.

„Vorfahren im Reiche".[13]) Desgleichen beginnt die Adresse des ersten Deutschen Reichstags: „Auf festeren Grundlagen als je ist das Deutsche Reich wiederaufgerichtet." Wenn dieses Reich früher weniger feste Grundlagen besessen hat, so muß es doch schon einmal bestanden haben. Mit diesen Worten ist also die Identität des neuen und alten Reichs offenbar constatirt.

Allerdings waren Viele noch nicht recht klar über das, was man eigentlich wollte. Vor einer Erneuerung des alten römischen Reiches deutscher Nation schauderte man zurück, weil man sich darunter nur das ohnmächtige, verkommene Gemeinwesen des vorigen Jahrhunderts vorstellen konnte mit seinen immensen Ansprüchen und minimalen Lebensäußerungen.[14]) Daß auch ein solcher Staat durch ein nationales Oberhaupt und eine vernünftige Verfassung von Grund aus erneuert werden könne, ohne deshalb seine Rechtscontinuität einzubüßen, das wollte ihnen nicht in den Sinn. Man

---

[13]) Das preuß. Abgeordnetenhaus begrüßt das Ereigniß mit Dank gegen Gottes Führung, „welche Ew. Majestät die Wiederherstellung des Deutschen Reiches beschieden hat. . . ."

Die Adresse des Herrenhauses aber sagt geradezu: „Ew. Maj., von den Fürsten und freien Städten Deutschlands zum Kaiser erkoren. . . ." Staatsarchiv Bd. 20 Nr. 4209 u. 4210.

[14]) So schreibt die Schles. Ztg. am 26. Januar 1871: „Die Continuität unsers Kaiserreichs ist eine geschichtliche Thatsache, kein juristisches Prinzip (?). Im staatsrechtlichen Sinne ist das Reich, die Kaiserwürde von 1871 eine völlige Neuschöpfung." Hier also wieder der Unterschied zwischen geschichtlichen und juristischen Verhältnissen, und gerade bei Betrachtung der Urkunde, die, selbst ein juristisches Dokument von höchster Bedeutung, beide in Einklang gesetzt hat. Das Blatt fährt dann fort: „Es wäre eine bedenkliche Verirrung, wenn man unser nationales Kaiserthum vom 18. Januar 1871 als eine staatsrechtliche Fortsetzung des am 6. August 1806 zu Grabe getragenen römischen Kaiserthums ansehen wollte. Könnte ein starrer Legitimist nicht etwa behaupten wollen, die ganze Aufhebung des römischen Reiches im Jahre 1806 sei illegal, sei eine Revolution gewesen, die Zeit von 1806 bis 1871 ein Interregnum, wie etwa das von 1256 bis 1273. Könnte man dabei nicht soweit gehn zu sagen: „Die Majorität der neun (?) Kurfürsten, Pfalzbayern, Sachsen, Brandenburg, Württemberg und Baden, habe dem neuen Kaiser reichsconstitutionsmäßig, wenn auch mit einigen unvermeidlichen Formfehlern, erwählt? An Velleitäten dieser und ähnlicher Art wird es in manchen Kreisen nicht fehlen". Ich bin nun dieser starre Legitimist, der in dem Vorgang von 1806 keine Aufhebung des Reiches erkennen will und an der Rechtscontinuität mit dem heutigen Reiche festhält, der in der Handlungsweise der Fürsten eine Wahl, wenn auch keine Kurfürstenwahl erblickt und der die klaren Worte Wilhelms I. so, wie sie gesprochen sind, und nicht nur „geschichtlich" auffaßt. — Endlich heißt es dort: „Gerade nach zwei

wünschte die Wiederherstellung eines Einheitsstaates,[15]) darüber herrschte kein Zweifel, doch man wollte ihn aufgerichtet sehen im Sinne einer lebensvollen Gegenwart,[16]) d. h. in's Staatsrechtliche übersetzt: ausgestattet mit einer neuen, den modernen Verhältnissen entsprechenden Verfassung. Was ist das aber anders, als was wir als geschehen zu erweisen suchen, die Reactivirung des niemals rechtlich zu Grunde gegangenen alten Reiches unter gleichzeitigem Erlaß eines brauchbaren Grundgesetzes.

In Bayern und Württemberg freilich traten abweichende Anschauungen von der Bedeutung der Reichserneuerung hervor. Es wurde in den Kammern von einer Wiederherstellung, ja sogar von einer Wiederaufrichtung der Namen Kaiser und Reich gesprochen[17]), allerdings zu einer Zeit, da es noch an einer authentischen Erklärung des ganzen Vorgangs, wie sie in der Kaiserproklamation gegeben wurde, fehlte. Natürlich haben diese Auslassungen ebensowenig staatsrechtlichen Werth, wie jene der norddeutschen Parlamente. Alle angeführten Stellen sollten nur zeigen, wie die Auffassung der politischen Wandlung und des neuen Staatsgebildes im weitaus größten Theile Deutschlands zu jener Zeit der unsrigen dem Sinne nach vollkommen entsprach.

Von beweisender Kraft sind nur die Dokumente und die amtlichen Aeußerungen König Wilhelms, diese aber zeigen klar, daß das neue Reichsoberhaupt damals, und namentlich bei Erlaß der Proklamation, wenn auch nicht selbst diese Ansicht gehabt, so doch

Richtungen muß sich das neue Deutsche Reich von allen Ueberlieferungen des alten auf's entschiedenste lossagen, es hat nichts zu thun mit hierarchisch-theokratischen, nichts mit kosmopolitischen Tendenzen."

Es ist nicht einzusehn, warum die Lossagung von gewissen schädlichen, übrigens schon ehemals längst in den Hintergrund getretenen Tendenzen eine vollständige Zerreißung der Rechtscontinuität bedingen sollte.

[15]) Rede des beantragenden Abgeordneten bei Einbringung der Adresse: „Wir erwarten von dieser Wandlung nicht blos eine Veränderung der Form, sondern auch eine Veränderung des Inhalts. Der Bund soll ein Reich werden, ein geeinigter und geschlossener Staat ..." Bezold III S. 370. Ueber die rechtliche Möglichkeit einer solchen Umwandlung herrschte freilich vollkommene Unklarheit.

[16]) Ansprache des Reichstagspräsidenten Simson bei Ueberreichung der Adresse des Norddeutschen Reichstags: „Und heute darf die Nation ... sich der Zusicherung getrösten, daß Kaiser und Reich im Geist einer neuen lebensvollen Gegenwart wieder aufgerichtet werden". Ludw. Hahn: Fürst Bismarck II S. 269.

[17]) Vgl. S. 105, Anm. 1.

die Rathschläge von Männern acceptirt hat, welche den Zusammenhang zwischen dem neuen und dem alten Reich legal hergestellt wissen wollten. Das aber ist doch schließlich das Entscheidende bei der Interpretation monarchischer Kundgebungen, welches die Meinung und Absicht derjenigen Personen gewesen ist, nach deren Rath der Monarch die betreffende politische Aktion vollführt hat. Ob er selbst dabei anders gedacht hat, darauf kommt es nicht an [18]), denn er hat eben nicht seine eigenen Gedanken realisiren wollen, sondern die Gedanken jener, denen er bei dieser Gelegenheit sein Vertrauen geschenkt hatte.

Man könnte sagen, die einzigen rechtmäßigen Rathgeber König Wilhelms seien seine Minister gewesen, und von diesen läßt sich ziemlich sicher nachweisen, daß ihnen eine Anknüpfung des neuen Reichs an das alte völlig ferngelegen hat. Das ist aber nicht richtig. Gerade in diesem entscheidenden Moment brauchte er nicht dem Rathe seiner Minister zu folgen und ist er ihm nicht gefolgt, weil es gar keine preußische und noch weniger eine norddeutsche Angelegenheit war, um die es sich handelte. Zum Kaiser gewählt wurde Wilhelm I. der Theorie nach nicht als König von Preußen, sondern nur als freier deutscher Mann, und als solcher konnte er keinen verantwortlichen Rathgeber haben. Daß das Kaiserthum von nun an mit dem preußischen Königthum unlösbar verbunden wurde, gehört in die durch den gewählten Kaiser zu sanctionirende Verfassung, kommt aber für den Moment der Wahl und der Uebernahme des kaiserlichen Amtes durch Wilhelm I. noch nicht in Betracht.

Aus demselben Grunde bedurfte auch die Proklamation keiner Gegenzeichnung, denn der preußische resp. norddeutsche Verfassungsparagraph, welcher eine solche für Erlasse und Verordnungen des Königs verlangte, fand auf dieses Dokument keine Anwendung. Wilhelm I. handelte bei Vollziehung desselben weder als Souverän des preußischen Staates, noch auch als Vertreter des Norddeutschen Bundes. Ebensowenig aber kann es der Bedeutung der besprochenen Urkunde Abbruch thun, daß sie nicht im Bundesgesetzblatt veröffentlicht worden ist. Sie war eben weder Gesetz noch Verordnung, sondern die Notification der Thronbesteigung eines neuen Kaisers

---

[18]) Nach Kaiser Friedrichs Tagebuch (12. Jan.) erklärte König Wilhelm, „er sähe im Kaiser nur eine Umänderung des Präsidiums des Bundes und würde sich am liebsten „König von Preußen, erwählter Kaiser von Deutschland" nennen."

und die Erklärung, daß das Deutsche Reich wieder als zu Recht bestehend anzusehen sei. Sie wurde publicirt durch die Verlesung in Versailles, durch öffentlichen Anschlag und Aufnahme in die Zeitungen, das für Gesetze, Verordnungen und Verträge bestimmte Blatt war zu ihrer Aufnahme nicht verpflichtet.

Es erhebt sich nun die Frage, wer die begünstigten Rathgeber waren, die den preußischen König zum Erlaß der Proklamation in obiger Fassung bestimmt haben, sind doch ihre Anschauungen entscheidend für die Interpretation der Urkunde. Wir erhalten Auskunft darüber durch eine Stelle in Kaiser Friedrichs Tagebuch, wo es unter dem 30. Dezember heißt: „Ich entwerfe mit dem Großherzog von Baden eine Proklamation für Kaiser und Reich. Ersterer ist Nachfolger der deutschen Kaiser, aber ein durchaus Neues, wie 1848 das alte preußische Königthum unterging, um als verfassungsmäßiges aufzuerstehen, während Titel und Formen blieben."

Kronprinz Friedrich Wilhelm also und Großherzog Friedrich waren es, denen jene wichtige Kundgebung ihre Entstehung verdankte. Sie haben im richtigen Moment eingegriffen, um zu verhüten, daß das Band zerrissen wurde, welches das neue Deutschland mit dem alten tausendjährigen Reiche verknüpfte, um zu hindern, daß unser thatsächlich geeinigtes Vaterland noch weiter juristisch den Charakter eines Staatenbundes trug[19]). Aus den angeführten Worten ist klar zu erkennen, daß der Sinn der Proklamation vom 18. Januar in der That kein anderer sein sollte, als wir ihn oben festgestellt haben. Das alte Deutsche Reich mit dem Kaiser an der Spitze sollte rechtsgültig wiederhergestellt werden, freilich durchaus verändert und erneuert, wie das preußische Königthum nach dem Jahre 1848, aber doch staatsrechtlich dem ehemaligen identisch, gleichwie das constitutionelle Preußen unsrer Tage nicht von dem früheren absoluten getrennt zu werden vermag.

Wenn man demgemäß zugiebt, daß die Proklamation wirklich eine rechtliche Wiederherstellung des alten Reiches bezweckt habe,

---

[19]) Auch die S. 100 als Beweismittel angeführte Antwort König Wilhelms auf die Adresse des Norddeutschen Reichstages stammt offenbar aus der Feder des Kronprinzen. Wir lesen in einem Versailler Brief der Schlesischen Zeitung (3. Jan. 1871 S. 4): „Nicht der Bundeskanzler, sondern Er, der Sohn, hatte dem königlichen Vater dort im Saal das Concept der Rede überreicht, womit dieser die Ansprache des Reichstagspräsidenten und die von ihm vorgelesene Adresse des Parlaments beantwortete."

dann läßt sich auch der andre Einwand nicht aufrechterhalten, als habe Wilhelm I. nur die Würde, d. h. den Rang der ehemaligen Kaiser erneuert und übernommen, ohne deshalb deren Nachfolger heißen zu wollen. War das so geschaffene Reich dem früheren identisch, dann trug auch sein Oberhaupt die Krone der Salier und Staufen, dann kann unser Dokument nichts anderes gemeint haben, als die thatsächliche Erneuerung des alten Kaiseramtes.

IV. Es ist festzuhalten, daß der Kaiser seine Krone keineswegs auf die Bundesverfassung und damit auf die Verträge basirt, deren integrirender Theil die Letztere ist. Er sagt zwar: „nachdem in der Verfassung des Deutschen Bundes die entsprechenden Bestimmungen vorgesehen sind", aber dieser Vorgang wird nur als zeitlich vorangehend und nicht als Ursache der Annahme des kaiserlichen Titels hingestellt. Die Berechtigung zu letzterer Handlung schöpft Wilhelm I., wie gesagt, ausschließlich aus dem Ruf der Fürsten, denn diesem erklärt er Folge zu leisten.

Die angeführten Worte können demnach nichts anderes sein, als die authentische Interpretation der Verfassungsänderung „Kaiser und Reich". Bisher hatte man hierin im Allgemeinen nur eine Namensänderung gesehen, man glaubte, es läge nach wie vor in der Absicht der Fürsten, den geplanten Staatenbund in's Leben zu rufen. Da proklamirt der König von Preußen die Wiederaufrichtung des Deutschen Reiches und die Uebernahme der Kaiserkrone mit der Erklärung, daß die vertragsmäßig für alle Regierungen und für ihn selbst verbindliche „Verfassung des Deutschen Bundes" — diesen ihren amtlichen Titel mußte er zu ihrer Bezeichnung beibehalten — der hierdurch geschaffenen Rechtslage entsprechend abgewandelt, d. h. daß sie durch die im Dezember vorgenommenen Aenderungen „Kaiser und Reich" zur Erfüllung ihres neuen Zweckes, als Grundgesetz des wiederhergestellten Reiches zu dienen, befähigt worden sei. Es ist also von maßgebendster Stelle aus constatirt, daß zwischen der Verfassungsurkunde und der am 18. Januar 1871 vollzogenen Thatsache, was die Bezeichnungen und Titel anbetrifft, kein Widerspruch mehr vorhanden sei oder wenigstens vorhanden sein solle. Damit haben wir eine wichtige Grundlage gewonnen für die spätere Untersuchung jenes Dokuments.

V. Der König von Preußen verkündet, er werde den kaiserlichen Titel in allen seinen Beziehungen und Angelegenheiten des Deutschen Reiches führen; das will heißen, er werde ihn in den rein preußischen Beziehungen nicht führen. Hier tritt die schon früher erwähnte innere Abneigung Wilhelms I. gegen seine neue Stellung in einer nicht streng gesetzmäßigen Weise hervor. Weder als Nachfolger der früheren Kaiser noch auch im Hinblick auf die vereinbarte Verfassung konnte er sich berechtigt fühlen, den Gebrauch des höheren Titels einzuschränken. Daß die ehemaligen Herrscher bei erbländischen Regierungshandlungen ebenso den kaiserlichen Titel gebrauchten wie bei den auf das Reich bezüglichen, ist bekannt, was aber verlangt das jetzt geltende Grundgesetz? Hier ist ganz einfach und ohne jede beigefügte Einschränkung bestimmt, der König von Preußen werde den Namen Deutscher Kaiser führen. Darin ist unzweifelhaft eine, vorerst vertragsmäßig festgelegte Aenderung der preußischen Verfassung zu erkennen, indem der Titel des preußischen Königs seiner neuen, ihm und seinen Nachfolgern gesicherten Würde als Reichsoberhaupt entsprechend abgewandelt worden ist. Er lautet fortan: „Deutscher Kaiser König von Preußen."[20]). Freilich wird und kann Niemand dem Reichsoberhaupt verwehren, in preußischen Angelegenheiten den ersten Theil der officiellen Titulatur wegzulassen, aber seinen Nachfolgern ist damit die Verpflichtung, dies zu thun, keineswegs auferlegt. Correkter ist und bleibt die Führung beider Titel bei allen Anlässen, ganz abgesehen davon, daß sich die preußische und die Reichs-Verwaltung durchaus nicht scharf von einander sondern lassen. —

Nachdem wir so den Inhalt und die Bedeutung der Kaiserproklamation klargestellt haben, müssen wir noch einmal der Ansicht scharf entgegentreten, als ob diese Urkunde und der ganze Akt staatsrechtlich vollkommen irrelevant sei. Wer das behauptet, der muß erst zeigen, wodurch dann das Deutsche Reich inaugurirt und in's Leben gerufen worden ist. Etwa durch die „Bekanntmachung" des hessischen Ministeriums und die Declaration der übrigen süddeutschen Regierungen oder durch jenen Abdruck der unvollendeten Verfassungs-Verträge im Gesetzblatt des Norddeutschen Bundes, von welchem dem Bundesoberhaupt selbst erst nachträglich Kenntniß gegeben wurde und dessen Inhalt offenbar bis zum 18. Januar nicht befolgt worden ist? Durch den nachherigen Erlaß der Reichsverfassung vom 16. April ist es jedenfalls nicht geschehn, denn dieser nahm bereits ein bestehendes Reich zur Voraussetzung. Soll also

---

[20]) Vgl. II Kap. 2.

ene hessische Ministerialverfügung vom 31. Dezember 1870 gesetzliche Kraft besitzen und auf den Rechtszustand ganz Deutschlands einzuwirken vermögen, dagegen die in feierlichster Form vor den Vertretern der Fürsten, der Nation und des sieggekrönten Heeres erfolgte, an das ganze deutsche Volk gerichtete Verkündigung des neuen Kaisers juristisch vollkommen irrelevant sein? Ein solches Staatsrecht mag wohl in den Auditorien noch manchen spitzfindigen Zuhörer befriedigen, eine lebendige Wirkung auf das Leben der Nation wird es nicht zu erzielen vermögen.

Kaiser Wilhelm hat sich, darüber kann kein Zweifel obwalten, am 18. Januar 1871 die Krone der Hohenstaufen auf's Haupt gesetzt und das alte Deutsche Reich als rechtsbeständig anerkannt. Er hat damit offen bekundet, in welchem Sinne er das Anerbieten des Königs von Bayern und der andern Fürsten verstanden hat. Wenn einige von diesen oder vielleicht Ludwig II. selbst eine solche Auffassung nicht als berechtigt anerkannten, dann war es an ihnen, dagegen zu protestiren und ihre wahre Meinung bekannt zu geben.

Freilich haben sich, auch nach Aufrichtung des Reiches, Fürst Bismarck und die preußischen Minister öfters im Reichstag und sicherlich auch im Bundesrath in einer Weise geäußert, die unsrer Theorie durchaus widerstreitet. In den Motiven zum Entwurf der Reichsverfassungs-Urkunde heißt es: „als die deutschen Fürsten und freien Städte auf die Initiative S. M. des Königs von Bayern sich zu dem Wunsche vereinigten, daß der erweiterte Bund den Namen des Deutschen Reiches wieder aufnehmen nnd S. M. der König von Preußen die Präsidialrechte unter dem Namen des Deutschen Kaisers ausüben möge . . .“, und in den Motiven zum Gesetzentwurf über Elsaß-Lothringen wird das Reich seinem Grundcharakter nach als „ein Bund selbständiger, souveräner Staaten“ hingestellt, die nur von ihren Rechten einen Theil gemeinsam ausübten. Dies alles aber, so gravirend es erscheint, vermag unsre Auffassung nicht zu widerlegen, noch auch das ihr entsprechende Rechtsverhältniß zu ändern.

Die politischen Aktenstücke scheiden sich in zwei Gruppen, einmal in solche, die wirklich eine politische Aktion vollziehn, eine Rechtsveränderung hervorrufen, z. B. Verträge, Verordnungen, Gesetze, Declarationen und Manifeste, und dann in solche, die derlei Aktionen vorbereiten, begleiten oder durch sie veranlaßt werden, wie Briefe — soweit sie nicht durch Form oder Inhalt als Dokumente ersterer Art gekennzeichnet sind —, Gesetzentwürfe, Motive dazu, Thronreden, Parlamentsverhandlungen 2c. Nun kann allerdings durch diese letzteren der Sinn jener dispositiven Urkunden authentisch erläutert, niemals können sie aber selbst dadurch modifizirt oder ersetzt werden. Die Verträge mit den Südstaaten, die Kaiserproklamation sind zweifellos Aktenstücke ersterer Art, denn durch sie hat der Rechtszustand der Regierungen, resp. des Königs von Preußen und des deutschen Volkes eine Umwandlung erfahren. Wenn nun die Bundesgründung wirklich vollendet worden wäre und der Erlaß vom 18. Januar seinem Wortlaut nach zwei Erklärungen zugelassen hätte, sodaß er entweder als Wiederherstellung des alten Reichs oder als Constatirung des geschaffenen Staatenbundes verstanden werden konnte, dann hätten jene Motive und ministeriellen Aeußerungen eine Bevorzugung dieser bündischen Auffassung bedingt; da jedoch ein neuer Staatenbund gar nicht in's Leben gerufen worden ist und die Proklamation sich nur in unserm Sinne erklären läßt, so besitzen die erwähnten Auslassungen überhaupt keinen rechtlichen Werth. Es hätte jedem Bundesrathsbevollmächtigten, jedem Reichstagsabgeordneten freigestanden, ihre Stichhaltigkeit unter Hinweis auf die maßgebenden Urkunden zu bestreiten, und auch wir sind zu ihrer Verwerfung vollkommen befugt.

Was der erste Deutsche Kaiser aus Hohenzollernhause dem deutschen Volke in jenem feierlichen Augenblicke verkündet hat, das ist ihm gültiges Recht, daran läßt es nicht deuteln und kritteln, daran vermögen weder öffentliche noch verborgene Versicherungen oder diplomatische Abmachungen das geringste zu ändern. Höchstens könnten dieselben auf das allgemeine Verhalten der Reichsregierung modifizirend einwirken. Wohl berührt es manchmal sonderbar, wenn der Reichskanzler selbst, der durch Verlesung der Proklamation sein Einverständniß mit ihrem Inhalt bekundet hatte, nachher immer noch durch seine Auslassungen der Bundestheorie Vorschub leistet[21]), Gültigkeit aber kann diese deshalb nicht erlangen, da ihr

[21]) Man muß nur immer bedenken, wie R. v. Mohl (a. a. O. S. 5) sehr richtig hervorhebt, „daß der gewaltige Staatsmann, von dessen Willen und Kraft so vieles schließlich abhing, nichts weniger als ein schulgerechter Theoretiker, sondern ein Mann der That . . . sei." Wenn man alle Aussprüche Bismarcks und der preußischen Minister als maßgebend und unangreifbar ansehen wollte, welche Theorie vom Reiche würde dann noch Bestand haben können? Die bundesstaatliche am allerwenigsten.

die offenkundigen Thatsachen und die maßgebenden Dokumente widersprechen.

Allein, trotz der hohen staatsrechtlichen Bedeutung jener Proklamation und trotz ihres klaren Wortlauts bleiben noch gar manche schwerwiegende Einwände zurückzuweisen, ehe wir unser Resultat als völlig gesichert hinzustellen vermögen. Ein scheinbar sehr bedenkliches Gegenargument wird im folgenden Kapitel zu behandeln und niederzukämpfen sein.

Siebentes Kapitel.

Römisches oder Deutsches Reich? — Römischer oder Deutscher Kaiser?

Es ist eine nicht nur unter Laien, sondern auch unter staatsrechtlich und historisch Gebildeten fast allgemein verbreitete Anschauung, daß das alte Reich schon deshalb nichts mit unserem heutigen zu thun haben könne, weil es gar kein deutsches, sondern ein heiliges römisches Reich gewesen sei, dessen Rechtssphäre sich weit über die Grenzen der eigentlich deutschen Lande ausgedehnt habe. Dementsprechend meint man, die ehemaligen Imperatoren dürften in keiner Beziehung den gegenwärtigen zur Seite gestellt werden, da sie als römische Kaiser Repräsentanten einer durchaus andern, die Idee der Weltherrschaft und des Katholicismus in sich tragenden Institution gewesen seien. Wenn diese Auffassung auf Wahrheit beruht, dann sind selbstredend alle unsere Beweisgründe hinfällig, tragen doch die beiden Staatsgebilde und mit ihnen das Amt ihres Oberhauptes ein von Grund aus verschiedenes Gepräge.

Um uns hierüber Klarheit zu verschaffen und den wahren Charakter des alten Reichs und Kaiserthums zu ergründen, müssen wir weit in's Mittelalter bis zu den Anfängen dieser Institutionen zurückgreifen. Vielleicht gelingt es uns, den Widerspruch zu lösen und zu zeigen, daß eine Wesensungleichheit zwischen ihnen und unsern heutigen Bildungen gar nicht oder nicht in dem Maße vorhanden ist, um einen rechtlichen Zusammenhang auszuschließen. Dabei ist vor allem zu beachten, daß die Namen und Titulaturen allein für die wahre Natur der Institution und ihre rechtliche Bedeutung nicht maßgebend sind, ein Grundsatz, der ja vor allem von denjenigen festgehalten wird, welche das neue Deutsche Reich als einen Bund von Staaten hinzustellen sich bemühen.

Wie bekannt, nahm Karl der Große zu Weihnachten 800 Würde und Titel der weströmischen Cäsaren an, Papst Leo III. krönte ihn mit der Abendländischen Kaiserkrone. Damit war nach der Anschauung der Zeit das zerstörte weströmische Reich wiederhergestellt und in germanische Hände gelangt, in Wahrheit aber bestand keinerlei rechtlicher Zusammenhang zwischen der alten und neuen Bildung.[1]) Zwar trug letztere noch nicht den mehr ideellen Charakter, den wir im späteren Mittelalter an ihr kennen lernen werden, noch war sie ein territorial ausgedehntes, gewaltiges Reich, dessen Besitz zur Führung des kaiserlichen Titels zu berechtigen schien, aber von den altrömischen Staatseinrichtungen, von dem auf die Legionen und die hauptstädtische Menge gestützten Cäsarenthum der ersten Jahrhunderte unsrer Zeitrechnung war sie doch durch eine weite Kluft getrennt. Die einzige Institution, welche beiden gemeinsam war, die römische Kirche, hatte ehemals längst nicht die Stellung im Staatsleben eingenommen, um durch ihre Mitwirkung bei der Gründung des fränkischen Römerreichs eine rechtliche Continuität zwischen den gleichbenannten Gebilden herbeiführen zu können. Dennoch gewannen die Frankenkönige, deren Herrschaft schon annähernd den Occident umspannte, durch jenen alten, eine Weltherrschaft bezeichnenden Namen in der Idee der Zeit ein Recht auf universale Gewalt, auf eine Oberhoheit auch über diejenigen christlichen Lande, die noch nicht ihrem Scepter unterworfen waren,[2]) und namentlich auf eine fast souveräne Beherrschung der römischen Kirche.[3])

Nach dem Zerfall des karolingischen Staates sollte anfänglich das den Kaisertitel führende Mitglied des Hauses eine gewisse Oberhoheit über die andern besitzen und den Gedanken der Einheit

---

[1]) vgl. Waitz, Deutsche Verfass.-Gesch. III S. 195.

[2]) vgl. dens. III S. 201.

[3]) Giesebrecht, Gesch. d. deutsch. Kaiserzeit. I S. 125 f.: „Hatte das germanische Königthum von jeher einzelne geistliche Rechte in sich aufgenommen, so scheint es nun, zur kaiserlichen Gewalt erhoben, fast die ganze Machtfülle des höchsten Priesterthums an sich zu reißen. Und Karl wird in der That schlechthin als „der Regent der heiligen Kirche" bezeichnet; die Kirchenversammlungen bedürfen nicht nur seiner Erlaubniß, um zusammenzutreten, er ergänzt ihre Beschlüsse . . . ."

aufrechterhalten. Von einer materiellen Gewalt blieb aber bald nichts mehr übrig und so wurde das Imperium allmählich zur religiösen Idee, die sich mit dem Gedanken eines vom römischen Papst geleiteten Gottesreiches auf Erden eng verknüpfte.

Diese Idee konnte zu hoher Bedeutung gelangen, wenn sie von einem von Haus aus machtbegabten und energischen Fürsten ergriffen wurde. Das geschah, als die Kaiserkrone dem Beherrscher Deutschlands, Otto I., zufiel, der sich soeben als starker Schützer der Kirche bewährt hatte.

Es ist nicht leicht, dieser politisch-religiösen Bildung, wie sie damals fest und auf die Dauer mit dem deutschen Staate verbunden wurde, mit staatsrechtlichen Kategorien beizukommen, nicht als ob es Bildungen geben könnte, die ihrer Natur nach in keine dieser Kategorien gehörten, sondern weil sich das damals völlig unentwickelte Staatsrecht über den Charakter des Imperiums niemals klar geworden ist. Eine authentische Erklärung gab es nicht, jeder Fürst aber, Staatsmann oder Gelehrte legte sich die Sache seinen Interessen, seiner Parteistellung nach zurecht. Ebenso veranlaßte der Wandel der Zeiten und Verhältnisse einen Wechsel der herrschenden Auffassung. Es bleibt uns nichts übrig, als von einer allgemeingültigen Definition abzusehen und nur periodenweise die Anschauung wiederzugeben, welche in dem betreffenden Zeitabschnitt die meiste Anerkennung fand und den thatsächlichen Verhältnissen am ersten entsprach.

In den früheren Jahrhunderten des Mittelalters seit Otto I. war das Imperium sicherlich kein universeller Staat, als dessen Glieder die einzelnen Königreiche der Christenheit hätten gelten können. Dazu war denn doch der offenbare Zusammenhang zwischen all diesen Ländern ein zu loser, der Einfluß der Kaiser ein zu geringer, wiewohl sich die Meinung Vieler dieser Auffassung näherte. Mit größerer Berechtigung ließ sich die ganze Christenheit als ein Bund von Staaten verstehn, geschlossen vornehmlich zur Wahrung und Reinerhaltung der gemeinsamen Religion, sowie zur Vertheidigung nicht minder als zum Angriff gegen die Ungläubigen. Nach dieser Auffassung war der Kaiser nur souveräner Gebieter in dem Territorium der Stadt Rom, als solcher aber völkerrechtlich mit der Leitung der Angelegenheiten des großen christlichen Bundes betraut. Dies Rechtsverhältniß hob die Selbständigkeit der Staaten nicht auf, ihre Unterordnung unter den

Kaiser bei gewissen Gelegenheiten erschien als eine freiwillige, nur durch das Gefühl der Solidarität der christlichen Interessen gebotene. Das Imperium konnte danach nicht als eine geschlossene Regierungsgewalt bezeichnet werden, sondern als ein Complex von Hoheitsrechten in der Hand des Souveräns der Stadt Rom, vergleichbar der späteren päpstlichen Gewalt, deren Radizirung auf dasselbe Gebiet ja ihr Träger noch heute zu fordern sich berechtigt glaubt.

Die höchste geistliche Autorität galt damals hinsichtlich ihrer weltlichen Stellung als abgeleitet vom Imperium, d. h. sie blieb in irdischen Angelegenheiten ihm untergeben. Der Papst war der höchste Bundespriester, aber als Verwalter des unmittelbaren kaiserlichen Landbesitzes dem Imperator unterthan, ein Verhältniß, welches freilich wegen des engen Zusammenhangs zwischen geistlichen und weltlichen Dingen bald verwischt und schließlich umgekehrt wurde.

Das so beschaffene Imperium kam also durch Otto I. dauernd in die Hand der deutschen Könige. Die Verknüpfung beider Kronen war von da ab eine derartige, daß der Träger der deutschen Krone, gleichgültig auf welche Weise er in ihren Besitz gelangt war, durch diesen Besitz ein unabweisliches Anrecht hatte auf das kaiserliche Diadem, dessen feierliche Uebertragung vorerst ein Recht und eine Pflicht des römischen Bischofs blieb. Anfangs glaubte man wohl, daß nicht bloß die Führung des Titels Romanorum imperator oder Caesar, sondern auch die Ausübung der kaiserlichen Funktionen erst nach der Krönung in Rom zulässig sei, bald aber minderte sich die rechtliche Bedeutung dieser Ceremonie so, daß die imperialen Rechte schon nach Besteigung des deutschen Throns beansprucht wurden[4]). Der rex Germaniae war zugleich Inhaber des Imperium und nannte sich seit Heinrich IV. in dieser Eigenschaft bis zur Krönung rex Romanorum. Damit war die früher vom Papst prätendirte Befugniß, nach Belieben einem der abendländischen Herrscher die Kaiserkrone zu verleihen, vollständig beseitigt, er konnte wohl die in Rom zu vollziehende feierliche Sanction verzögern oder verweigern, niemals aber einem andern Fürsten, als dem deutschen Könige, die Krone der Cäsaren auf's Haupt setzen. Wenn ihm dieser nicht genehm erschien, dann

[4]) vgl. Ficker, Deutsches Königthum und Kaiserthum, Innsbr. 1862 S. 46.

richtete sich sein Streben höchstens dahin, dessen Legitimität als Beherrscher Deutschlands anzufechten oder seine Absetzung zu erwirken, an eine Trennung der kaiserlichen Gewalt von der deutschen Krone konnte er nicht mehr denken.[5])

Unter den Umständen mußte die natürliche Entwicklung dahin führen, daß auch die Krönung in Rom beseitigt wurde. Schon längst war sie den deutschen Königen als eine unbequeme, kostspielige und zwecklose Ceremonie erschienen, die nur geeignet war, klerikale Prätensionen wachzurufen. Ueberdem war es allmählich Sitte geworden, den König, wenn auch nicht mit dem Kaisertitel anzureden, so doch als electus imperator bereits vor der Krönung zu bezeichnen, war er doch von den Fürsten als derjenige erwählt worden, welcher die Kaiserkrone tragen sollte. In der Goldenen Bulle heißt er stets rex Romanorum in Caesarem promovendus, und ist damit dem Rechte Ausdruck gegeben, welches der Erwählte auf den Imperatorentitel besaß.

So kam es, daß Maximilian I., verhindert einen Romzug zu unternehmen, sich selbst die Bezeichnung electus imperator als amtliche Titulatur beilegte und damit seinen Nachfolgern ein Beispiel gab, das sie alle befolgt haben. Nur Karl V. ließ sich noch nachträglich in Bologna krönen, bei den Uebrigen kam diese Formalität vollständig in Wegfall. Nach einigem Sträuben mußten sich die Päpste in das Unvermeidliche fügen.[6])

Was war nun währenddessen aus dem Imperium, von dem sich dieser kaiserliche Titel herschrieb, geworden? Anfänglich, zur Zeit der ersten Kaiserdynastieen, hatte man auch außerhalb Deutschlands und Italiens an die Existenz dieser ideellen Institution, an einen bündischen Zusammenhang der ganzen abendländischen Christenheit geglaubt; namentlich der Klerus hatte streng daran festgehalten. Auch ließen sich wohl manche Handlungen der deutschen Könige constatiren, die von dem Dasein solcher Hoheitsrechte, ja von einer gewissen Obergewalt über andere christliche Staaten, namentlich im

---

[5]) Ep. Innocent. III ad Colon. archiep.: „Non enim eligimus nos personam, sed electo ab eorum parte majori, qui vocem habere in imperatoris electione noscuntur, et ubi debuit et a quo debuit coronato, favorem praestitimus et praestamus, cum apostolica sedes illum in imperatorem debeat coronare, qui rite fuerit coronatus in regem.“ Registr. imp. ep. 55 ed Bal. 1,712.

[6]) vgl. J. J. Moser. Vom röm. Kayser Kap. 4 § 4.

Norden und Osten Zeugniß ablegten und nur in diesem Sinne verstanden werden konnten. Noch während der Hohenstaufenherrschaft bestand der Gedanke eines politischen Zusammenhanges der Christenheit, repräsentirt durch das Kaiserthum, in voller Kraft. In den Actionen einzelner Kreuzzüge, namentlich im dritten, fand es seinen großartigsten Ausdruck. Dann aber, als die übrigen Staaten sich kräftiger und selbständiger zu organisiren anfingen, das deutsche Königthum dagegen immer mehr an Macht im Innern und nach außen verlor, zwiespältige Wahlen den Anmaßungen der Kurie Thür und Thor öffneten, da verlor der Name imperium romanum nach und nach seinen wahren und eigentlichen Inhalt. Er bezeichnete in der zweiten Epoche des Mittelalters nicht mehr eine gewissermaßen präsidiale Obergewalt über alle Herrscher der Christenheit, sondern wieder, wie zur Zeit Karls des Großen, ein ausgedehntes Territorium, und zwar denjenigen Staatencomplex, welchen der mit dem Kaisertitel begabte deutsche König unmittelbar beherrschte oder von Rechts wegen beherrschen sollte. Dies waren außer Deutschland selbst die Königreiche Italien und Burgund, denn auch auf deren Kronen besaß derselbe durch seine Thronbesteigung in Deutschland ein unabweisliches Anrecht. Auf die genannten drei Länder also ging der Name jener universellen Institution über,[7]) nachdem das specifisch kaiserliche Territorium, das Gebiet der Stadt Rom, völlig in den Besitz des Papstes gelangt war. Zwar entschwand der alte Gedanke deshalb nicht sogleich aus der Welt, er wurde sogar in der Uebergangsperiode theoretisch besonders scharf herausgebildet,[8]) praktisch aber vermochte er nur noch geringe Wirkung zu üben.

Es bedurfte nicht erst einer ausdrücklichen Anerkennung der vollendeten Thatsache, wie man sie darin erblicken könnte, daß König Sigismund bei seiner Reise nach England, vor dem Betreten des britischen Bodens, jeglichen Besitz von Hoheitsrechten in jenem Lande ableugnete. Der ganze internationale Verkehr, jede Verhandlung, jeder Vertrag basirte auf der Voraussetzung vollständiger Unabhängigkeit der einzelnen christlichen Staaten. Der Zeitpunkt freilich, wann dieser Vorgang seinen Abschluß gefunden hat, läßt sich nicht durch ein Datum bestimmen, weil die Kaiser zu Zeiten großer Machtfülle noch manchmal die universalmonarchischen Ge-

[7]) Vgl. Ficker, deutsches Königth. und Kaiserth. S. 50.

[8]) Dante, De monarchia.

danken hervorkehrten und den Bestand eines Imperium im alten Sinne zu behaupten suchten.[9]) Man könnte ihn in die Zeiten Friedrichs II. oder Sigismunds, ebensogut aber in die Periode nach Abdankung Karls V.[10]) oder in den dreißigjährigen Krieg verlegen, das hängt von der Auffassung der Begebenheiten ab. Ganz zweifellos aber bestand jene abendländische Oberherrschaft nicht mehr in dem Moment, als Franz II. die Krone von Deutschland niederlegte. Damals, in den letzten Jahren des sogenannten alten Reichs, waren auch ihre letzten Reste völlig ausgetilgt und verschwunden.

Doch auch jenes spätere Römische Reich, der die Königreiche Deutschland, Italien und Burgund umschließende Gesammtstaat, existirte in dem genannten Augenblick als solcher nicht mehr zu Recht.

Nachdem der Name des imperium romanum einmal auf den unmittelbaren Länderbesitz des Kaisers übergegangen war, machte er auch alle Reductionen mit, welche dieser Besitz im Laufe der Jahrhunderte zu erleiden hatte. Die königlichen Rechte in Italien schrumpften immer mehr zusammen und bestanden schon vor den napoleonischen Kriegen nur noch in einer ziemlich bedeutungslosen Oberlehnsherrlichkeit über die thatsächlich selbständigen oder von anderen Großmächten abhängigen norditalienischen Fürstenthümer. Durch den Frieden von Luneville wurden auch diese letzten Befugnisse und Ansprüche ausdrücklich oder stillschweigend beseitigt, da sie sich nicht mit dem sonstigen Inhalt der Abmachungen vertrugen. Aehnlich ging das Königreich Burgund zu Grunde. Es wurde theils in rechtlichen Formen, wie namentlich durch die Lösung der Schweiz aus dem Reichsverbande, theils durch allmähliche Erwerbungen von Seiten Frankreichs verkleinert und bestand schließlich nur noch aus dem Herzogthum Savoyen. Dieses besaß zwar Reichsstandschaft und das Vikariat über Italien, erschien aber de facto als völlig unabhängiger Staat. Außerdem erinnerte die Stimme des Bisthums Bisanz (Besançon) im Fürstenrath noch an die vormalige Existenz eines Burgundischen Königreichs. Auch diese letzten Reste verschwanden durch den Luneviller Frieden und den jüngsten Reichs-

---

[9]) So namentlich Karl V. nach dem Schmalkaldischen Krieg. Vgl. Ranke, Reform. Gesch. Bd. V S. 66.

[10]) Ein hervorstechendes Symptom für den Zerfall der unter kaiserlicher Leitung verbündeten Christenheit ist die Alliance zwischen Franz I. von Frankreich und den Osmanen.

schluß. Mit ihm also war der Entwicklungsprozeß vieler Jahrhunderte zur Vollendung gebracht, das sogenannte Römische Reich bis auf das eigentliche Deutschland reduzirt worden. Imperium romanum und regnum Germaniae erschienen als identische Begriffe, und so konnte man jetzt mit Berechtigung von einem imperium germanicum reden.

Kann es bei solcher Lage der Dinge wohl als ein Zufall, muß es nicht vielmehr als eine vollgültige Bestätigung meiner Ausführungen gelten, daß nach diesem Frieden von Luneville (1801) der Name Römisches Reich auch in amtlichen Schriftstücken keine Anwendung mehr gefunden hat? In dem Instrument des genannten vom Kaiser sanctionirten Friedens wird durchweg von dem Deutschen Reich oder von dem Reich schlechthin geredet, niemals von dem Römischen Reich, während man allerdings in dem zugehörigen Reichsgutachten und dem Ratificationsdecret letztere Bezeichnung noch gebraucht hat. In dem Hauptschluß der Reichsdeputation vom 25. Februar 1803 aber ist nur der Ausdruck Deutsches Reich zu finden (Einleitung u. § 39), ebenso in dem betreffenden Reichsgutachten und dessen Ratification vom 28. April 1803.[11]) Sogar ein päpstliches Breve vom 4. Juni 1803, das über die Umwälzung in Deutschland Klage führt, redet von einem „germanicum imperium", ein Ausdruck, welcher von der in solchen Dingen äußerst exacten päpstlichen Kanzlei sicher mit vollem Vorbedacht gewählt worden ist.[12])

Endlich spricht auch Franz II. in seiner Abdankungsurkunde vom 6. August 1806 ausschließlich vom „Deutschen Reich". Einige Mal redet er vom „Reich" allein, nicht ein einziges Mal kommt in dem Dokument das Wort „römisch" vor. Wenn diese Ausdrucksweise hier die Rechtsgültigkeit des Aktes nicht gemindert und man sogar gemeint hat, aus dem Inhalt der Urkunde das rechtliche Aufhören des Reiches folgern zu dürfen, so war auch Kaiser Wilhelm in der Wiederherstellungsurkunde vom 17. Januar 1871 vollkommen befugt, das erneuerte Reich mit demselben Namen „Deutsches Reich" zu bezeichnen, dessen dauernde Geltung als amtliche Titulatur des Staates erst mit der Reichsverfassung grundgesetzlich festgelegt wurde, zu dessen Anwendung er sich aber den Ständen gegenüber bereits

---

[11]) Vgl. K. E. Ad. von Hoff, Das Teutsche Reich vor der franz. Revol. und nach dem Frieden zu Luneville, Gotha 1801.

[12]) Vgl. L. K. Aegidi a. a. O. S. 175 f.

vertragsmäßig verbunden hatte. Das Römische Reich ist niemals aufgelöst worden, es ist allmählich erloschen, sowohl jene ideelle Weltmonarchie des Mittelalters, als auch das Aggregat von Königreichen, welches in den späteren Zeiten diesen Namen übernommen hatte. Was Kaiser Franz im Jahre 1806 auszutilgen glaubte, das war nicht mehr das Römische, sondern das Deutsche Reich, wiewohl es bis wenige Jahre vorher in historischer Reminiscenz und noch nicht ganz ohne Berechtigung den ersteren Titel getragen hatte.

Und doch, so wird man entgegnen, nannte sich das Oberhaupt dieses Staatskörpers bis zum Augenblicke des Zerfalls in sämmtlichen officiellen Schriftstücken, bei allen Regierungshandlungen mit der alten Bezeichnung: „Erwählter römischer Kaiser, König in Germanien“, falls er nicht, wie im Luneviller und Preßburger Frieden die einfache Bezeichnung „der Kaiser“ gebrauchte. Wenn er nur ein Deutsches Reich beherrschte, so hätte er sich ausschließlich den Titel König von Germanien beilegen müssen. Der kaiserliche Titel hatte ja mit Deutschland nichts zu thun. Zur Widerlegung bedarf es abermals eines kurzen Rückblicks.

Die deutschen Könige nahmen nach Erwerbung der abendländischen Krone Rang und Titel der altrömischen Imperatoren an und zwar die drei synonymen Bezeichnungen: Romanorum imperator, Caesar, Augustus. Diese lateinischen Titel sind für unsere Untersuchung allein maßgebend, ihre deutsche, willkürliche und verständnißlose Uebersetzung hat durchaus keinen rechtlichen Werth. Der rex Germaniae hieß also als Haupt des Abendlandes Romanorum imperator oder indem man mit dem Eigennamen des ersten römischen Imperator den gleichen Begriff verband, Caesar resp. Augustus. Romanorum Caesar oder Romanorum Augustus wäre widersinnig, wäre ein Pleonasmus gewesen, denn die Namen allein genügten für den ganzen Begriff, auch sind solche fehlerhafte Ausdrücke im Lateinischen niemals angewendet worden. Die Bezeichnung Caesar wurde zwar selten gebraucht, z. B. in der Goldenen Bulle: „in Caesarem promovendus“,[13]) aber dann stand sie immer allein ohne jenen Genitiv.

Als das mittelalterliche Imperium verschwand, blieb der kaiserliche Rang und Titel selbstredend ein Attribut des deutschen

[13]) Als Adjectiv wurde sie vielfach angewendet, z. B. Instrumentum pacis Caesareo-Suecicum, Caesarea capitulatio etc. Das Ratificationsdecret hieß immer: Instrum. ratificationis Caesaris.

Königs, als Zeichen seiner Herrschaft über das nunmehr drei Staaten umfassende römische Reich. Der tiefere Sinn dieses Titels war und blieb aber der ursprüngliche, wenn auch an eine Realisirung seiner Bedeutung nicht mehr zu denken war. Der deutsche König war der Caesar der Christenheit, der Kaiser schlechthin, unter allen abendländischen Herrschern der höchste an Rang, jeder wirklichen Obergewalt dagegen war er verlustig gegangen.

Wie nun übertrug man die lateinische Titulatur in's Deutsche? Aus Caesar wurde das Wort Kaiser gebildet; statt aber sich damit zu begnügen und das Reichsoberhaupt einfach: Der Kaiser, König in Germanien zu nennen, nahm man aus dem Synonymon Romanorum imperator das Wort Romanorum hinzu und bildete den unmöglichen Titel „Römischer Kaiser", wo doch in dem Worte Kaiser schon der Begriff römisch darinsteckte. Noch verkehrter wurde der Name Augustus übersetzt. Man machte daraus einen Mehrer des Reichs und setzte dann, um den gewünschten Sinn zu verdeutlichen, dem lateinischen Titel ein semper vor, sodaß nun die bekannte Phrase „zu allen Zeiten Mehrer des Reichs" herauskam. Von Rechtswegen, bei correcter Uebertragung in's Deutsche hätte das Reichsoberhaupt genannt werden müssen entweder „Römischer Imperator, König von Deutschland", oder „Der Kaiser, König von Deutschland".

Als im Jahre 1721 auch der russische Zar den Kaisertitel annahm, wurde dadurch die Würde des germanischen Cäsar insofern nicht beeinträchtigt, als man die Fiktion aufrechterhielt, jener habe damit das byzantinische Kaiserthum erneuert und die Leitung der morgenländischen Christenheit übernommen.[14]) Er war hiernach ebenfalls Romanorum imperator oder Caesar, daneben aber Zar aller Reussen, gerade wie das Oberhaupt unseres Reiches Caesar war und daneben König von Deutschland. In beiden Fällen fehlte dem kaiserlichen Titel der reale Rechtsinhalt, war es nur ein bedeutsames Zeichen von Bestrebungen, die vielleicht einmal verwirklicht werden konnten. De jure waren beide Fürsten nur Gebieter in ihren Landen, äußerlich geschmückt mit Rang und Würde der Cäsaren.[15])

---

[14]) Von Seiten des römisch-deutschen Kaisers wurde dies allerdings vorerst nicht anerkannt. Man gestand dem russischen Herrscher nur die Bezeichnung „Zarische Majestät" zu.

[15]) Bluntschli sagt zu dieser Frage: „Die völkerrechtliche Bedeutung der kaiserlichen Oberhoheit ging so allmählich unter, und der Kaisername wurde zu

Das Haupt des deutschen Staates hätte sich also amtlich Kaiser und König von Deutschland nennen sollen, in richtiger Uebersetzung von Caesar et rex Germaniae, wobei sich das Wort Kaiser nicht mit auf Deutschland bezogen, sondern selbständig gestanden hätte. Dieser Ausdruck wäre natürlich sehr bald verkürzt und in Kaiser von Deutschland verwandelt worden, namentlich als im Jahre 1804 durch Gründung zweier neuer Kaiserthümer, des französischen und österreichischen, dieser Titel vollständig die Bedeutung von Großkönig, Beherrscher einer Großmacht, gewann. Doch die Habsburger glaubten gerade an dem Ausdruck Romanorum imperator, Römischer Kaiser, festhalten zu müssen, der ihnen, dieser Uebersetzung wegen, mehr wie das einfache Caesar, Kaiser, auf universelle Rechte und Ansprüche hinzuweisen schien.

In den letzten Friedensschlüssen vor 1806 wurde nun das Beiwort „römisch" schon vielfach weggelassen und nur von dem Kaiser, König von Ungarn 2c. geredet. So würde wohl früher oder später eine Aenderung der Titulatur vorgenommen worden sein, da ja das Römische Reich, auf welches sie sich bezogen hatte, durch Reduction in ein rein Deutsches Reich verwandelt worden war. Das große 64jährige Interregnum unterbrach diese nothwendige Entwicklung. Nach Wiederaufrichtung des Reiches aber mußte das Versäumte alsbald nachgeholt werden. Der Romanorum imperator oder Caesar und rex Germaniae mußte als Caesar Germaniae, Kaiser von Deutschland oder Deutscher Kaiser seine neue Thätigkeit beginnen.

Man könnte sich hiernach wohl überzeugt halten, daß die amtliche Benennung unsers heutigen Gesammtstaates als Deutsches Reich und seines Oberhaupts als Deutscher Kaiser keine so radicale Umwandlung bedeute, um einen rechtlichen Zusammenhang mit den entsprechenden ehemaligen Institutionen, die Identität mit ihnen, auszuschließen. Die erstere Titulatur war, wie wir gesehen, bereits früher vorhanden und entsprach schon damals den thatsächlichen Verhältnissen; die letztere aber kann kaum als eine wirkliche Aenderung aufgefaßt werden, außer daß der nunmehr überflüssige Titel „König" weggelassen worden ist, denn in dem Namen Kaiser

---

einem bloßen Titel, der die deutschen Könige vor andern Königen auszeichnete und ihnen den ersten Rang in Europa sicherte. . . . Das Kaiserthum hatte aufgehört eine universelle Autorität zu sein, es war wesentlich nur noch eine Zierde des deutschen Königthums." Staatswörterbuch Art. „Kaiserthum".

liegt, wenn man will, noch heute das Wort „römisch" verborgen, da es als Synonymon des Ausdrucks Romanorum imperator betrachtet werden muß.

Dennoch könnte man uns entgegenhalten, daß das Wort römisch in dem Titel des Reichsoberhauptes vor 1806 noch nicht jeden Sinnes verlustig gegangen sei, im Gegensatz zu heute, wo der Titel Kaiser ganz offenkundig nur noch den Begriff Großkönig repräsentire. Man könnte sagen, das Reich habe damals noch Einrichtungen enthalten, die nicht anders, denn als Reste des mittelalterlichen Römerreichs verstanden werden dürften, während unser heutiges Reich nichts dergleichen enthalte, ihre Beseitigung habe der gegenwärtigen Institution einen durchaus neuen Charakter verliehen. Es wird sich nicht vermeiden lassen, auch diesen Einwand hinsichtlich seiner Berechtigung einer Prüfung zu unterziehn.

Als eine Einrichtung solcher Art dürfte vornehmlich das geistliche Fürstenthum gemeint sein.[16]) Dieses hat allerdings bis zur Abdankung Franz' II., wenn auch auf's äußerste reducirt, zu Recht bestanden. Es gab noch einen geistlichen Kurerzkanzler, den Erzbischof von Regensburg, und zwei geistliche Ritterorden, deren Häupter Reichsstandschaft besaßen. Aber dieses Fürstenthum war eine Einrichtung, die zu dem eigentlichen Römischen Reiche in gar keiner Rechtsbeziehung stand. Es hatte sich in regelmäßiger Verfassungsentwicklung innerhalb des germanischen Königreichs durch königliche Verleihungen und Privilegien, sowie später durch Reichsgesetze herausgebildet, ebenso wie sich auch in andern Ländern, Frankreich, England, Spanien die Erzbisthümer und Bisthümer zeitweise zu bedeutender Machtstellung und großem Einfluß auf die Staatsgeschäfte emporschwangen. Der Unterschied ist nur der, daß es in diesen Königreichen der Centralgewalt gelang, ihrer gleichwie der weltlichen Großen bei Zeiten so weit Meister zu werden, daß sie nicht zu einer eigentlichen Landeshoheit zu gelangen vermochten, in Deutschland dagegen die geistlichen Fürsten, dank der Schwäche des Königthums, sich wirklich bis zu einer solchen erhoben, und dann von den Kaisern selbst, als Gegengewicht gegen die gefährliche Macht der weltlichen Stände, mit Mühe darin erhalten wurden. Wie wenig sie mit dem ideellen Imperium des Mittelalters zu thun hatten, ersieht man schon daraus, daß ihre völlige Loslösung

[16]) Aegidi a. a. O. stellt das geistliche Fürstenthum als solchen Rest des Römischen Reiches hin.

von dem alten Centrum der abendländischen Christenheit, von dem päpstlichen Stuhl im 16. Jahrhundert sicherlich größtentheils und in rechtsgültigen Formen erfolgt wäre, wenn das Kaiserhaus nicht zufällig an dem alten Glauben festgehalten und genügende Mittel zu seiner Vertheidigung besessen hätte. Die Beziehungen Deutschlands zum Römischen Reich des Mittelalters kommen für die Entwicklung der immediaten Stifter höchstens insofern in Betracht, als die Kaiser durch Verfolgung ihrer universalmonarchischen Ideen jenen Kirchenfürsten eine beständige Machterweiterung ermöglichten oder erleichterten. Dabei sind und bleiben aber die geistlichen Territorien rechtlich eine Einrichtung des regnum Germanicum, welchem in seiner Verbindung mit Italien und Burgund der Titel des untergegangenen Römischen Reiches beigelegt worden war. Durch die Organe dieses Staatswesens war es erhoben worden, durch dieselben Organe wurde es auch im Jahre 1803 auf ein Minimum reducirt. Wenn es dann während des Interregnums seine Existenz vollständig einbüßte und bei Herstellung des Reiches im Jahre 1871 nicht wiederaufgerichtet wurde, so ist das ein staatsrechtlich nicht anzufechtender Vorgang. Ebensogut wie das alte Reich eine Unzahl von Prälaturen durch Gesetz beseitigte, so konnte das wiedererstandene Reich von der Erneuerung der drei, in der Zwischenzeit thatsächlich verschwundenen, geistlichen Fürstenthümer ohne Bedenken absehn. Eine Wesensänderung des ganzen Staatsgebildes kann darin unmöglich erkannt werden.

Eine weitere, der Idee des Imperiums entstammende Eigenthümlichkeit des alten Reichs war die für den Kaiser nach Ansicht Vieler bestehende Nothwendigkeit, der römischen Kirche anzugehören. Der Krönungseid, alle Ceremonien bei der Einsetzung eines neuen Kaisers basirten auf dieser Voraussetzung und es hätte mannigfacher Abwandlung reichsgrundgesetzlicher Bestimmungen bedurft, um die Erwerbung der Krone einem Nichtkatholiken möglich zu machen, dies aber konnte wieder nur durch ein neues, von allen vier Faktoren bestätigtes Reichsgesetz geschehn. Nach Anschauung des römischen Clerus, der in dem Deutschen Reich immer noch das ideelle römische sah, war die Einsetzung eines ketzerischen Kaisers überhaupt undenkbar, ein Widerspruch in sich selbst, fast das gleiche, als hätte man einen ketzerischen Papst erwählen wollen, und die Kaiser selbst, die katholischen Reichsstände und viele Protestanten stimmten dieser Auffassung bei.

Dennoch ist ihr, wenn auch nicht von maßgebender, so doch von wohlunterrichteter Seite oftmals widersprochen worden. J. J. Moser äußert sich über die Frage, wie folgt:[17])

„Von der Religion schweigen die Reichsgesetze abermalen, und die Evangelische seynd nirgend davon ausgeschlossen. . . .

Wenn ein Chatolischer Kayser Schuzherr der Evangelischen Kirchen seyn, so kann auch ein Evangelischer der Chatolischen Schuzherrn abgeben. Der stärkste Grund bey mir ist der: Es ist gar keine Frage, daß die Evangelische, Lutherisch- und Reformirten Theils, des Reichs-Vicariats fähig seyen: Anno 1612 und 1619 waren gar beede Reichs-Vicarien evangelisch . . . . Nun seynd, nach unseren Reichs-Grund-Gesetzen, besonders denen neuesten, die Reichs-Vicarien nicht nur in dem Zwischen-Reich fähig, Reichs-Täge zu halten, Justiz- und Gnaden-Sachen zu verwalten u. s. w., sondern sie darffen und sollen auch während der Minderjährigkeit oder Abwesenheit eines Römischen Kaysers die völlige Kayserliche Regierung führen. Seynd sie nun hierzu ad interim und eine Zeitlang, ja bei währender Minorennität oder langer Abwesenheit eines Kaysers, leicht mehrere Jahre, berechtigt; so seynd sie derselbigen auch sonsten und überhaupt fähig."

So einleuchtend diese Deduction auch scheint, so liegt darin doch ein Trugschluß verborgen. Es kommt nämlich nicht darauf an, zu zeigen, daß ein protestantischer Kaiser der Reichsregierung fähig sei — das dürfte Niemand bezweifeln —, sondern ob die Wahl eines solchen nach den Reichsgesetzen zulässig war. Sonach ist die Beweisführung Mosers zu verwerfen; dennoch werden wir auch auf correctem Wege zu keinem andern Resultate gelangen.

Es heißt im Westphälischen Frieden Art. 5 § 1: „In allem Uebrigen aber soll zwischen sämmtlichen Kurfürsten, Fürsten und Ständen beider Religionen eine genaue, gegenseitige Gleichheit stattfinden, wie dieselbe der Form des Staates, den Reichsgesetzen und der gegenwärtigen Uebereinkunft gemäß ist; daß das, was dem einen Theil Recht ist, auch dem andern Theil Recht sei." Hieraus geht hervor, daß auch das Kaiserthum den Protestanten zugänglich war, im Falle dadurch nicht der Form des Staates, den Reichsgesetzen oder dem Westphälischen Frieden zu nahe getreten wurde. Die Friedensurkunde enthält keine Bestimmung, welche mit

---

[17]) Vom röm. Kayser II § 12.

der Erhebung eines nichtkatholischen Fürsten im Widerspruch stände; auch die Form des Reiches wurde hierdurch in keiner Weise modificirt, da dies Gemeinwesen durch die Neuordnung von 1648 zweifellos einen paritätischen Charakter erhalten hatte. Ob aber eine solche Wahl nicht mit älteren Reichsgesetzen collidirte, das wird eines Nachweises bedürfen.

Da ist vorerst zu constatiren, daß es kein Gesetz gab, welches die Protestanten direct von der Nachfolge ausschloß. Diese Thatsache aber genügt uns nicht, es könnte immerhin Bestimmungen gegeben haben, die es nichtkatholischen Fürsten unmöglich machten, die Krone zu übernehmen, entsprechend der Testakte in England, kraft welcher Katholiken ohne Verleugnung ihres Glaubens kein Staatsamt anzutreten vermochten. Um hierüber Klarheit zu gewinnen, ist es nöthig festzustellen, von welchem Moment ab der Gewählte wirklich als im Besitz des höchsten Amtes galt und zu rechtsgültigen Regierungshandlungen fähig war, denn wenn bis zu diesem Moment keine dem evangelischen Glauben widersprechende Formalität zu erfüllen war, dann war die Möglichkeit einer protestantischen Succession gegeben. Alle späteren Ceremonien dieser Art konnten von Seiten des neuen Kaisers legislatorisch aufgehoben oder stillschweigend beseitigt werden. Auch dies letztere mußte als gültig erscheinen, falls kein Widerspruch erfolgte.

Nun begann nach der Goldenen Bulle das kaiserliche Regiment sofort nach vollzogener und verkündeter Wahl, aber die erste Handlung des neuen Oberhauptes mußte in der Bestätigung aller Privilegien, Rechte, Würden 2c. der Wahlfürsten bestehn[18]). Insofern war der Kaiser zwar schon vor dieser Bestätigung rechtmäßiger Träger der höchsten Gewalt, denn die Bestätigung selbst war ein Ausfluß derselben, aber er war reichsconstitutionsmäßig keiner an-

---

[18]) Gold. Bulle II, 4: „ideoque et nos constituimus et de imperialis decernimus plenitudine potestatis, quod is, qui modo premisso in regem fuerit Romanorum electus, peracta statim electione hujusmodi, priusquam in aliquibus causis aliis sive negociis virtute sacri imperii administret, universis et singulis principibus electoribus ecclesiasticis et secularibus, qui propinquiora sacri imperii membra esse noscuntur, omnia ipsorum privilegia literas jura libertates et concessiones antiquas consuetudines et eciam dignitates et quicquid ipsi ab imperio usque in diem electionis sue obtinuerunt et possederunt absque dilatione et contradictione confirmare et approbare debeat per suas literas et sigilla ipsisque premissa omnia innovare, postquam imperialibus fuerit infulis coronatus."

dern Regierungshandlung als eben dieser einen fähig. Erst nach Vollzug derselben war er ein frei waltender Monarch. Zwar ist am Schluß des betreffenden Passus gesagt: „und soll ihnen alles Vorstehende (Privilegien 2c.) erneuern, nachdem er mit den kaiserlichen Zeichen gekrönt ist." Daraus könnte man schließen, daß auch diese Erneuerung und damit die Krönung selbst jeder ferneren Regententhätigkeit vorangehn müsse, allein so kann es unmöglich gemeint sein, denn die Kaiserkrönung wurde ja zur Zeit der Goldenen Bulle noch vom Papst vollzogen und bis zu diesem Zeitpunkt hatten die Könige längst alle königlichen und kaiserlichen Rechte ausgeübt.

Da nun dem Thronkandidaten bei dem Wahlakt selbst überhaupt nichts zu thun oblag, so stand der Thronbesteigung eines Protestanten kein Hinderniß im Wege. Und auch zu voller Aktionsfähigkeit vermochte er zu gelangen, denn die nothwendigen Bestätigungen, zu denen später der Eid auf die Wahlcapitulation hinzutrat, konnte er ebensogut vollziehn, wie ein Katholik. Irgendwelche, den neuen Confessionen widerstreitende Formalitäten waren hierfür nicht festgesetzt worden. Allerdings war auch die Königs-, später Kaiserkrönung eine nach Gewohnheitsrecht und Grundgesetzen durchaus erforderliche Handlung, und bei dieser mußte der Gewählte einen Eid leisten, der im Munde eines Protestanten als Ableugnung seines Glaubens erschienen wäre [19]). Doch auch vor der Krönung und ohne sie war der betreffende Fürst rechtmäßiges und regierungsfähiges Reichsoberhaupt, wiewohl er in dieser Zeit nur den Titel Römischer König und im Wappen den einköpfigen Adler führte [20]). Demgemäß war er imstande mit Einwilligung der Stände den ganzen Brauch zu beseitigen, dessen Innehaltung ihm sein Glaube nicht gestattete.

---

[19]) Es heißt darin: „Profiteor et promitto coram Deo et angelis ejus, modo et deinceps legem et justitiam pacemque sanctae Dei ecclesiae servare . . . ., Sanctissimo Romano Pontifici et ecclesiae Romanae ceterisque pontificibus et ecclesiis Dei condignum et canonicum honorem volo exhibere . . . ." Unter den fünf Fragen, die er eidlich bejahen muß, finden sich folgende: 1. Vis sanctam fidem catholicam et apostolicam tenere et operibus justis servare?" 5. „Vis sanctissimo in Christo patri et domino Romano pontifici et sanctae Romanae ecclesiae subjectionem debitam et fidem reverenter exhibere?"

s. Pütter, Kurzer Begriff des deutschen Staatsrechts, Göttingen 1768. S. 265 f.

[20]) s. dens. S. 12 u. S. 18. Es ist charakteristisch, daß dem neuen Reich dies Wappen des gewählten, aber nicht gekrönten Kaisers verliehen worden ist.

Ehemals wäre nun ein von den Kurfürsten gewählter Protestant zwar legitimer Herrscher gewesen, aber er hätte theoretisch keine Sicherheit gehabt, daß nicht die übrigen Stände eine gesetzmäßige Krönung gefordert oder im Fall der Weigerung seine Abdankung verlangt hätten. Erst eine Wahl durch alle Fürsten und Städte, wie sie im Jahre 1870 vollzogen wurde, bot dem Erkorenen volle Garantie gegen ein solches Unterfangen, denn sie repräsentirten mit ihm zusammen die ganze Reichsgewalt.

Aus diesen Darlegungen geht hervor, daß die Wahl eines Protestanten zwar nach Reichsrecht zulässig war, daß aber die legale Fortdauer seiner Regierung von der Zustimmung der Stände zur Aufhebung oder Abwandlung gewisser gesetzlicher Bestimmungen abhängig blieb. Sonach kann man nicht eigentlich behaupten, daß die Katholicität zum Wesen des ehemaligen Kaiserthums gehört habe und in ihr noch ein Rest des mittelalterlichen imperium romanum zu erblicken gewesen wäre.

Doch es gab noch eine andere Einrichtung, welche zweifellos jenem ideellen Imperium entstammte, die advocatia ecclesiae. Mit dieser dem alten Kaiserthum anhaftenden Verpflichtung oder Berechtigung müssen wir uns besonders deshalb eingehend beschäftigen, weil sie so vielen Protestanten die Anknüpfung des neuen Reichs an das alte als unzulässig und unrathsam hat erscheinen lassen, in den Katholiken dagegen bei Aufrichtung des ersteren unberechtigte und unerfüllt gebliebene Hoffnungen wachgerufen hat[21]).

Es ist immer eine Streitfrage zwischen Kaiser und Papst geblieben, ob die Advokatie ein jus oder ein officium des Reichsoberhauptes bedeutete. Ursprünglich war es sicherlich eine Art Obergewalt, ein Protectorat, das der deutsche König als Haupt des Römischen Reiches über den ersten Bischof, den Metropolitan des Reiches, ausübte. Jede Bedrohung und Schädigung der sichtbaren ecclesia und ihres Leiters war ein Angriff auf das Imperium

---

[21]) Erzbischof Ledochowski stellte in Versailles an die Reichsregierung das Ansinnen, den Papst mit Waffengewalt in Rom wieder einzusetzen, unter Bezugnahme auf die advocatia ecclesiae. — Abg. Reichensperger sagte bei den Adreßverhandlungen des ersten deutschen Reichstags: „Dem Heereszuge über die Alpen will ich nicht das Wort reden, aber ihm auch nicht absolut den Riegel vorschieben. — Wir wollen nicht den Gegensatz, sondern die Einheit von Kaiser und Papst", und Kaiser Friedrichs Tagebuch vom 14. Februar erzählt, Cardinal Bonnechose von Rouen hoffe durch Herstellung des Kaiserthums die Wiedereinsetzung des Papstes.

und mußte selbstverständlich vom Kaiser mit dem ihm von Gott verliehenen weltlichen Schwerte zurückgewiesen werden. Aber auch jeder Versuch einer anderen Macht, den Schutz des Papstthums und der Kirche zu übernehmen, konnte als Eingriff in die kaiserlichen Rechte gelten. Trotzdem nun die Ausübung dieser Befugniß unzählige Mal unterlassen wurde, trotzdem es oft zu den heftigsten Kämpfen mit der Kurie kam, — wobei allerdings der bekämpfte Papst meist nicht als der rechtmäßige betrachtet wurde — so hielten die Kaiser doch unbeirrt an diesem Rechte fest, auch als das ideelle Römische Reich längst dem modernen Staatensystem Platz gemacht hatte, sein Name aber auf die Königreiche Germanien, Italien und Burgund übertragen worden war. Mit Stolz führten sie bis zum Ausgang des alten Reiches den Titel: Advocatus ecclesiae.

Von Seiten der Kurie wurde gar bald mit dem Steigen der päpstlichen Macht jeder Gedanke an eine kaiserliche Obergewalt über die Kirche abgewiesen, man fing an die Advokatie nur als eine Pflicht des Reichsoberhauptes, ja als eine gewisse Dienstbarkeit zu verstehen. Das weltliche Schwert sollte, wie das geistliche, nur weniger unmittelbar, zur Verfügung des Papstes stehn und jederzeit bereit sein, ihm in seinen Verlegenheiten zu helfen. Dabei sollte es aber dem Letzteren nicht verboten sein, auch andere Kräfte zur Förderung kirchlicher Interessen und zum eigenen Schutze herbeizuziehn, wie er ja so oft die Hülfe der normannischen, der französischen Könige in Anspruch genommen hat.

Es erhebt sich nun die Frage, ob die advocatia ecclesiae von Seiten des Reichs aufgegeben werden durfte oder ob hierin ein Bruch des Reichsrechts erblickt werden müsse.

Das Reichsrecht konnte nur in dem Falle als verletzt gelten, wenn der decretirenden oder unterlassenden Gewalt ihr Charakter als legitime Reichsgewalt bestritten werden konnte, denn wenn sie die legitime Gewalt war, dann stand sie über dem Gesetz und blieb zu jeglicher Abänderung befugt. Hier war also eine solche Anfechtung nur dann gerechtfertigt, wenn man den römischen Papst als einen Faktor in der Reichsgesetzgebung anerkannte, dessen Function in der Bestätigung von Reichsgrundgesetzen bestand. Dann allein konnte die Verbindlichkeit einer Verfassung, die hiervon absah und die Advokatie bei Seite ließ, in Zweifel gezogen oder das betreffende Staatswesen als dem alten nicht identisch hingestellt werden.

Nun hat es allerdings Zeiten gegeben, wo die Päpste derlei Prätensionen erhoben, ja, wo sie sich selbst als die wahren Souveräne des Reiches hinstellten,[22]) aber eine solche Anmaßung ist niemals ausdrücklich anerkannt und wiederholt zurückgewiesen worden. Das bedeutendste Reichsgrundgesetz der neueren Zeit, der Westphälische Friede, ist trotz seiner Verdammung durch Innocenz X. in Kraft getreten und bis zur Katastrophe von 1806 in unbezweifelter Geltung geblieben. Wohl besaßen die Päpste eine große Summe von Rechten auf kirchlichem Gebiete innerhalb der deutschen Grenzen, aber diese sind doch nur mit den Hoheitsrechten auswärtiger Herrscher auf eine Stufe zu stellen. Sie sind im Wege völkerrechtlichen Vertrages zugestanden und dann reichsgesetzlich fixirt worden, ihre Beseitigung ohne Zustimmung der Kurie wäre wohl ein Bruch des Völkerrechts, nicht aber des Reichsrechts gewesen.

Und so auch ist die Advokatie aufzufassen. Daß dem römischen Stuhl von Seiten der Kaiser Schutz zugesagt und versprochen worden ist, unterliegt keinem Zweifel, in verschiedenen Urkunden,[23]) dem Krönungseid[24]) und den Wahlcapitulationen ist dieses Rechtsverhältniß festgestellt und bestätigt worden, aber der Papst stand doch dabei immer dem Deutschen Reiche als eine auswärtige Macht gegenüber. Eine einseitige Aufhebung konnte wohl vom völkerrechtlichen, keineswegs aber vom reichsrechtlichen Standpunkte aus verurtheilt werden. Und eine theilweise Aufhebung hat bereits zu Zeiten des alten Reichs stattgefunden.

Die Advokatie bedeutete nämlich nicht allein eine Vertheidigung der Kirche und ihrer Einrichtungen gegen äußere Gefährdung, sondern auch eine Verhinderung von Abfall und Ketzerei. Die Gleichstellung von Katholiken und Protestanten, wie sie im Westphälischen Frieden ausgesprochen wurde, war demnach, auch abgesehen von der Vergewaltigung geistlicher Stifter, die dadurch rechtlich anerkannt ward, unvereinbar mit dieser Rechtsbeziehung zwischen Reich und Curie. Sie schloß eine partielle Beseitigung der Advokatie in sich. Darum konnte der Papst nicht umhin, den Friedensschluß als Vertragsbruch

---

[22]) z. B. Privileg Innocenz II. für Lothar III.: „Nos igitur ... imperatoriae dignitatis plenitudinem tibi concedimus ....“ s. W. Bernhardi, Lothar von Supplinburg S. 478—81.

[23]) z. B. in den Zusicherungen Heinrichs VII. an Clemens V. s. Th. Lindner, Deutsche Gesch. unter Habsb. und Luxemb. I. S. 180 f.

[24]) Vgl. Aegidi a. a. O. S. 174 f.

zu brandmarken. Zwar lautete auch fernerhin der erste Paragraph der kaiserlichen Wahlcapitulation: „Zum ersten, daß Wir in Zeit solcher Unserer königlichen Würde, Amt und Regierung die Christenheit, den Stuhl zu Rom, päpstliche Heiligkeit, und christliche Kirche als derselben Advokat in gutem treulichen Schutz und Schirm halten sollen und wollen"; doch war im § 10 eine Einschränkung beigefügt worden. Es hieß dort: „Soviel aber in diesem Artikel den Stuhl zu Rom und päpstliche Heiligkeit betrifft, wollen die der augsburgischen Confession zugethanen Kurfürsten, für sich und ihre religionsverwandten Fürsten und Stände Uns damit nicht verbunden haben, gestalten dann auch gedachte Advokatia den Religions- und Profan- auch dem münster- und osnabrückischen Friedensschlusse zum Nachtheile nicht angezogen, noch gebrauchet . . . werden soll." Wenn diese partielle Aufhebung der Advokatie keine Zerreißung der Rechtscontinuität herbeigeführt hat, dann konnte auch ihre vollständige Beseitigung in unserem Jahrhundert keine solche Folge nach sich ziehen.

Doch es kommt noch ein anderes hinzu, das die besprochene Aufhebung nicht einmal als Vertragsbruch erscheinen läßt. Es ist Thatsache, daß die Advokatie bereits zu jener Zeit, da es noch einen legalen Kaiser mit dem Titel Advocatus ecclesiae gab, von Seiten des Papstes einem anderen abendländischen Staatsoberhaupt übertragen worden ist. In einem Breve Pius' VII. an Napoleon Bonaparte, den ersten Consul der französischen Republik, heißt es wörtlich: „Tam perspecta sunt nobis tuae voluntatis studia erga nos, ut quotiescunque ope aliqua in rebus nostris indigemus, eam a te fidenter petere minime dubitare debeamus"; woraus klar zu ersehen ist, daß das Oberhaupt der Kirche selbst die Advokatie der deutschen Könige damals als erloschen ansah, sonst hätte er sich nicht so unbedingt dem Schutze einer andern Macht anvertrauen dürfen.[25])

Hiermit darf die Frage, wie der scheinbar römische Charakter des ehemaligen mit dem rein deutschen Charakter des heutigen Reiches vereinbar ist, als erledigt gelten, und kehren wir zu den Ereignissen selbst zurück.

---

[25]) Vgl. Aegidi a. a. O. S. 177.

Achtes Kapitel.

Das erneuerte Reich bis zum Erlaß der Verfassung.

Es kann uns nicht genügen, festgestellt zu haben, daß Kaiser Wilhelm durch seine feierliche Declaration und Uebernahme der Kaiserwürde das alte Reich in rechtsgültiger Weise reactivirt hat, wir müssen auch nachweisen, daß die weitere Entwicklung der Dinge zu diesem Faktum stimmt und aus ihm in vernünftiger Weise ohne gewaltsame Deutungen erklärt zu werden vermag. Dazu aber ist es nöthig, sich den rechtlichen Zustand zu vergegenwärtigen, in welchem sich Deutschland nach dem 18. Januar 1871 befand.

Seit dem Dezember 1870 bestand zwischen Preußen und sämmtlichen deutschen Staaten mit Ausnahme Bayerns ein Vertragsverhältniß des Inhalts, daß einer am 1. Januar zwischen allen diesen Staaten zu schaffenden politischen Gemeinschaft eine bestimmte, genau festgesetzte Verfassung zu Grunde liegen solle. Wiewohl dieser Gemeinschaft bereits der Name Deutsches Reich zuerkannt war, befand man sich doch vorerst noch im Unklaren über ihren staatsrechtlichen Charakter. Indem man der Ratification eines mit der bayrischen Regierung vereinbarten, entsprechenden Vertrages entgegensah, wurde das neue politische Gebilde am 1. Januar noch nicht in's Leben gerufen, schließlich aber wartete man diese Ratification nicht ab, vielmehr erklärte am 18. Januar der preußische König das alte Deutsche Reich wiederhergestellt, und übernahm derselbe auf Grund einer rechtmäßig vollzogenen Wahl die Kaiserkrone.

Jetzt war vollkommene Klarheit geschaffen über das Wesen der in den Verträgen in Aussicht gestellten Einung. Sie war nicht, wie man bisher vermuthet hatte, eine bündische Institution, sondern, dem bereits in die Verfassung eingeführten Namen entsprechend, das reactivirte Deutsche Reich. Auch für dieses Gemeinwesen besaßen die Verträge selbstredend verbindliche Kraft; es durfte, dazu hatten sich der Kaiser und sämmtliche Stände verpflichtet, keine andere Ordnung erhalten, als die in der sogenannten „Verfassung des Deutschen Bundes“ festgelegte. Diese Verfassung aber war der Wirkung nach einem Reichsgesetze gleichzuachten, da der Kaiser und die Stände nach altem Recht die Reichsgewalt repräsentirten. Freilich, sie war noch kein Reichsgesetz, da sie nicht in den Formen eines solchen vom Reichsoberhaupt erlassen worden war, aber an ihrer baldigen rechtmäßigen Verkündigung oder wenigstens an ihrer genauen Befolgung konnte kein Zweifel obwalten, denn wenn sie auch für das Volk noch keine unmittelbare Verbindlichkeit erlangt hatte, so bestand sie doch für die Regierungen unzweifelhaft zu Recht. Diese durften sich ihren Bestimmungen nicht mehr entziehen und waren verpflichtet, alle ihnen reichsgrundgesetzlich zustehenden Befugnisse dafür einzusetzen, daß der Inhalt der Verträge und die Verfassung zur gesetzlichen Anerkennung und stricten Ausführung gelangten. Die Anerkennung selbst aber bedeutete unter den Umständen kaum noch etwas anderes, als eine juristische Formalität, welche den allseitig bestätigten Rechtsverhältnissen eine formelle Basis schaffen sollte.

Und ein solcher Vorgang darf nach alten Rechtsgewohnheiten als durchaus zulässig erachtet werden. Es sind in der That einige der wichtigsten Grundlagen der ehemaligen inneren Gestaltung des Reiches in ganz analoger Weise geschaffen worden.

Die Wahlcapitulation, welche seit der Wahl Karls V. im Jahre 1519 zwischen den Kurfürsten und jedem einzelnen Kaiser resp. König vor der Kur vereinbart und dann nach derselben feierlich beschworen wurde, war von durchgreifendem Einfluß auf alle Rechts- und Machtverhältnisse im Reich. Ihrem Inhalt wurde dieselbe juristische Bedeutung, dieselbe Unverbrüchlichkeit zugesprochen, wie den Reichstagsrecessen und Grundgesetzen. Dennoch war sie offenbar kein Gesetz im eigentlichen Sinne, da sie nicht durch Zusammenwirken der gesetzgebenden Faktoren, Kaiser und Reichstag, zustande gekommen war, sondern einem Vertrage zwischen den Kurfürsten und dem betreffenden auf die Krone ambitionirenden Mitfürsten ihre Entstehung verdankte, und da sich außerdem ihre Gültigkeitsdauer nur auf die Regierungszeit des einen Kaisers beschränkte, mit dem sie abgeschlossen wurde. Es war eine rein persönliche Abmachung dieses Letzteren ohne jede Consequenz für seine Nachfolger. Sie hatte demnach keinen legalen Anspruch auf unbedingte Beobachtung, wie die Gesetze selbst, aber ihre strikte Innehaltung war hinreichend garantirt durch den Eid des Kaisers und die Genehmigung des Kurfürstenraths, der in diesem Falle als Vertreter aller übrigen Stände angesehen wurde.

Auch unsre heutige Reichsverfassung war vor ihrer Neuredaktion ein auf Verträgen der Reichsglieder mit der Person ihres Oberhauptes oder vielmehr mit dem von ihm vertretenen Particularstaate beruhender Theil der inneren Ordnung des Gesammtstaates, nur mit dem Unterschied, daß die Wahlcapitulation im Allgemeinen Verpflichtungen des Kaisers und Bestimmungen zur Einschränkung seiner Machtbefugniß enthielt,[1]) während die Reichsverfassung das ganze Staatsleben zu umfassen und zu reguliren bestimmt war.

J. J. Moser erklärt jenes Uebereinkommen mit den Kurfürsten unbedenklich für ein Reichsgrundgesetz wie die andern, ja neben dem Westphälischen Frieden als das wichtigste von allen, doch dürfte diese Auffassung kaum als zutreffend zu erachten sein. Nur wenn die in der pax Westphalica (VIII 3) ausgesprochene Absicht der Reichsstände, eine bestimmte und beständige kaiserliche Wahlcapitulation aufzustellen, wirklich ausgeführt worden wäre, dann hätte diese, als von Kaiser und Reich auf unbeschränkte Dauer erlassen, offenbar ein Grundgesetz genannt zu werden verdient. Zu einer solchen legislatorischen Festlegung jener großen Machtbeschränkungen aber haben sich die Kaiser bis zur Katastrophe von 1806 nicht bereit finden lassen. Die perpetua capitulatio hat niemals Gesetzeskraft erlangt. Allerdings kam im Jahre 1711, während des Interregnums nach Josephs I. Tod, ein Entwurf zustande, der am 7. Juli von den beiden höheren Collegien genehmigt und sogar zur Dictatur gebracht wurde,[2]) derselbe ist aber niemals ratifizirt worden. Auch die seitdem jedem Kaiser in der Wahlcapitulation auferlegte Verpflichtung, diese Angelegenheit zu Ende zu bringen,[3]) hat keiner von ihnen erfüllt.

Einen zweiten analogen Fall bietet uns der eben erwähnte Westphälische Friede. Dieser sollte nach Art. 17 § 2 als perpetua lex et pragmatica imperii sanctio betrachtet und dem nächsten Reichstagsabschied,[4]) sowie der Kaiserlichen Wahlcapitulation einverleibt werden. Solange nun diese Einverleibung nicht stattgefunden hatte, war und blieb der Friede trotz des erwähnten Paragraphen

[1]) Es finden sich auch eine ganze Anzahl directer gesetzlicher Bestimmungen darin, so daß sie bereits den Charakter einer Verfassung gewinnt. Vgl. Wahlcapitulation des römischen Kaisers Franz' II., Mainz 1792.

[2]) s. Schmauß Corp. Jur. publ. academ. S. 1172.

[3]) Wahlc. Franz' II. XXX § 2 „Sodann sollen und wollen Wir gleich nach angetretener Unserer Regierung, das negotium capitulationis perpetuae (wobei jedoch die Kurfürsten sich das jus adcapitulandi vorbehalten haben) bei dem Reichstage vornehmen, und selbiges, so bald möglich, zu seiner Perfection bringen zu lassen."

[4]) geschehen im Reichtagsabschied von 1654 § 4 ff.

ein Vertrag zwischen den kriegführenden Mächten, ein völkerrechtliches Uebereinkommen, zu welchem die Zustimmung der Stände erforderlich gewesen und erfolgt war. Von einem Reichsgesetz unterschied er sich dadurch, daß er strenggenommen nur für die Reichsgewalt selbst, den Kaiser und die Gesammtheit der Stände bindende Kraft hatte, auf die Reichsangehörigen dagegen nur mittelbare Wirkung ausübte.[5]) In der Praxis machte das keinen Unterschied, die Erfüllung seines Inhalts war soweit vollkommen gesichert, als die Vertragschließenden ihren Verpflichtungen nachkamen, und so durften der Friede und mit ihm seine reichsverfassungsmäßigen Bestimmungen auch schon vor ihrer Aufnahme in den Reichstagsrezeß als in rechtlicher Geltung befindlich angesehen werden. Formell freilich war diese Aufnahme erforderlich, ehe seine Bestimmungen als ein Theil des deutschen jus publicum gelten konnten. Wenn nun Moser, wie oben erwähnt, die pax Westphalica unter die vornehmsten Reichsgrundgesetze rechnet, so hat er hier mehr Berechtigung dazu, als bei der Wahlcapitulation, weil das Instrument in der That zu einem solchen in legaler Weise erklärt worden ist. Er muß nur seine Gültigkeit nicht vom Jahre 1648, sondern von 1654 datiren, wo die erwähnte Einverleibung in den Reichstagsabschied stattfand.

Ganz entsprechend lagen die staatsrechtlichen Verhältnisse im Jahre 1871 nach Wiederherstellung des Reiches, und ist überhaupt zwischen der letzteren und der Neuordnung Deutschlands nach dem 30jährigen Kriege mannichfache Aehnlichkeit zu entdecken.

Damals, im 17. Jahrhundert, war die alte Reichsverfassung, wenn auch nicht völlig beseitigt, so doch bis in ihre Fundamente erschüttert worden. Jahrzehnte hindurch hatten Kaiser und Stände unter einander und mit auswärtigen Mächten im Krieg gelegen, und war an eine Beobachtung der Gesetze, eine Wirksamkeit der Verfassung nur mehr in sehr beschränktem Maße zu denken gewesen. Den Herstellern des Friedens fiel gleichzeitig die Aufgabe zu, den alten Verfassungsbau, zunächst vertragsmäßig, von Grund aus zu erneuern, das fast außer Function getretene Reich zu restituiren, ähnlich wie es nach dem großen Interregnum unsers Jahrhunderts nothwendig war, dem wiederaufzurichtenden Reiche durch Verträge der Reichsglieder eine sichere Basis zu schaffen. Dann

---

[5]) vgl. unsere Ausführungen S. 75 f.

erst, einige Zeit später, wurde dort der Inhalt des Friedens, hier der der Verträge von den gesetzgebenden Faktoren, so wie sie sich durch den Vertrag gestaltet hatten, zum Reichsgrundgesetz erhoben.

Wenn so die neue Reichsverfassung gleich dem Westphälischen Frieden vorerst ein Vertrag war zwischen den gesetzgebenden Faktoren zum Zweck der Herstellung des Reichs, so tritt bei ihr noch ein anderes Moment hinzu, das der Kaiserwahl. Die Nothwendigkeit einer solchen und das Bestreben der Fürsten, sich gegen die natürliche Uebermacht des neuen Oberhauptes gesetzmäßig zu sichern, verlieh der Verfassung gleichzeitig den Charakter einer Wahlcapitulation.[6]) Sie enthielt Bedingungen, ja sie war selbst die Bedingung für die Uebertragung der Kaiserwürde. Aber auch im Westphälischen Frieden war dieser Punkt nicht außer Acht gelassen. Gegenwärtig war der Thron zwar besetzt, aber den Kurfürsten wurde vorgeschrieben, bei einer künftigen Wahl den Throncandidaten auf genannten Frieden zu verpflichten.[7]) Ferner wurde dem nächsten Reichstag aufgetragen, eine certa et constans caesarea capitulatio zu erlassen,[8]) d. h. eine solche Capitulation zum Gesetz zu erheben. Da dies nicht zur Ausführung kam, so verpflichtete man später, wie S. 142 erwähnt, jeden Kaiser in den Wahlcapitulationen selbst, die Herstellung einer solchen beständigen Capitulation in's Werk zu setzen. Als diese, im alten Reiche nie zustandegekommene beständige Wahlcapitulation ist unsre Reichsverfassung zu verstehn.

Aus dem allen geht hervor, daß die Art und Weise, wie die neue Ordnung in dem wiederhergestellten deutschen Gesammtstaat Eingang gefunden hat, durchaus dem Brauch des Reiches entspricht, und darin keine Illegalität erblickt werden kann. Dennoch würde die staatsrechtliche Situation nach dem 18. Januar 1871 nicht völlig klargelegt erscheinen, wenn wir nicht noch einen Blick auf das Verhältniß Bayerns zum Reiche würfen, dessen Vertrag ja an dem genannten Datum noch nicht ratifizirt war.

---

[6]) Dies hat zuerst Schulze-Delitzsch ausgesprochen, wenn er auch mehr an eine Analogie, als eine wirkliche Wesensgleichheit glaubte. Er äußerte im norddeutschen Reichstag bei Berathung der November-Verträge: „Und ich muß Ihnen sagen, die Vorlage dieser Verträge, sie hat auf mich und gewiß auf viele Andere von Ihnen genau den Eindruck jener alten, gegen die wahre einheitliche Kaisermacht gerichteten Wahlcapitulationen der deutschen Fürsten gemacht . . .“

[7]) Westph. Friede Art. 17 § 2.

[8]) ders. Art. 8 § 3.

König Ludwig II. hatte, nach der kundgegebenen Auffassung Wilhelms I., dem preußischen Könige die Kaiserkrone übertragen, doch nicht völlig bedingungslos. Indem er von einer Verbindung der diesem Fürsten vertragsmäßig übertragenen Rechte mit dem Kaisertitel sprach, drückte er aus, daß der Besitz dieser Rechte zur Uebernahme des kaiserlichen Amtes erforderlich sein solle. Am 18. Januar befand sich der preußische König Bayern gegenüber noch nicht in ihrem Besitz, denn wiewohl es der amtlich dokumentirte Wille des Königs von Bayern war, daß sein norddeutscher Bundesgenosse vom 1. Januar ab Inhaber der genannten Rechte sein solle, so war er doch seinem Volke gegenüber verpflichtet, diesen Willen nicht eher zu realisiren, als bis die Kammern zugestimmt hätten. Am 18. Januar war das noch nicht geschehen, die vertragsmäßige Uebertragung der Rechte, d. h. die Ratification, hatte noch nicht stattgefunden, somit fehlte dem neuen Kaiser in diesen Tagen die Anerkennung von Seiten des größten süddeutschen Königreichs. Hier wurde der Regierungsantritt noch bis zum Vollzug der Ratification als unrechtmäßig betrachtet. Die Uebernahme der Kaiserkrone war danach eine Art Usurpation, unternommen in der sicheren Voraussetzung, daß dieser Akt in kürzester Frist auch bayrischerseits legitimirt werden würde.

Es könnte sich hier die Frage erheben, ob denn König Ludwig reichsrechtlich befugt war, die Kaiserwahl unter Bedingungen zu vollziehn, die den Beginn der neuen Regierung vom Moment der Wahl auf einen späteren Zeitpunkt verlegten. Die Zulässigkeit eines solchen Verfahrens erweist sich aus dem Brauch bei früheren Kaiserwahlen. Nach der Goldenen Bulle allerdings begann die Regierung mit der Verkündigung des Wahlergebnisses, wenn auch eine bestimmte Regierungshandlung, die Privilegienbestätigung, als erste vorgenommen werden mußte. Als aber die Wahlcapitulationen in Aufnahme kamen, da wurde dieser Beginn vom Moment der Wahl verlegt auf den Augenblick, wo der Gewählte das mit den Kurfürsten getroffene Abkommen beschwor.[9]) Die Ableistung des Eides war eine Bedingung für den Antritt des Kaiseramtes. Bis dies geschehen, führten die Vikarien ihre Regierung fort. Nun entsprachen, wie wir wissen, die Novemberverträge nebst Bundesverfassung den ehemaligen Wahlcapitulationen und traten somit die

---

[9]) s. Pütter a. a. O. S. 263.

Ratificationen gewissermaßen an Stelle des Eides. Wenn also der König von Bayern den Beginn der neuen Oberherrschaft auf den Moment verschob, wo die letzte Ratification vollzogen war, so that er im Grunde auch nichts anderes, als was die Kurfürsten Jahrhunderte lang unbestrittenermaßen geübt hatten.

Dieser Zustand der Ungewißheit und der mangelnden Rechtsbeständigkeit des neuen Kaiserthums, dessen längere Dauer große Unzuträglichkeiten im Gefolge gehabt hätte, währte zum Glück nur vier Tage und blieb somit fast unbeachtet. Wilhelm I. enthielt sich währenddessen jeder kaiserlichen Regierungshandlung. Als dann am 22. Januar das bayrische Parlament seine Einwilligung zu den Verträgen ausgesprochen hatte, wurden sie alsbald ratifizirt und in Geltung gesetzt. Da aber in den Verträgen selbst ihr Beginn auf den 1. Januar gelegt war, so besaßen sie offenbar rückwirkende Kraft. Es wurde nicht etwa der Akt vom 18. Januar als rechtswidrig bezeichnet und der Anfang der neuen Ordnung vom 22. datirt, sondern es wurde angenommen und anerkannt, daß am 18. Januar die Verträge bereits in Geltung gewesen seien. Damit aber wurde die Kaiserproklamation auch bayrischerseits legalisirt und der Zeitraum der mangelnden Rechtsgültigkeit als nicht vorhanden hingestellt, ein Verfahren, das mit den Grundsätzen des Staatsrechts nicht im Widerspruch steht.

Insofern also dürfen wir trotz jener Verzögerung den Endtermin des Interregnums auf den 18. Januar legen, an welchem Tage der gewählte Kaiser die Annahme der Wahl und die Uebernahme der Krone öffentlich und feierlich erklärte. Der 1. Januar dagegen ist der Termin, von dem ab sich die Fürsten und Städte, der Fiction nach auch Bayern, verpflichtet sahen, das Reich unter Zugrundelegung einer bestimmten Verfassung zu reactiviren. Die Reactivirung selbst und die Erhebung dieser Verfassung zum Gesetz mußte dann der alten Rechtsordnung gemäß stattfinden.

Sehen wir, wie diese nothwendige Aktion vollzogen worden ist.

Neuntes Kapitel.

Der Erlaß der Reichsverfassung.

„Wir Wilhelm v. G. G. Deutscher Kaiser, König von Preußen 2c. 2c. verordnen auf Grund des Art. 12 der Verfassung des Deutschen Reichs, im Namen des Reichs, was folgt:

Der Bundesrath des Deutschen Reichs wird berufen, am 20. Februar d. J. in Berlin zusammenzutreten und beauftragen Wir den Bundeskanzler mit den zu diesem Zwecke nöthigen Vorbereitungen ....

Gegeben Hauptquartier Versailles, den 23. Januar 1871.“[1])

Mit diesen Worten vollzieht der neue Kaiser sofort nach Ratification des bayrischen Vertrages, d. h. nach vollkommener Legalisirung des Aktes vom 18. Januar, die erste und wichtigste Regierungshandlung, indem er die Vertreter aller noch vorhandenen Reichsstände zu legislatorischer Thätigkeit zusammenberuft.

Gleichzeitig verordnet er mittelst einer zweiten Urkunde „auf Grund der Bestimmungen im § 14 des Wahlgesetzes vom 31. Mai 1869 und im Art. 12 der Verfassung des Deutschen Reichs, im Namen des Reichs, was folgt:

§ 1. Die Wahlen zum Reichstage sind im ganzen Reiche am 3. März dieses Jahres vorzunehmen.

§ 2. Der Reichstag wird berufen, am 9. März d. J. in Berlin zusammenzutreten.“[2])

Was hat nun dieser ganze Vorgang rechtlich zu bedeuten? Der Kaiser vollzieht zwei Rechtshandlungen, die Berufung von Bundesrath und Reichstag, und stützt sich dabei auf verschiedene Stellen der Verfassung des Deutschen Reichs. Eine Urkunde dieses Namens gab es freilich noch nicht, aber es war anerkannt, daß die „Verfassung des Deutschen Bundes“ als ihrer gegenwärtigen Bestimmung entsprechend abgeändert zu gelten habe, wenn auch die neuen Bezeichnungen vertragsmäßig erst an den prägnantesten Stellen Eingang gefunden hatten. Hieraus schöpft der Kaiser die Berechtigung, auch im Titel der Urkunde die betreffende Aenderung vorzunehmen.

---

[1]) Bundesgesetzblatt 1871 Nr. 608.

[2]) Dasselbe 1871 Nr. 609.

Wenn sich nun die beiden Handlungen auf die Verfassungs urkunde gründen, so basiren sie nicht auf einem Gesetz, denn zu einem solchen war das Dokument noch nicht erhoben, sondern auf dem Vertragsinstrument, als dessen Theil es damals in Geltung stand. Bundesrath also und Reichstag waren, solcher Weise berufen, noch keine legalen Reichsorgane, sondern vertragsmäßig zusammengebrachte Körperschaften, denen man vertragsmäßig die Befugnisse von gesetzgebenden Organen zugestanden hatte. Ihren Beschlüssen konnte nur dann die Bedeutung eines Reichsgutachtens innewohnen, wenn einem von beiden Faktoren nach Art der Berufung und Zusammensetzung der Charakter einer allgemeinen Reichsversammlung beigelegt werden durfte. Daß dies beim Bundesrath in Wahrheit der Fall, ist im Folgenden nachzuweisen.

Was zuerst seine Berufung anbetrifft, so widersprach diese nicht den alten Reichsgesetzen. Der Kaiser hatte sie in feierlicher Form vollzogen. Zwar bedurfte es hierzu nach den Wahlcapitulationen eines Consenses der Kurfürsten,[3]) aber diese Einschränkung war mit der Abdankung Franz' II. außer Kraft getreten. Auch die ehemals üblichen Formalitäten brauchten nicht innegehalten zu werden, da ein Kurerzkanzler, dem die Hauptrolle dabei zugefallen wäre, nicht mehr existirte und der vollkommene Wandel in den äußeren Verhältnissen ihre Beobachtung unmöglich machte. Die Verordnung aber über Wahl und Zusammentritt des neuen Parlaments war nicht allein nach den abgeschlossenen Verträgen, also nach der neuesten Wahlcapitulation, erforderlich, sondern auch mit dem ehemaligen jus publicum vereinbar. Sie bedeutete von dessen Standpunkt eine freiwillige Machtbeschränkung von Seiten des Kaisers und der Stände, eine Zuerkennung gewisser ihnen bisher allein zustehender Rechte an eine Volksvertretung. Nothwendig war sie nach altem Reichsrecht durchaus nicht, eine Genehmigung neuer Grundgesetze durch den Kaiser und eine legale Ständeversammlung genügte zu deren Gültigkeit vollkommen, allein, da die Verträge auch dem Reichstag das Mitwirkungsrecht an der Gesetzgebung zuerkannten, so mußte man ihn schon zu dieser Aktion heranziehen, die ihn streng genommen erst in's Leben rufen sollte. Seine Berufung basirte bei diesem ersten Zusammentritt nicht auf reichsrechtlichem Grunde, sondern nur auf dem Uebereinkommen aller Reichsglieder, in Berücksichtigung

[3]) W. K. Franz' II. Art. XIII § 1.

dessen der Kaiser die Berufung vollzog. In gleicher Weise wirkten einst die Reichsstädte mit decisivem Votum an jenem Reichsschluß von 1654 mit, durch welchen erst der Westphälische Friede und in ihm das decisive Votum der Communen reichsgrundgesetzliche Anerkennung fand.

Es tritt uns jetzt die weitere staatsrechtliche Frage entgegen, ob wirklich der so berufene Bundesrath einer legalen allgemeinen Reichsversammlung gleichgesetzt werden konnte. Wohl ist es wahr, daß ein nach altem Reichsrecht versammelter Reichstag sich im gleichen Zeitpunkt kaum anders hätte gestalten können. Eine größere Mitgliederzahl wäre nicht zu erlangen gewesen, da Oesterreich freiwillig, d. h. nicht durch Reichsgesetz gezwungen, auf jede Verbindung mit den deutschen Territorien verzichtet hatte, und die entthronten Rechtsnachfolger früherer Reichsstände, trotz der Ansprüche, die sie reichsrechtlich auf Wiedereinsetzung und Stimmrecht hätten erheben dürfen, von den regierenden Fürsten und den freien Städten niemals zugelassen worden wären. Ebenso ist anzuerkennen, daß die Umwandlung des Namens, Reichstag in Bundesrath, an der Natur der Versammlung nichts zu ändern vermag, ist doch die neue Bezeichnung vom Kaiser mit Billigung aller Mitglieder angewendet worden.[4]) Dennoch könnten sich im Hinblick auf ihre verhältnißmäßig geringe Stimmenzahl und die Art und Weise der Beschlußfassung schwere Zweifel erheben, ob ihr wirklich damals die Competenz des ehemaligen gesetzgebenden Körpers innegewohnt habe, und ihren Beschlüssen volle Legalität zuzusprechen sei.

Allerdings standen im alten Reich keine gesetzlichen Bestimmungen über Beschlußfähigkeit in Kraft. Die Mehrzahl der Anwesenden galt allemal als legale Majorität. Wie aber, wenn sämmtliche Glieder des Bundesraths der reichsrechtlichen Legalität ermangelten oder wenn zwischen der Zahl der legal vertretenen und der in dem letzten Stadium des alten Reichs vorhandenen Stimmen ein solches Mißverhältniß bestand, daß eine Gleichsetzung beider Körperschaften

---

[4]) Uebrigens steht die Benennung Bundesrath der Bezeichnung des ehemaligen gesetzgebenden Körpers gar nicht so fern, wie man wohl glaubt. Da man, wie später (II. Cap. 1) nachzuweisen, zur Feststellung des juristischen Sinnes überall in unserer Verfassung das Wort Bund durch Reich ersetzen kann, so bedeutet Bundesrath nichts anderes als Reichsrath. Unter den für den alten Reichstag üblichen Bezeichnungen fand sich aber auch der Ausdruck consilium imperii, zu deutsch ebenfalls Reichsrath. Vgl. Moser Reichstäge.

geradezu widersinnig erscheinen mußte? Es würde alsdann schwer sein, daran festzuhalten, daß das Grundgesetz von 1871 auf dem Boden des alten imperium germanicum erwachsen sei, ja es könnte in solchem Falle sogar die Legitimität des von den damaligen Fürsten und Städten erwählten Kaisers mit Recht in Zweifel gezogen werden. Der folgende Nachweis, daß in der That kein solches Mißverhältniß bestand, wird daher zugleich den Darlegungen des fünften Kapitels hinsichtlich der Kaiserwahl eine weitere, nothwendige Stütze verleihen.

Wir wissen, daß sich die ehemalige Reichsversammlung in drei Collegien theilte, den Kurfürsten-, Fürsten- und Städterath, welche im Allgemeinen gesondert beriethen und gesondert abstimmten. Ohne Zustimmung eines jeden von ihnen konnte kein Reichsgesetz Giltigkeit erlangen. Daraus erhellt, daß der Bundesrath, wenn anders er die Competenz dieser Reichsversammlung in unbestreitbarer Weise besitzen sollte, eine genügende Anzahl Mitglieder aus jedem einzelnen jener drei Collegien umschließen mußte. Nun ist es, wie gesagt, eine ungelöste Frage, wieviel Mitglieder als genügend anzusehen sind, um das ganze Collegium legal zu vertreten. Da gesetzliche Bestimmungen hierüber fehlen, so wäre jede Annahme bestimmter Zahlenverhältnisse eine Willkürlichkeit, die wir uns nicht zu Schulden kommen lassen dürfen. Es bleibt also nur die Möglichkeit, gewisse Grenzen zu ziehn, außerhalb deren die fragliche Competenz einerseits sicher vorhanden, andrerseits sicher nicht vorhanden war, innerhalb deren aber ein Gebiet des Zweifels übrigbleibt. Vielleicht gelingt es auf die Weise, zu einem unanfechtbaren Resultate zu gelangen.

Dem Bundesrath wird sicherlich nicht die Befugniß eines jener Collegien zugestanden haben, wenn er kein einziges der dem Letzteren zugehörig gewesenen Mitglieder enthielt, ganz zweifellos aber wird er die Competenz desselben besessen haben, wenn er mehr als die Hälfte seiner Glieder umschloß. Hierzu gelangt man durch die einfache Ueberlegung, daß die Versammlung im ersten Fall überhaupt nichts mit dem betreffenden ehemaligen Collegium gemein hatte, daß aber im letzten Fall die nicht vorhandenen Mitglieder, auch wenn sie anwesend gewesen wären, nichts an den gefaßten Beschlüssen zu ändern vermocht hätten, da sie eben, Einstimmigkeit unter den übrigen vorausgesetzt, stets in der Minorität geblieben wären. Wenn dagegen der Bundesrath nur eine Minderheit von

Stimmen der betreffenden Körperschaft enthalten hätte, so konnten über seine Competenz Zweifel obwalten, ohne daß sie als ausgeschlossen zu betrachten gewesen wäre.

Daß überhaupt Mitglieder oder vielmehr legale Rechtsnachfolger von Mitgliedern aller drei Collegien im Jahre 1871 im Bundesrathe vertreten waren, das bedarf keines Beweises, zweifelhaft aber ist es, ob sie die Majoritäten der im Jahre 1806 vorhandenen Reichsstände ausmachten, und dies eben bedarf der Klarstellung.

Betrachten wir zuerst den Kurfürstenrath. Er kann nicht kurzweg als beseitigt angesehen werden, weil seine Mitglieder diesmal ihr alleiniges Wahlrecht nicht ausüben durften oder weil sie den kurfürstlichen Titel nicht mehr führten, denn einmal wurde ihr Wahlrecht, das zuvörderst nur als für diese eine Wahl suspendirt zu gelten hatte, erst durch die Reichsverfassung völlig beseitigt, dann aber war das Mitgliedschaftsrecht an dem ersten Collegium des Reichstags nicht so mit dem Kurrecht verknüpft, daß das eine mit dem andern hätte fallen müssen. Böhmen hat Jahrhunderte lang das Wahlrecht besessen, ohne doch dem Kurfürstenrath anzugehören, und so mag wohl auch das Umgekehrte zulässig erscheinen.

Von den 10 Kurfürsten nun, welche zur Zeit der Katastrophe von 1806 noch bestanden — nämlich: dem Kurerzkanzler, Böhmen, Pfalzbayern, Sachsen, Brandenburg, Braunschweig-Lüneburg, Württemberg, Baden, Hessen, Salzburg — darf man den ersten und letzten ohne weiteres streichen, denn das Erzkanzleramt erledigte sich durch den Abfall seines Trägers vom Reich und die Unterlassung einer Neuwahl, das Kurfürstenthum Salzburg aber wurde noch zu Zeiten des alten Reichs aufgehoben und durch das Kurfürstenthum Würzburg ersetzt, eine Transaktion, die nicht mehr die Bestätigung des Reichstags gefunden hat und deshalb die Nullität dieser Kurstimme bedingen mußte. Ferner darf wohl Böhmen von der Liste entfernt werden, da der legale Träger dieser Kur, der Kaiser von Oesterreich, keine verfassungsmäßigen Rechte mehr ausübte. Diese drei Stimmen also sind als nicht vorhanden oder als ruhend zu betrachten, von den sieben übrigen aber waren fünf, d. h. die große Mehrzahl, im Bundesrath vertreten, nämlich: Pfalzbayern, Sachsen, Brandenburg, Württemberg und Baden, gegenüber den beiden nicht vertretenen: Braunschweig-Lüneburg und Hessen. Betreffs der Giltigkeit der sächsischen Stimme könnten allerdings Zweifel herrschen, da ihr Träger, der König von Sachsen, die eigentlichen, ursprünglichen Kurlande nicht mehr besaß. Bekanntlich war das Territorium Sachsen-Wittenberg im Jahre 1815 an Preußen abgetreten worden. Aber die Kurwürde ruhte doch längst nicht mehr auf diesem Territorium allein, sie war auf den ganzen Besitz der wettiner Kurfürsten übergegangen, was schon daraus zu ersehen ist, daß diese für die übrigen Gebiete keine einzige Fürstenrathsstimme inne hatten. Demnach darf aus der Preisgabe der wittenberger Lande kaum ein Verzicht auf die Kurrechte hergeleitet werden. Auch bei ununterbrochenem Weiterfunctioniren der Reichsgewalt würden sie den sächsischen Kurfürsten oder Königen sicherlich nicht aberkannt worden sein. Uebrigens würde eine Ungültigkeit dieser Stimme an dem Resultat unsrer Untersuchung nichts zu ändern vermögen.

Complicirter gestaltet sich der Nachweis beim Fürstenrath. Im ersten Kapitel haben wir die im Jahre 1806 rechtsgültig vorhandenen 82 Stimmen namentlich aufgezählt, und erübrigt nun festzustellen, welche von jenen Stimmen noch im Jahre 1871 als zu Recht bestehend angesehen werden konnten. Hierzu ist Folgendes zu bemerken:

Alle Stimmen von Territorien, die in gewaltsamer Weise den Besitzer gewechselt haben, müssen als oppositionell gelten, da ein solcher Wechsel weder durch Reichsgesetz noch durch freies Uebereinkommen vor sich gegangen ist. Stimmen dagegen, deren Territorien in regelmäßiger Erbfolge oder durch Cession auf andre Häuser übergegangen sind, dürfen sicherlich als legal anerkannt werden, denn im ersten Fall stehen sie reichsrechtlich dem neuen Inhaber zu, im zweiten aber ist zwar nicht die Stimme selbst, aber doch ihre zeitweilige Ausübung dem gegenwärtigen Besitzer rechtsgültig zutheil geworden, besaß doch jeder Reichsstand zu einer solchen Uebertragung der Ausübungsbefugniß das unbestreitbare Recht.

Bei Beobachtung dieser Regeln werden wir folgendes finden:

I. Der König von Preußen besaß als Markgraf von Brandenburg noch nachstehende Stimmen: Magdeburg, Halberstadt, Hinterpommern, Minden, Camin, Ostfriesland, Hildesheim, Paderborn, Münster, Hohenzollern.

II. Der König von Bayern: Bayern, Pfalz-Neuburg, Leuchtenberg, Bamberg, Würzburg, Augsburg, Freisingen, Passau, Kempten.

III. Der Großherzog von Baden: Baden-Baden, Baden-Durlach, Baden-Hochberg, Bruchsal (Speyer), Ettenheim (Straßburg), Constanz.

IV. Das fürstliche Haus Sachsen: Sachsen-Weimar, Sachsen-Eisenach, Sachsen-Coburg, Sachsen-Gotha, Sachsen-Altenburg, Henneberg (alternirend mit dem Kurhaus).

V. Die Großherzöge von Mecklenburg: Mecklenburg-Schwerin, Mecklenburg-Güstrau, Schwerin, Ratzeburg.

VI. Der Großherzog von Oldenburg: Oldenburg, Lübeck (Eutin).

VII. Der König von Württemberg: Württemberg, Ellwang.

Dazu kommen ferner mit je einer Stimme: Braunschweig, Hessen-Darmstadt, Anhalt und Schwarzburg.

Wenn man diese alle zusammenrechnet, so ergiebt sich die Zahl von 43 Stimmen, welche unter 82 vorhanden gewesenen die knappe Mehrheit darstellen. Hierbei ist aber in Betracht zu ziehn, daß die sechs habsburgischen Stimmen nicht als oppositionell, sondern höchstens als ruhend angesehen werden können. Es sind somit nur 76 Stimmen, deren Majorität im Bundesrath enthalten sein soll, und hierzu genügen jene 43 Stimmen schon in minder knapper Weise. Auch hinsichtlich des Fürstenraths ist also die zweite, von uns gezogene Grenze überschritten, ein Zweifel an der Competenz des Bundesraths kann auch dieser Körperschaft gegenüber nicht mehr obwalten.

Der Städterath endlich bestand seit dem Jüngsten Reichsschluß von 1803 noch aus sechs Städten, den drei Hansestädten, Nürnberg, Augsburg und Frankfurt a. M. Davon verlor Augsburg bereits vor dem Rücktritt des Kaisers mit dessen Zustimmung Reichsstandschaft und Selbständigkeit. Es wurde reichsconstitutionsmäßig inactif bis zu einer eventuellen Rehabilitirung. Rechtsbeständig waren demnach noch immer sechs Stimmen, aber nur fünf von ihnen durften nach Reichsrecht wirklich abgegeben werden. Von diesen fünf Stimmen waren drei, also die Majorität, im Bundesrath vertreten.

Aus vorstehenden Darlegungen und Berechnungen ist ersichtlich, daß dem Bundesrath die Ausübung der Befugnisse einer allgemeinen Reichsversammlung nicht bestritten werden kann. Damit ist natürlich nicht gesagt, daß seine Competenz von solchen zufälligen Zahlenverhältnissen bedingt gewesen wäre. Auch wenn einzelne Stimmen an der Majorität gemangelt hätten, würde jeder unbefangen Denkende die Gültigkeit der einstimmigen Bundesrathsbeschlüsse anerkannt haben; wie die Sache aber liegt, ist die rechtliche Stellung dieser Körperschaft und damit die Legalität ihrer Entschließungen als völlig unangreifbar erwiesen.

Der Vorgang bei Erlaß der Reichsverfassung weist übrigens, was den eben besprochenen Punkt betrifft, manche Aehnlichkeit auf mit dem Jüngsten Reichsschluß von 1803. Auch dort wurden von einer sehr fragmentarischen Reichsversammlung die großartigsten Umwandlungen vollzogen. Ein Städterath von sechs Mitgliedern stimmte der Mediatisirung von 45 freien Communen zu, die alle an diesem Beschluß des Collegs mitzuwirken befugt waren, sich aber durch die äußeren Verhältnisse zum Schweigen genöthigt sahen. Ebenso fehlte gezwungenermaßen ein großer Theil des Fürstenraths, fast die ganze geistliche Bank, deren Mitglieder eben die Reichsstandschaft verlieren sollten. Dennoch hat niemand die Beschlußfähigkeit des ganzen Körpers angezweifelt oder die Gesetzmäßigkeit des betreffenden Reichsgutachtens bestritten. Jenem Reichstag gegenüber darf der Bundesrath von 1871 in weit höherem Maße als legales Reichsorgan gelten.

Es könnten sich nur noch hinsichtlich der Art der Berathung und Beschlußfassung Bedenken erheben. Man könnte sagen, eine nicht in drei Collegien getheilte und nach solchen abstimmende Versammlung habe nicht das Recht, als legales Reichsorgan Gesetze zu beschließen. Dem tritt aber die Thatsache entgegen, daß auch der alte Reichstag, ohne sich in die drei Räthe zu gliedern, Plenarbeschlüsse fassen durfte und gefaßt hat.[5]) Dies ist allerdings nur bei geringfügigen Materien geschehn, bei wichtigen Dingen war eben die Uebereinstimmung nie so groß, daß schon im Plenum das Vorhandensein der erforderlichen Majoritäten klar erkannt werden konnte. Rechtsgültig aber waren solche Plenarbeschlüsse unter allen Umständen.

Kehren wir nun zu den Vorgängen von 1871 zurück.

Vorerst wurde im Kanzleramt eine neue Reichsverfassung in der Weise ausgearbeitet, daß man den ganzen Inhalt der bestehenden Verträge unter Benutzung der in ihnen beschlossenen sogenannten

---

[5]) Solche hießen „Reichsgutachten in circulo". Vgl. Moser Reichstäge I S. 465 f., 511. II S. 125.

„Verfassung des Deutschen Bundes" in die Form eines solchen einheitlichen Verfassungsgesetzes umgoß. Dieses Gesetz kam alsdann im Bundesrath zur Berathung und wurde einstimmig acceptirt. Hierdurch war der reichsrechtlichen Form vollständig Genüge geschehn. Die vom Kaiser vorgeschlagene fundamentale Neuordnung des Reichs, die erste, seit Jahrhunderten erstrebte, aber bisher niemals zustandegekommene, alle inneren Verhältnisse Deutschlands unzweideutig regelnde Reichsverfassung war von einer legalen, allgemeinen Reichsversammlung angenommen worden, in Erfüllung jener Worte des Westphälischen Friedens, die da lauten:[6]) Gaudeant (status imperii) sine contradictione jure suffragii in omnibus deliberationibus super negotiis imperii, praesertim ubi leges ferendae, vel interpretandae. . . . . nihil horum aut quicquam simile posthac unquam fiat vel admittatur, nisi de comitiali liberoque omnium imperii statuum suffragio et consensu." [7])

Somit stand nach altem jus publicum der Verkündigung und Inkraftsetzung dieser Verfassung nichts mehr im Wege. Dennoch durften es Kaiser und Stände hierbei nicht bewenden lassen, da sie sich vertragsmäßig verpflichtet hatten, einer nach bestimmtem Modus gewählten und berufenen Volksvertretung ein Mitwirkungsrecht an der Legislative einzuräumen. Hätte der Kaiser dies unterlassen und alsogleich das neue Grundgesetz verkündet, so würde er zwar keine Institution des Reiches verletzt, wohl aber den Vertrag gebrochen haben, der die ganze Neuordnung Deutschlands erst ermöglicht hatte. Es wäre dasselbe gewesen, als wenn ein früherer Kaiser die Bestimmungen der Wahlcapitulation außer Acht gelassen hätte.

Wenn somit dem getroffenen Uebereinkommen gemäß die Einwilligung des Reichstags zum Erlaß der Verfassung nachgesucht wurde, so ist doch der Unterschied wohl zu bemerken, der zwischen der Handlung des Letzteren und der des Bundesrathes bestand. Der Bundesrath gab erstens seine nach altem Reichsrecht erforderliche Zustimmung zur reichsgrundgesetzlichen Fixirung des Inhalts

---

[6]) Art. VIII § 2.

[7]) Selbst der extremst partikularistischen Auffassung dieser Worte, wie sie nach dem Westphälischen Frieden manchmal zu Tage trat, hat jener Bundesrathsbeschluß genügt, indem in der That alle vorhandenen Stände zugestimmt haben.

der Verträge. Das war die eigentliche gesetzgeberische Handlung und doch war sie in Wirklichkeit nur eine Formalität, da ja die durch den Bundesrath vertretenen Regierungen selbst jene Verträge geschlossen hatten und an ihren Inhalt gebunden waren. Zweitens aber erklärte die genannte Körperschaft ihre Zustimmung zu der vorgelegten Neuredaction. Hierin ist nichts weiter zu erblicken, als die Bewilligung der Vornahme einer solchen Umformung und die Bestätigung ihrer Richtigkeit.

Der Reichstag vollzog von beiden Handlungen nur die zweite, er billigte nur den neuen Wortlaut, mit dem sachlichen Inhalt der Verfassung hatte er nichts zu schaffen. Wenn die Verträge in ihrer ursprünglichen Form hätten Gesetz werden sollen, dann wäre der Kaiser zur Befragung des Reichstags nicht verpflichtet gewesen. Er hätte die betreffenden Dokumente nach Zustimmung des Bundesraths in gesetzliche Wirksamkeit setzen, ja er hätte diese Zustimmung sogar als durch die Ratificationen selbst geschehen annehmen und die Verträge ohne weiteres als Gesetz publiciren können. Niemand würde die Rechtsgültigkeit eines solchen Verfahrens bestritten haben. Da aber eine Veränderung des Wortlauts vorgenommen wurde, so galt das als eine Verfassungsänderung im Sinne der Verträge, und wurde demgemäß der Reichstag um seine Einwilligung angegangen. An der Feststellung des Inhalts der Verfassung hatte sich das deutsche Volk nur insofern betheiligen dürfen, als es in den Parlamenten der Einzelstaaten resp. des Norddeutschen Bundes zu den Verträgen seine landes- resp. bundesgesetzlich erforderliche Zustimmung ausgesprochen hatte.

Diese scharf und eng begrenzte Wirkungssphäre des deutschen Parlamentes bei Erlaß der Verfassung wurde ihm bei Beginn der Session von dem preußischen Bundesrathsbevollmächtigten offen erklärt,[8]) und so ist denn seine Betheiligung an diesem legislatorischen Akt materiell völlig bedeutungslos. Es konnte nur die Neuredaction der Verträge verweigern, dann wären sie eben in dem ursprünglichen Wortlaut zum Gesetz erhoben worden, oder es konnte an dieser Redaction formelle Aenderungen vornehmen. Wir müssen eben immer festhalten, daß die Existenz des Reichstags bis zur Publication der Verfassung durch den Kaiser nicht auf reichsrechtlichem Grunde ruhte. Der Unterschied zwischen seiner Stellung

[8]) vgl. Bezold a. a. O. III S. 866 f.

vor dieser Verkündigung und seiner späteren Position ist der, daß ihm vorher die Ausübung der Rechte eines gesetzgebenden Reichsorgans von den wirklichen Organen kraft eines zwischen ihnen getroffenen Uebereinkommens zugebilligt worden war, daß er aber nachher kraft eines Reichsgrundgesetzes die Eigenschaft eines legitimen Faktors der Legislative erhalten hatte. Bis zu jenem Moment konnten ihm seine Befugnisse durch ein Abkommen zwischen den Einzelstaaten und dem Kaiser wieder genommen werden, nachher dagegen durfte dies nicht mehr geschehn ohne seine eigene Zustimmung.

Die Publication der neuen Reichsverfassung, datirt vom 16. April 1871, geschah mit folgenden Worten:

„Wir Wilhelm v. G. G. Deutscher Kaiser, König von Preußen 2c. verordnen im Namen des Deutschen Reichs, nach erfolgter Zustimmung des Bundesraths und Reichstags, was folgt:

§ 1. An die Stelle der zwischen dem Norddeutschen Bunde und den Großherzogthümern Baden und Hessen vereinbarten Verfassung des Deutschen Bundes (B.G.Bl. 1870 S. 627 ff.) sowie der mit den Königreichen Bayern und Württemberg über den Beitritt zu dieser Verfassung geschlossenen Verträge vom 23. und 25. November 1870 (B.G.Bl. 1871 S. 9 ff. und vom Jahre 1870 S. 654 ff.) tritt die beigefügte Verfassungs-Urkunde für das Deutsche Reich."

Es wird heutzutage Niemandem beikommen zu bezweifeln, daß die Reichsverfassung wirklich in ganz Deutschland gesetzliche Gültigkeit besitzt, d. h. daß zu ihrer Beobachtung jedem einzelnen Reichsangehörigen, nicht blos den Staaten und Regierungen, die Verpflichtung obliegt. Wir haben gezeigt, daß bis zum Augenblick dieser Verkündigung der Inhalt der Verträge nur für die Letztgenannten Geltung erlangt hatte, die einzelnen Staatsangehörigen dagegen — wenigstens in Norddeutschland — noch in keiner Weise zur Nachachtung desselben verpflichtet worden waren. Der nothwendige Schluß daraus ist der, daß nur in diesem besprochenen Moment, durch die Verkündigung der Verfassungs-Urkunde von Seiten des Kaisers, die Erhebung der Verträge zum Gesetz in allen deutschen Landen stattgefunden haben kann. Allerdings geht das aus dem Wortlaut des Publicationspatents nicht unmittelbar hervor. Wenn an die Stelle der Verträge die Verfassungs-Urkunde treten soll, dann trägt — so könnte man schließen — auch die Letztere den Charakter eines Vertrages und nicht eines Gesetzes. Da es aber unumstößliche Thatsache ist, daß die Verfassung heute in gesetzlicher Gültigkeit steht, so muß man der Reichsgewalt die Absicht imputiren, mit jenem Patent die Verfassung zum Gesetz zu erheben, so ist man gezwungen, dasselbe dementsprechend zu interpretiren.

Eine solche Interpretation aber bietet keine besondere Schwierigkeit. Da die Novemberverträge und mit ihnen die „Verfassung des Deutschen Bundes" trotz ihres vertragsmäßigen Inhalts schon vor dem 16. April als in reichsrechtlicher Geltung befindlich betrachtet wurden, ebenso wie man ehemals die Wahlcapitulationen und den Westphälischen Frieden den Reichsgesetzen gleichzustellen pflegte, so konnte der Kaiser mit einer gewissen Berechtigung sagen: An die Stelle der Verträge resp. der vertragsmäßig vereinbarten Verfassung tritt die Verfassungs-Urkunde für das Deutsche Reich, was so viel heißen sollte als: Die innere Ordnung des Reichs soll künftig, anstatt auf den zwischen Kaiser und Regierungen abgeschlossenen Verträgen, auf dem nachfolgenden, den Verträgen inhaltlich völlig identischen, formell aber verschiedenen Reichsgrundgesetz beruhen. Das Vertrags-Verhältniß, in welchem sich das Reichsoberhaupt und die einzelnen Glieder des Reichs bis dahin befunden hatten, trat damit in den Hintergrund, der Inhalt der Verträge aber wurde zum Inhalt eines nicht blos für die Regierungen, sondern für das ganze deutsche Volk verbindlichen Gesetzes.

Dieser Auffassung widerspricht es natürlich nicht, wenn vor und bei Berathung der Urkunde wiederholt hervorgehoben wurde, daß an dem Inhalt der Verträge 2c. durch die formelle Abwandlung nichts geändert werden solle. Alle einzelnen Bestimmungen blieben ja in der That zu Recht bestehn, nur erhielten sie jetzt eine weit festere Fundirung.

In den Motiven tritt allerdings die Auffassung zu Tage, als sei die Verfassung 2c. damals bereits in gesetzlicher Gültigkeit gewesen und habe man ihr nur eine neue Form geben wollen. Hierin ist aber eben ein Irrthum der Autoren jener Motive zu erkennen und zwar der gleiche Irrthum, in den J. J. Moser verfiel, als er der Wahlcapitulation den Charakter eines Reichsgrundgesetzes zusprach. An der Rechtslage und der wahren Bedeutung des Gesetzes vermochte die Kundgebung dieser falschen Anschauung selbstredend nichts zu ändern.

Man beachte wohl den Unterschied zwischen den besprochenen Vorgängen und jenen bei Gründung des norddeutschen Bundes. Damals hatten die einzelnen Regierungen schon vorher ihre Unterthanen auf die Verfassung, durch deren Publication als Landesgesetz, verpflichtet, das hierdurch geschaffene Oberhaupt des Bundes aber hatte dann nichts weiter gethan, als die vollendete Thatsache durch ein Publicandum constatirt; diesmal dagegen war die Verfassung — im größeren Theile Deutschlands wenigstens — nicht zum Landesgesetz gemacht worden, sie verblieb vielmehr ein Vertrag zwischen den Staaten, bis sie von den Organen des reaktivirten deutschen Gesammtstaates zum Reichsgrundgesetz erhoben wurde. Niemals ist ein Publicandum erlassen worden, welches den am 1. Januar 1871 erfolgten Beginn des neuen Reiches oder Bundes constatirt hätte, wie ja in der That die neue Ordnung an jenem Termin nicht oder wenigstens nur als Vertrag, in Kraft getreten ist.

Unser in diesem Kapitel gewonnenes Resultat ist also folgendes: Nach Wiederaufrichtung des Deutschen Reiches und Uebernahme der Kaiserkrone durch Wilhelm I. und nach Ratification des bayrischen Vertrages berief der Kaiser unter dem Namen Bundesrath eine allgemeine Reichsversammlung auf den 20. Februar und gleichzeitig auf Grund der Verträge unter dem Namen Reichstag ein Volksparlament. Dem Bundesrath legte man ein neues Reichsgrundgesetz vor, dessen Inhalt mit dem Inhalt der Verträge völlig übereinstimmte. Dieses wurde von ihm gebilligt und nunmehr vom Kaiser dem Parlament überwiesen, welches nur sein Einverständniß mit der äußeren Form erklären sollte. Nachdem solches geschehen, publicirte der Kaiser die Verfassungs-Urkunde als Grundgesetz des Reiches.

Hiermit sind wir am Schluß unsers ersten Theiles angelangt. Wir haben gezeigt, wie sich das alte Deutsche Reich in staatsrechtlich legaler Weise zu den Formen des gegenwärtigen Reiches fortentwickelt hat. Damit kann aber unsre Aufgabe noch nicht als vollendet gelten. Es erübrigt zu erforschen, ob nicht die Reichsverfassung, die Grundlage der ganzen Neuordnung Deutschlands, mit unsrer Auffassung vom Wesen des Reiches entweder direct durch ihren Wortlaut oder indirect durch ihren Inhalt im Widerspruch steht. Wäre eine solche Unstimmigkeit vorhanden und ihre Lösung in plausibler und annehmbarer Weise unmöglich, so würde es uns schwerlich gelingen, des Lesers Einverständniß mit unsern bisherigen Deductionen zu bewahren, denn die Verfassungs-Urkunde gilt nun einmal, und mit Recht, als die vornehmlichste Quelle des deutschen Staatsrechts, als ein durchaus maßgebendes Dokument, dessen Inhalt nicht wie die Motive und ministeriellen Aeußerungen an der Hand andrer Urkunden kurzweg bestritten werden darf. Ansichten über die Natur des Reichs, die sich mit ihr nicht vereinigen lassen, sind ebenso zu verwerfen, wie astronomische Hypothesen, denen der offenkundige Lauf der Gestirne widerspricht.

Untersuchen wir also, wie sich die Reichsverfassung zu unsrer Theorie und Beweisführung stellt.

Zweiter Theil.

Die Vereinbarkeit der Reichsverfassung mit den gefundenen Thatsachen.

Erstes Kapitel.

Reich oder Bund.

Um die Vereinbarkeit der Reichsverfassung mit den im ersten Theil festgestellten Thatsachen, also mit der Identität des neuen und alten Reichs festzustellen, müssen wir zuerst ihren Wortlaut einer Betrachtung unterziehn, insoweit er zu unsrer Frage in Beziehung steht. Alsdann werden wir uns ihrem hauptsächlichsten Inhalt zuzuwenden haben.

Da scheint uns nun vor allem der Verfassungseingang bedenkliche Schwierigkeiten zu bereiten. Er lautet folgendermaßen:

„S. M. der König von Preußen im Namen des Norddeutschen Bundes, S. M. der König von Bayern, S. M. der König von Württemberg, S. K. H. der Großherzog von Baden und S. K. H. der Großherzog von Hessen und bei Rhein für die südlich vom Main belegenen Theile des Großherzogthums Hessen schließen einen ewigen Bund zum Schutze des Bundesgebiets und des innerhalb desselben gültigen Rechtes, sowie zur Pflege der Wohlfahrt des deutschen Volkes. Dieser Bund wird den Namen Deutsches Reich führen und wird nachstehende Verfassung haben."

Wenn man diese Worte ohne jede Vorkenntniß liest, so kann man, das leuchtet ein, nichts anderes darunter verstehn, als daß die deutschen Staaten ein enges Bündniß geschlossen haben, welches fortan den Namen Deutsches Reich führen soll, daß also das neu gegründete politische Gebilde den Charakter eines Staatenbundes trägt, der natürlich zu jenem ehemaligen, Römisches Reich deutscher Nation oder Deutsches Reich genannten Einheitsstaat außer jeder rechtlichen Beziehung stehen muß.

Wir haben aber hier nicht festzustellen, welcher Charakter unserm Reiche gemäß der Reichsverfassung zuzuerkennen sei, sondern wir wollen nur entscheiden, ob sich die Worte dieses Dokuments mit unsrer anderwärts gewonnenen Anschauung in Einklang bringen lassen. Nach unsern Darlegungen ist eben das Reich nicht durch den Erlaß der Verfassung geschaffen worden — sonst müßte sie allerdings für das Verständniß seines Wesens allein maßgebend sein, — sondern es ist in ganz anderer Weise zustande gekommen oder vielmehr wiedererstanden. Die Urkunde in ihrer Eigenschaft als Gesetz, das sich der bereits bestehende Staat selbst gegeben hat, braucht nicht dazu bestimmt und befähigt zu sein, uns über die Entstehung des Staates und seinen Charakter authentisch aufzuklären, nur darf sie nicht, wie schon am Ende des vorigen Theiles gesagt, unsern Behauptungen offenkundig widersprechen, da man sich sonst veranlaßt sehn könnte, den Thatsachen, welchen die Neuordnung ihr Entstehen verdankt, eine andre, der Verfassung besser entsprechende Deutung zu geben. Glücklicherweise ist ein solcher Widerspruch zwischen diesem Grundgesetz und den übrigen die Wiederaufrichtung des Reiches betreffenden Handlungen und Dokumenten nicht vorhanden. Auch der vorliegende Eingang zur Verfassung läßt sich bei richtiger Betrachtung mit unsrer These sehr wohl vereinbaren.

Da ist zunächst zu fragen, welche juristische Bedeutung einer solchen Arenga innewohnt, ob aus ihr Folgerungen gezogen werden dürfen, wodurch der durch die Urkunde oder anderweitig geschaffene Rechtszustand modifizirt wird. In mittelalterlichen Privilegien ꝛc. war dies nicht der Fall. Die Arenga hatte keinerlei rechtlichen, höchstens einen historischen Werth, ihre Abfassung war meist dem Gutdünken und Geschmack eines Beamten, oft eines inferioren Schreibers überlassen, und konnte sie daher zur Interpretation des Textes im Allgemeinen nicht herangezogen werden. Aus ihr waren nur die Thatsachen zu ersehen, welche zu dem betreffenden Rechtsakt und zur Ausstellung der Urkunde geführt hatten, bei wichtigeren Dokumenten auch die Absicht, welche der Aussteller mit seiner Handlung verfolgte hatte. So glaubten wir uns oben (S. 87 f.) befugt, einen Passus aus dem Eingang der Goldenen Bulle für unsere Beweisführung zu benutzen, der die bei Abfassung dieser Urkunde obwaltende Idee klarlegte.

In neuerer Zeit wurden die Arengen, namentlich bei wichtigeren Dokumenten, Friedensschlüssen, Verträgen ꝛc., selbstredend mit größerer Sorgfalt abgefaßt, aber auch hier bildeten sich oft stereotype Redewendungen aus, die ihren geringen rechtlichen Werth bekundeten. Noch heutzutage sind sie nichts anderes, als kurze Darstellungen historischer Fakten, deren Widerlegung aus anderen, besser unterrichteten Quellen nicht ausgeschlossen ist, oder der bei der Ausstellung vorwaltenden Intentionen, welche durch die Urkunde nicht erfüllt zu sein brauchen. Der Inhalt eines solchen Eingangs darf, kurz gesagt, nur als enuntiativ, d. h. aussagend, nicht als dispositiv, d. h. bestimmend, anordnend gelten. Alle dispositiven Bestimmungen gehören in den eigentlichen Text, die dispositio der Urkunde und werden meistens in Paragraphen oder Artikel geordnet.

Besonders scharf getrennt nun sind die beiden genannten Theile in unserer Reichsverfassung, heißt es doch am Schlusse der Arenga ausdrücklich: „wird nachstehende Verfassung haben", womit so klar als möglich ausgesprochen ist, daß von hier ab erst die wirkliche Verfassung, der dispositive Inhalt beginnt. Alles Vorhergehende sollte eine zum Verständniß wünschenswerthe Einleitung ohne rechtliche Bedeutung darstellen, die allerdings jetzt, nachdem die Verfassung ihre ursprüngliche Bestimmung eingebüßt und zu einem Reichsgrundgesetz geworden war, ihrem Zweck nur in sehr unvollkommener Weise genügte.

Der ganze Inhalt des Eingangs ist sonach enuntiativ[1]) und nicht imstande, die anderwärts aus sicheren Rechtsquellen geschöpften Fakten als unwahr zu widerlegen, im Gegentheil, seine Stichhaltigkeit darf an solchen Fakten einer Prüfung unterzogen werden.[2]) Damit erweist sich auch die allgemein verbreitete Mei-

---

[1]) Hänel a. a. O. I S. 103 sagt: „Die dispositiven Bestimmungen der deutschen Reichsverf. beginnen mit dem zweiten Satze des Eingangs. Der erste Satz des Eingangs ist zwar formell Bestandtheil der Verfassung, er ist aber nur enuntiativ". Das ist eine ziemlich willkürliche Abgrenzung. Wir haben sie nicht nöthig, da für uns der Name „Deutsches Reich" auch ohne den Schlußpassus des Eingangs in Gültigkeit steht.

[2]) Damit steht es nicht im Widerspruch, wenn Minister Delbrück bei Berathung des bayrischen Vertrages im norddeutschen Reichstag sagt: „Ich kann constatiren, daß es die Absicht gewesen ist, unter der Verfassung des Bundes, wie sie hier in Nr. II im Eingang allegirt ist, nicht bloß die einzelnen Verfassungsartikel, sondern auch den Eingang zu begreifen" (Bezold III S. 305). Daß die Worte des Eingangs staatsrechtlich als zur Verfassung gehörig betrachtet und behandelt werden, schließt ihren enuntiativen Charakter keineswegs aus, denn auch in den einzelnen Artikeln finden sich enuntiative Sätze. Wir bestreiten auch durchaus nicht diese Zugehörigkeit, sondern behaupten nur, daß die Arenga enuntiativ zu sein pflegt und in unserem Falle zweifellos ist.

Zorn a. a. O. S. 43 leugnet die Zugehörigkeit unbedingt und erklärt,

nung als unrichtig, nach welcher die Reichsverfassung das Reich nicht bloß lebensfähig gemacht, sondern vermittelst der Eingangsbestimmung sogar in's Leben gerufen habe. Wie verkehrt eine solche Ansicht ist, die unsere Verfassung ihres Charakters als Gesetz entkleiden und zu einer Gründungsakte stempeln will, das sieht man am klarsten bei ihrer Vergleichung mit einem wirklichen Dokument dieser Art, der deutschen Bundesakte vom 8. Juni 1815. Hier ist die äußere Anordnung eine ganz abweichende. Der Eingang und die ersten Artikel lauten:

„Die souveränen Fürsten und freien Städte Teutschlands, den gemeinsamen Wunsch hegend, den sechsten Artikel des Pariser Friedens vom 30. Mai 1814 in Erfüllung zu setzen, und von den Vortheilen überzeugt ꝛc. ꝛc., sind übereingekommen, sich zu einem beständigen Bunde zu vereinigen, und haben zu diesem Behufe ihre Gesandten und Abgeordneten am Congresse in Wien mit Vollmachten versehen, nämlich . . . .

In Gemäßheit dieser Beschlüsse haben die vorstehenden Bevollmächtigten . . . . folgende Artikel verabredet:

Art. 1. Die souveränen Fürsten und freien Städte Teutschlands mit Einschluß J. J. M. M. des Kaisers von Oesterreich ꝛc. ꝛc. vereinigen sich zu einem beständigen Bunde, welcher der Teutsche Bund heißen soll.

Art. 2. Der Zweck desselben ist: Erhaltung der äußeren und inneren Sicherheit Teutschlands, und der Unabhängigkeit und Unverletzbarkeit der teutschen Staaten."

Der Unterschied zwischen dieser Urkunde und unserer Verfassung ist also hauptsächlich der, daß hier die eigentlichen Einsetzungsworte des neuen politischen Gebildes nicht in die Arenga, sondern in die Dispositio gestellt sind, womit sie als dispositive Bestimmungen ge-

---

juristische Folgerungen dürften aus den Eingangsworten weder für die rechtliche Natur des Reiches noch für die Competenz gezogen werden.

Seltsam und ein Zeichen seines geringen juristischen Werthes ist es, wie conträre Schlüsse aus dem Eingang gezogen worden sind. Haenel sagt I S. 103: „Sie (die Bezeichnung der Bundeszwecke) hat nur diesen, aber auch den hohen Werth, authentisch zu bekunden, daß man bei der Entstehung des Nordd. Bundes wie des Deutschen Reiches die Begründung eines Staatswesens vor Augen hatte"; v. Mohl dagegen behauptet S. 27: „Der Ausspruch, daß die neue politische Gestaltung ein Bund sei, hat zunächst nur eine negative Bedeutung. Es steht nämlich fest, daß nach dem Willen der Regierungen . . . . kein einheitlicher Staat gegründet werden wollte . . . ."

kennzeichnet werden. Es wird nicht erzählender Weise mitgetheilt, daß die deutschen Fürsten einen Bund geschlossen hätten, sondern es wird durch diese von allen Fürsten genehmigte Urkunde bestimmt, daß fortan ein Bundesverhältniß bestehen solle. Darum heißt es auch im Art. 1: „welcher der Teutsche Bund heißen soll", während unsere Verfassung schreibt: „Dieser Bund wird den Namen Deutsches Reich führen."

Der Eingang der Bundesakte ist ebenfalls nur enuntiativ. Es wird darin mit wenigen Worten erzählt, wie die Fürsten dazu gekommen sind, sich zu einem solchen Bunde zu vereinigen, im Gegensatz zur Reichsverfassung, wo sich dieser Bericht im Eingang auch auf den eigentlichen Abschluß des Bündnisses erstreckt. — Uebrigens brauchte jene Akte nicht in den einzelnen Staaten zum Gesetz erhoben zu werden, da das Bundesorgan niemals in directe Beziehung zu den Unterthanen treten, sondern seinen Willen stets durch Vermittlung der Regierungen realisiren sollte.

Unsere Behauptung geht also dahin, daß die Arenga der Reichsverfassung nicht den Werth einer gesetzlichen Anordnung, sondern höchstens den einer historischen Quelle besitzt, deren Inhalt uns in Ermangelung anderer Belege als Wahrheit gelten müßte, die aber auch durch vollgültigere Zeugnisse eventuell widerlegt zu werden vermag.

Freilich scheinen die darin angewendeten Zeiten einer solchen Auffassung zu widersprechen. Es heißt: „schließen einen ewigen Bund" und „wird den Namen Deutsches Reich führen", womit angedeutet scheint, daß gleichzeitig mit der Inkraftsetzung dieser Worte die Rechtshandlung vollzogen werde. Man muß aber bedenken, daß hier in der That nicht Vergangenes erzählt werden konnte, sondern nur Gegenwärtiges und Zukünftiges. Als die Verfassung verabredet wurde, fand gleichzeitig die im Eingang beschriebene Aktion statt, die Bevollmächtigten der Fürsten 2c. schlossen jenes Bündniß mit der Bestimmung, daß es am 1. Januar in Kraft treten solle. Einen Namen konnte dieser Bund natürlich erst führen, wenn er wirklich in's Leben getreten war, und so mußte es heißen: „wird den Namen Deutscher Bund resp. Deutsches Reich führen", womit eine Verkündigung für die Zukunft ausgesprochen wurde, die durch den Gang der Ereignisse Lügen gestraft werden konnte.

Es hat nun bei den weiteren Transaktionen die Tendenz obgewaltet, an der einmal zustande gebrachten und allseitig genehmigten Verfassungsurkunde so wenig als irgend möglich zu ändern, weil solche Aenderungen der Zustimmung aller vertragschließenden Theile, später aber des Bundesraths und Reichstags bedurften und die Einholung einer solchen leicht die ganze Entwicklung der Dinge wegen nebensächlicher Fragen in's Stocken bringen konnte. Man wollte das Eisen schmieden, so lange es heiß war, die Zeit des Krieges und der vaterländischen Begeisterung ausnutzen, um das Einigungswerk zum Abschluß zu bringen. Nur hieraus ist es zu verstehen, daß sich in der auf das Reich übernommenen Bundesverfassung noch so viele Rudimente ihrer früheren Bestimmung vorfinden. Die vollendete und anderweitig authentisch bezeugte Thatsache, daß an Stelle des Bundes das alte Deutsche Reich wieder aufgerichtet war, deutete man in der Verfassung nur durch wenige Worte an, deren Einfügung vertragsmäßig genehmigt wurde, dabei aber sprach man offen aus, daß sich der Sinn der ganzen Verfassung dieser Einfügung und den Thatsachen entsprechend geändert habe.

Minister Delbrück sagte bei der ersten Berathung der Verfassungsänderung „Kaiser und Reich" im norddeutschen Reichstag ausdrücklich: „Bei dieser Lage der Sache hielt es der Bundesrath des Norddeutschen Bundes im Einverständniß mit den Regierungen der süddeutschen Staaten für richtig, die beiden Punkte, auf welche das Schreiben Sr. Majestät des Königs von Bayern abzielt, an den beiden Stellen der Verfassung zum Ausdruck zu bringen, welche dafür die prägnantesten sind: . . . . die verbündeten Regierungen haben sich keineswegs verhehlt, daß es bei diesen beiden Aenderungen der Verfassung nicht bewenden kann; sie gingen aber davon aus, daß es für jetzt genüge, an den beiden entscheidenden Stellen der Verfassung das auszusprechen, worüber sie sich vereinigt hatten, und daß es vorbehalten bleiben müsse für den nächsten ordentlichen Reichstag, die weiteren an diese beiden Aenderungen sich anschließenden Aenderungen im Texte der Bundesverfassung vorzunehmen. Diese Veränderungen jetzt schon vorzunehmen, war die Zeit entschieden zu kurz, denn es handelt sich bei diesen Veränderungen keineswegs blos um die einfache Ersetzung des einen Wortes durch das andere, sondern um eine weitere sachliche Erwägung."

Hier ist also amtlich von Seiten des Ministers und durch ihn von Seiten der Regierungen einschließlich der südstaatlichen anerkannt, daß die beiden vorgenommenen Aenderungen noch andere Aenderungen bedingen. Sonach ist der Sinn der Verfassung ein anderer geworden und ist eine Interpretation derselben nur noch richtig, wenn man aus dieser Abwandlung alle sich ergebenden Folgerungen zieht. Der Wortlaut ist nur noch soweit maßgebend, als er sich mit der Idee jener Aenderung vereinbaren läßt.

Aber diese Idee lag damals noch nicht klar am Tage. Selbst Delbrück hatte den Brief des Königs von Bayern, dessen er Erwähnung thut, nicht anders aufgefaßt, als daß nur die Namen Kaiser und Reich wieder eingeführt werden sollten. Eine richtige Auslegung der Verfassung wurde erst möglich, wenn hierüber von maßgebender Stelle alle Zweifel gehoben waren. Und das geschah eben durch die Kaiserproklamation vom 18. Januar. Hier wurde, wie wir gesehn haben, in nicht mißzuverstehender Weise ausgesprochen, daß mit Einführung der neuen Ordnung das alte Deutsche Reich wiederhergestellt sei, und wenn dann das Reichsoberhaupt hinzufügte: „nachdem in der Verfassung des Deutschen Bundes die entsprechenden Bestimmungen vorgesehen sind“, so kann dies nichts anderes besagen, als daß man mit der Verfassungsänderung „Kaiser und Reich“ beabsichtigt hat, die Verfassung hinsichtlich der Titulaturen mit der Thatsache der Wiederherstellung des Reichs und der alten Kaiserwürde in Einklang zu bringen. Will man also jetzt diese Urkunde richtig interpretiren, so muß man es mit der Voraussetzung thun, daß alle bezüglichen Rudimente ihrer früheren Bestimmung rechtlich nicht mehr hineingehören und nur aus Zeitmangel vorerst stehen geblieben sind, daß die Verfassung sich in Wirklichkeit mit den veränderten Verhältnissen in Uebereinstimmung befindet (vgl. S. 116.)

Dem scheint es allerdings zu widersprechen, wenn auch die neueste, nunmehr definitive Form der Verfassung, wie sie auf dem ersten ordentlichen Reichstage zur Annahme gelangt ist, wiederum einen großen Theil jener Rudimente und namentlich den ganzen Eingang unverändert aufweist. Man sollte annehmen, daß jetzt alles in Ordnung sei, hatte doch Delbrück gerade auf diese Neuredaction verwiesen, welche alle etwa vorhandenen Inconsequenzen beseitigen werde.

Da nun das Wort Bund in der Arenga und an vielen anderen Stellen stehn geblieben ist, so könnte man daraus schließen, daß von der Verfassung, dem maßgebenden Grundgesetz des Reiches, dieses neue Gebilde als ein Bund von Staaten charakterisirt werde, daß sie somit in Widerspruch trete mit der Proklamation von Versailles und deshalb als ein vom Kaiser selbst sanctionirter Protest des ganzen Reiches gegen den Inhalt jener Proklamation aufzufassen sei. Man könnte sagen, der Kaiser nähme mit Erlaß der Verfassung unter Beistimmung der gesetzgebenden Faktoren das zurück, was er damals in der Begeisterung des Augenblicks gesagt habe. Da nun aber durch jene Worte, wie wir gesehen haben, in der That das alte Deutsche Reich wiederhergestellt worden ist, dasselbe also zur Zeit der Verfassungsberathung zu Recht bestand, so würde bei solcher Annahme der Erlaß der Neuredaction nichts geringeres bedeuten, als die, von allen Organen gebilligte, definitive Zerstörung des tausendjährigen Reiches.

Sollte man wirklich genöthigt sein, sich zur Erklärung jener Vorgänge bis zu einer solchen Absurdität zu versteigen?

Dem steht vornehmlich die allgemein anerkannte Thatsache entgegen, daß mit dieser Neuredaction nichts an den einmal festgelegten Verhältnissen geändert werden sollte. Halten wir daran fest, so sind wir — und darin sind alle Rechtsgelehrten einig — berechtigt, die heute gültige Reichsverfassung aus ihrer ersten vertragsmäßig zustandegebrachten Redaction zu interpretiren und bei vorhandenen Unstimmigkeiten den Sinn der Letzteren als maßgebend und allein rechtsgültig hinzustellen. Nun war es aber, wie oben gezeigt, der Sinn jener Verfassungsänderung „Kaiser und Reich", den Begriff „Bund" auszuscheiden und durch „Reich" zu ersetzen, wenn dieser Ausdruck auch thatsächlich nur an der prägnantesten Stelle eingefügt wurde; nun sollte wirklich, wie die Proklamation von Versailles hervorhebt, der bezügliche Rechtsinhalt der Verfassung nach dieser Aenderung mit der Thatsache der Wiederaufrichtung des alten Reichs im Einklang stehn. Folglich kann man die sogenannte „Verfassung des Deutschen Bundes" und die zugehörigen Verträge nur richtig verstehen, wenn man jene Wortveränderung vollständig durchführt. Ein authentisches Beispiel hierfür gab uns der Kaiser selbst, als er bei Berufung von Bundesrath und Reichstag die vertragsmäßig bestehende Verfassung bereits als Verfassung des Deutschen Reiches bezeichnete. Ebensogut wie in der Ueberschrift hätte er an jeder beliebigen Stelle des Inhalts die gleiche Umwandlung vollziehen können. Da nun die Neuredaction der Verfassung genau denselben Sinn haben soll, wie die ursprüngliche, so gebührt auch hier dem Worte Bund durchgängig der Sinn von Reich und ist zur Erfassung der juristischen Bedeutung diese Aenderung vorzunehmen.

Aber hinsichtlich der Arenga kommt noch ein anderes hinzu. Als sie abgefaßt wurde, hatte die Anwendung der gegenwärtigen resp. zukünftigen Zeit ihre vollkommene Berechtigung. Man war im Begriff, sich wieder zum Reiche zusammenzuschließen und das Reich sollte in Zukunft den festgesetzten, gegen früher modifizirten Namen führen. Jetzt, bei Erlaß der Neuredaction, lag der Zusammenschluß in der Vergangenheit, die Namenführung aber in der Gegenwart. Da nun offenbar keine Aenderung des Sinnes hat vorgenommen werden sollen, und nur deshalb von der Richtigstellung der Zeiten abgesehen wurde, weil man jede nicht dringend nothwendige Aenderung zu vermeiden suchte, so darf man, um den wahren Sinn des Eingangs sich zu veranschaulichen, diese Umwandlung der Zeiten ohne Bedenken vollziehen.

Nach dem Allen hat der Eingang der Verfassung rechtlich folgende Bedeutung: Die Staaten des Norddeutschen Bundes, das Königreich Bayern, das Königreich Württemberg, das Großherzogthum Baden und das Großherzogthum Hessen mit seinen südlich vom Main belegenen Theilen haben sich zu einem ewigen Reiche zusammengeschlossen, zum Schutze des Reichsgebietes und des innerhalb desselben gültigen Rechtes, sowie zur Pflege der Wohlfahrt des deutschen Volkes. Dieses Reich führt den Namen Deutsches Reich und hat nachstehende Verfassung.

Hierzu ist folgendes zu bemerken:

I. Die Einsetzung der Staaten für ihre in der Reichsverfassung genannten Oberhäupter ändert an dem juristischen Sinne nicht das Mindeste, da ja diese nur des diplomatischen Gebrauches wegen in Vertretung ihrer Staaten genannt sind. Hierfür spricht schon die Stelle: „Der Großherzog von Hessen für die südlich vom Main belegenen Theile des Großherzogthums Hessen". In unserem Fall war die Nennung der Staaten nothwendig, weil sonst das Wort Reich für Bund keinen vernünftigen Sinn gegeben hätte.

II. Wenn wir für „Norddeutscher Bund" die Staaten des Norddeutschen Bundes gesagt haben, so entspricht das unseren früheren Ausführungen (S. 69 f.). Der genannte Bund konnte nicht als Ganzes in das Reich eintreten, sonst hätte er in demselben als Ganzes fortexistiren müssen, was selbstredend nicht der Fall ist.

Bei seinem Eintritt in das Reich löste er sich in seine Theile auf und somit wurde nicht er, sondern es wurden die ihm bis dahin zugehörigen Staaten zu Gliedern des Reiches. Der König von Preußen steht hier also nicht an Stelle des Norddeutschen Bundes, sondern an Stelle der norddeutschen Einzelstaaten und sind wir demnach zu obiger Ausdrucksweise berechtigt. Wir haben damit eine kleine Inkorrektheit der Verfassung beseitigt, die sich schon in dem Vertrage mit Bayern nicht mehr vorfindet.

III. Um den Verfassungseingang ganz mit der Thatsache der Erneuerung des alten Reiches in Einklang zu bringen, hätten wir statt des Wortes „zusammengeschlossen“ den Ausdruck „wieder zusammengeschlossen“ anwenden können, allein es war unser Bestreben, uns so eng als möglich dem Wortlaut der Verfassung zu accommodiren. Der Zusammenschluß zu einem Reiche schließt aber den Begriff der Wiedervereinigung nicht absolut aus, und so steht unsere Fassung auch ohne diese Erweiterung nicht mit den Thatsachen im Widerspruch. Man erinnere sich nur, daß es nicht Aufgabe der Reichsverfassung ist, uns über den Charakter des neuen Reiches als Fortsetzung des ehemaligen aufzuklären, sondern daß sie nur im Einklang mit diesem Faktum zu stehen braucht. Uebrigens ist auch diese Ausdrucksweise nicht streng korrekt, da ja kein Wiederzusammenschluß, sondern nur eine Anerkennung des bestehenden staatlichen Zusammenhangs stattfand, aber mit Rücksicht auf den nur enuntiativen Charakter des besprochenen Passus darf man sich wohl daran genügen lassen.

IV. Es dürfte uns von vielen die Berechtigung abgestritten werden, schon im Eingang den Ausdruck Bund durch den Namen Reich zu ersetzen, da ja erst durch die letzten Worte desselben dem Bunde die neue Bezeichnung zuerkannt werde. Dagegen ist zu erinnern, daß auch die Ueberschrift als dem Eingang zugehörig betrachtet werden muß und daß hier die ganze Urkunde bereits als „Verfassungs-Urkunde für das Deutsche Reich“ bezeichnet wird. Das neue politische Gebilde wird dadurch sofort als ein Reich charakterisirt und erscheint es durchaus gerechtfertigt, den hiernach auftauchenden Ausdruck „Bund“ schon im Eingang als Rudiment früherer Rechtsverhältnisse aufzufassen und zum Zweck juristischer Klarstellung zu beseitigen.

Was hat es nun aber zu bedeuten, wenn die Staatsoberhäupter unter sich und mit dem Reichstag übereingekommen sind, den Eingang, wie er war, und die ganze Verfassung durchsetzt von Rudimenten der Bundesverfassung stehen zu lassen? Wir haben, nachdem dies geschehen, nicht das Recht, auch nur ein Jota an dem gesetzlich festgestellten Wortlaut zu ändern. Derselbe besitzt zweifellos juristische Gültigkeit, und doch soll ihm, wie wir dargelegt haben, von Rechts wegen ein anderer Sinn unterliegen, als er offenbar andeutet. Die Antwort ist sehr einfach. Jene mit den Thatsachen scheinbar im Widerspruch stehenden Worte haben reichsgesetzlich ihren Sinn verändert, indem sie auf Verhältnisse angewendet worden sind, welche sie nach dem bisherigen Sprachgebrauch nicht zu bezeichnen pflegten.

Der Ausdruck „Bund" hatte bis dahin nur politische Vereinigungen bezeichnet, die vertragsmäßig zu stande gekommen waren und die Möglichkeit einer Auflösung in sich schlossen. Auf das alte Deutsche Reich hat er niemals, auch nur mit einem Schein von Berechtigung Anwendung gefunden, und wenn man von einer Auflösung desselben sprach und damit von der Voraussetzung ausging, es sei nur ein Bund von Staaten gewesen, so war diese Voraussetzung eben eine durchaus falsche und unhaltbare. Das Reich ist in der That nicht aufgelöst worden, sondern nur außer Funktion getreten (vgl. S. 37). Da nun das neue, dem ehemaligen wesensgleiche und identische Reich gesetzlich ein Bund genannt werden soll, so ist die Bedeutung des Wortes eben heute insofern erweitert, als es in diesem einen Falle auch einen vielgegliederten wirklichen Staatskörper bezeichnet, dessen Glieder eine weitgehende Autonomie besitzen. Man wird also zur bisherigen Definition des Wortes hinzuzufügen haben, daß es ausnahmsweise hinsichtlich des Deutschen Reiches auch auf einen decentralisirten Einheitsstaat Anwendung findet. Dasselbe ist mit dem Verbum „schließen" der Fall. Ihm liegt in diesem einen Falle die Bedeutung eines staatlichen, unlösbaren Zusammenschließens zu Grunde.

Für die Möglichkeit und Zulässigkeit einer solchen Auffassung haben uns diejenigen Staatsrechtslehrer ein authentisches Beispiel an die Hand gegeben, welche das Deutsche Reich als ein vertragsmäßig zustande gebrachtes Bündniß souveräner Staaten charakterisiren. Sie nehmen keinen Anstand, uns auseinanderzusetzen und glauben zu machen, daß das Wort „Reich", seit undenklichen Zeiten der Ausdruck für einen festgefügten Einheitsstaat, in unserer Verfassung seinen Sinn verändert habe und nichts anderes bedeute, als einen Bund völlig autonomer Gemeinwesen. Ebenso behaupten sie und stellen es als selbstverständlich hin, daß der Titel Kaiser, dem von seiner Entstehung an der Begriff einer monarchischen Gewalt inhärirte, in dem genannten Dokument nur den Träger präsidialer Rechte bezeichne. Wäre es nicht unbillig, wenn man diese Auffassung für zulässig erachten, der unsrigen aber ihre, sicherlich fester gegründete Berechtigung abstreiten wollte?

Wenn daher Max Seydel sagt[3]): „Der Deutsche Bund heißt ‚Deutsches Reich', ist aber kein Reich. Es waren Gründe geschichtlicher Erinnerung, welche diese Bezeichnung veranlaßten"; so steht es uns vollkommen zu, diesen Ausspruch nach unserem Sinne umzukehren und zu sagen: „Das Deutsche Reich heißt auch ‚Deutscher Bund', ist aber kein Bund. Es waren Gründe geschichtlicher Erinnerung, welche die Beibehaltung dieser Bezeichnung veranlaßten." In unserem Falle bezieht sich natürlich die geschichtliche Erinnerung auf die Zeit des Deutschen, Norddeutschen und des projectirten Deutschen Bundes, während sie bei Seydel auf das alte Deutsche Reich hinweisen soll.

Uebrigens thun wir mit Aufstellung dieser Theorie auch nichts anderes, als was bereits von Seiten der bedeutendsten Staatsrechtslehrer geschehen ist, denn die Ansichten Labands und Rönnes widersprechen nicht minder dem Wortlaut des Verfassungseingangs, wie die unsrige. Jenes seltsame Zwittergebilde, Bundesstaat genannt, als welches sie unser Deutsches Reich hinzustellen pflegen, ist ebensowenig ein Bund zu nennen, wie der von uns vertretene Einheitsstaat.[4]) Wenn man das Wort Bund in seiner alten Bedeutung beibehalten will, dann ist man gezwungen, sich der extremen

---

[3]) a. a. O. S. 27.

[4]) Die künstliche Art und Weise, wie sich Laband mit dem Eingang abfindet, dürfte unschwer zu widerlegen sein. Er meint, derselbe constatire nur, „daß die Gründung des Reiches durch den freien, ungezwungenen Willen der souveränen Staaten, in Folge eines unter ihnen abgeschlossenen Vertrages stattgefunden hat. Man darf aber nicht das Rechtsverhältniß, welches zur Gründung des Reiches geführt hat, identifiziren mit der Institution, welche durch diese Gründung geschaffen worden ist." Nur schade, daß gerade im Eingang diese Identifizirung vollzogen ist, heißt es doch darin ausdrücklich: Dieser (zwischen den Staaten geschlossene) Bund wird den Namen Deutsches Reich führen. Rönne hilft sich mit dem Begriffe des Bundesstaates durch alle Schwierigkeiten, indem er ihn je nach Bedürfniß bald als Staat und bald als Bund erscheinen läßt. Vgl. u. a. I S. 44.

Seydelschen Theorie anzuschließen, welche die einzig consequente bleibt.

Zur Bekräftigung unserer Anschauung kommt dann noch der vorhin klargelegte Umstand hinzu, daß der Verfassungseingang nur enuntiativen Charakter trägt, daß man also aus ihm gar keine rechtlichen Schlüsse ziehen kann, sondern im Gegentheil berechtigt ist, die Richtigkeit seines Inhalts an der Hand der Thatsachen zu controlliren. Bei einer solchen Controlle findet man aber, daß er nur in dem Falle zutrifft, wenn man die Bedeutung der Worte „Bund“ und „schließen“ in der angegebenen Weise modifizirt. Wäre der Eingang so abgefaßt, daß sich eine derartige einfache Klarstellung und Berichtigung des Sinnes unmöglich erwiese, dann würde es freilich schwer sein, unserer These allgemeine Anerkennung zu verschaffen; denn wenn auch der nur enuntiative Charakter der Arenga erlaubte, ihr, falls sie mit den Thatsachen im Widerspruch stände, jede rechtliche Bedeutung abzusprechen, so ist doch dieser enuntiative Charakter durchaus nicht unbestritten. Man würde sich heftig dagegen sträuben, die Rechtsgültigkeit irgend eines Theiles des maßgebenden Reichsgrundgesetzes in Zweifel zu ziehen.

Wir lassen also den Wortlaut der Verfassung völlig unangetastet und interpretiren sie nur den anderweitig festgestellten rechtlichen Verhältnissen entsprechend. Danach ist auch die wiederholte Anwendung des Wortes „Bund“ in den Artikeln der eigentlichen Verfassung mit unserer Anschauung wohl zu vereinigen. Alle Verbindungen, in denen sich dasselbe findet, sind eben zu amtlichen, man kann sagen technischen Ausdrücken geworden. Das Territorium des Reiches heißt offiziell „Bundesgebiet“, wenn es auch nicht das Gebiet eines Bundes — wenigstens nicht im früheren Sinne des Wortes — umfaßt; der vornehmste gesetzgebende Körper heißt „Bundesrath“, wiewohl er nicht als Concilium eines Bundes gelten kann u. s. f. Alle diese Bezeichnungen haben ihre eigentliche Bedeutung genau in derselben Weise eingebüßt, in welcher nach der Meinung unserer Gegner das Wort „Reich“ und seine Zusammensetzungen die ihrige verloren haben sollten.

Warum nun, diese Frage drängt sich unabweislich auf, haben die maßgebenden Faktoren bei der Neuredaction der Verfassung die Ueberreste einer vergangenen, durch die Wiederherstellung des Reichs unterbrochenen Entwicklung bestehen gelassen? Warum haben sie nicht, wie wir es zur Klarstellung des Rechtsverhältnisses thun mußten, einfach an Stelle der alten die vertragsmäßig gültigen neuen Ausdrücke eingefügt? Dadurch hätte die große, noch heute im deutschen Staatsrecht herrschende Unklarheit verhütet werden können.

Bei Berathung der Neuredaction im ersten deutschen Reichstag[5]) stellte in der That der Abgeordnete Duncker einen diesbezüglichen Antrag mit den Worten: „Wenn wir ein Reich schaffen wollen,[6]) so muß natürlich das Ländergebiet, welches dieses Reich umfaßt, als das Reichsgebiet bezeichnet werden. Deshalb ist der Zweck meines Antrags, hier an der ersten Stelle statt Bundesgebiet zu setzen ‚Reichsgebiet' und dann consequent die Verfassung in dieser Hinsicht durchzucorrigiren." Auf den naheliegenden Gedanken, diese durchaus wünschenswerthen Verbesserungen gleicherweise in dem Eingang vorzunehmen, kommt auch er nicht. Die unrichtige Anschauung, das Reich sei eine auf vertragsmäßigem Grunde ruhende Neubildung, hatte, von den preußischen Ministern selbst genährt, bereits tiefe Wurzeln geschlagen. Auch Fürst Bismarck bekennt sich in seiner Antwort offen zu dieser Auffassung und setzt sich damit in directen Widerspruch mit der Kaiserproklamation von Versailles, die er seiner Zeit selbst verlesen und damit als seinen eigenen Ideen entsprechend anerkannt hatte. Er sagt: „Daß beide Ausdrücke (Bund und Reich) nach wie vor zulässig sind, geht meines Erachtens aus dem Eingange der Verfassung hervor, aus den Worten: „Dieser Bund wird den Namen Deutsches Reich führen;" — es ist also eine Fortdauer des Bundesverhältnisses als Grundlage gedacht."

Allerdings waren, wenn der Eingang beibehalten wurde und damit das Wort Bund eine neue Bedeutung erhielt, beide Ausdrücke zulässig. Der Begriff Bund war dann eben nur eine gewisse Verengerung des Begriffes Staat, und ebenso wie man in andern Reichen von einem Staatsgebiet, einem Staatsrath u. s. w. spricht, so konnte man in diesem Reich von einem Bundesgebiet, Bundesrath 2c. reden. Wenn aber Fürst Bismarck und mit ihm die Bevollmächtigten am Bundesrath an eine Fortdauer des Bundesverhältnisses als Grundlage gedacht haben, so war dieser Gedanke offenbar ein unrichtiger. Der Kaiser und die Fürsten waren,

---

[5]) Vgl. Bezold a. a. O. III S. 870 ff.

[6]) Auch er glaubt offenbar an eine staatliche Einigung und faßt das Wort Bund als Rudiment auf.

das sei zugestanden, nicht nur reichsgesetzlich, sondern auch vertragsmäßig zur Aufrechthaltung der Verfassung im Sinne der geschlossenen Uebereinkunft verpflichtet, ebenso wie die Contrahenten des Westphälischen Friedens einst vertragsmäßig an seinen Inhalt gebunden waren, auch nachdem er im Reichsrezeß Aufnahme gefunden hatte. Insofern bestand allerdings eine Art Vertrags- oder, wenn man will, Bundesverhältniß fort, aber dieses darf doch nicht die Basis der neuen Rechtsordnung genannt werden. Grundlage derselben war allein das reaktivirte Reich, welches die Verfassung des geplanten Bundes als grundlegendes Reichsgesetz angenommen hatte, sämmtliche Glieder des Reichs aber in ihrer Eigenschaft als politische Korporationen hatten sich zur Sicherung und Beobachtung dieser Verfassung gegenseitig verpflichtet und verbunden. Das bestehende Verhältniß läßt sich mit der Lage vergleichen, in die ehemals das Reich gekommen wäre, wenn der Plan Karls V. zur Ausführung gelangt wäre (vgl. S. 50), oder wenn der Fürstenbund sich über alle deutschen Staaten erstreckt hätte. Auch damals wäre durch dies allgemeine Vertragsverhältniß das Reich nicht in eine bündische Institution verwandelt, sondern nur in seinem derzeitigen Bestande gefestigt worden, da sich ja die Tendenz beider Projecte gerade auf die Erhaltung des Reichssystems richtete. Allerdings ist es immer ein Zeichen hochgradiger Zersetzung, wenn ein Staat solcher Mittel zu seiner Fortexistenz bedarf.

Weiter sagt Bismarck in seiner Entgegnung auf Dunckers Antrag: „Wir sind davon ausgegangen, den Ausdruck ‚Reich‘ nur da zu gebrauchen, wo von einem Inbegriff der staatlichen und hoheitlichen Attribute die Rede ist, welche auf die Gesammtheit übertragen worden sind, dem Ausdruck Bund dort seine Anwendung zu belassen, wo mehr die Rechte der einzelnen Staaten, der Bundesglieder in den Vordergrund treten.“

Ein solches Verfahren des Reichskanzlers können wir vollständig billigen, sobald einmal der Ausdruck Bund unter Abwandlung seiner Bedeutung beibehalten wurde. Wenn ihm der Sinn von „decentralisirter Einheitsstaat“ unterliegen soll, dann ist es allerdings ganz passend, den aus den Vertretern der Staaten bestehenden gesetzgebenden Körper Bundesrath zu nennen, denn diese Bezeichnung erinnert alsdann mehr an die Gliederung des Reiches als an seinen einheitlichen Charakter. Die ganze Frage hat aber, wie Bismarck auch eingesteht, keine wesentliche, prinzipielle, sondern nur eine sprachliche Bedeutung, d. h. das ganze Verfahren ist eine Wortklauberei.

Es ist nicht anzunehmen, daß es wirklich in der Absicht der Reichsregierung gelegen hat, solche feine Unterscheidungen zu machen und das Wort Bund, welches verkehrten Anschauungen Thür und Thor öffnen mußte, in der Verfassung zu conserviren. Sie hat offenbar eine consequente Aenderung der Bezeichnungen im Bundesrath nicht durchzusetzen vermocht, weil ein Theil der Landesregierungen wenigstens den Schein zu retten wünschte, als seien sie nicht einem Gesammtstaate zugehörig, sondern nur Mitglieder eines Staatenbundes, als seien ihre Fürsten auch fernerhin souveräne Herren und dem Könige von Preußen gleichgestellt. Wie oft aber geschieht es, daß man durch unklare Benennungen, inhaltlose Titulaturen u. s. w. unbequeme Rechtsverhältnisse zu vertuschen sucht. Jeder pensionirte Beamte behält seinen Titel, jeder abgesetzte Monarch läßt sich weiter als solchen verehren, die Könige von England nannten sich Könige von Frankreich, die deutschen Könige bezeichneten sich noch Anfang dieses Jahrhunderts als römische Imperatoren, ohne es doch von Rechtswegen zu sein, blos weil sie den Verlust der betreffenden Aemter und Reiche nicht eingestehen wollten; warum sollten nicht die deutschen Fürsten, um ihre rechtlich vollzogene Unterstellung unter die Reichsgewalt zu verhüllen, darauf bestehen, daß das Deutsche Reich ein Bund genannt werde? An den wirklichen Verhältnissen kann dies selbstredend nicht das mindeste ändern. Das Deutsche Reich ist und bleibt ein Einheitsstaat wie jeder andre, nur mit einer eigenthümlichen Gliederung in Selbstverwaltungskörper mit weitgehender Autonomie. Dem Fürsten Bismarck aber ist es durch seine geschickten, wenn auch den Thatsachen nicht ganz entsprechenden Ausführungen gelungen, dem Reichstage die Wünsche des Bundesraths mundgerecht zu machen und zu verhüten, daß er nicht in entschiedener Weise sein Recht zu Redactionsänderungen zur Geltung brachte und mit dem Verlangen nach Richtigstellung jener Ausdrücke unangenehme Weiterungen verursachte.

Wir haben also in diesem Abschnitt festgestellt, daß die Reichsverfassung trotz Anwendung des Wortes Bund im Eingang und in vielen Wendungen des Textes, ungeachtet der ganzen Fassung der Arenga sich nicht mit der Thatsache der Wiederaufrichtung des alten Reiches in Widerspruch befindet. In der That haben die deutschen Fürsten und Senate im Namen ihrer Staaten einen Bund geschlossen, sobald man unter Bund schließen die Herstellung eines mannichfaltig gegliederten Staatskörpers versteht, in der That führt dieser Bund den Namen Deutsches Reich und in der That haben wir auch bei Festhaltung des staatlichen Charakters ein Bundesgebiet, Bundesstaaten, einen Bundesrath &c., denn so sind diese auf das Reich bezüglichen Begriffe unbeschadet ihres eigentlichen Sinnes gesetzlich benannt worden. Keine von allen bisher angeführten Verfassungsbestimmungen erweist sich als unvereinbar mit der wahren Natur des Reiches, wie sie durch die Kaiserproklamation für alle Zeiten festgelegt worden ist.

Etwas anders stellt sich die Sache bei der Einfügung des kaiserlichen Titels in die Verfassung und bedarf dies einer besonderen Beleuchtung.

Zweites Kapitel.

Kaiser oder Präsidium.

Es ist wiederholt hervorgehoben worden, daß die Reichsverfassung nicht als solche, sondern als Verfassung eines Bundes geschaffen worden ist. Als nun statt dieser Union das Reich wieder aufgerichtet und die Verfassung auf dasselbe übernommen werden sollte, hat man diese so gut wie unverändert gelassen und nur den stattgehabten Vorgang in so kurzen Worten als irgend möglich angedeutet. Man ging dabei von der richtigen Ueberlegung aus, daß jedes neue Wort, jede fernere Aenderung den Abschluß verzögern und damit das ganze Einigungswerk gefährden müsse. Der einmal geschaffene Rechtszustand konnte ja, wenn man ihn nicht geradezu rückgängig machte, durch ein solches Verfahren nicht im geringsten alterirt werden, nur fiel den Rechtsgelehrten eine etwas schwierigere Aufgabe zu, indem sie durch richtige, den Thatsachen entsprechende Interpretation aus der unklaren und mangelhaften Formulirung den wahren juristischen Sinn der Verfassung herauszuschälen hatten, eine Aufgabe, der sie sich leider nicht bewußt geworden sind.

Zu den aus der Entstehungsweise und ursprünglichen Bestimmung dieses Grundgesetzes resultirenden Mängeln der Form gehört namentlich die äußere Anordnung. In einer Bundesverfassung ergab es sich von selbst, daß man bei Besprechung der gesetzgebenden Faktoren zuerst denjenigen Körper, in welchem sich der Wille aller souveränen Einzelstaaten, der Bundesmitglieder, auszusprechen hatte, und nach ihm die sogenannte Präsidialgewalt behandelte, welcher die formelle Leitung des neuen politischen Gebildes zustand. Daß der mit letzterer Gewalt betraute Fürst noch weitere Rechte und Pflichten hatte, kam dabei nicht in Betracht, denn diese gehörten eben nicht unter den Begriff des Präsidiums. Sie wurden besser in späteren Rubriken festgelegt. — Mit der Verwandlung der Bundesverfassung in ein Reichsgrundgesetz aber änderte sich die Sachlage.

Diese Verwandlung war hauptsächlich deshalb angängig, weil die Vereinigung aller verfassungsmäßig dem Könige von Preußen zustehenden Befugnisse in der Hand des Kaisers vollständig genügte, dessen monarchische Gewalt als solche zu kennzeichnen und in ihrem dauernden Bestande zu sichern. Die kaiserlichen Befugnisse bestanden nun nicht etwa blos in den Präsidialrechten, sondern es kamen noch drei andere Gruppen hinzu, die preußischen Königsrechte, die oberste Kriegsherrlichkeit zu Lande und die souveräne Verfügung über die Marine.[1]) Im Besitz derselben konnte, wie später (II, K. 5) nachzuweisen, der gewählte Kaiser als wirkliches Reichsoberhaupt im alten Sinne des Wortes auftreten und angesehen werden.[2]) Sobald nun dieser jene verschiedenen Rechtsgruppen als Monarch in Besitz nahm, verwandelte sich gewissermaßen die projectirte Personalunion derselben in eine Realunion. Sie wurden Attribute des bereits bestehenden reichsoberhauptlichen Amtes. Es ist also nicht, wie

[1]) Auch Laband I S. 195 erkennt diese Eintheilung an, nur daß er, nicht ganz logisch, die Verfügung über die Marine zur Kriegsherrlichkeit rechnet, wiewohl sie doch einen andern Ursprung und umfassenderen Inhalt hat. Jedenfalls stellt er selber fest, daß die Präsidialrechte nicht den ganzen Gehalt der kaiserlichen Competenz ausmachen. Er sagt: „Erst die jetzt geltende Redaktion der Reichsverfassung hat sowohl bei den Bestimmungen über die Marine als bei denjenigen über das Reichskriegswesen die Bezeichnung „Kaiser“ durchgeführt und damit die frühere Dreitheilung . . . der dem Bundesoberhaupte zustehenden Befugnisse formell beseitigt . . .“ Wie stimmt es nun dazu, daß L. S. 196 das Kaiserthum mit dem Bundespräsidium, also mit einem Theil seines Inhalts, vollständig identifizirt?

[2]) Graf Münster a. a. O. S. 18 sagt: „Die Befugnisse, welche die Bundesverfassung (von 1867) dem Präsidio verleiht, genügen, wenn sie Rechte der Krone werden.“

man bisher immer gelehrt hat, dem Inhaber jener vier Rechtsgruppen als äußere Zuthat der kaiserliche Titel beigelegt worden, sondern der rechtliche Vorgang ist ein ganz anderer:

Der neue Kaiser war rechtmäßig zum Nachfolger der ehemaligen deutschen Könige und Kaiser gewählt worden. Da nun niemand, weder Fürsten noch Volk, an eine Rehabilitirung der alten Reichsgesetze und der in ihnen enthaltenen Einschränkungen der kaiserlichen Machtvollkommenheit dachte und denken konnte, so hätte dem Erkorenen eine absolute Obergewalt in allen deutschen Landen zustehen müssen. Dies wurde verhindert durch die Novemberverträge und die aus ihnen hervorgegangene neue Reichsverfassung, welche als Grundlage der ganzen innern Ordnung Deutschlands dienen sollte. Die absolute Gewalt des Kaisers wurde hierdurch soweit beschränkt, als es die unbedingt nothwendige vollkommene Harmonie mit dem maßgebenden Grundgesetz erforderte. Sie blieb monarchisch, souverän und einheitlich, — auch der Inhalt der Verfassung schloß, wie wir später sehen werden, diese Eigenschaften nicht aus, — aber sie konnte sich nicht weiter erstrecken, als über jene vier Rechtssphären, die auch innerhalb der Competenz des Bundeshauptes gelegen hätten, nur daß die Ausübung dieser Rechte jetzt einen durchaus andern Charakter gewann.

Wenn nun die Verfassungsurkunde ihrer neuen Bestimmung gemäß korrekt hätte angeordnet werden sollen, dann hätten zuvörderst das kaiserliche Amt und dann erst Bundesrath und Reichstag in ihren verschiedenen Beziehungen, Rechten und Pflichten dargestellt werden müssen. Das war der oben erwähnten Verhältnisse wegen nicht angängig und so hat das Amt des Reichsoberhauptes gar keine einheitliche Zusammenfassung gefunden, vielmehr ist alles darauf Bezügliche in der ganzen Urkunde verstreut und nur eine Gruppe seiner Rechte und Pflichten unter der Ueberschrift „Präsidium" in einem besonderen Abschnitt vereint worden. Dieser Abschnitt bedarf nun einer genaueren Untersuchung hinsichtlich seiner Vereinbarkeit mit unserer Auffassung des neuen Kaiserthums.

Da ist vor allem zu constatiren, daß der Begriff „Präsidium" nicht, wie die meisten Staatsrechtslehrer annehmen, eine juristische Person, ein Rechtssubject, gleich dem Bundesrath oder Reichstag darstellt, sondern ein Recht oder einen Complex von Rechten. Art. 11 beginnt mit den Worten: „Das Präsidium des Bundes steht dem Könige von Preußen zu" und ist aus dem Verbum „zustehn" klar zu erkennen, daß der Begriff nur in der angegebenen Weise verstanden werden darf.

Mit dieser Auslegung scheint es allerdings im Widerspruch zu stehn, wenn Art. 5 von einer Stimme und Art. 7 von einer Verpflichtung des Präsidiums redet. Da indessen der Abschnitt IV unter die Ueberschrift „Präsidium" gesetzt und somit in der offenbaren Absicht redigirt ist, letzteren Begriff klarzustellen, so ist man gezwungen, auf den Wortlaut dieser allein maßgebenden Stelle und namentlich auf ihren ersten Passus das Hauptgewicht zu legen. Wenn hier das Präsidium als ein Complex von Rechten erscheint, so sind eben jene scheinbar widersprechenden Wendungen nur als zulässige Abkürzungen aufzufassen. Sie bedeuten nichts anderes als Stimme resp. Verpflichtung des mit dem Präsidium begabten Fürsten. Die Anwendung solcher Abkürzungen in der Verfassungsurkunde legitimirt ohne Zweifel ihren Gebrauch im amtlichen Verkehr, aber sie vermag ihnen nicht ihren Charakter als bloße praktische Abbreviaturen zu nehmen.

Bismarck sagte einmal in Versailles zu König Wilhelm I., als dieser seine Bedenken wegen Uebernahme der Kaiserwürde äußerte: nur auf diesem Wege könne er dahin kommen, nicht länger ein Neutrum zu sein. Als der König darauf verwundert fragte, wie er das meine, erwiderte der Kanzler: „Majestät würden sonst ewig nur das Präsidium sein." [3]) Diese Bemerkung kann natürlich nur als ein Scherz des großen Staatsmannes gelten, aber sie giebt doch eine weit verbreitete Ansicht wieder, die auch in die Lehrbücher des Staatsrechts Eingang gefunden hat, als sei der preußische König und nunmehrige Kaiser rechtlich nichts weiter als das Präsidium oder der Präsident des Bundes. Davon ist nach unserer Darlegung keine Rede. Man kann im Sinne der Reichsverfassung nicht ein Präsidium *sein*, sondern nur die mit dem Worte Präsidium bezeichneten Rechte *besitzen* und *ausüben*. Dementsprechend hat Wilhelm I. im Norddeutschen Bunde niemals einen präsidialen Titel geführt, er war und blieb ausschließlich König von Preußen und besaß das Präsidium im Bunde als ein seiner Krone adhärirendes Recht, in gleicher Weise wie die Verfügung über Land- und Seemacht der Union. Ebensowenig war im projectirten Deutschen Bunde von 1870 eine Bezeichnung für

---

[3]) vgl. Voss. Ztg. v. 27. Juni 1892.

die Person des Bundesoberhauptes in dieser ihrer Eigenschaft vorgesehn. Das Präsidium ist eben nur eine der vier Rechtsgruppen, die ehemals getrennt dem Könige von Preußen zustanden. Jetzt ruht es mit den übrigen ungeschieden in der Hand des Kaisers und nur zu Lehrzwecken, sowie zur Festhaltung der Erinnerung an vormalige Zustände mag es dienlich sein, jene Gruppen noch weiterhin zu sondern. Besser wäre es allerdings gewesen, wenn man den nunmehr völlig unnöthigen Ausdruck Präsidium aus der Verfassungsurkunde gestrichen hätte. Er wird immer geeignet sein, Mißverständnisse hervorzurufen und die klare Erkenntniß des Wesens unseres Gesammtstaates zu erschweren, aber man hatte nun einmal triftige Gründe, die Aenderungen auf ein Minimum zu beschränken und die Wahrheit zu verschleiern, so mochte denn auch diese Bezeichnung in Rücksicht auf ihre rechtliche Bedeutungslosigkeit stehn bleiben.

Der erste Satz des Abschnitts IV lautet vollständig: „Das Präsidium des Bundes steht dem König von Preußen zu, welcher den Namen Deutscher Kaiser führt.“ Es ist zu untersuchen, in welche Beziehungen die drei Begriffe Präsidium, König von Preußen und Deutscher Kaiser hierdurch getreten sind.

Vor Berathung der Verfassungsänderung „Kaiser und Reich“ im norddeutschen Reichstage äußerte Minister Delbrück, wie S. 168 angegeben, man habe die beiden Aenderungen aus Mangel an Zeit nur an den prägnantesten Stellen eingerückt und bezeichnete er dabei diese Aenderungen als „die beiden Punkte, auf welche das Schreiben S. M. des Königs von Bayern abzielt“. Nun bezweckte das Schreiben Ludwigs II. nach der späteren authentischen Erklärung des Kaisers die dauernde Vereinigung der reichsoberhauptlichen Würde mit der Krone Preußen, somit sollte dieser Vereinigung in dem angeführten Passus der Verfassung in möglichst bündiger Weise Ausdruck verliehen werden. Deshalb ist die Folge der Titel, wie wir sie hier vor Augen haben, durchaus irrelevant. Der staatsrechtliche Sinn würde sich nicht verändern, wenn man schriebe: Das Präsidium des Bundes steht dem Kaiser zu, dessen Würde fortan der König von Preußen bekleiden soll. Beide Kronen mit allen ihren Rechten und Beziehungen sind untrennbar verbunden worden. Nur der Umstand, daß es vorher in der Bundesverfassung hieß: „Das Präsidium des Bundes steht der Krone Preußen zu“ hat es veranlaßt, daß hier — unter Umwandlung des synonymen Wortes Krone — der Titel König von Preußen vorangestellt und dadurch scheinbar in nähere Relation zu dem Begriff Präsidium gesetzt wurde, als der Name Kaiser. Daß dies Letztere nicht der Fall, geht schon aus der Ueberlegung hervor, daß man die unlösbare Verknüpfung beider Würden ohne Aenderung der juristischen Bedeutung schon an einer früheren, wenn auch minder prägnanten, Stelle der Verfassung hätte festlegen können; die Aeußerung Delbrücks läßt diese Möglichkeit vollständig offen. Alsdann hätte es an der besprochenen Stelle einfach geheißen: Das Präsidium des Bundes steht dem Kaiser zu. Ein solches Verfahren hätte die Interpretation erleichtert, denn in der That ist nur dies der wahre Sinn des betreffenden Passus. Die einzelnen präsidialen Rechte sind ja auch direct als Rechte des Kaisers aufgeführt. „Der Kaiser hat das Reich völkerrechtlich zu vertreten . . . ." (Art. 11), „dem Kaiser steht es zu, den Bundesrath und den Reichstag zu berufen . . ." (Art. 12) 2c. 2c.

Ein logisch durchdachtes Reichsgrundgesetz freilich, das schon als solches redigirt worden wäre, würde eine völlig andre Gruppirung und Ausdrucksweise aufgewiesen haben. Man hätte einem Abschnitt die Ueberschrift „Der Kaiser" oder „Das Reichsoberhaupt" gegeben und ihn mit den Worten begonnen: „Dem Kaiser steht das Präsidium des Reiches zu," worunter zu verstehen wäre, daß ihm jener Complex von Rechten 2c. gebühre, welchen man mit diesem Namen zu bezeichnen pflege. Weiter hätte man dann, wie in unsrer jetzigen Verfassung, die so in einen Begriff zusammengefaßten Befugnisse genauer präzisirt und erläutert und hiernach alle sonstigen Rechte und Pflichten des Reichsoberhauptes angefügt, so daß man sich aus diesem einen Abschnitt ein klares Bild von dem Inhalt des kaiserlichen Amtes hätte machen können, was gegenwärtig nicht möglich ist. Die volle Beseitigung des unnützen Wortes „Präsidium" wäre freilich das natürlichere und wohl auch das wahrscheinlichere gewesen.

Der Kaiser ist also keineswegs ein Präsidium oder ein Bundespräsident, wie er von manchen Rechtsgelehrten genannt wird, sondern er ist Inhaber einer großen Summe von Rechten, von denen eine Gruppe als Präsidium bezeichnet wird. Die drei andern Gruppen sind: Die Rechte als König von Preußen, die Kriegsherrlichkeit über das Landheer, die souveräne Verfügung über die Marine.

Alle diese Rechte sind nach Wiederaufrichtung des Reiches infolge ihrer Uebernahme durch das neue Reichsoberhaupt zu kaiserlichen Rechten geworden, auch die zweite Gruppe, welche scheinbar nicht dem Kaiser als solchem, sondern eben dem Könige von Preußen zusteht. Der Beweis ist leicht zu führen.

Nach der preußischen Verfassung heißt der Herrscher König von Preußen. In dem maßgebenden Reichsgrundgesetz findet sich der Passus: „steht dem Könige von Preußen zu, welcher den Namen Deutscher Kaiser führt." Nun wird Niemand bezweifeln, daß dieser Satz einen dispositiven Sinn hat, denn, abgesehen davon, daß er in einem Artikel der eigentlichen Verfassung und nicht im Eingang steht, kann er gar keinen stattgehabten Vorgang erzählen, da die dauernde Uebertragung des Kaiserthums auf die Könige von Preußen nur reichsgrundgesetzlich, also durch diese Stelle geschehen durfte. Demnach erhält der Passus die gesetzliche Bestimmung: Der König von Preußen soll den Namen Deutscher Kaiser führen. Damit tritt ein Reichsgesetz in Widerspruch mit einem Landesgesetz des Königreichs Preußen. Nach Art. 2 der Reichsverfassung geht in solchen Fällen das erstere vor, also trägt von nun an der preußische König nicht mehr den bisherigen Titel, sondern den amtlichen Namen Deutscher Kaiser, König von Preußen. Eine juristische Trennung beider Namen ist nicht mehr zulässig, welches auch die Angelegenheit sei, bei der sie gebraucht werden sollen. Selbst in allen rein preußischen Beziehungen ist er reichsrechtlich der Kaiser und König, nicht der König allein. Daß die bezügliche Aeußerung Wilhelms I. in der Proklamation von Versailles daran nichts zu ändern vermag, haben wir bereits früher (S. 116 f.) gesehen.

Wenn nun in der Reichsverfassung gesagt ist, Preußen führe 17 Stimmen im Bundesrath, so kann das je nach der Auffassung entweder bedeuten, der König sei zu ihrer Führung berechtigt oder der Staat Preußen, repräsentirt durch König, Herrenhaus und Abgeordnetenhaus. In beiden Fällen ist der neue Titel einzufügen. Danach stehen die 17 Stimmen zu: entweder dem Kaiser und König allein oder dem Kaiser und König unter Betheiligung der preußischen Kammern. Nach der Praxis zu urtheilen, ist die erstere Auffassung die richtige, denn noch niemals haben die Kammern bei der Ernennung und Instruction von Bundesrathsbevollmächtigten mitgewirkt oder Anspruch auf solche Mitwirkung erhoben. Aber auch die Verfassung erlaubt uns an ihr als der sinngemäßen festzuhalten.

Sie redet andern Orts von der Stimme des Präsidiums, das Präsidium aber steht nach Art. 11 dem Kaiser und Könige und nicht dem Staate Preußen zu. Danach hat also der Kaiser als solcher 17 Stimmen im Bundesrath und ebenso stellt sich die Sache bei allen andern Rechten, die in der Verfassung dem Könige von Preußen oder seinem Staate zugesprochen sind[4]).

Ein weiteres Zeichen hierfür ist Art. 15, dessen erster Absatz lautet: „Der Vorsitz im Bundesrathe und die Leitung der Geschäfte steht dem Reichskanzler zu, welcher vom Kaiser zu ernennen ist[5]). Wenn „Preußen" in Art. 6 (Stimmvertheilung) ein vom Kaiser verschiedener Begriff wäre, dann könnte es geschehen, daß das Erstere sich weigerte, den Kanzler zu seinem Bevollmächtigten zu ernennen. Nach der Verfassung soll zwar offenbar der Rathgeber des Kaisers im Bundesrath Sitz und Stimme haben, aber welcher von den Bundesstaaten ihn als Vertreter zu wählen hat, ist nirgends gesagt. Preußen könnte diese Pflicht ebenso gut den andern Regierungen zuschieben. Was geht diesen Staat der Kanzler an, der doch Reichsbeamter ist und so zu allen Staaten in Beziehung steht.

---

[4]) Hinsichtlich dieses Punktes zeigen die Ausführungen Labands einen offenkundigen Widerspruch. Er sagt I S. 196: „Aus den geschichtlichen Vorgängen .... und vor allem aus dem Art. 11 der Reichsverfassung selbst, ergiebt sich mit unzweifelhafter Gewißheit, daß das Kaiserthum ganz und vollkommen identisch ist mit dem Bundespräsidium, und daß es, abgesehen von dem Titel und den demselben entsprechenden Insignien, keine Rechte enthält als die Präsidialrechte." I S. 199 dagegen erklärt er: „Wenn nach Art. 5 Abs. 2 und Art. 37 „Die Stimme des Präsidiums", nach Art. 7 Abs. 3 „Die Präsidialstimme" bei der Beschlußfassung des Bundesraths den Ausschlag giebt, wenn nach Art. 8 in jedem der dauernden Bundesrathsausschüsse „das Präsidium" vertreten sein muß, so ist „Präsidium" und „Preußen" hier völlig identisch; es ist bei der schärfsten logischen Unterscheidung unmöglich, einen begrifflichen Unterschied zwischen der siebzehnfachen Stimme Preußens und der Präsidialstimme aufzustellen oder sie im Gegensatz zu einander zu denken." Statt nun den logisch korrekten Schluß zu ziehen, daß die 17 Stimmen eben nichts anderes als kaiserliche Stimmen seien, setzt er uns vielmehr I S. 165 auseinander: „Der Kaiser als solcher, d. h. als Organ des Reiches, hat nicht die Befugniß, Mitglieder des Bundesraths zu ernennen ...., nur der „König von Preußen als Mitglied des Reiches hat einen Antheil am Bundesrath;" und weiter: „die Präsidialstimme ist sonach nicht die kaiserliche Stimme, sondern die preußische." Dabei stützt er sich (Anm. 2) auf eine Aeußerung Bismarcks im norddeutschen Reichstag vom 16. April 1869, die doch offenbar für das spätere Deutsche Reich keine Consequenzen zu haben braucht.

[5]) Vgl. hierüber Seydel a. a. O. S. 121 f.

Preußen wäre sicherlich berechtigt, seine Interessen nur durch eigene Beamte vertreten zu lassen. Das ist aber eben eine verkehrte Auffassung. Die 17 Stimmen sind Stimmen des Kaisers, die betreffenden Bevollmächtigten sind Beauftragte des Kaisers. Da nun der Reichskanzler Beamter desselben und oberster Leiter seiner Politik ist, da dieser Beamte den Vorsitz im Bundesrath führen muß, so ist der Kaiser verfassungsmäßig verpflichtet, ihm eine seiner 17 Stimmen einzuräumen. Ein Unding aber wäre es, ihn, falls er nicht selbst preußischer Ministerpräsident ist, von einer Instruction des preußischen Ministeriums abhängig zu machen. Ebensowenig wie der Kaiser vom König von Preußen zu trennen ist, ebensowenig läßt sich seine deutsche von seiner preußischen Politik sondern. Daraus ergiebt sich, daß der oberste Leiter von beiden, der höchste Rathgeber des Monarchen, nur ein und dieselbe Person sein kann. Wohl mag dem Lande Preußen für seine inneren Angelegenheiten ein besonderes Ministerium mit einem Präsidenten an der Spitze gegeben werden, aber der Reichskanzler bleibt ihm unter allen Umständen übergeordnet, giebt ihm, so weit er es für das Gelingen der kaiserlichen Intentionen für nöthig erachtet, die Directiven, und nimmt vor allem im Bundesrath eine vollkommen selbständige Stellung ein, auch wenn ihm nicht das Amt eines preußischen Ministerpräsidenten übertragen worden ist. Am einfachsten natürlich gestaltet sich die Sache, wenn dies letztere geschieht, denn nur dann wird es z. B. ohne Competenzschwierigkeiten möglich, daß der Kanzler ein einzelnes Portefeuille für sich selbst übernimmt.

Unsere hier entwickelte Ansicht, daß die preußischen Rechte in der Reichsverfassung als kaiserliche Rechte aufzufassen sind, wird durch die Ueberlegung gefestigt, daß das kaiserliche Amt bei Ausscheidung derselben überhaupt nicht als solches hätte bestehen können. Sie sind ihm ein ebenso nothwendiger, unveräußerlicher Inhalt, wie die Präsidialbefugnisse und die Kriegsherrlichkeit. Nur weil sich dieselben bereits aus seiner vorherigen Stellung als Oberhaupt des größten deutschen Staates ergaben, nur weil die beiden Kronen und damit die ihnen zustehenden Rechte untrennbar für alle Zeiten verbunden, man darf sagen identifizirt wurden, hat man davon absehen können, dem Kaiser noch weitere besondere Rechte einzuräumen. Wenn das Deutsche Reich sich in eine Anzahl an Größe wenig verschiedener Staaten gliederte und dem Oberhaupt eines derselben die Krone zustände, so hätte der Kaiser selbstredend eine ganz andere

Ausstattung mit Rechten erfordert, d. h. die Differenz zwischen den Befugnissen, welche ihm als einfachem Territorialfürsten gebührten und denen, die er als Kaiser zugesprochen erhielt, hätte eine weit größere sein müssen. Dennoch würde auch der Theil seiner Rechte, welchen er in Gemäßheit der Größe seines Territoriums erhielt oder behielt, als den kaiserlichen Rechten zugehörig gegolten haben, sobald die Krone dauernd auf das betreffende Land radizirt worden wäre.

Die Festhaltung der Bezeichnung „Preußen" im Art. 6 resp. König von Preußen ohne Beifügung des kaiserlichen Titels bedeutet sonach gleicherweise ein Rudiment früherer bezw. projectirter Rechtsverhältnisse, wie die Conservirung des Ausdrucks „Präsidium". Auch sie hat zu Mißverständnissen und zu unnöthigen und schwierigen Unterscheidungen geführt, von denen nach dem richtig verstandenen Inhalt unseres Grundgesetzes keine Rede sein kann. Die Neigung zu solchen Unterscheidungen stammt offenbar noch aus den Zuständen des Reiches vor 1806, wo sie infolge des zulässigen Wechsels der Kaiserkrone vollständig angebracht waren. Heute sind sie nicht mehr am Platze. Nach dem klaren Wortlaut der Verfassung führt Preußen die Präsidialstimmen (Art. 6 und 7), nach dem eben so klaren Wortlaut derselben führt der Kaiser die Präsidialstimmen, denn ihm steht das Präsidium zu (Art. 11), folglich ist der Begriff „Preußen" im Art. 6 resp. König von Preußen dem Begriffe Kaiser identisch.

Die Theilung der kaiserlichen Befugnisse in vier Gruppen, wie sie sich aus der Nomenklatur der Verfassung zu ergeben scheint, ist durchaus zwecklos und staatsrechtlich nicht vorhanden. Sie ist nur eine Folge der Entstehungsweise und ursprünglichen Bestimmung des Reichsgrundgesetzes, sowie des stattgehabten Bestrebens, bei der Neuredaction möglichst wenig Textänderungen vorzunehmen. Aber selbst unter diesen Umständen ist die Trennung, wie wir gesehen haben, nicht scharf festgehalten worden.

Desgleichen ist der Unterschied zwischen den Rechten, welche dem Kaiser als solchem aus der Reichsverfassung erwachsen sind, und denjenigen, die er als König von Preußen schon vorher in seinem ererbten Staate besaß und nunmehr behalten hat, kein prinzipieller. Dadurch, daß die Person des Kaisers und die des Königs von Preußen identifizirt worden sind, haben auch sie den Charakter von kaiserlichen Rechten gewonnen. Der *Kaiser* giebt unter Zustimmung der preußischen Kammern dem preußischen Staat Gesetze, der Kaiser führt in dem betreffenden Theile Deutschlands die unmittelbare Herrschaft und Verwaltung; die Rechte des Kaisers innerhalb Preußens sind nur in anderer Weise in seine Hände gelangt, als die in der Reichsverfassung vorgesehenen, indem er sie eben aus seinem früheren in das neue Verhältniß mitbrachte. Scharf betrachtet sind aber auch sie auf das neue Reichsgrundgesetz zurückzuführen. Es hat bei Schaffung des Letzteren, d. h. bei Erhebung des Inhalts der Verträge und der Bundesverfassung zum Reichsgesetz zweifellos der Wille bestanden, dem gewählten Kaiser außer anderen Rechten eine solche Machtfülle in die Hände zu legen, wie sie der König von Preußen besaß, weil das allein dem Reiche Festigkeit und Dauer gewährleisten konnte. Man legte dem neuen Kaiser und allen zukünftigen diese Machtfülle dadurch in die Hände, daß man die erneuerte Würde mit der königlich preußischen unlösbar verknüpfte. Insofern verdankt die Institution des Kaiserthums diese große Machterweiterung ebenfalls der Reichsverfassung.

Ja man kann noch weiter gehen und sagen: Der Titel König von Preußen ist nunmehr seines Inhalts beraubt, er ist nur noch ein Name, ein Rudiment früherer Beziehungen, wie die Ausdrücke Bund und Präsidium, wie die Titel Markgraf von Brandenburg, Herzog von Pommern, Schlesien, Sachsen, Magdeburg 2c. 2c., die sich noch heute in der Titulatur des Kaisers erhalten haben, trotzdem die betreffenden Länder längst keine staatsrechtliche Sonderstellung mehr besitzen. Und erscheint uns nicht in Wahrheit der Name König nur noch wie eine historische Reminiscenz? Im täglichen Leben wendet ihn schon längst Niemand mehr an, auch in den internsten preußischen Angelegenheiten nicht; immer ist es der Kaiser oder höchstens der Kaiser und König. Und man schlage einmal Zeitungen auf aus der Zeit vor 1871, wie seltsam fremdartig es uns anmuthet, dort vom König oder von der Königin von Preußen zu lesen, man muß sich fast erst überlegen, wer damit eigentlich gemeint sei. Warum will man durchaus, daß das Staatsrecht mit der Realität im Widerspruch stehe, wo es doch offenbar nicht der Fall ist?

Die Bezeichnung „königlich“ ohne Beifügung von „kaiserlich“ wird sich freilich nicht beseitigen lassen, eine königliche Armee, königliche Ministerien, Beamte 2c. wird es auch weiterhin geben, weil diese theils wirklich, theils — wie die Armee — in der Fiction dem Staate Preußen zugehören und für alle im Dienste dieses

Staates stehenden Personen und ihm zugehörigen Einrichtungen das Beiwort „königlich" im Gebrauch ist, dieser Gebrauch aber durch die Reichsverfassung keine Abänderung erlitten hat. Der Staat Preußen besteht ja innerhalb des wiederaufgerichteten Reiches fort, wenn er auch, wie wir im letzten Kapitel zeigen werden, jetzt einen ganz anderen Charakter trägt. Alle auf die Person des Kaisers bezüglichen Aemter und Institutionen dagegen können korrekter Weise nur als kaiserliche bezeichnet werden, selbst soweit sie dem preußischen Königthum entstammen und ehemals königliche waren. Wenn dies nicht geschieht, sondern der alte, glorreiche Königstitel weiter in der früheren Weise angewendet wird, so ist natürlich darin keine Verletzung der Verfassung zu erblicken, denn der Kaiser besitzt reichsrechtlich neben den anderen auch diesen Titel, und wer will ihm vorschreiben, mit welchem davon er sich in seinen verschiedenen Beziehungen nennen und welche Bezeichnungen er für seine Beamten und Einrichtungen wählen soll, der staatsrechtliche Sinn aber ist und bleibt der von uns festgelegte.

Kehren wir jetzt zum Ausgangspunkt dieses Kapitels zurück. Wir haben zeigen wollen — nicht, daß die Identität des gegenwärtigen mit dem ehemaligen Kaiserthum aus der Reichsverfassung zu ersehen ist —, sondern daß ihr Wortlaut mit dieser anderweitig festgestellten Thatsache nicht im Widerspruche steht, und dieser Nachweis scheint uns geliefert zu sein. Nach der Verfassung führt der König von Preußen den Titel Kaiser —, das ist auch der Fall, wenn er als Nachfolger der früheren Imperatoren gilt; nach der Verfassung besitzt er eine Anzahl Rechte, die man unter der Bezeichnung Präsidium zusammengefaßt hat, — auch im alten Deutschland hätte man für einzelne Gruppen der kaiserlichen Befugnisse ähnliche Namen erfinden und einführen können, wenn eine Nothwendigkeit dazu vorgelegen hätte; in der Verfassung endlich ist eine andere, dem Kaiserthum unentbehrliche Zahl von Rechten als Rechte des Königs von Preußen resp. Preußens bezeichnet worden, — nach dem eigentlichen, aus der Urkunde selbst, resp. aus deren Entstehung herzuleitenden Sinn der betreffenden Stellen aber gehören auch sie zur kaiserlichen Competenz und sind sie sonach nicht wesensverschieden von den Befugnissen des ehemaligen Reichsoberhauptes. —

Nachdem wir so die allgemein verbreitete und auf den ersten Anblick wohl begründet scheinende Ansicht, als werde unsre Theorie vom Wesen des Reiches durch den klaren Wortlaut der Verfassung

Lügen gestraft, in den vorstehenden Kapiteln zurückgewiesen haben, tritt uns nun eine andere, umfassendere Aufgabe entgegen. Es liegt uns nämlich ob, zu zeigen, daß auch der Inhalt des Reichsgrundgesetzes, d. h. die ganze hierin festgelegte Neuordnung des Reiches mit den von uns gefundenen Thatsachen in Einklang gebracht werden kann.

Wenn wir auch festgestellt haben, daß die Verfassung dem Reiche von seinen gesetzgebenden Organen verliehen worden ist, so könnten sich doch aus dem Inhalt dieses Grundgesetzes drei Fälle ergeben, bei deren Eintreten von einer Identifizirung des heutigen mit dem ehemaligen Reiche Abstand genommen werden müßte.

1. Das Land und Volk, für welches die Verfassung Geltung haben soll, könnte von dem früheren deutschen Land und Volk dermaßen verschieden sein, daß auch die betreffenden staatlichen Verbände nicht gleichgesetzt werden dürften.

2. Die einzelnen Bestimmungen könnten ihrem Inhalt nach offenkundig einen föderativen Charakter des Reiches voraussetzen und somit dessen Auffassung als Einheitsstaat ausschließen.

3. Die Urkunde könnte sich als eine vollkommene Verzichtleistung der alten Reichsgewalt zu Gunsten einer von Grund aus neuen Souveränetät erweisen. Auch dann wäre der staatsrechtliche Zusammenhang schwerlich festzuhalten, da diese neue Gewalt aus eignem Recht, wenn auch gedeckt durch jenen Verzicht, die Zügel ergriffen und damit ein neues Staatsrecht begründet haben würde.

Diesen Möglichkeiten gegenüber liegt es uns zuvörderst ob, die offenbare Gleichartigkeit der Territorien beider Bildungen nachzuweisen. Sodann werden wir zeigen, daß der staatliche Charakter des Reiches auch Angesichts der Verfassung unbestreitbar bleibt und klar vor Augen führen, wie sich des Reiches heutiger Zustand als regelmäßige Entwicklungsstufe der alten Ordnung anfügen läßt. Trotz der großen thatsächlichen Verschiedenheit wird sich in allen wichtigen Beziehungen eine nahe Verwandtschaft, ja ein gewisses Verhältniß der Abhängigkeit ergeben.

Drittes Kapitel.

Das Territorium des Reiches.

Unter der Ueberschrift „Bundesgebiet" lautet Art. 1 der Verfassung folgendermaßen:

„Das Bundesgebiet besteht aus den Staaten Preußen mit Lauenburg, Bayern, Sachsen, Württemberg ꝛc. ꝛc. ꝛc. . . . Bremen und Hamburg."

Wir haben oben (S. 175 ff.) dargelegt, daß unter Bundesgebiet rechtlich nichts anderes zu verstehen ist als Reichsgebiet, demnach dürfen wir diese letztere Bezeichnung ohne weiteres einfügen. Zweck des angeführten Artikels ist also, den Umfang des Reiches gesetzlich festzustellen. Da nun „Gebiet" und „Staaten" offenbar ungleichartige Begriffe sind und ein Reichsgebiet in Folge dessen nicht aus Staaten, sondern nur aus dem Gebiet von Staaten bestehen kann, so heißt der betreffende Satz in korrekter Fassung: „Das Reichsgebiet besteht aus dem Gebiet der Staaten: . . ."

Diese kleine Ungenauigkeit der Ausdrucksweise, welche man bei logischem Nachdenken sofort in der angegebenen Weise abstellen muß, bedeutet wieder eine Uebertünchung der thatsächlichen Rechtsverhältnisse, wie sie in der Verfassung so vielfach vorkommen, wir wissen aus welchen Gründen. Bei oberflächlicher Betrachtung des Art. 1 kann man den Eindruck gewinnen, als bestände nicht das Bundesgebiet, sondern der Bund aus so und so viel Staaten und sei damit der Bundescharakter des Reiches, wie vorher durch den Eingang enuntiativ, so jetzt durch einen Verfassungsparagraphen dispositiv constatirt. Nach solcher Auffassung wäre eine Aenderung des Reichsgebietes ohne Mitwirkung der Centralgewalt möglich. Wenn z. B. Baden ein Stück Land freiwillig an die Schweiz cedirte, so wäre damit weder dieser Artikel noch irgend ein anderer berührt. Der Staat Baden würde nach wie vor existiren und der Bund würde nach wie vor aus denselben Staaten bestehn.

Dies alles ist natürlich durchaus unrichtig. Durch Art. 1 sollte das Reich bestimmte, nur durch Reichsgesetz veränderliche Grenzen erhalten und hiermit als einheitlicher, untrennbarer Staatskörper hingestellt werden. Hierzu waren verschiedene Wege möglich. Man hätte z. B. die Grenzen geographisch genau fixiren oder auch diejenigen Staaten nennen können, welche an das Ausland grenzten unter der Beifügung: nebst den von ihnen umschlossenen Territorien." Dadurch wäre der genannte Zweck des Artikels ebensogut erfüllt worden.

Aber dieser Artikel trägt noch eine weitergehende Bestimmung in sich. Die namentliche Aufführung sämmtlicher zum Deutschen Reich gehörigen Staaten bedeutet zugleich eine reichsrechtliche Anerkennung ihres Fortbestandes als Staaten und zwar ihres Fortbestandes in dem rechtlichen Zustand, in welchem sie sich zur Zeit der Reichserneuerung befanden. Ihre Territorien, Verfassung, Gesetze, Einrichtungen waren mit dieser Bestimmung des Reichsgrundgesetzes legitimirt,[1]) blieben aber natürlich der allein souveränen Reichsgewalt unterstellt, welche jederzeit in den selbstgegebenen Formen ihre Abänderung veranlassen darf.

So selbstverständlich auch die Forterxistenz dieser Selbstverwaltungskörper innerhalb der neuen Ordnung der Dinge erschien, namentlich im Hinblick auf die Arenga, so gehörte doch eine formelle Anerkennung in den Rahmen der eigentlichen Verfassung, wenn sie auf Vollständigkeit Anspruch machen wollte. Weil aber die Thatsache solcher Forterxistenz für alle Betheiligten über jeden Zweifel feststand, so konnte man die Formalität der Legalisirung in der denkbar kürzesten Weise vollziehn, indem man sie unter ihren gegenwärtigen Namen als dem Reiche zugehörige Staaten in die Verfassung einführte.

Der Rechtsinhalt unseres Artikels ist also ein dreifacher. Er besagt: 1. Die Reichsgrenze folgt den äußeren Grenzen der Staaten Preußen mit Lauenburg, Sachsen, Bayern, Württemberg, Baden und Oldenburg.

2. Die Staaten Preußen mit Lauenburg, Bayern 2c. 2c. sind Glieder des Deutschen Reichs.

3. Der gegenwärtige Bestand der genannten Staaten, territoriale Ausdehnung, Verfassung 2c. 2c. wird reichsgesetzlich anerkannt.

---

[1]) Hätten die Staaten ihre Organisation verlieren sollen, dann hätte der Artikel sagen müssen: „aus dem Gebiet der bisherigen Staaten", wie es sonst bei Einverleibungen gebräuchlich ist. Allerdings sind es ja strenggenommen keine Staaten im staatsrechtlichen Sinne des Wortes, aber sie sollen nun einmal reichsrechtlich diese Bezeichnung weiter tragen in Anbetracht ihrer staatsähnlichen Sonderstellung.

Damit sind alle Veränderungen, welche während des Interregnums stattgefunden haben, verfassungsmäßig sanctionirt, denn wenn z. B. von einem Staate Preußen ohne weitere Zusätze die Rede ist, so kann natürlich, da es bisher im Reich keinen Staat dieses Namens gab, nur das völkerrechtlich anerkannte Königreich gemeint sein in der Gestaltung, die es durch die Umwandlungen der kaiserlosen Zeit gewonnen hatte. Dieses wurde in seinem ganzen Umfang mit allen seinen Einrichtungen, Rechten und Beziehungen als dem Reiche zugehörig erklärt, ein Akt, durch den der deutsche Gesammtstaat um ausgedehnte Territorien bereichert wurde. In gleicher Weise ist die Nennung der übrigen Staaten aufzufassen.

Sonach war durch diesen ersten Verfassungsartikel eine Grundlage für die ganze innere Neuordnung des wiedererstandenen Reiches geschaffen; die Reichsgewalt decretirte mittelst ihrer Organe den Bestand von politisch durchgebildeten Selbstverwaltungskörpern innerhalb der festgestellten Reichsgrenzen. Die Verfassungen dieser staatsrechtlichen Gebilde, welche eine Zeit lang sogar ohne Centralgewalt, nur völkerrechtlich verbündet, zu existiren vermocht hatten, bildeten die erste feste Grundlage, auf der sich die weitere Neuordnung des Reiches aufbaute. Die umfassendste Autonomie, welche hiernach den Einzelstaaten zugestanden hätte, wurde weiterhin von Seiten der souveränen Obergewalt in mannigfacher Weise eingeschränkt, bis man eine lebensfähige innere Gestaltung erzielt hatte.

Vorerst bleiben wir bei den Territorialverhältnissen stehn und untersuchen, ob das erneuerte Reich in dieser Beziehung mit dem alten Reich verglichen und ihm gleichgesetzt werden kann.

Es ist freilich schwer zu sagen und überhaupt nicht genau festzustellen, in welchem Maße sich der Landbesitz eines bestimmten Staates verändern und verschieben kann, bis man gezwungen ist, eine rechtliche Continuität zu leugnen, allein es muß doch zugegeben werden, daß ein solcher Moment eintreten kann. Je nach dem Charakter des Gemeinwesens, ob es sich mehr auf die Nationalität gründet oder durch künstliche, zufällige Zusammenballung entstanden ist, wird die fragliche Grenze enger oder weiter zu stecken sein. Die Entscheidung wird im Allgemeinen in der Ansicht der Menschen, namentlich aber in den Kundgebungen der Staatsorgane selbst und der fremden souveränen Gewalten zu suchen sein. Wo diese Kundgebungen fehlen oder sich gegentheilig äußern, da ist zwar die Continuität noch nicht ausgeschlossen, doch wird es schwer halten, sie unanfechtbar zu beweisen.

Bei unserem gegenwärtigen Reich ist nun die Identität mit dem ehemaligen in territorialer Hinsicht durch die Reichsorgane ausdrücklich bestätigt worden. Abgesehen von den betreffenden Wendungen der Kaiserproklamation ist auch von Seiten der Reichsverfassung der alte Name Deutschland ohne weiteres für das Gebiet des Reiches in Anspruch genommen worden. Es heißt im Art. 3: „Für ganz Deutschland besteht ein gemeinsames Indigenat“, und späterhin: „Kein Deutscher darf ꝛc.“ und so noch an vielen anderen Stellen. Wenn man jene Identität für ausgeschlossen erachtete, dann hätte man entweder nur vom deutschen Reichsgebiet und von Reichsangehörigen reden dürfen oder man hätte die Bezeichnungen „Deutschland“ und „Deutsche“ als neue, den früheren gleichlautende aber begrifflich nicht identische Ausdrücke hinstellen müssen. Das konnte sehr einfach in der Weise geschehen, daß man in Art. 1 sagte: „Das Bundesgebiet, welches den Namen Deutschland tragen soll, besteht ꝛc.“ und in Art. 3 Al. 2: „Die Reichsangehörigen, welche als Deutsche bezeichnet werden, dürfen ꝛc.“ Aus der Art aber, wie diese Benennungen in der jetzigen Fassung eingeführt sind, ersieht man, daß man sie als selbstverständlich betrachtet hat, und das wieder konnte nur der Fall sein, wenn man das Territorium des neuen Reiches dem des alten gleichzusetzen sich befugt glaubte. Der Rheinbund und der Norddeutsche Bund haben sachgemäß keine bezügliche Prätension erhoben und deshalb ihren Territorien andere Namen beigelegt, nur der Deutsche Bund und das Deutsche Reich besaßen und besitzen einen für solchen Anspruch genügenden Umfang.

Trotzalledem ist die öffentliche Meinung im Reiche sowohl wie außerhalb desselben weit davon entfernt, in dem neuen Deutschland unbedenklich das ehemalige Land dieses Namens wiedererkennen zu wollen, da den Meisten jenes als eine ganz unzulässige Verengerung des fraglichen Begriffes erscheint. Unter dem Deutschland im alten Sinne stellt man sich eben immer ein zwar politisch verrottetes, aber territorial sehr ausgedehntes Reich vor, dessen Grenzen weit in die slavischen, italienischen, französischen Gebiete vorgeschoben waren und fast alle deutschredenden Lande umfaßten. Dementgegen schließen die heutigen Grenzen nur den größeren Theil des deutschen Sprachgebiets und sehr wenig fremde Territorien ein, so daß man bereits den Ausdruck Reichsdeutsche im Gegensatz zu den Deutschen anderer Staaten in Anwendung findet.

Rücksichtlich dieser Sachlage scheint es geboten, sich nicht an den Worten der Reichsverfassung genügen zu lassen, sondern näher auf die Frage einzugehen, um, wenn möglich, die Zulässigkeit der begrifflichen Gleichsetzung beider Territorialbestände zu erweisen.

Da ist zuvörderst daran zu erinnern, daß das Reich in seinem letzten rechtsgültigen Zustand vor der Katastrophe von 1806 durchaus nicht mehr einen so großen Ländercomplex umschloß, wie man ihm gemeinhin zuschreibt. Alle rechtlichen Beziehungen zu den italienischen und arelatensischen Landschaften waren constitutionsmäßig beseitigt, die immer schon sehr zweifelhafte staatliche Zugehörigkeit des burgundischen Kreises, also des heutigen Belgiens, war völlig aufgehoben. Ebenso hatte die Reichsgewalt im Frieden von Luneville alle noch vorhandenen Hoheitsrechte im Elsaß, sowie schließlich das ganze übrige linke Rheinufer dem westlichen Nachbar preisgegeben. Trotz dieser großen Verluste an deutschem und fremdsprachlichem Gebiet war es Niemandem beigekommen, dem restirenden Territorium die Berechtigung zur Führung des Namens Deutschland abzustreiten, die rechtliche Continuität zwischen dem Reiche vor und nach dem Frieden von Luneville zu leugnen.

Aber auch einzelnen Ländern, welche man damals noch zu Deutschland zu rechnen pflegte, ließ sich ihre staatliche Zugehörigkeit zum Reiche mit triftigen Gründen, wenn auch nicht vollkommen überzeugend bestreiten. So ist namentlich die staatsrechtliche Stellung Böhmens lange Zeit ein Gegenstand zu Controversen gewesen, und scheint dieses Königreich doch nach allen Anzeichen nur in einer völkerrechtlichen, d. h. vertragsmäßigen Verbindung mit dem deutschen Staatskörper gestanden zu haben. Palatzky, der seine Entwicklung wohl am eingehendsten erforscht hat, sagt darüber[2]): „Nach aller Geschichte hat Böhmen nie und zu keiner Zeit aufgehört, einen eigenen, souveränen Staat zu bilden, denn so oft auch die Kaiser seit 1002 es als ein Reichslehen und dessen Fürsten als Vasallen ansprachen, ließen sie dennoch der Letzeren Landeshoheit zu allen Zeiten ungekränkt." Böhmen hatte nur drei vertragsmäßig übernommene Verpflichtungen gegen das Reich. Erstens mußte nach erfolgter Königswahl des Kaisers Bestätigung nachgesucht werden,

---

[2]) Gesch. Böhmens II, 1, S. 8 f.

ferner mußte der König zu einem in der Nähe Böhmens stattfindenden Reichstage erscheinen oder Gesandte schicken[3]) und endlich hatte er zu jedem Römerzug 300 Bewaffnete zu stellen.[2]) Für diese Leistungen erlangten die böhmischen Herrscher „schon frühzeitig das Recht, bei den römischen Königswahlen zu stimmen, das Erzschenkenamt im Römischen Reiche und die Gelegenheit, sich in die inneren Verhältnisse des deutschen Volkes einzumischen.“ Diese angeführten Rechte und Pflichten, bei weitem zu gering, um eine rechtliche Zugehörigkeit auszudrücken, sind somit als vertragsmäßige, gegenseitige Zugeständnisse der beiden selbständigen Staaten Deutschland und Böhmen aufzufassen.

Die Pflichten des letzteren geriethen vollständig in Vergessenheit resp. wurden hinfällig, als die böhmische Königskrone zuerst zeitweise und dann fast ohne Unterbrechung mit der Kaiserwürde verbunden blieb, die Rechte dagegen blieben bestehen. Freilich wurde das Kurrecht längere Zeit nicht ausgeübt, bis Böhmen 1489 Reverse über seinen diesbezüglichen Anspruch von den anderen Kurfürsten verlangte und zum Theil erhielt.[4]) Es betheiligte sich forthin an den Wahlen, durfte jedoch den vorhergehenden Verhandlungen, sowie überhaupt den Sitzungen des Kurfürstencollegiums nicht beiwohnen. Es wurde immer als auswärtige Macht behandelt, der keinerlei Mitwirkung an der Reichsgesetzgebung, sondern nur die Stimmabgabe bei der Wahl zustand. Erst durch den Reichsschluß vom Jahre 1708 erhielt es volle Aufnahme in das Wahl- und erste Reichstagscollegium und von diesem Augenblicke an darf man von einer engeren, aber immer noch völkerrechtlichen Verbindung Böhmens mit dem Reiche reden.[5]) Wie wenig das Verhältniß auch dann noch den Charakter einer staatlichen Vereinigung getragen hat, das ersieht man aus den Worten des Reichsgutachtens vom 30. Juni 1708[6]): Das Reich habe „zugesaget und versprochen, Ihrer Kaiserl. Majestät Cron und Königreich Böheim, sammt allen denselben incorporirten übrigen Landen, in des Reichs Schuz, Schirm und

---

[3]) Ehrenberg, Zur Gesch. d. deutschen Reichstags 1273—1378 S. 16: „Dem Böhmenkönig hatte bereits Friedrich II. zugestanden, daß er nur zum Besuche von Reichstagen verpflichtet sei, wenn sie in Nürnberg, Bamberg oder Merseburg abgehalten würden.“

[4]) Moser, Von den Reichs-Ständen II, 1, § 36.

[5]) Ders. § 37.

[6]) Ders. § 38.

Protection zu nehmen, und selbige, wie andere Reichs-Lande, bey sich ereignenden unverhofften Nothfällen .... zu schüzen." Es war und blieb ein Vertragsverhältniß, eine Art Protectorat des Reiches über den halbgermanischen Nachbarstaat.

Uebrigens geschah diese Aufnahme zu einer Zeit, wo sie thatsächlich als solche nichts mehr zu bedeuten hatte, da die habsburgischen Lande längst ein politisches Sonderleben führten. Dem Kaiser lag nur daran, sich und seinen Nachfolgern eine legale Einwirkung auf die Abfassung der Wahlcapitulationen zu ermöglichen.

Ebenso wie Böhmen gehörte auch Schlesien nicht in den Reichsverband.[7]) Ueber seine früheren Beziehungen ließe sich streiten, im Breslauer Frieden aber von 1741 wurde das Land dem König von Preußen zu voller Souveränetät abgetreten und von ihm seitdem der souveräne Herzogstitel geführt. Daß das Reich bei der Bestätigung des Friedens seine Rechte vorbehielt, hat wenig zu bedeuten, da es auch in einem fremden Staate Rechte besitzen und vorbehalten konnte, die dann auf völkerrechtlicher Basis ruhten.

Wenn wir hiernach den wirklichen Territorialbestand des Reiches von 1806 betrachten, so bleibt derselbe in Ausdehnung und Einwohnerzahl weit hinter dem des heutigen Reiches zurück, mag man dabei alle oder nur diejenigen Gebiete in Berechnung ziehen, welche in früherer Zeit zum Reiche gehört haben und im Großen und Ganzen deutsche Bevölkerung aufweisen. Verloren gegangen sind dem Reiche bei seiner Reactivirung die Lande Oesterreich, Steyermark, Salzburg, Kärnthen, Krain, Tyrol und Vorarlberg, gewonnen hat es dagegen Ost- und Westpreußen, Posen, Schlesien, Schleswig-Holstein, die Rheinlande und kurz nach seiner Wiederherstellung Elsaß-Lothringen. Nun enthalten Ostpreußen, Schlesien und die linksrheinischen Gebiete ohne Elsaß-Lothringen, die doch sicher als deutsche, früher zum Reich gehörige Territorien zu betrachten sind, allein schon ein Areal von 119 751 qkm mit einer Bevölkerung von (1869) 11,05 Millionen Einwohnern, während die ganzen verlorenen Lande ein Gebiet von nur 111 129 qkm mit (1869) 5,7 Millionen Einwohnern umschließen. Was aber die Bedeutung der einzelnen Länder für das politische, wirthschaftliche und culturelle Leben der Nation betrifft, so sind die Rheinlande den habsburgischen Territorien ent-

---

[7]) Dies wurde auf dem Wiener Congreß mehrfach anerkannt. Vgl. Klüber a. a. O. II, S. 413 u. 106.

schieden überlegen, die übrigen wiedergewonnenen Länder ihnen zum größten Theil ebenbürtig.

Wir müssen uns also, um Klarheit zu gewinnen, die Sache ungefähr folgendermaßen vorstellen: Es gab ehemals ein Deutschland, welches das linke Rheinufer in seinem heutigen Bestande, Holstein, Preußen und Schlesien einerseits, die deutsch-österreichischen Länder außer Böhmen und Mähren andererseits in seine Grenzen einschloß. Was an Territorien darüber hinaus ihm zugehörte, kommt hier nicht in Betracht, da sie weder im Jahre 1806 noch 1871 einen Theil des Reiches bildeten.

Jenes große Deutsche Reich wurde nun durch die Ereignisse der letzten Jahrhunderte und vor allem durch die napoleonischen Kriege der erstgenannten Gebietstheile beraubt. Der Rest behielt dessenungeachtet seine Qualität als deutscher Gesammtstaat und bewahrte theoretisch alle diesbezüglichen Rechte und Ansprüche. Selbst der letzte Verlust von beinahe vier Millionen Seelen vermochte hieran nichts zu ändern.

Durch die Wandlungen des Interregnums und dessen Abschluß kehrte Deutschland im Westen und Nordosten annähernd zu der ehemaligen territorialen Ausdehnung zurück, der größte Theil des linken Rheinufers, Preußen und Schlesien wurden dem Reiche wiedergewonnen, dafür aber ward es in anderer Weise, durch Abtrennung der habsburgischen Lande verstümmelt. Da nun diese Reduction bei weitem nicht den Umfang der früheren Einbußen erreicht und außerdem noch andere deutsche und fremdsprachliche Gebiete hinzugetreten sind, so ist ganz zweifellos das Reich in seiner heutigen Gestaltung ebenso wie in den Jahren 1802 bis 1806 vollkommen berechtigt, seinem Territorium den Namen Deutschland, seinen Bewohnern die Bezeichnung Deutsche ohne weitere Erklärung beizulegen.

Zu dem gleichen Resultat führt uns auch die Betrachtung, daß die eigentlichen Kernlande deutscher Cultur, in denen sich die Reichsgeschichte ehemals fast ausschließlich abspielte, jene Gebiete an beiden Ufern des Rheins und östlich bis zur Elbe, Böhmerwald und Inn, ungeschmälert dem heutigen deutschen Gesammtstaat zugehören. Ein Widerspruch gegen die Richtigkeit unserer Auffassung dürfte sich somit kaum noch erheben lassen.

Die erste, die Haltbarkeit unsrer These gefährdende Möglichkeit also, die aus der Verfassung resultiren konnte, hat sich als nicht vorhanden erwiesen. Das Land und Volk, für welches sie in Geltung trat, ist im Großen und Ganzen dasselbe, welches dereinst von der Institution des Reiches zusammengehalten und politisch repräsentirt wurde. Jetzt tritt uns die Aufgabe entgegen, die wichtigsten Staatseinrichtungen, und namentlich die Reichsgewalt selbst daraufhin zu untersuchen, ob sie in ihrem innersten Wesen den betreffenden früheren Gestaltungen ungleichartig oder gar begrifflich von ihnen verschieden sind.

Da fällt uns denn als bemerkenswerthe Umwandlung die Errichtung des Erbkaiserthums auf und werden wir uns hiermit zunächst zu beschäftigen haben.

Viertes Kapitel.

Die Successionsordnung.

Durch Art. 1 der Reichsverfassung ist, wie oben (S. 194) gezeigt, die Fortexistenz des Staates Preußen innerhalb des Reiches mit allen zur Zeit bestehenden Gesetzen und Einrichtungen, Rechten und Ansprüchen gewährleistet worden, soweit diese nicht durch die Verfassung selbst eine Modification oder Einschränkung erfahren haben. Zu den Gesetzen und Einrichtungen dieses Staates gehört auch die Erblichkeit der Königskrone im Mannesstamme der Hohenzollern, gehören die Haus- und Erbverträge hinsichtlich der Succession, gehört die Befugniß der gesetzgebenden Faktoren, unter gewissen Umständen modifizirend in die Erbfolgeordnung einzugreifen. Demgemäß sind alle genannten Bestimmungen und Rechtsverhältnisse als reichsgrundgesetzlich anerkannte Institutionen aufzufassen.

Den Anfangsworten des Art. 11 der Reichsverfassung: „Das Präsidium des Bundes steht dem Könige von Preußen zu, welcher den Namen Deutscher Kaiser führt", unterliegt, wie an früherer Stelle (S. 189) dargelegt, die Bedeutung, es solle dem Kaiserthum der Besitz aller Rechte eines Königs von Preußen in der Weise gesichert werden, daß der jedesmalige König von Preußen, d. h. diejenige Person, welcher obigen Bestimmungen gemäß die Königskrone zustehe, ohne weiteres als Reichsoberhaupt zu gelten habe. Damit ist die Wirkung jener Gesetze und Einrichtungen, welche sich bisher nur auf den preußischen Staat erstreckte, verfassungsmäßig auf eine Institution des Reiches ausgedehnt worden, sie sind zu erhöhter Bedeutung gelangt und an die Stelle jener alten Wahlgesetze getreten, welche bis zum Jahre 1871 ihre Gültigkeit im Deutschen Reiche behauptet haben. Art. 53 der preußischen Verfassung ist zu einer unmittelbaren reichsgrundgesetzlichen Bestimmung geworden und lautet mit der aus Art. 11 der Reichsverfassung resultirenden Abänderung: „Die kaiserliche und königliche Krone ist, den königlich preußischen Hausgesetzen gemäß, erblich in dem Mannsstamme des königlichen Hauses nach dem Rechte der Erstgeburt und der agnatischen Linealfolge." Gleicher Weise modifizirt bilden die Hausgesetze selbst und die Erbverträge der Hohenzollern einen Theil der Reichsverfassung, die sonach selbst bestimmt, daß die Reichsorgane nicht an der Regelung der Succesionsordnung mitwirken sollen, sondern daß dies lediglich den Organen des Staates Preußen überlassen bleibt. Die Reichsorgane haben durch das von ihnen gegebene grundlegende Reichsgesetz dieses Recht auf die preußischen Organe übertragen. Damit ist natürlich nicht gesagt, daß der bestehende Zustand nicht durch ein die Verfassung änderndes Reichsgesetz aufgehoben werden könnte, doch wäre dazu im Bundesrath die Einwilligung der preußischen, d. h. der kaiserlichen Bevollmächtigten erforderlich, denn ohne Zweifel ist dieses Vorrecht Preußens, dem Reiche nach eignen Gesetzen das Oberhaupt zu geben, als ein Reservatrecht im Sinne der Verfassung zu betrachten. Wenn selbst eine Abstimmung des Bundesraths über eine so wichtige Verfassungsänderung in Abwesenheit sämmtlicher preußischen Bevollmächtigten denkbar wäre, so würde auch die Zustimmung aller Uebrigen nicht genügen, um einen rechtsgültigen Beschluß darüber zustande zu bringen, da jede Abänderung von Reservatrechten nach Art. 78 nicht allein durch einen Widerspruch des betreffenden Staates, sondern schon durch seine Nichtbetheiligung an der Abstimmung verhindert zu werden vermag. Ueberdem könnte Niemand den Kaiser zur Inkraftsetzung eines solchen Gesetzes nöthigen, falls man jenes Vorrecht nicht als Reservatrecht auffassen wollte.

Es liegt uns nun ob, festzustellen, ob diese Uebernahme der gesammten preußischen Successionsordnung auf das Reich, dies Prinzip der Erblichkeit in einer bestimmten Familie sich mit dem Wesen und Charakter des alten deutschen Kaiserthums in Einklang bringen läßt, und bedarf es dazu wieder eines Rückblicks auf die bezüglichen früheren Verhältnisse.

Das alte germanische Königthum, aus welchem sich die Monarchie der Merovinger und später die der Karolinger entwickelt hat, wies bereits den Grundsatz der Erblichkeit auf, doch trug jene Successionsordnung einen von der heutigen durchaus verschiedenen Charakter. Von einer Linealfolge, einer ausschließlichen Berechtigung des nächsten Agnaten war keine Rede, vielmehr besaßen anfänglich alle Söhne des Herrschers gleichen Anspruch auf ein Erbe an Land und Leuten. Dies führte zu jenen Theilungen, welche die erste Periode des fränkischen Königs- und Kaiserthums charakterisiren, und welche innerhalb des deutschen Territorialfürstenthums noch bis weit in die neuere Zeit hinein beobachtet werden können. Auch als man unter dem Einfluß altrömischer Anschauungen in beiden nunmehr selbständig gewordenen Reichshälften von weiteren Theilungen absah, gelang es namentlich in der östlichen, dem deutschen Königreich, noch lange Zeit hindurch keiner bestimmten Successionsordnung, unbestrittene Geltung zu gewinnen. Im Allgemeinen galt der älteste Sohn des Königs oder in Ermangelung eines solchen der nächste Verwandte desselben als Thronerbe, aber mit der Einschränkung, daß nur waffenfähige Männer die Krone tragen durften. Frauen waren von vornherein ausgeschlossen, doch konnte eine durch solche vermittelte Verwandtschaft mit dem Königshause ebenfalls ein Anrecht auf den Thron verleihen, wie ja die später regierenden Dynastieen meist mit den vorhergehenden durch weibliche Descendenz verbunden waren.

Da nun die Bedingung der Waffenfähigkeit nicht streng festgehalten noch auch allgemein anerkannt wurde, da außerdem über die Berechtigung der einzelnen Prätendenten mannichfache Zweifel obwalten konnten, so war eine Autorität erforderlich, welcher die Entscheidung hierüber zustand, ohne deren Zustimmung niemand als rechtmäßiger Herrscher gelten konnte, und als diese Autorität erschien seit dem Ende der Karolingerzeit die Gesammtheit der Großen des Reichs. Vor der feierlichen Krönung erfolgte die Wahl von Seiten der Fürsten, Bischöfe, Grafen ꝛc. und im Anschluß an altgermanischen Brauch die Acclamation des anwesenden Volkes.

Damit war das Prinzip der Erblichkeit noch nicht beseitigt, es galt ja nur zu bestimmen, wer der rechtmäßige Thronerbe sei, aber einen bedenklichen Riß hatte es doch schon durch die Wahl Heinrichs I. erhalten, der zweifellos nicht als Verwandter betrachtet werden konnte, sondern nur durch den Willen seines Vorgängers für den Thron designirt worden war. In diesem Moment, bei der Erhebung des ersten sächsischen Königs, trat schon der Gedanke hervor, welcher später zur Herrschaft gelangen sollte, daß es den Fürsten zustehe, den der Krone Würdigsten ausfindig zu machen und ihm das höchste Amt zu übertragen. Hier war ihnen dieser Mann noch von dem sterbenden König bezeichnet worden und bedurfte es nur einer Anerkennung desselben, später berathschlagten sie selbst über die Person des neuen Oberhauptes.

Wir haben schon I Cap. 1 ausgeführt, wie das Wahlrecht, auch als seine formelle Geltung nicht mehr bestritten wurde, doch nur in verhältnißmäßig wenigen Fällen eine Durchbrechung der Erbfolge veranlassen konnte. Durch die ganze Reichsgeschichte bis in unser Jahrhundert zieht sich die Tendenz, das Wahlrecht zu beseitigen oder unwirksam zu machen, und nur das mehrfache Aussterben der Dynastieen und das zeitweilige tiefe Sinken der Kaisermacht dem Ausland, namentlich dem Papstthum gegenüber, ließ das oft zurückgedrängte Wahlrecht immer wieder zu neuer Bedeutung erstehen, bis es schließlich sogar seine reichsgrundgesetzliche Fixirung fand.

In den ersten Jahrhunderten hätte diese Successionsordnung bei längerer Dauer einer Dynastie leicht durch stillschweigende Weglassung der Wahlformalität beseitigt werden können. Die Erbberechtigung des Sohnes stand über allen Zweifel fest, und so bedurfte es für dessen Anerkennung keiner Kur. Hatte man aber erst einige Mal von dieser Formalität abgesehn, dann konnte sie leicht völlig in Vergessenheit gerathen. Unter den Hohenstaufen war das Wahlverfahren bereits fester eingewurzelt und hätte es zu seiner Aufhebung eines von den Großen gebilligten Reichsgesetzes bedurft. Ein Versuch hierzu ist in der That zur Zeit des höchsten Glanzes, der größten Machtentfaltung des genannten Herrscherhauses gemacht worden und seinem Gelingen äußerst nahe gekommen.

Heinrich VI. faßte nach Befestigung seiner Herrschaft in Sicilien den Plan, das Erbrecht im Reiche gesetzlich einzuführen. Er wandte sich deshalb von Italien aus an die Fürsten und bemühte sich, ihre Zustimmung zu dieser einschneidenden Neuerung zu erlangen. Wirklich erhob sich gegen die Zulässigkeit und Rechtsgültigkeit eines bezüglichen, vom Kaiser mit Bewilligung der Reichsversammlung erlassenen Grundgesetzes keinerlei Bedenken, aber eine beträchtliche Zahl von Fürsten weigerte sich, ihr Wahlrecht, durch das ihnen ihre selbständige Stellung garantirt zu sein und eine Handhabe zur Machterweiterung geboten schien, dem Geschlecht der Hohenstaufen aufzuopfern. Dennoch hätte es dem Kaiser damals wohl gelingen können, die Opposition zum Schweigen zu bringen und seinen Willen durchzusetzen, wenn er selbst sich nach Deutschland begeben und allen seinen Einfluß aufgeboten hätte, allein ihm lagen bereits andre und, wie er glaubte, wichtigere Dinge im Sinn[1]). Um die geplante Unternehmung gegen das byzantinische Reich nicht zu verzögern, ließ er jenen ersten Plan fallen, und so ging diese günstige Gelegenheit vorüber, wo der schädlichen Entwicklung des deutschen Successionsrechts Einhalt geschehen, wo im Reiche eine feste Erbordnung geschaffen werden konnte. Mit dem unerwartet frühen Tode Heinrichs VI. und den Thronstreitigkeiten zwischen Otto IV. und Philipp von Schwaben gelangte die Fürstenwahl zu fast unbestrittener, das Erbrecht weit überwiegender Geltung, und schon in dieser Zeit begannen sich unter curialer Einwirkung jene Sieben aus der Zahl der wählenden Fürsten auszusondern, welche später das alleinige Wahlrecht als ein Privilegium beanspruchten und durch die Goldene Bulle reichsgrundgesetzlich zugestanden erhielten.

Aber auch unter so veränderten Verhältnissen bewahrte die Idee der Vererbung einen großen, thatsächlichen Einfluß auf die Folge der Herrscher. Der nächste Agnat des verstorbenen Kaisers war doch immer der Erste, auf den sich die Blicke der Wählenden richteten, und schloß man ihn nur dann von der Nachfolge aus, wenn besondere Gründe hierzu vorlagen. Diese Thatsache findet man bei Betrachtung der Regentenreihe vollauf bestätigt. Und daß man eine gesetzliche Einführung der Erblichkeit auch in der späteren Zeit noch für möglich und angängig hielt, ersieht man aus einem Artikel der kaiserlichen Wahlcapitulation, der da lautet[2]): „Und insonderheit sollen und wollen Wir uns auch keiner Succession oder Erbschafft des obgemeldten Römischen Reichs anmassen, unterwinden

---

[1]) Jul. Ficker, De Henrici VI imp. conatu etc. S. 76: „Non dubito, quin Henrico, dummodo in Germaniam reversus esset, satis fuisset auctoritatis et opum, quibus principes renitentes frangeret; sed Henricus, praeterquam, ... alia etiam alta, vasta, immodica in animo volvebat consilia . . . . .“

[2]) W. C. Franz' II. Art. II § 2.

noch in solcher Gestalt unterziehen, oder darnach trachten, auf Uns selbst, Unsere Erben und Nachkommen, oder auf jemand anders unterstehen zu wenden rc. rc.

Gerade der Umstand, daß man jeden neuen Kaiser in solcher Weise verpflichtete, keine Schritte in der genannten Richtung zu thun, zeigt klar, wie sehr man diese Möglichkeit fürchtete. Und wenn die Habsburger dauernd eine mehr nationale Politik verfolgt und sich namentlich nicht den religiösen Wünschen und Interessen der Nation in so scharfer Weise entgegengesetzt hätten, Deutschland wäre, wie schon I Cap. 1 ausgeführt, trotz obigen Artikels sicher über kurz oder lang eine Erbmonarchie geworden. Karl V. hat zur Zeit seiner größten Erfolge die Thunlichkeit einer solchen Abwandlung eingehend in Erwägung gezogen[3]), und noch im Jahre 1804 dachte man am Wiener Hofe alles Ernstes daran, ob sich Franz II. nicht zum erblichen Kaiser von Deutschland erklären solle[4]). Freilich unterschätzte man die Schwierigkeiten eines solchen Schrittes nicht, und so zog er vor, neben dem römisch-deutschen den österreichischen Kaisertitel anzunehmen.

Demnach darf der Gedanke der Erbmonarchie keineswegs als ein dem alten Reiche durchaus fremder, seinem Wesen widersprechender angesehen werden. Wenn es zur Zeit der Hohenstaufen zulässig erschien, mittelst Reichsgesetzes die ganze Wahlordnung zu beseitigen und durch ein Erbrecht zu ersetzen, warum sollte dies nicht 1871 ebenso gut erlaubt sein, nachdem sich die Mängel des bisherigen Systems durch das 64jährige Interregnum und schon lange vorher in eclatanter Weise documentirt hatten.

Doch es war nicht eigentlich die Idee der Erblichkeit, so sehr sie auch mitgewirkt haben mag, aus welcher jene lange Folge von Herrschern derselben Dynastie resultirte, die uns seit Ausgang des Mittelalters in die Augen fällt. Es wirkte vielmehr auch hier ein dem Kaiserthum innewohnender Grundgedanke. Wir haben schon früher gezeigt, daß die Fürsten bei der Wahl streng genommen und nach der Auffassung des Mittelalters nicht den Kaiser machen, sondern vielmehr finden sollten. Sie galten als authentische Beurtheiler, wem vor Anderen der Thron gebühre. Der von ihnen bezeichnete

---

3) Vgl. Ranke, Ref. Gesch. IV S. 301.

4) Vgl. Ed. Wertheimer, Gesch. Oesterr. u. Ung. im 1. Jahrzehnt d. 19. Jahrh. I S. 195.

Fürst war, als der würdigste, der von Gott gewollte Herrscher und erhielt durch die Wahl das Recht, die Zügel der Regierung zu ergreifen.

Im Anfang, als zwischen König und Volk ein mehr persönliches Verhältniß der Treue bestand, das sich natürlich am leichtesten vom Vater auf den Sohn oder auf den nächsten Anverwandten übertrug, war der Erbe fast immer auch der geeignetste Nachfolger auf dem Königsthron. Nur ausnahmsweise, wie bei Heinrich I. überwogen andre Rücksichten. Dann, als die Macht der Kirche sich im Gegensatz zum Kaiserthum erhoben hatte und auch auf die inneren Verhältnisse des Reiches stärker einzuwirken begann, hielt man einige Mal nur solche Fürsten für passende Prätendenten, die, abgesehen von ihrer sonstigen Befähigung, sich mit dem Papstthum in's Vernehmen zu setzen wußten und von ihm begünstigt wurden. Daher schrieben sich die Abweichungen vom Erbrecht im Anfang des 12. Jahrhunderts, viele Erhebungen von Gegenkönigen und die Wahlen des Interregnums. Endlich aber, nachdem das Landesfürstenthum zu großer Selbständigkeit gelangt war und die Unterthanentreue, die sich früher dem Kaiser und seinem Hause zugewendet hatte, fast ausschließlich den Territorialherren zu Gute kam, da konnte nur der als geeigneter Träger der Krone, als ein homo utilis erscheinen, welcher bereits als Landesherr einen beträchtlichen Theil des Reiches innehatte. Die Macht des Kaiserthums war dermaßen gesunken, daß sie eines Zuwachses bedurfte, wenn der Gewählte imstande sein sollte, die reichsoberhauptliche Würde zur Geltung zu bringen. Eine Minderung der fürstlichen Hoheitsrechte wäre nicht zu erlangen gewesen und so wurde dieser nothwendige Zuwachs dadurch erreicht, daß man nur Fürsten wählte, die schon eine Summe von Befugnissen im Reiche besaßen, welche mit den kaiserlichen verbunden, eine wirkliche, des hohen Titels würdige Gewalt ergab.

Die eigentlich kaiserlichen Befugnisse aber boten noch immer Handhaben genug, um bei günstiger Gelegenheit eine Erweiterung der Hausmacht zu ermöglichen und dadurch die Befähigung der zeitigen Dynastie zur Verwaltung des kaiserlichen Amtes zu erhöhen. Gelang es einmal die Krone mit Beihülfe des alten Gedankens der Vererbung und unter Ausnutzung des Brauches, schon bei Lebzeiten den Nachfolger wählen zu lassen, längere Zeit bei einem Geschlechte oder vielmehr bei den Inhabern eines Territoriencomplexes zu er=

halten, dann konnte dieses fürstliche Haus leicht zu einer solchen Machtfülle gelangen, daß die Wahl eines Herrschers aus anderem Hause kaum noch angängig erschien.[5])

So geschah es, daß nach mehrfachem Wechsel der Dynastieen endlich das Kaiserthum auf die Dauer an dem Hause Oesterreich haften blieb. Schon im Jahre 1519 kam ihm gegenüber fast nur noch ein auswärtiger Fürst, der König von Frankreich, als Thronkandidat in Betracht. Es war aber jetzt nicht eigentlich die Familie, sondern vielmehr der erbliche Landbesitz, auf welchen sich die Krone gründete, denn dieser Besitz war es, der zur Führung des reichsoberhauptlichen Amtes befähigte und prädestinirte.

Wir wissen, warum es den Habsburgern doch nicht gelang, ihre Macht in Deutschland so zu erweitern, daß sich der thatsächliche Zustand in einen rechtlichen hätte verwandeln, die Candidatur eines andern Fürsten vollkommen hätte ausschließen lassen. Wäre ihnen nicht aus den Wirren der Religionskriege ein Nebenbuhler erstanden, der dem stetigen Fortschreiten ihrer Macht unüberwindliche Schranken setzte, so hätte sich diese nothwendige Entwicklung nicht aufhalten lassen. Die Mehrzahl der Kurstimmen wie die der Fürstenrathsstimmen wäre mit der Zeit in österreichische Hände oder unter österreichischen Einfluß gekommen und damit jede diesem Hause erwünschte Reform der Verfassung ermöglicht worden. So aber, einem starken Rivalen gegenüber, mußte sich das regierende Geschlecht jede einzelne Wahl durch umfassende politische Verhandlungen, blutige Kriege und weitgehende Zugeständnisse erkämpfen und erkaufen, welch letztere wieder vielfach der Entwicklung des gegnerischen Hauses zugute kamen.

Mit der Erledigung des Thronstreites in unserem Jahrhundert war zugleich die Vollendung jener Entwicklung vollzogen, die das Kaiseramt schon unter den Habsburgern begonnen hatte. Im Gegensatz gegen die legitime Reichsgewalt und dann während deren Inactivität hatte sich das Hohenzollernhaus zu einer alle anderen Reichsstäude weit überragenden Macht erhoben. Nach dem Ausscheiden Oesterreichs besaß es die Stellung im Reich, welche die frühere Dynastie immer angestrebt und trotz des Besitzes der Krone nicht hatte erreichen können.

Was hatte unter solchen Umständen das Wahlrecht der Fürsten

---

[5]) Vgl. die Ausführungen I, Kap. 1.

noch zu bedeuten? Zweck dieser Einrichtung war gewesen, denjenigen freien deutschen Mann zu finden und auf den Thron zu erheben, welcher seiner Person und Stellung im Reiche nach der Würdigste und Geeignetste war, die Krone zu empfangen. Bis zum Jahre 1866 konnte wohl ein Zweifel hierüber obwalten; es gab zuletzt, abgesehen von fremden Potentaten, noch zwei Fürsten, die allenfalls befähigt schienen, wenigstens im größten Theile Deutschlands das kaiserliche Ansehn aufrecht zu erhalten, eine Wahlhandlung entbehrte sonach nicht jeden Sinnes, ja sie konnte von höchster Bedeutung für die Zukunft des Reiches werden. Im Jahre 1871 dagegen war, das konnte kein denkender Mensch mehr bestreiten, nur noch ein einziger solcher Fürst vorhanden. Allein der König von Preußen und seine Nachfolger waren imstande, die Zügel der Reichsregierung zu ergreifen, jede andere Wahl hätte dem innersten Wesen der Institution widersprochen, wäre als Absurdität erschienen. Wenn das Kaiserthum seinen Beruf fernerhin erfüllen sollte, dann mußten ihm die Territorialrechte der Könige von Preußen beigefügt und für die Zukunft gesichert, d. h. es mußte auf das Königreich Preußen radizirt werden.

Demnach war ein Festhalten an dem bisherigen Wahlverfahren durchaus zwecklos, man hätte damit eine leere, der Fürsten unwürdige Formalität in das reactivirte Reich übernommen. Wenn sich die Person des jedesmaligen Kaisers von selbst bestimmte, dann bedurfte es keiner Kur, dann brauchte nur dieser thatsächliche Zustand grundgesetzlich anerkannt und festgelegt zu werden. Zum Erlaß eines solchen Reichsgrundgesetzes freilich mußte man erst wieder einen legitimen Kaiser besitzen, und die Erhebung eines solchen war rechtlich nur auf Grund der bisherigen Successionsordnung zulässig. Einmal noch mußte diese, nunmehr bedeutungslose, Formalität innegehalten werden, dann aber war man nicht nur berechtigt, sondern gezwungen, die Untrennbarkeit der Kaiserkrone von der Krone Preußen zu erklären. Damit allein wurde man dem wahren Wesen des Kaiserthums gerecht, wie es sich im Reiche seit einem Jahrtausend entwickelt hatte.

Ohne Rechtsbruch hatten sich also die Dinge im Laufe der Zeit so gestaltet, daß die alte Wahlordnung ihres Sinnes verlustig gegangen war. Wenn sie aber eines Sinnes entbehrte, dann war sie auch nicht länger berechtigt, zu existiren. Inhaltlose Formen wollte und brauchte man im erneuerten Reiche nicht zu dulden.

Was nun den Modus der Radizirung selbst betrifft, so war dies ein den Gewohnheiten des alten Reichsrechts durchaus entsprechender Vorgang. Auf das Reich selbst gründete sich ehemals die römische Kaiserkrone, die Königskrone von Italien und jene von Arelat. Innerhalb Deutschlands basirten die Reichsstandschaft, die Erbämter und schließlich die Kurstimmen und Vikariate auf bestimmten Territorien. Warum sollte nicht, wenn es die Umstände erforderlich machten, auch das kaiserliche Amt auf ein solches fest normirtes Gebiet radizirt werden? Wenn die Festsetzung der Erblichkeit in einer bestimmten Familie vielleicht als schwer vereinbar mit den alten Satzungen und Gebräuchen erscheinen könnte, so hätte an einer solchen Radizirung sicherlich kein Rechtslehrer früherer Zeiten Anstoß genommen, wenn sie nur in den regulären Formen eines Reichsgrundgesetzes erfolgte.

Hiermit darf die aufgeworfene Frage als abgethan gelten. Auch die neue Successionsordnung schließt die staatsrechtliche Identität des alten mit dem neuen Reiche nicht aus, im Gegentheil, sie ist geeignet, dieselbe in ein noch helleres Licht zu rücken. Wir fahren also in dem Vergleiche der beiderseitigen Einrichtungen fort und betrachten zunächst den Inhalt der kaiserlichen Gewalt, wie sie einst bestand und wie sie heute durch die Reichsverfassung festgelegt worden ist, um zu sehen, ob sich hierin etwa prinzipielle Gegensätze auffinden lassen.

Fünftes Kapitel.

Das reichsoberhauptliche Amt.

Daß das gegenwärtige deutsche Kaiserthum vom Standpunkte des alten Reichsrechts betrachtet, völlig legitimen Ursprungs ist, haben wir bereits im ersten Theil nachgewiesen. Jetzt kommt es darauf an, zu zeigen, daß ihm auf Grund der Verfassung von 1871 eine analoge Stellung im Staatsleben gesichert ist, wie sie das frühere Kaiserthum vor 1806 besessen hat. Gerade bei diesem höchsten Organ des Staates, der eigentlichen Quelle alles Rechts, ist ein solcher Nachweis von der größten Wichtigkeit, da jede prinzipielle Aenderung seiner Stellung dem ganzen Staat einen andern Charakter verleihen und die Fortdauer der Continuität zweifelhaft machen könnte.

Es wird hierbei vor allem die Legislative in Frage kommen und zu entscheiden sein, ob diese höchste Aeußerung des Staatswillens, die gesetzgebende Gewalt, noch heute wie vormals beim Kaiser ruht, oder ob sie auf ein anderes Organ, etwa die Gesammtheit der Fürsten, übergegangen ist. Aus dieser Entscheidung wird sich zugleich ergeben, wer als Träger der formellen Souveränetät anzusehen sei.

In jedem unabhängigen Gemeinwesen nämlich muß es eine einheitliche, untheilbare Potenz geben, sei es eine Person oder ein zweckmäßig organisirtes Aggregat von Personen, in welcher sich der Staatswille ausdrückt. Sie braucht deshalb nicht unbeschränkt zu sein, sie kann an der Aeußerung dieses Willens in verschiedenster Weise, durch beigegebene legislatorische Körperschaften, Staatsräthe ꝛc., gehindert werden, keine politische Aktion aber darf von einer andern Gewalt als von diesem Souverän oder in seinem Auftrag vollzogen werden.[1]) Er allein repräsentirt den Staat. Ein gesundes, wohlgestaltetes Gemeinwesen dokumentirt sich darin, daß jene höchste Potenz sich mit den beigegebenen Faktoren, ohne deren Zustimmung bei gewissen Materien sein Wille nicht als Staatswille gelten darf, so in's Vernehmen zu setzen vermag, daß der Staat genügend handlungs- und entwicklungsfähig bleibt. Bei einem dauernden Zwiespalt zwischen beiden ist ein gesetzmäßiges Fortwirken der Staatsgewalt und ebenso eine Rechtsentscheidung ihrer Differenz unmöglich. Beiderseitige Neigung zum Zusammenwirken und eine gewisse Nachgiebigkeit ist unbedingt erforderlich.

Im Deutschen Reich vor 1806 hatte als jene höchste, souveräne Potenz, was man auch dawider gesagt hat, ohne Zweifel der Kaiser zu gelten. Er allein war der Theorie nach der Gesetzgeber, in ihm repräsentirte sich der Staat. Es gab keine Gewalt im Reiche, die sich nicht als ein Ausfluß der Kaisermacht hätte nachweisen lassen, die ohne seinen Willen etwas für das Ganze zu wirken vermocht hätte. Allerdings war der Herrscher durch die zu

---

[1]) Stahl, Die Philosophie des Rechts nach geschichtl. Ansicht II, 2 S. 191: „Jene Schranken können darin bestehen, daß er (der Souverän) an eine Zustimmung gebunden ist, daß er bestimmte Organe zur Ausführung gebrauchen, ja ihnen die Anwendung auf den einzelnen Fall ohne eigene Einmischung überlassen muß [Richter]. Er selbst aber kann zu nichts gezwungen werden, und nie kann es eine Gewalt neben dem Souverän geben, die positiv etwas für das Ganze des Staates bewirken könnte.“

einem Körper vereinigten Spitzen der Selbstverwaltungsbezirke in allen wichtigen Aktionen beschränkt und, da ein Einverständniß mit diesem Körper schließlich nur noch in seltenen Fällen zu erreichen war, an einer fruchtbaren Regententhätigkeit auf's äußerste gehindert, aber was noch geschah, das geschah doch nur durch ihn. Die Beschlüsse des Reichstags, so großes Gewicht sie auch thatsächlich haben mochten, trugen immer nur den Charakter von Gutachten, von Rathschlägen, die dem Kaiser ertheilt wurden, deren Befolgung oder Nichtbefolgung ihm vollkommen freistand. Erst seine Ratification erhob sie zu Reichsschlüssen, zu wirklichen Gesetzen. Diese Thatsache läßt sich noch aus der letzten großen legislatorischen Handlung des Reiches ersehen, dem Jüngsten Reichsschluß von 1803. Hier hatte der Reichstag eine tiefgreifende Umwandlung der Verfassung vollkommen rechtsgültig beschlossen und die betreffende Urkunde, das Reichsgutachten, dem Kaiser zur Bestätigung vorgelegt, er aber strich gewisse Theile und Bestimmungen desselben und verlieh nur dem Reste seine Sanction. Damit war dieser Rest zum Gesetz erhoben, das Gestrichene aber völlig wirkungslos, so gut als nicht vorhanden. Der eigentliche legislatorische Akt lag also nicht in dem comitialen Beschluß, sondern allein in dem kaiserlichen Ratificationsdecret.

Welch andre Stellung zur Legislative scheint das Reichsoberhaupt gegenwärtig einzunehmen. Art. 5 der Verfassung besagt: „Die Reichsgesetzgebung wird ausgeübt durch den Bundesrath und Reichstag. Die Uebereinstimmung der Mehrheitsbeschlüsse beider Versammlungen ist zu einem Reichsgesetze erforderlich und ausreichend."

Hiernach zu urtheilen, wäre der Kaiser für sich überhaupt kein Faktor der Gesetzgebung, nur seine Berechtigung zur Ernennung und Instruction von 17 Bundesrathsmitgliedern gäbe ihm einen großen und meistens entscheidenden Einfluß auf einen der beiden Faktoren. Wenn auch später im Art. 17 bestimmt ist: „Dem Kaiser steht die Ausfertigung und Verkündigung der Reichsgesetze und die Ueberwachung der Ausführung derselben zu", so gilt diese Verkündigung doch fast allgemein nicht als legislatorischer Akt, sondern nur als eine zur Inkraftsetzung des bereits bestehenden Gesetzes nothwendige Formalität, zu der ihm eine Verpflichtung obliege. Es bestände demnach, mag der Fall auch selten eintreten, die Möglichkeit, daß Reichsgesetze zustande kommen, die dem Willen des Reichsoberhauptes widersprechen, während doch gerade die Idee des alten Kaiserthums und der Monarchie überhaupt sich darin dokumentirt, daß alle politischen Aktionen durch den Herrscher oder mindestens mit seiner Einwilligung geschehn. Der Kaiser hätte also mit Genehmigung der Verfassung von 1871 seine bis dahin innegehabte Souveränetät an ein anderes Organ, den Bundesrath überlassen, ja diese Verfassung selbst wäre schon ein Ausfluß der neuen Obergewalt und damit die Grundlage eines neuen, von dem früheren durchaus verschiedenen Staatsrechts. — Wie läßt sich dieser Widerspruch beseitigen?

Es ist von neuem daran zu erinnern, daß die Reichsverfassung nicht als solche, sondern als Grundgesetz eines Staatenbundes geschaffen worden ist, und daß man bei Erhebung derselben zu ihrer neuen Bestimmung bestrebt war, nur das zu ändern, was sie mit dieser in directen Widerspruch gesetzt haben würde. Es kam also hier nicht darauf an, der Urkunde eine Fassung zu geben, aus welcher der monarchische Charakter des Kaiserthums und seine Identität mit der früheren Institution gleichen Namens ohne weiteres herausgelesen werden konnte — beides ging aus der Proklamation vom 18. Januar 1871 hervor — sondern sie nur außer Widerspruch mit diesen Thatsachen zu setzen, falls eine solche Unstimmigkeit vorhanden war. Wir haben also hier nur zu fragen, ob die Verfassung den monarchischen Charakter des neuen Kaiserthums und damit seine Identität mit der entsprechenden früheren Institution ausschließt, oder ob sich jener den Bestimmungen der Urkunde gegenüber aufrechterhalten läßt. Daß das Letztere der Fall, wird sich ohne Schwierigkeit nachweisen lassen.

Wenn auch die vom Bundesrath und Reichstag getroffenen Anordnungen den Namen Gesetze tragen, so sind sie doch ihrem Effect nach nichts anderes als Gutachten gleich denen der alten Reichsversammlung. Was nützt es jenen beiden Körperschaften, daß sie das ausschließliche Recht der Legislative erhalten haben, wenn ihnen durchaus kein legales Mittel zusteht, ihre Beschlüsse in Wirksamkeit zu setzen? Dies vermag vielmehr allein der Kaiser. Es heißt im Art. 2 der Verfassung ausdrücklich: „Die Reichsgesetze erhalten ihre verbindliche Kraft durch ihre Verkündigung von Reichswegen, welche mittelst eines Reichsgesetzblattes geschieht," und dann im Art. 17: „Dem Kaiser steht die Ausführung und Verkündigung der Reichsgesetze zu." Durch das Wort „zustehn" wird die Ver=

kündigung, die sonst nur als Pflicht erscheinen könnte, als ein Recht bezeichnet, ein solches aber, und ein sehr bedeutendes sogar, ist sie in der That, wenn man ihre aus Art. 2 ersichtlichen Consequenzen in Betracht zieht. Der Kaiser besitzt kraft dieser beiden Artikel die unbeschränkte Befugniß, den Reichsgesetzen verbindliche Kraft zu verleihen.

Man könnte nun allerdings sagen, dies Recht der Publication sei nur ein Ehrenprivileg, das man dem Kaiser in Rücksicht auf seine Würde eingeräumt habe, diesem Rechte aber stünde, wenn auch unausgesprochen, die unabweisliche Pflicht der Veröffentlichung zur Seite. — Wenn dem so wäre, dann hätte zweierlei geschehn müssen: erstens mußte eine Frist festgesetzt werden, innerhalb deren die Verkündigung zu erfolgen hätte, und zweitens war ein Auskunftsmittel anzugeben für den Fall, daß der Kaiser seine Pflicht versäumte. Nichts davon ist geschehn. Man hat es vollkommen in das Belieben des Kaisers gestellt, ob und wann er die Publication vollziehen wolle und ihm dadurch die Macht in die Hände gelegt, jedes ihm mißliebige Gesetz, solange es ihm gut scheint, oder auch völlig außer Wirksamkeit zu halten. Die Festsetzung eines Termins in dem Gesetze selbst kann hieran nichts ändern und dem Reichsoberhaupt keine Verpflichtung auferlegen, denn der bezügliche, den Termin bestimmende Passus würde ebenfalls erst durch die Publication Gültigkeit erlangen, um dann event. rückwirkende Kraft zu äußern. Darum heißt es auch im Art. 2 weiter: „Sofern nicht in dem publicirten Gesetze ein anderer Anfangstermin seiner verbindlichen Kraft bestimmt ist, beginnt die letztere mit dem 14. Tage ꝛc." Wenn hier das Wort „publicirten" weggelassen wäre, dann hätte man allenfalls schließen können, das Gesetz müsse an dem von ihm selbst bestimmten Tage unter allen Umständen Gültigkeit erlangen und sei der Kaiser zur Veröffentlichung vor diesem Termin gezwungen. Da aber nur von publicirten Gesetzen geredet wird, so ist damit anerkannt, daß die Zeitbestimmung in nicht publicirten Gesetzen völlig ohne Wirkung bleibt, daß also die Publication auch in diesem Fall für den Kaiser nicht obligatorisch ist.

Nun mag es wohl sein, daß Bundesrath und Reichstag bei Genehmigung der Verfassung die Meinung gehegt haben, der Kaiser werde durch dieselbe verpflichtet, jederzeit die von ihnen beschlossenen Gesetze alsbald in Wirksamkeit zu setzen, auch wenn sie seinen Wünschen nicht entsprechen sollten, sonst hätte man nicht für gewisse Fälle und Materien dem Präsidium im Bundesrath eine Art Vetorecht einzuräumen brauchen. Einem Bundeshaupt, dem Mandatar der Einzelregierungen, gegenüber ließ sich diese Meinung vielleicht halten. Er konnte sich mit solcher Stellung ohne Bedenken bescheiden. Bei einem zum Nachfolger der alten Imperatoren, also zum wirklichen Monarchen erhobenen Kaiser lag die Sache anders. Er sah sich vor die Alternative gestellt, entweder die Kaiserwürde nicht als monarchische Würde anzunehmen oder sich, theoretisch wenigstens, die oben entwickelte Anschauung seiner Stellung zur Legislative zu eigen zu machen. Der Inhalt der Proklamation vom 18. Januar zwingt uns zu der Annahme, daß sich Wilhelm I. für das Letztere entschieden habe, denn hier erklärt er, die seit mehr denn 60 Jahren ruhende deutsche Kaiserwürde, also ein rein monarchisches Amt, zu übernehmen.

Und es ist kein Grund zu ersehen, weshalb er vor unserer Auffassung hätte zurückschrecken sollen. Der kaiserlichen Macht sind in der Verfassung so viel unleugbare Beschränkungen auferlegt worden, daß das Reichsoberhaupt sich durchaus nicht verpflichtet zu fühlen braucht, noch weitere mühsam hinzuzuinterpretiren oder auf irgend ein Recht zu verzichten, das ihm der klare Wortlaut der Urkunde zuerkennt, um so weniger, wo dies seine ganze theoretische Rechtsstellung beeinträchtigen müßte. Wenn das Reichsgrundgesetz einige Bestimmungen getroffen hat, die bei unsrer Auffassung als überflüssig erscheinen — jene über das Vetorecht des Kaisers in einzelnen Fällen —, so kann das deren Richtigkeit keinen Abbruch thun. Wir wissen, wieviel unnöthige Rudimente ihrer ursprünglichen Bestimmung die Verfassung enthält, und brauchen uns nicht zu scheuen, auch diese Anordnungen der gleichen Rubrik einzufügen.

Wenn nun die Beschlüsse von Bundesrath und Reichstag verfassungsmäßig schon vor der Publication durch den Kaiser Gesetze genannt werden, so ist das wieder eine Uebertünchung der wahren Rechtsverhältnisse, wie sie uns schon so mannichfach begegnet sind. Es wäre sicherlich richtiger gewesen, diese Beschlüsse offen als Gesetzesvorschläge oder Reichsgutachten zu bezeichnen, denn ein Gesetz, das ohne freiwilliges Zuthun eines weiteren Organs nicht zu wirken vermag, und bis dahin von Niemandem befolgt zu werden braucht, ist eben noch kein Gesetz, ebenso wie ein Vertrag ohne Ratification trotz dieser Bezeichnung rechtlich noch kein Vertrag ist. Ein Gesetz ist ein vom Staatsoberhaupt unter Erfüllung gewisser Bedingungen erlassener Befehl. Solange nun der Inhalt des Befehls noch nicht befohlen ist, solange ist er noch kein Befehl, also auch kein Gesetz. Wird er dennoch amtlich Gesetz genannt, dann hat eben dies Wort seinen Sinn verändert und die Bedeutung von lex, bill oder Reichsgutachten angenommen.

Unsre Auffassung wird durch die übliche Publicationsformel vollkommen bestätigt. Hier constatirt nicht, wie man erwarten sollte, der Kaiser das Bestehen eines von Bundesrath und Reichstag beschlossenen Gesetzes, zu dessen Befolgung Jedermann von nun an verpflichtet sei, sondern er selbst tritt als Gesetzgeber auf. Er verordnet „im Namen des Deutschen Reichs nach erfolgter Zustimmung des Bundesraths und Reichstags, was folgt." Was würde man wohl gesagt haben, wenn ehemals der Kurfürst von Mainz, dem zuweilen die Veröffentlichung von Reichsschlüssen überlassen wurde, in gleicher Form seiner Pflicht genügt hätte, wenn er ein Reichsgesetz als von ihm ausgehende Verordnung „nach erfolgter Zustimmung des Kaisers und der Reichsversammlung" erlassen hätte. Man würde ihn allgemein einer unerhörten Anmaßung geziehen und dagegen energischen Protest eingelegt haben. Und doch lag die Sache damals nicht anders, als sie heute nach der landläufigen Anschauung liegen soll. Nach dieser hat auch der gegenwärtige Kaiser mit der Publication nur eine von den verbündeten Regierungen ihm auferlegte Formalität zu erledigen, hat er nur dem deutschen Volke bekannt zu geben, was die Fürsten und Senate mit Zustimmung des Parlaments beschlossen haben. Mithin müßte es die gleiche Entrüstung hervorrufen, daß er das Gesetz als einen kaiserlichen Befehl erläßt und damit den gesetzgeberischen Akt, der nach dem Wortlaut der Verfassung bereits vollendet sein sollte, in den Moment der Verkündigung verlegt, daß er ferner von einer Zustimmung des Bundesraths spricht, wo dieser doch als Organ der verbündeten Regierungen selbst der Gesetzgeber ist, der sich nur des Kaisers bedient, um seinen Willen dem Volke kundzuthun.

Wenn die Publicationsformel nichtsdestoweniger bisher keinen Anstoß erregt hat, so liegt der Grund einmal darin, daß sich, allen staatsrechtlichen Theorieen zum Trotz, Niemand ganz von dem Gefühl hat losmachen können, der Kaiser sei kein Beauftragter der Regierungen, sondern das wirkliche, legitime Reichsoberhaupt, dann aber ist es die Beifügung der Worte „im Namen des Deutschen Reichs", welche jeden Widerspruch verstummen macht. In letzterem Zusatz glaubt der Particularismus die verbündeten Regierungen als gesetzgebende Gewalt anerkannt zu sehn, indem er diese Regierungen mit dem Ausdruck „Reich" identifizirt. Es ist zu fragen, ob hierzu eine Berechtigung vorliegt.

Falls die Bezeichnungen „Reich" und „verbündete Regierungen" einander gleichzusetzen sind, so ist die Erwähnung des Bundesraths als dem Gesetze zustimmend entschieden incorrect, denn der Bundesrath als Organ der Einzelstaaten ist es eben, der das Gesetz mit Bewilligung des Reichstags erläßt. Er kann nicht seiner eigenen Handlung zustimmen. Da er nun nach Art einer parlamentarischen Körperschaft angeführt wird, so muß dem Worte „Reich" eben eine andre Bedeutung unterliegen und welche das ist, läßt sich aus seiner Entstehung leicht erkennen.

Im Norddeutschen und dann im projectirten Deutschen Bunde, wo das Bundesoberhaupt als solches keinen besonderen Titel führte, mußte man irgendwie hervorheben, daß der König von Preußen nicht als solcher, sondern in seiner Eigenschaft als Leiter des Bundes rede, darum ließ man in allen Anordnungen und Verfügungen seinem Titel den Ausdruck „im Namen des Norddeutschen resp. Deutschen Bundes" folgen. Man wollte nun bei Erhebung der Bundesverfassung zum Reichsgrundgesetz möglichst wenig ändern, und so blieb denn der Passus des Art. 17 stehn, welcher besagte: „Die Anordnungen und Verfügungen des Kaisers werden im Namen des Bundes erlassen," nur daß man das Wort „Bund" in „Reich" verwandelte. Da das Reichsoberhaupt nunmehr den Titel Kaiser führte und bei preußischen Gesetzen und Verordnungen diese Bezeichnung nicht in Aufnahme kam, so war der besagte Zusatz offenbar nicht mehr nöthig, aber seine Abschaffung hätte sicherlich Schwierigkeiten verursacht und Prinzipienfragen aufgerührt, was man bei der Kürze der Zeit um jeden Preis vermeiden mußte. So war es besser ihn nicht anzutasten, und wenn einmal, wie es ja dem Sinn und Wortlaut der Verfassung entspräche, der Kaisertitel auch bei preußischen Angelegenheiten Anwendung finden sollte, dann würde der Ausdruck „im Namen des Reichs" wieder völlig am Platze sein.

Da nun die Partikularisten und die Anhänger der Bundestheorie die Publicationsformel nur wegen des besprochenen Zusatzes als zulässig gelten lassen, so muß dem gegenüber hervorgehoben werden, daß gerade dieser Zusatz unsre Anschauung stützt, nach welcher der Kaiser der wichtigste Faktor der Legislative und der Form nach der eigentliche Gesetzgeber ist. Es heißt in Art. 17: „Die Anordnungen und Verfügungen des Kaisers werden im Namen des Reichs erlassen.“ Wenn diese Vorschrift bei der Gesetzespublication stricte angewendet wird, so stellen sich damit die Gesetze als Verfügungen oder Anordnungen des Kaisers dar. Dies würde nicht der Fall sein, wenn die Formel lautete: „Wir Wilhelm 2c. verkünden hiermit im Namen des Reichs das nachfolgende vom Bundesrath nach Zustimmung des Reichstags beschlossene Gesetz,“ denn die Verkündigung ist eine Anordnung, die in des Kaisers Competenz fällt, und keine Gesetzgebung. Der Kaiser verordnet aber direct den Inhalt des Gesetzes im Namen des Reichs und setzt ihn dadurch in Wirksamkeit, somit stellt er die Legislative auf gleiche Stufe mit seinen sonstigen Verordnungs- und Verfügungsrechten und begreift sie in seine reichsoberhauptliche Competenz, die nur hier insofern beschränkt ist, als er zu ihrer Ausübung der Zustimmung zweier Körperschaften bedarf. Des Kaisers Wille dokumentirt sich unter Erfüllung gewisser Bedingungen als Staatswille.

Der Ausdruck „im Namen des Reichs“ bedeutet also nichts anderes als „in der Eigenschaft als Oberhaupt, Leiter oder Organ des Reichs“, und erscheint somit bei der Gesetzgebung gleich wie bei andern kaiserlichen Regierungshandlungen nicht der Bundesrath oder die Gesammtheit der Regierungen, sondern ausschließlich der Kaiser als Handelnder, genau wie in den Ratificationsdecreten und legislatorischen Urkunden des alten Reichs. Der Bundesrath, d. h. das einzige Organ, durch welches sich der Gesammtwille der Regierungen auszudrücken vermag, wird mit dem Parlament hierbei auf eine Stufe gestellt als ein Faktor der Gesetzgebung, dessen Zustimmung der Kaiser vor Erlaß der Gesetze einzuholen verpflichtet ist[2]).

---

[2]) Daß dem Bundesrath wirklich keine höhere Stellung zukommt, erhellt schon aus seiner Verwendung in der Landeslegislative von Elsaß-Lothringen. Hier ist notorisch, auch nach Ansicht der Bundestheoretiker, der Kaiser der Gesetzgeber, da ihm, wie diese meinen, die Staatsgewalt zur Ausübung übertragen ist. Dennoch ist ihm der Bundesrath als zweites Organ beigeordnet und somit als eine Art Oberhaus gekennzeichnet (vgl. II Kap. 10). Windthorst machte in der Debatte über das Gesetz vom 9. Juni 1871 (Angliederung Elsaß-Lothringens)

Somit entspricht die Publicationsformel durchaus unsrer Auffassung. Der Kaiser wirkt zwar nur im Bundesrath an der Herstellung der Gesetze mit, aber er allein verleiht ihnen ihre Kraft und macht sie dadurch de facto erst zu Gesetzen, ohne verfassungsmäßig zu dieser Handlung angehalten werden zu können.

Wenn nun die Berechtigung des Kaisers, Gesetzen die Verkündigung zu verweigern oder über das Maß zu verzögern, von den meisten deutschen Regierungen und Rechtsgelehrten scharf bestritten werden, ihre Ausübung der Reichsleitung ein schweres Odium zuziehn dürfte, so wird es deshalb doch wohl niemals zu einem Conflicte kommen, da der Kaiser kaum nöthig haben wird, zu diesem äußersten Mittel zu greifen. Einmal liegt es nicht im Wesen von Bundesrath und Reichstag, Gesetze zu beschließen, die den Wünschen und Plänen der Centralregierung so entschieden zuwiderliefen, wenn aber hierzu unter abnormen Umständen doch einmal die Gefahr vorläge, so stehen dem Kaiser als Reichsoberhaupt, unmittelbarem Beherrscher von zwei Drittheilen des Reichs und Inhaber von 17 Bundesrathsstimmen genügende Mittel zu Gebote, um die Annahme solcher Gesetze zum mindesten im Bundesrath zu verhüten. Seit Wiederaufrichtung des Reiches ist es nur einmal vorgekommen, daß eine wichtigere Gesetzesbestimmung gegen Willen und Votum des Präsidiums in beiden Körperschaften durchgegangen ist, die Legung des Reichsgerichts nach Leipzig, und auch hier wäre es ein leichtes gewesen, die wenigen fehlenden Stimmen zu gewinnen. Die Reichsregierung wollte aber gerade ihre Geneigtheit dokumentiren, den Wünschen der Partikularstaaten gerecht zu werden, und so wurde der Beschluß nicht gehindert und ohne Anstand als Gesetz bekannt gegeben. Dies Gesetz war also nicht minder ein Ausdruck des kaiserlichen Willens. Sonach hat die Frage, ob der Kaiser zur Publication gezwungen ist, für die Praxis wenig Bedeutung, für seine theoretische Position im Reiche aber und seine rechtliche Beziehung zu den vormaligen Beherrschern Deutschlands war sie ohne Zweifel von hoher Wichtigkeit.

---

hierauf aufmerksam, indem er äußerte, die betreffende Bestimmung sei geeignet, „das Verhältniß von Kaiser und Bundesrath zu verwischen, den Kaiser in dieser Frage vom Bundesrath abzulösen, den Bundesrath in Sachen von Elsaß-Lothringen herabzudrücken in die Rolle einer ersten Kammer" (Sten. Bericht v. 20. Mai 1871). Es ist trotzdem bei dieser Anordnung geblieben, weil eben die wahre Stellung des Bundesraths auch in der Reichsgesetzgebung keine andere ist, als die einer ersten Kammer.

Die Stellung des Reichsoberhauptes zur Legislative ist also nach der Verfassung von 1871 im Grunde durchaus analog derjenigen, welche die ehemaligen Kaiser innegehabt haben, sobald man diese Verfassung als ein Staatsgrundgesetz und nicht als eine Bundesakte auffaßt. Aber auch auf andern Gebieten des Staatslebens tritt uns die höchste Gewalt mit ähnlicher Machtfülle begabt entgegen, wie sie vor dem Interregnum der Theorie nach besessen hatte, nur daß sie heutzutage ihre Competenz in unvergleichlich freierer und ergiebigerer Weise auszuüben vermag. Es ist bei dieser Gelegenheit von neuem hervorzuheben, daß die Wahlcapitulationen keine Reichsgesetze waren, sondern nur für die Dauer der Regierung des betreffenden Kaisers vertragsmäßige Gültigkeit hatten, mit dem sie abgeschlossen waren. Wenn man demnach die kaiserliche Competenz im Allgemeinen feststellen will, so muß man von dem Inhalt jener Wahlverträge vollkommen absehen, war doch die Gültigkeit des letzten von ihnen mit der Abdankung Franz' II. oder streng genommen mit der Wahl Wilhelms I. erloschen. Wir haben uns nur an die wirklichen Gesetze zu halten, vornehmlich an den Westphälischen Frieden und spätere Reichsschlüsse.

Allerdings ist der Brauch, solche Wahlabkommen zu treffen, ein Charakteristikum des alten Reichs, dessen völlige Beseitigung als gewaltsamer Abbruch einer Entwicklung erscheinen könnte, aber wir haben gesehn, daß auch bei der Erhebung Wilhelms I. eine Wahlcapitulation aufgestellt worden ist, in Gestalt der Novemberverträge und der in ihnen enthaltenen Verfassung, ja daß durch diese erste beständige, d. h. zum Reichsgesetz gewordene Capitulation eine Bestimmung des Westphälischen Friedens (Art. VIII § 3) und der gebräuchlichen Capitulation selbst[3]) ihre endliche Erfüllung gefunden hat.

Es sind nun, abgesehen von der Legislative, namentlich vier Richtungen, in denen ehemals des Kaisers amtliche Thätigkeit sich bewegte: er erschien als Vertreter des Reichs dem Ausland gegenüber, als oberster Lehnsherr, als Leiter der Kriegsmacht und als höchster Richter. Suchen wir den geplanten Vergleich in diesen verschiedenen Beziehungen durchzuführen.

Was zuerst die Vertretung nach außen betrifft, so ist darüber nicht viel zu sagen. Sie stand schon ehemals dem Kaiser im All-

[3]) W. C. Franz' II. Art. XXX § 2, vgl. S. 144.

gemeinen zu, nur war er verpflichtet zum Abschluß von Bündnissen, Kriegserklärungen und Friedensschlüssen die Zustimmung des Reichstags einzuholen. Demgegenüber sind die Befugnisse des heutigen Reichsoberhauptes noch ein wenig erweitert worden. Nicht zu allen Bündnissen, sondern nur zu denjenigen ist die Einwilligung des Bundesraths erforderlich, deren Materien in das Ressort der Reichsgesetzgebung gehören; außerdem ist der Kaiser zum selbständigen Abschluß des Friedens berechtigt. Man wird nicht sagen können, daß diese Abweichungen prinzipieller Natur sind.

Etwas anders liegt die Sache bei der oberlehnsherrlichen Stellung des Kaisers. Von dieser muß man zugestehen, daß sie im neuen Reiche vollständig in Wegfall gekommen ist. Es giebt nach der Verfassung kein Lehnrecht mehr im politischen Sinne, diese Art der Unterordnung der Reichsstände unter den Kaiser nebst den ganzen damit verbundenen Ceremonieen hat aufgehört für alle Zeiten. Es ist nun zu fragen, ob hierin eine fundamentale Aenderung zu erkennen ist.

Auf den ersten Anblick möchte man zu dieser Annahme geneigt sein, denn mit der Aufhebung des Lehnsverhältnisses scheint doch eine Abwandlung der Rechtsbeziehung zwischen Kaiser und Ständen von Grund aus eingetreten zu sein. Früher schrieben sich die Besitztitel und Hoheitsrechte der Fürsten von der Person des Ersteren her, jetzt besitzen sie dieselben nur kraft ihres Erbrechtes unter dem Schutze des Reiches; früher war der Kaiser Grundherr aller deutschen Lande, von Seiten des Kaiserthums waren die Territorien einzelnen Personen und Familien für die Dauer ihrer Existenz zur Verwaltung und Nutznießung überlassen unter Wahrung der Befugniß, sie unter Umständen zurückzufordern und anderweitig zu vergaben, jetzt haben der Kaiser und seine Minister ausdrücklich geleugnet, eine Landeshoheit über das Reich zu besitzen, und dies durch den neuen Titel ausgedrückt[4]), auch ist ein Heimfall der

[4]) Kaiser Friedrichs Tageb. 17. Jan. „Bismarck sucht zu beweisen, daß ‚Kaiser von Deutschland‘ eine Territorialmacht bedeute, die wir über das Reich gar nicht besäßen, während ‚Deutscher Kaiser‘ die natürliche Consequenz des Imperator Romanus sei. Wir (der König und Kronprinz) mußten uns fügen . . . . . .“ Es bedarf keines Beweises, daß diese Unterscheidung des Bundeskanzlers, mit der er sein Zugeständniß an Bayern mundgerecht machen wollte, vor der Wissenschaft nicht bestehen kann. Der Kaiser ist entweder Souverän des Reiches oder nicht, im ersteren Fall entsprechen beide Titel, im letzteren keiner von beiden den realen Verhältnissen.

Territorien unmöglich. Die Succession in den Einzelstaaten erfolgt gemäß den von ihnen selbst gegebenen Gesetzen unter Aufsicht des Reiches d. h. aller Reichsorgane.

Und doch ist diese scheinbar so umfassende Aenderung als ein geringfügiger Fortschritt in der Entwicklung des kaiserlichen Amtes zu erweisen. Die rechtlichen Verhältnisse lagen bereits zur Zeit des alten Reichs nicht viel anders, als heutzutage. Allerdings bestand noch die Idee, als seien die Fürstenthümer ein zeitweise ausgeliehener kaiserlicher Besitz, und diese Fiction wurde genährt durch die reichsgrundgesetzlich erforderlichen Neubelehnungen nach dem Tode eines Kaisers oder eines Lehnsträgers, aber es war eben nur eine Fiction. Das betreffende Land befand sich nicht allein dauernd im Besitz seines Herrscherhauses, sondern die meisten dieser Häuser hatten ihr Territorium durch legal zustandegekommene Erbverträge auch gegen künftige Eingriffe der Reichsgewalt sichergestellt. Somit konnte ein Heimfall an den Kaiser als beinahe ausgeschlossen gelten, und wenn der Fall wirklich einmal eintrat, dann war eine Neuvergabung ohne Zustimmung der Reichsversammlung nicht angängig, jedenfalls ist dies in den letzten Jahrhunderten niemals mehr geschehn.

Wo ist unter solchen Umständen noch eine Abweichung von dem gegenwärtig bestehenden Rechtsverhältniß zu entdecken? Auch heute vererbt sich die Territorialhoheit in den fürstlichen Familien und geht beim Aussterben den Haus- und Landesgesetzen gemäß auf andre Geschlechter über, auch heute steht, im Falle diese letzteren keine Bestimmungen getroffen haben, dem Kaiser im Verein mit den Reichsorganen die freie Verfügung über das betreffende Territorium ohne Zweifel zu, wenn auch, oder vielmehr gerade weil die Reichsverfassung nichts darüber bestimmt. Was aber die Formalität der Neubelehnung betrifft, so war diese schon in den letztverflossenen Jahrhunderten vollkommen irrelevant und nur als Rudiment früherer Zustände zu betrachten. Severinus a Monzambano (S. v. Pufendorf) sagt darüber in der Schrift „De statu imperii germanici“ § 28: „Auch beeinträchtigt der Umstand, daß sie (die Fürsten) ihre Länder von Kaiser und Reich zu Lehen tragen, ihre Stellung nicht. Denn da sie dieselben nach Erbrecht besitzen, so hat, wie es auch um die erste Erwerbung der Territorien stehn mag, die Belehnung doch jetzt nur die Bedeutung einer Ceremonie, nicht die einer wahren Verleihung, da sie ja Niemandem verweigert werden darf, der sie innerhalb der vorgeschriebenen Zeit nachsucht[5])."

Durch den Akt der Belehnung trat keinerlei Aenderung in der staatsrechtlichen Stellung des Lehnsempfängers ein, denn schon vorher war er zur Ausübung aller seiner Rechte befugt. Wäre dies nicht der Fall gewesen, so hätten ja z. B. die Kurfürsten niemals einen Kaiser zu wählen vermocht, als bei Lebzeiten des Vorgängers, denn durch den Tod des Lehnsherrn galt die Belehnung ebensogut für erloschen, wie durch den Hingang des Lehnsträgers.

Sonach bedeutete die Abschaffung dieser ganzen Einrichtungen und Gebräuche nur eine Beseitigung von Reminiscenzen vergangener Epochen und nicht eine wirkliche, fundamentale Aenderung bestehender staatsrechtlicher Beziehungen und Verhältnisse. Ihre Ausscheidung aus dem heutigen Staatsrecht war aber durchaus nothwendig, weil das neue Reich, um Bestand zu haben, ein moderner Staat werden mußte, und sich jene feudalen Ideen des Mittelalters unmöglich in den Rahmen eines solchen einfügen ließen.

Die dritte Materie, auf welche sich die kaiserliche Gewalt ehemals erstreckte, war das Kriegswesen. Es muß natürlich von den gewaltigen thatsächlichen Unterschieden zwischen den damaligen und heutigen Wehrverhältnissen abgesehen werden. Wir haben hier nur die rechtliche Seite der Sache zu beleuchten und zu untersuchen, ob die Befugnisse der ehemaligen Kaiser über das, was man damals bewaffnete Macht des Reiches nannte, ungefähr dieselben waren, wie die der gegenwärtigen Kaiser über unser Reichskriegsheer. Die betreffenden Competenzen lassen sich wohl vergleichen, denn damals wie heute stand dem Reichsoberhaupte, sobald einmal der Krieg erklärt war, die freie Verfügung über die gesammten, den Gesetzen gemäß zusammengebrachten und organisirten

---

[5]) Ebenso Leist, Lehrb. d. teutschen Staatsrechts. Gött. 1805 S. 87: „Uebrigens bringt die Lehnverbindung, worin die Landeshoheit sich befindet, in dem Wesen und Umfange derselben nicht die geringste Veränderung hervor." Auch steht in dem damals vorgeschriebenen Lehnseid (s. Pütter a. a. O. S. 72) nichts, wozu sich nicht die heutigen Reichsfürsten ebenfalls verbunden erachten müssen. Auch sie dürfen nichts gegen des Kaisers Person, Ehre, Würde und Stand vornehmen oder in solche Unternehmungen willigen, auch sie sind verpflichtet des Kaisers und Reichs Ehre und Nutzen zu fördern und gegentheilige Handlungen zu hindern, sowie seinen Anordnungen, soweit es die Verfassung verlangt, zu gehorchen.

Streitkräfte zu, und damals wie heute war die Bestimmung der Truppenzahl von der Geldbewilligung der andern Reichsorgane abhängig.

Ein bemerkenswerther Unterschied ist nur darin zu erblicken, daß es ehemals neben der Reichsarmee noch Territorialheere gab, die, von den einzelnen Fürsten unterhalten, völlig unabhängig vom Kaiser bestehen und agiren durften. Die Berechtigung hierzu basirte nicht auf einem Reichsgesetz, sie war immer vorhanden gewesen und ihnen niemals abgesprochen worden. Auch der Westphälische Frieden nimmt sie als bestehend an, denn wenn er Art. 8, § 2 den Ständen das Bündnißrecht einräumt, so muß er voraussetzen, daß sie sich im Besitz von eignen Streitkräften befinden. Die ganze Einrichtung ist wieder als ein Recht des alten Feudalstaats zu betrachten, in welchem jeder Große seine eignen Kriegsleute in einer dem Umfang seines Lehns entsprechenden Menge besaß, um sich selbst vertheidigen und gegebenen Falls dem König mit einem bestimmten Theil derselben zu Hülfe ziehn zu können. Auch in andern europäischen Staaten hatten bis in die neuere Zeit hinein derartige, vom Herrscher unabhängige und oft im Gegensatz zu ihm verwendete Truppenkörper bestanden, nur hatten sie sich hier nicht zu solchen Heeren entwickelt, wie in Deutschland und bei weitem nicht so lange erhalten.

In das neue Reich konnten natürlich dergleichen veraltete und unbrauchbare Wehrverhältnisse nicht übernommen werden, sie würden seinen Fortbestand bald in Frage gestellt haben, aber man hat doch bei Erhöhung der kaiserlichen Befugnisse möglichst den bisherigen Zuständen Rechnung getragen. Es geschah dies dadurch, daß man die ganzen Einzelheere, nicht wie bisher gewisse Theile derselben zu einem einheitlichen Reichsheer vereinigte, ohne sie selbst in ihrem Verbande zu trennen, und daß man dieses Heer, den Erfordernissen der Gegenwart entsprechend, auch im Frieden fortbestehen ließ. Es lag hierin allerdings eine bedeutende Steigerung der kaiserlichen Machtvollkommenheit auf militärischem Gebiet, aber doch keineswegs eine radicale Umwandlung, denn gerade auf der Entwicklung der Einzelheere, wie sie sich in der letzten Zeit des alten Reiches gestaltet hatte, basirte das neue Reichsheer in einer ähnlichen Weise, wie sich einst die Reichsarmee darauf gegründet hatte. Daß außerdem der größte Bundesstaat, Preußen, durch Specialverträge fast alle kleineren Contingente in den Verband des seinigen aufgenommen hatte, resp. aufnahm, und in der Weise nur noch vier einigermaßen selbständige Heereskörper übrigblieben, ist eine Sache für sich und für unsre Frage ohne Bedeutung, denn nicht die Reichsverfassung, sondern die genannten Verträge haben diesen Zustand herbeigeführt.

Was ferner viertens die Stellung des Kaisers als höchsten Richters im Reiche betrifft, so waren seine diesbezüglichen Befugnisse in den letzten Jahrhunderten bereits sehr reducirt worden. In der Fiction galt er allerdings noch immer als Quelle alles Rechts, aber thatsächlich und rechtlich war ihm nur noch die Urtheilsbestätigung und ein gewisser Einfluß auf die Zusammensetzung des Reichskammergerichts geblieben, namentlich die Ernennung des Präsidenten, sowie einer Anzahl Richter und Assessoren, sodaß er im Ganzen eher noch etwas weniger Competenzen in dieser Hinsicht besaß, als das heutige Reichsoberhaupt dem Reichsgericht gegenüber. Im ehemaligen Reichshofrath allerdings war der persönliche Einfluß des Kaisers ein ganz überwiegender, denn die im Westphälischen Frieden (Art. V § 56) angeordneten Visitationen von Seiten des Kurerzkanzlers kamen niemals zur Ausführung. Die völlige Aufhebung dieser Institution könnte als eine wesentliche Einschränkung der kaiserlichen Machtvollkommenheit aufgefaßt werden. Allein es ist zu bedenken, daß dies eine an die Person des Kaisers geknüpfte Einrichtung war, die mit seinem Tode von selbst aufhörte. Bei der Thronbesteigung des Nachfolgers wurde sie neu geschaffen, und zwar durch den Kaiser und allein aus seiner Initiative. Ihre Nichteinführung in das heutige Reich darf also keineswegs als Beseitigung eines zu Recht bestehenden Instituts, sondern nur als Unterlassung einer Gründung aufgefaßt werden, zu der dem Kaiser das Recht zugestanden hätte. Diese Unterlassung entsprach allerdings dem Sinn der neuen Verfassung und war in Folge dessen für den auf diese Verfassung verpflichteten Kaiser obligatorisch.

Es ist nach vorstehenden Ausführungen nicht einzusehn, warum das heutige Kaiserthum eine von dem früheren prinzipiell verschiedene Institution sein soll. Seine Competenz ist nicht wesentlich eingeschränkt, aber auch nicht wesentlich erweitert worden, denn im Bundesrath besitzt der Kaiser nur eine seinem gegenwärtigen Territorialbesitz ungefähr entsprechende Stimmenzahl, wie sie ihm auch nach altem Reichsrecht nicht hätte bestritten werden können, wenn dieser Besitz einmal als rechtmäßig anerkannt worden wäre. Oesterreich ist ehemals oft auf dem Wege gewesen, durch Erwerbung von großen reichsständischen Territorien einen gleichen Einfluß zu erlangen. Durch diese hochgesteigerte Einwirkung auf das zweite Reichsorgan, durch seine von der gegenwärtigen Dynastie ihm zugeführte materielle Macht ist freilich das Kaiserthum zu ganz neuer Bedeutung gelangt, sodaß in ihm kaum noch das alte reichsoberhauptliche Amt wiederzuerkennen ist, formell staatsrechtlich betrachtet aber weist es dieselben Züge, die gleichen Kriterien auf, so daß die Identität beider auch an der Hand der Reichsverfassung nicht bestritten werden kann.

Wenden wir uns nun dem Organ der Partikulargewalten zu und suchen wir bei ihm den entsprechenden Nachweis zu führen.

Sechstes Kapitel.

Die allgemeine Reichsversammlung und der Bundesrath.

Als wir im 9. Kapitel des 1. Theils die Erhebung der vertragsmäßig zu Recht bestehenden Verfassung zum Reichsgrundgesetz besprachen, gingen wir von der Voraussetzung aus, daß dem damals zu diesem Zweck zusammenberufenen Bundesrath in seiner Gesammtheit die Competenz einer allgemeinen Reichsversammlung im alten Sinne des Worts innewohnte, daß der Kaiser demnach durch die Zustimmung dieser Körperschaft in Stand gesetzt wurde, die genannte Verfassung in legaler, reichsrechtlich unanfechtbarer Weise zum Fundamentalstatut des wiederhergestellten Gesammtstaats zu erklären. Wir constatirten indessen damals, daß nur eine annähernde Stimmeneinhelligkeit diese Competenz über allen Zweifel erheben konnte und erhoben hat, denn erst bei einer solchen erschien der Bundesrath als Vertreter der Majoritäten aller Collegien des alten Reichstags in seiner letzten rechtsgültigen Zusammensetzung. Er war eben nur ein Ueberrest dieses Organs, seine Beschlußfähigkeit bedurfte, um unbestritten dazustehn, erst eines zahlenmäßigen Nachweises. Der nächste Bundesrath dagegen und seine Nachfolger trugen einen weit anderen Charakter.

Der rechtmäßig gewählte Kaiser hatte die Befugniß, mit comitialer Zustimmung, d. h. mit Zustimmung jener fragmentarischen

Reichsversammlung, die schon den Namen Bundesrath angenommen hatte, die Einrichtungen des Reiches in jeglicher Weise umzuwandeln, und so stand es ihm unter der genannten Voraussetzung auch zu, die Reichsversammlung selbst in eine neue Form zu gießen und mit einem neuen Namen zu belegen. Dies geschah durch den Erlaß der Reichsverfassung. Von dem Moment an war der Bundesrath nicht mehr ein Fragment des alten Reichstags, sondern ein vollkommenes Reichsorgan, das der Verfassung gemäß, also im Allgemeinen durch Majorität, seine Beschlüsse faßte und die in diesem Grundgesetz festgelegten Rechte ausübte. Somit kann man nicht eigentlich sagen, der alte Regensburger Reichstag sei wiederhergestellt und unter verändertem Namen nach Berlin verlegt worden, vielmehr ist die Sache so zu verstehn, daß man durch Reichsgesetz neue, umfassende Anordnungen getroffen hat, in welcher Form, für welche Angelegenheiten und mit welcher Wirkung die Reichsstände, jetzt Regierungen genannt, ihren Willen kundzugeben berechtigt sein sollen. Früher geschah dies in dem unbehülflichen Modus des Regensburger Reichstags, jetzt hat man die ungleich einfachere und schneller functionirende Form des Bundesraths gewählt. Die eine ist zwar unter Mitwirkung der andern, aber nicht aus ihr entstanden, und sind sie deshalb keineswegs zu identifiziren, beiden indessen liegt derselbe Gedanke, derselbe Zweck zu Grunde, den Willen der Reichsglieder in einer ihrer Bedeutung entsprechenden Weise zum Ausdruck zu bringen.

Ein wesentlicher Unterschied zwischen ihnen ist nur darin zu erkennen, daß die alte Ordnung in Jahrhunderte langer, gewohnheitsrechtlicher und legislatorischer Entwicklung zustande gekommen ist, während das neue ständische Organ einem einzigen gesetzgeberischen Akt seine Entstehung verdankt. Dennoch wird sich der Bundesrath in ungezwungener Weise als Glied in die Entwicklungskette einreihen lassen.

Nicht möglich wäre eine solche Eingliederung, wenn z. B. das genannte Organ nach Art eines Herrenhauses[1]) gleichzeitig aus erblichen, ernannten und gewählten Mitgliedern gebildet wäre, oder wenn die Regierungsdelegirten, aus denen es bestände, nach freiem Ermessen ohne Rücksicht auf Instructionen votiren dürften. In so

[1]) Pläne dieser Art sind in Versailles aufgetaucht. Vgl. Kais. Friedr. Tageb.

fundamentaler Weise wichen die meisten Körperschaften dieser Art, die man bei den verschiedentlichen Versuchen einer Reichserneuerung projectirt hatte, von der alten, legalen Reichsversammlung ab.

Wie anders unser Bundesrath. Er ist wieder, gleich dem ehemaligen Reichstag, ein Organ der Territorialfürsten und städtischen Magistrate, seine Mitglieder sind wie bei jenem als Abgesandte streng an Instructionen gebunden. Die Gleichartigkeit beider Institutionen läßt sich nicht besser hervorheben, als mit den Worten Laband's, der sonst in der Auffassung des Reichs durchaus nicht auf unsrer Seite steht. Er sagt:[2])

„Will man Vergleichungen zum besseren Verständniß der Natur des Bundesraths verwerthen, so bietet sich hierzu der Reichstag des alten Deutschen Reiches dar. Freilich thatsächlich kann die Verschiedenheit zwischen beiden Körperschaften größer kaum gedacht werden, als sie wirklich ist; in seinem juristischen Wesen aber entsprach der alte Reichstag dem jetzigen Bundesrath, denn er war einerseits ein Willensorgan des Reichs, als des souveränen deutschen Staates, nnd andrerseits kamen in ihm die individuellen Mitgliedschaftsrechte der Glieder des Reichs, der Stände, zur Geltung und Ausübung. In dem Bundesrath sind diese beiden hervorgehobenen Functionen mit einander zwar in enge Verbindung und Wechselwirkung gesetzt; für die theoretische Erkenntniß seines juristischen Wesens aber ist ihre begriffliche Unterscheidung geboten."

Es ist hierzu nur zu bemerken, daß jene thatsächliche große Verschiedenheit weniger in der abweichenden Organisation, als in der durch die Territorialverschiebungen bedingten neuen Stimmvertheilung, — d. h. in dem Uebergewicht des Kaisers — sowie in den modernen Verkehrsverhältnissen zu suchen ist. Wenn dem Reichsoberhaupt heute wie ehemals nur wenige, vielleicht 4—6 Stimmen zukämen und keine solch hohe reale Macht dahinterstände, dann würde heute die Zwietracht und Unproductivität nicht so unvergleichlich geringer sein. Desgleichen, wenn wir keine Eisenbahnen und Telegraphen hätten, und nach jeder Vorlage den Mitgliedern eine lange Frist zur Instructionseinholung belassen werden müßte, dann würde auch der jetzige Bundesrath als ein äußerst schwerfälliger Apparat erscheinen. Schnellarbeitende Ge-

[2]) I S. 218.

sandtenconferenzen sind eben erst durch die neuen Erfindungen auf dem Gebiete des Verkehrswesens möglich geworden. Ein völliges Zurückfallen in die alte Unthätigkeit hätte freilich die Rücksicht auf das daneben tagende Parlament nicht zugelassen.

Trotz der hervorgehobenen Gleichartigkeit von Reichsversammlung und Bundesrath zeigen sie doch auch bedeutende Unterschiede in der Organisation, die einer Rechtfertigung bedürfen, so namentlich die ehemals vorhandene, jetzt in Wegfall gekommene Eintheilung in Collegien. Der Bundesrath erscheint nicht als vollständiger Reichstag, sondern mehr wie ein umgeformter, theils erweiterter, theils verengerter Fürstenrath. — Wie läßt sich das motiviren?

Die Aufhebung des Städteraths hatte sich, wie früher (S. 33) dargelegt, bereits in dem letzten Stadium des alten Reichs als nothwendig bevorstehend gezeigt. Seine endliche Verschmelzung mit dem zweiten Colleg darf also als regelmäßige Fortbildung der ehemaligen Verfassung betrachtet werden.

Weniger einfach stellt sich die Sache beim Kurfürstenrath. Die Aufhebung der Wahlordnung brauchte seine Beseitigung nicht zu bedingen, konnte er doch unter verändertem Namen seine Thätigkeit wieder aufnehmen. In diesem Falle hätte der Kaiser als Inhaber der alten Kurlande Brandenburg, Braunschweig und Hessen drei Stimmen, Bayern, Sachsen, Württemberg und Baden je eine Stimme geführt; ein ganz passendes Verhältniß, indem der Erstgenannte bei solcher Zusammensetzung zwar überwiegenden Einfluß, aber noch nicht die absolute Majorität besessen haben würde. Womit läßt es sich nun vertheidigen, daß diese, scheinbar so leicht zu bewerkstelligende Erneuerung des ersten Reichstagscollegiums nicht vollzogen worden ist?

Daß die Scheidung der alten Reichsversammlung in mehrere für sich votirende Gruppen nicht zum ursprünglichen Wesen derselben gehörte, geht schon daraus hervor, daß sie bis in's 15. Jahrhundert stets in gemeinsamer Sitzung berieth. Erst da fingen die Kurfürsten in Consequenz der im 14. Jahrhundert geschlossenen Einungen an, sich zu gesonderter Berathung und Beschlußfassung zu versammeln, und ihrem Beispiele folgten später die immediaten Städte nach. Dennoch ist diese Dreitheilung durch grundgesetzliche Fixirung und mehrhundertjährigen Bestand zu einer hervorstechenden Eigenthümlichkeit des gesetzgebenden Körpers geworden, deren Beseitigung als eine tiefgreifende Abwandlung zu gelten hat. Sie muß und kann in andrer Weise begründet werden.

Der eigentliche Sinn der ganzen Organisation des Reichstags war offenbar der, daß ausschließlich die Wahlfürsten in dem ersten Colleg zu berathen und zu beschließen hatten und ausschließlich die übrigen reichsständischen Fürsten in dem andern. So waren es wirklich zwei unabhängige, scharf geschiedene Körperschaften. Dieser Sinn ging immer mehr verloren, als die Kurfürsten durch Erbschaft, Cession, Verleihung auch in den Besitz von kleineren Gebieten kamen, auf welchen Fürstenrathsstimmen ruhten. Jetzt gewannen sie das Recht, auch in diesem Collegium mitzurathen und ihre Machtstellung brachte es mit sich, daß ihr Einfluß schließlich der überwiegende wurde. So besaßen vor 1803 Oesterreich-Böhmen zwei Fürstenrathsstimmen, Pfalz-Bayern 6, Sachsen eine alternirende, Brandenburg 8, Braunschweig-Lüneburg 6 und die geistlichen Kurfürsten waren fast regelmäßig auch im Besitz von andern reichsständischen Pfründen.[3]) Außer den letztgenannten wurden also 23 Vota von 100 durch kurfürstliche Gesandte abgegeben. Und noch weit mehr verschob sich das Verhältniß zu Gunsten der Electoren durch die Wandlungen des Jüngsten Reichsschlusses. Jetzt führten der Kurerzkanzler eine, Oesterreich-Böhmen 3, Pfalz-Bayern 9, Sachsen eine alternirende, Brandenburg 11, Braunschweig-Lüneburg 7, Württemberg 2, Baden 6, Hessen 2 und Salzburg 3 Stimmen im zweiten Colleg des Reichstags, macht zusammen 43—44 Stimmen von 82 vorhandenen, also schon die absolute Majorität.

Nun hatten sich bereits im vorigen und vorletzten Jahrhundert viele der unter einem Herrscherhaus vereinigten reichsständischen Territorien ohne Einspruch des Reichs zu geschlossenen politischen Körpern umgebildet, in denen die ursprünglichen Bestandtheile staatsrechtlich kaum noch auseinandergehalten zu werden vermochten. Vornehmlich einzelne Kurfürsten hatten jene kleineren Gebiete, auf denen Fürstenrathsstimmen ruhten, ihren Kurlanden unlösbar angegliedert, und so erschien die Scheidung der betreffenden Territorien als gesonderte Reichsglieder mit gesondertem Stimmrecht in verschiedenen Collegien des Reichstags schon in der letzten Zeit vor

---

[3]) z. B. führte Trier stets die Stimme der ihm incorporirten Probstei Prüm.

dem Interregnum als eine Absurdität, die nur deshalb nicht beseitigt wurde, weil der Reichstag sich damals in einem Zustand der Agonie befand und kaum noch zu rechtsgültigen Beschlüssen fähig war.

Der erwähnte Verschmelzungsprozeß nahm seinen Fortgang und vollendete sich während des Interregnums. Seine unabweisbare Consequenz war es, daß man entweder unter Festhaltung der Eintheilung in Collegien den Nebenlanden der Kurfürstenthümer ihr Stimmrecht entzog und festsetzte, ein und derselbe Fürst dürfe nur in einem der beiden Räthe vertreten sein, oder daß man den alten, einheitlichen Reichstag wiederherstellte und jedem Fürsten eine dem Umfang seiner Gebiete entsprechende Stimmenzahl verlieh.

Das erstere Verfahren hätte eine außerordentliche Benachtheiligung der großen Reichsstände, eine illegale Beseitigung wohlerworbener Rechte bedeutet, zu der diese Stände niemals ihre Einwilligung hätten geben können; denn wenn es wirklich hierzu kam, dann war es schon der Hälfte aller Kleinfürsten, den Vertretern eines minimalen Theiles von Deutschland möglich, jeden Beschluß des Kaisers und der größten Territorialherren zu negiren. So blieb, wenn man gerecht sein wollte, schlechthin kein andrer Ausweg, als sämmtliche Stände in einer Körperschaft zu vereinigen. Schon bei Fortbestand der alten Verfassung würde sich bald diese Nothwendigkeit herausgestellt haben, nach den Veränderungen des Interregnums aber, namentlich der umfassenden Reduction der Territorienzahl, war an solche Theilung der Staatenvertretung überhaupt nicht mehr zu denken. Es würden ja sonst von den 58 Stimmen des Bundesraths 34 dem ersten und 24 dem zweiten Colleg angehören und wären mithin 13 Stimmen imstande, allen Beschlüssen ihr Veto entgegenzusetzen.

Allerdings gaben damit die großen Fürsten insofern einen Theil ihres früheren Einflusses auf, als jetzt auch die Mehrzahl von ihnen allein nicht fähig ist, einen Beschluß der Gesammtheit zu hindern. Dafür aber haben sie den Vortheil erlangt, daß wenigstens Verfassungsänderungen schon durch 14 Stimmen, also durch drei oder vier von ihnen oder den Kaiser allein abgelehnt werden können.

Zu alledem kommt hinzu, daß es sicherlich allgemeinen Anstoß erregt hätte, wenn man wiederum, wie früher, die Fürsten in zwei Klassen getheilt hätte, wo sie doch viele Jahrzehnte hindurch die gleiche Souveränetät genossen hatten; und endlich kam es vor allem darauf an, die gesetzgebenden Organe des Reiches durch Reduction ihrer Zahl möglichst wirkungsfähig zu gestalten. Wir wissen, wie schädlich die Zusammensetzung der Centralgewalt aus vier oder mehr Faktoren auf die Entwicklungsfähigkeit des Reiches eingewirkt hat, und so war ihre möglichste Verminderung eine nicht zu umgehende Forderung, umsomehr, als sich die Faktorenzahl schon durch die Gründung des Parlaments um einen erhöht hatte. Alle diese Rücksichten ließen keinen Raum für eine Restitution des ersten Reichstagscollegiums, und so ist es denn auch Niemandem in den Sinn gekommen, dasselbe wiederherstellen zu wollen.

Jetzt bleibt noch die gegenwärtige Stimmenvertheilung im Bundesrath zu untersuchen und mit den bezüglichen Verhältnissen im alten Reiche in Vergleich zu stellen.

Ursprünglich hatten alle freien Männer, dann alle waffenfähigen Mitglieder regierender Fürstenhäuser die Reichsstandschaft, d. h. das Mitberathungsrecht an der allgemeinen Reichsversammlung inne. Das ging an, so lange die Thätigkeit der Letzteren eine beschränkte und mehr berathende blieb, später aber, als ihre Geschäfte und Machtbefugnisse an Umfang zunahmen, da mußte Wandel geschaffen und das Recht der Reichsstandschaft fest präcisirt werden. Diese Umbildung des Reichsrechts vollzog sich im 16. Jahrhundert, und zwar allmählich, nicht, wie man lange angenommen hat, durch Festsetzung des Normaljahres 1583.[4]) Nunmehr gebührte das Stimmrecht nicht mehr jedem einzelnen Mitgliede der Fürstenhäuser, sondern den Geschlechtern resp. Stiftern selbst, von deren Oberhaupt es ausgeübt wurde.[5]) Zugleich aber haftete das Votum an dem Lande und konnte mit ihm im Wege der Erbschaft, Cession ꝛc. den Besitzer wechseln. Diese letztere Möglichkeit führte schließlich zu den unnatürlichsten Verhältnissen.

So lange jeder Stand grundsätzlich nur eine Stimme führte, verschlug es am Ende wenig, ob diese Stimme ein größeres oder kleineres Gebiet repräsentirte, da ja die bedeutendsten ein besonderes Collegium bildeten und die einzelne Stimme unter solcher Menge zu wenig zu besagen hatte, als daß sich Abstufungen verlohnt hätten. Sobald aber mehrere Stimmen in eine Hand geriethen

---

[4]) Vgl. Ehrenberg z. Gesch. d. dtschen Reichst.

[5]) Vgl. L. K. Aegidi a. a. O.

und nun als feste Gruppe eine erhöhte Wirkung zu äußern vermochten, da konnten doch bedenkliche Mißstände eintreten. Nunmehr bildeten sich die Abstufungen von selbst, aber nicht in rationeller Weise gemäß dem Umfang des Besitzes und der realen Macht, sondern nach ganz zufälligen Umständen. Der Inhaber geringfügiger Territorien konnte an legalem Einfluß einem großen Reichsfürsten überlegen sein, nur weil seinem Besitz mehrere verschiedene, wenn auch unbedeutende Gebiete zugehörten, während der des Letzteren bloß aus einem solchen Territorium bestand. So besaß Kursachsen bis zum Jahre 1806 nur eine alternirende Fürstenrathsstimme, obwohl die eigentlichen Kurlande weniger als die Hälfte seines Besitzes ausmachten, desgleichen führte Oesterreich für seine weiten Gebiete im Südosten und Nordwesten des Reiches nur zwei Vota, zu denen dann im Jahre 1803 für den Verlust der einen zwei geistliche Stimmen hinzutraten. Dem kleinen und schwach bevölkerten Mecklenburg dagegen standen vier Stimmen zu Gebote und der badische Kurfürst durfte, wiewohl auf sein Land schon die Kurstimme radizirt war, auch im Fürstenrath mit nicht weniger als sechs Stimmen votiren.

Eine Reform dieser unvernünftigen Verhältnisse wurde durch die Schwäche der Reichsgewalt und durch das Interregnum verhindert. Sobald aber wieder eine Staatenvertretung geschaffen werden sollte, mußte man die erwähnten Fehler vermeiden und nach sachgemäßeren Grundsätzen verfahren. Die währenddessen vollzogene Consolidirung der Territorien ließ es nicht mehr angängig erscheinen, die einzelnen Stimmen auf die alten, nunmehr zu unlösbaren Staatstheilen gewordenen Landschaften zu radiziren, vielmehr zeigte es sich als geboten, den ganzen Staaten eine ihrer Bedeutung ungefähr entsprechende Stimmenzahl zu verleihen.

Und so ist es bei Gründung des Bundesraths geschehen, er erscheint auch in dieser Beziehung wie eine dem veränderten Zustand Deutschlands Rechnung tragende Fortbildung des alten Reichstages, wie eine gründliche und zweckmäßige Reform desselben, wenn er auch thatsächlich eine Neubildung bedeutet.

Wenn hierbei die Stimmenverhältnisse des ehemaligen Bundestages mit einigen Abweichungen benutzt wurden, so ist diesem Verfahren auch bei unserer Auffassung des Bundesrathes eine Berechtigung nicht abzusprechen. Der alte Deutsche Bund war allerdings keine Fortsetzung des Reiches, aber dem von ihm geschaffenen Organ lag doch eine ähnliche Idee zu Grunde wie der Reichsversammlung. Da die Bundesversammlung überdem hinsichtlich der Stimmvertheilung, trotz aller darin vorwaltenden Ungerechtigkeiten, gegen den einstigen Reichstag einen Fortschritt aufwies, so konnten die Wiederhersteller des Reiches diese reichsrechtlich illegale Körperschaft als Mittelglied zwischen dem früheren und gegenwärtigen legislativen Organ acceptiren und die Stimmvertheilung im Großen und Ganzen ihr entnehmen. Es wurde damit noch schärfer dokumentirt, daß man nicht gesonnen war, etwas vollkommen neues zu schaffen, sondern fest auf der historischen Entwicklung fußen wollte. Dementsprechend sind die Worte im Art. 6 der Reichsverfassung zu verstehen: die Stimmführung vertheile sich in der Weise, „daß Preußen mit den ehemaligen Stimmen von Hannover, Kurhessen, Nassau und Frankfurt 17 Stimmen führt."

Uebrigens tritt die Aehnlichkeit der bezüglichen Verhältnisse vor 1806 und nach 1871 klar hervor bei einer unmittelbaren Nebeneinanderstellung des ehemaligen Fürstenrathes, als desjenigen Collegiums, in welchem fast alle heutigen Stände vertreten waren, und des Bundesrathes. Ersterer hatte zuletzt 82 Stimmen, Letzterer zählt 58. Wir werden nun folgende Zusammenstellung machen: In die erste Rubrik schreiben wir nach ungefährer Berechnung die Zahl der Stimmen, welche die einzelnen Staaten bei gegenwärtigem Besitzstand im Fürstenrath innehaben würden, in die zweite Rubrik diejenigen Zahlen, welche andeuten, wie viel die ersteren im Bundesrath, rücksichtlich seiner niedrigeren Gesammtziffer, ungefähr bedeuten würden, und in die letzte Reihe endlich die verfassungsmäßigen Stimmenzahlen des heutigen Bundesraths. Ein Vergleich der zweiten und dritten Reihe wird dann die vorhandenen Uebereinstimmungen und Unterschiede aufdecken.

	Würde im Fürstenrath führen:	Entspricht Bundesrathsstimmen:	Führt im Bundesrath:
Preußen	24	17	17
Bayern	9	6	6
Sachsen	1/2	0	4
Württemberg . . .	2	1	4
Baden	6	4	3
Hessen	1	1	3
Mecklenburg-Schwerin	3	2	2
Sachsen-Weimar . .	2	1	1

	Würde im Fürstenrath führen:	Entspricht Bundesrathsstimmen:	Führt im Bundesrath:
Oldenburg	2	1	1
Braunschweig . . .	1	1	2
Alle übrigen je . .	1	1	1

Wir ersehen aus dieser Liste, daß Preußen, Bayern, Mecklenburg-Schwerin und die kleinen Fürsten außer Braunschweig genau so bedacht sind, wie es ihnen ihrem jetzigen Gebiet entsprechend nach Reichsrecht zustehen würde, daß dagegen bei Sachsen, Württemberg, Hessen und Braunschweig die frühere ungerechtfertigte Benachtheiligung ausgeglichen worden ist, während Badens ungebührlich hohe Stimmenzahl eine Reduction erfahren hat. Jedenfalls ist ein prinzipieller Unterschied nicht zu entdecken.

Diese annähernde Uebereinstimmung soll selbstredend nicht als Beweismittel gelten, aber sie ist doch geeignet, jener vielverbreiteten Meinung, als seien die Verfassungsverhältnisse im alten Reiche von den unsrigen grundsätzlich verschieden gewesen, einigen Abbruch zu thun.

Was schließlich die Befugnisse des Bundesraths betrifft, so sind dieselben innerhalb des Rahmens der Reichsgesetzgebung, die einem besonderen Kapitel vorbehalten bleibt, ungefähr die gleichen, wie jene des alten Reichstags. Einige besondere Functionen, die ihm übertragen worden sind, kommen ihrer Geringfügigkeit wegen für unsre Frage nicht in Betracht.

Wenn aber diese Versammlung auch ihrer Zusammensetzung und rechtlichen Stellung nach als Erbin des früheren legislativen Organs erscheint, so ist sie doch thatsächlich eine vollkommene Entartung desselben. Es ist nicht mehr der ohnmächtige und unproductive, zuletzt mit Schmach überhäufte Regensburger Reichstag, der im Jahre 1806 mit den Eutiner Gemeinweiden sein Wirken endete, es ist aber auch nicht jene thatkräftige, reformatorische Reichsversammlung des 15. und 16. Jahrhunderts, die dem Kaiser eine dauernde und brauchbare Verfassung für das Reich abzuringen unternahm. Statt dem Willen der Einzelstaaten Geltung zu verschaffen, ist der Bundesrath infolge der unvergleichlichen Uebermacht der kaiserlichen Lande fast zu einem Organ des Reichsoberhaupts geworden. Sein Hauptwerk war die Legalisirung der thatsächlichen Zustände, die rechtliche Verknüpfung der Gegenwart mit der Vergangenheit, damit aber ist seine welthistorische Rolle in Wahrheit ausgespielt, jetzt trägt er mehr den Charakter eines Staatsraths, der eine tüchtige Arbeitskraft entfaltet, dessen Mitglieder in ihren Wünschen so weit als möglich berücksichtigt werden, der auch wohl einige Hemmungen verursachen kann, entscheidend aber vermag er auf die großen Fragen nicht mehr einzuwirken[6]).

Wenn dies noch nicht allgemein empfunden wird, so liegt das eben daran, daß die Reichsregierung alles zu vermeiden sucht, was ein solches Gefühl hervorrufen könnte. Im Andenken an die großen, gemeinsam durchgeführten Kämpfe, die der Herstellung des Reiches den Boden ebneten, will man den damaligen Bundesgenossen den Schein einer politischen Machtstellung, eines maßgebenden Einflusses auf die Reichsangelegenheiten belassen, und in ihnen ein vollständiges Vertrauen auf die Loyalität und Mäßigung der Reichsregierung aufrechterhalten. Wie wenig jene in Wahrheit vermögen, zeigt eine sehr einfache Ueberlegung.

Man denke sich einmal ein Parlament wie das unsrige, bestehend aus fast 400 Mitgliedern, von denen 125 Abgeordnete durch einen Machthaber, 100 andre durch ihm nahestehende und mannichfach von ihm abhängige Personen ernannt und instruirt würden, und urtheile dann, ob dies noch als eine freie gesetzgebende Körperschaft gelten dürfte. So aber ungefähr liegt das Verhältniß im Bundesrath, wobei noch hinzukommt, daß hier als jener Machthaber der Kaiser selbst erscheint, dem als Reichsoberhaupt und unmittelbarem Beherrscher von zwei Drittheilen des Reichs genügende Mittel zu Gebote stehn, die Fürsten nachgiebig zu stimmen. Dauernden Widerstand gegen seine Wünsche braucht er von dieser Seite nicht mehr zu befürchten.

Wenn demnach das Organ der Reichsstände seinen früheren Beruf, der kaiserlichen Gewalt Schranken zu ziehn, aufgegeben hat,

---

[6]) Wenn Fürst Bismarck am 19. April 1871 im Reichstag sagt: „Die Vota im Bundesrath nehmen für sich die Achtung in Anspruch, die man dem gesammten Staatswesen eines der Bundesglieder schuldig ist," so hat er darin nicht Unrecht, aber diese entgegengebrachte Achtung ist doch nur eine freiwillige, durch Moral und Staatsklugheit gebotene. Der legale Einfluß einer einzelnen oder einer kleinen Gruppe von Stimmen ist der compacten Macht des Kaisers und seines Anhangs gegenüber doch nur sehr gering, fast imaginär zu nennen. Diese Erkenntniß, daß der Bundesrath als eine erste Kammer kaum noch gelten könne, rief im Reichstag jene Bestrebungen hervor, zwischen diesem und dem Bundesrath oder an des Letzteren Stelle eine Art Oberhaus einzuschieben. Vgl. Bezold a. a. O. III, Debatte am 5. Dez. 1870.

und zu einem willfährigen Gehülfen des Herrschers geworden ist, so hat jetzt ein neues, unabhängigeres Institut jene Aufgabe übernommen, der vom Volke gewählte Reichstag, und es ist charakteristisch für diese Thatsache, daß man der neuen Institution jenen alten Namen verliehen hat, mit dem ehemals die ständische Versammlung bezeichnet wurde. Wie aber diese große Neugründung mit dem Bestande einer Rechtscontinuität in Einklang gesetzt werden kann, das soll im Folgenden näher beleuchtet und nachgewiesen werden.

Siebentes Kapitel.

Der neue Reichstag.

Ebensowenig wie das Reich selbst eine Fortsetzung und Erweiterung des Norddeutschen Bundes ist, ebensowenig darf zwischen den beiderseitigen Reichstagen ein legaler Zusammenhang angenommen werden. Die heutige parlamentarische Institution ist zwar in voller Analogie mit der 1867 gegründeten entsprechenden Namens erschaffen worden, indem man das vom Norddeutschen Bunde erlassene Wahlgesetz zum Reichsgesetz gestempelt und auch die übrigen das Parlament betreffenden Bestimmungen in die Verfassung übernommen hat, aber sie bleibt doch nichtsdestoweniger eine auf dem Boden des wiederhergestellten Reiches erwachsene, von den Organen des Letzteren in's Leben gerufene und sanctionirte Neubildung. Ihre Einführung ist durch die Reichsverfassung geschehn, die Reichsverfassung aber basirt auf dem Willen des Kaisers und der Majorität der alten Reichsstände.

Es ist nun zu fragen, ob durch diese Neubildung der Grundcharakter des Reiches in solcher Weise verändert worden ist, daß sich seine staatliche Identität nicht aufrechterhalten läßt.

Dem steht schon die Thatsache entgegen, daß in vielen anderen Staaten die Einfügung von Parlamenten in ihren Organismus ohne Unterbrechung der Rechtscontinuität vollzogen worden ist. In England allein fußt die heutige Volksvertretung so zu sagen auf historischem Boden, aber auch dort ist das Unterhaus einstmals, wenn auch in längst vergangenen Zeiten, durch eine Art legislatorischen Akt erschaffen worden. Der Unterschied zwischen dieser Neugründung und der Creirung von Volksvertretungen in unserm

Jahrhundert ist nur der, daß das englische House of Commons mit ganz geringen Machtbefugnissen begann und durch unzählige einzelne Gesetze und Präcedenzfälle bis zu seiner gegenwärtigen Bedeutung erhoben worden ist, während die in unserm Zeitalter eingesetzten Parlamente gleich mit umfassenden politischen Rechten in's Leben traten.

Als am 31. Januar 1850 Friedrich Wilhelm IV. die gegenwärtig gültige Verfassungs-Urkunde für den preußischen Staat erließ und damit dem Landtage in der von ihm gewünschten Fassung dauernden, gesetzmäßigen Bestand als legislatives Staatsorgan verlieh, da sprach man wohl, wie schon 1848, von einem neuen Preußen, das aus den Wirren der Revolutionsjahre hervorgegangen sei, aber man wollte doch damit nur sagen, daß der Staat durch jene Verfassung seine Organisation in tiefgreifender Weise verändert habe. Niemandem fiel es ein, in dieser Umwandlung eine wirkliche staatliche Neugründung zu erblicken, die mit dem früheren Preußen nichts als Namen und Gebietsumfang gemein habe. Auf einen solchen Gedanken hätte man nur in dem Fall kommen können, wenn eine selbständig zusammengetretene Versammlung von Abgeordneten die Verfassung erlassen und die Hohenzollern als Mandatare des Volks auf den Thron berufen hätte. Dann dürfte man von einem Aufhören des früheren Staates und einer vollkommenen, auf andern Grundlagen ruhenden Neuschöpfung sprechen. Hier aber hatte die alte Staatsgewalt aus eigner höchster Machtvollkommenheit sich selbst durch Bildung einer Volksvertretung mit legislatorischen Befugnissen Schranken gesetzt.

Dieselbe große Aenderung, nur in verschiedenen Stadien, wurde in Oesterreich-Ungarn seit 1848 von Seiten der kaiserlichen Regierung durchgeführt und auch hier unter unbeirrtem Festhalten an der staatsrechtlichen Continuität. Der Reichsrath fußt, wie der preußische Landtag, auf der monarchischen Omnipotenz, Niemand aber hat seine Einführung als eine dem Wesen des Reiches widerstreitende Modifizirung der inneren Ordnung aufgefaßt. Und so könnten wir die entsprechenden Vorgänge in vielen andern Staaten, in Schweden, Dänemark, den deutschen Fürstenthümern 2c. zum Vergleich heranziehn. Ja noch in den letzten Jahren haben wir die Neuschaffung eines Parlaments im fernsten Osten erlebt, als der Kaiser von Japan zum ersten Mal die gewählten Vertreter seines Volkes um sich versammelte.

Wenn nun in allen diesen Ländern durch Einfügung eines solchen legislativen Organs keine Unterbrechung des staatsrechtlichen Zusammenhangs stattgefunden hat, warum sollte gerade der deutsche Gesammtstaat einer Berechtigung hierzu ermangeln? Oder ist in der That das Bestehen einer Volksvertretung mit dem Wesen und Grundgedanken des Reiches in seinem ehemaligen Bestande nicht in Einklang zu bringen? Bei näherer Betrachtung seiner Verfassungsentwicklung wird sich gerade das Gegentheil herausstellen.

Die Idee, welcher der heutige Bundesrath als Erbe des ehemaligen Reichstags in letzter Linie seine Entstehung verdankt, ist die der allgemeinen Volksversammlung.

Bekanntlich standen in der alten germanischen civitas alle staatlichen Hoheitsrechte dem consilium, d. h. der Gesammtheit aller freien und waffenfähigen Männer zu, die zu bestimmten Zeiten und an bestimmten Orten zusammentraten, um die gemeinsamen Angelegenheiten zu erledigen. Als dann das Königthum sich ausbildete und in dem fränkischen der Merovinger und Karolinger zu höchster Machtfülle gelangte, da trat jene Volksversammlung allerdings weit hinter die neue Institution zurück, aber sie behielt doch immer noch eine große Bedeutung. Wohl hatte der Monarch die souveräne Gewalt an sich genommen, aber das Mitwirkungsrecht bei Aufstellung der unter dem Namen Capitularien bekannten Reichsgesetze konnte der Reichsversammlung nicht aberkannt werden. Nur war eine große Aenderung in ihrer Zusammensetzung allmählich vor sich gegangen. Nach der Theorie freilich stand noch immer jedem freien Mann der Zutritt zu diesen großen Consilien offen, in der Praxis indessen stellte sich die Sache ganz anders. Einmal war die Zahl der freien Leute infolge wirthschaftlicher Uebermacht der Reichen und Vornehmen immer mehr zurückgegangen, sodaß dies schon den Charakter jener Körperschaft wesentlich modifizirte, dann aber hatte das Reich einen so großen Umfang gewonnen, daß nur äußerst Wenige und nur Wohlhabende den weiten Weg zum Versammlungsort zurückzulegen und ihre Feldarbeiten 2c. so lange im Stich zu lassen vermochten. Auch die Reduction der Zahl solcher Versammlungen — unter Karl dem Großen nur einmal im Jahr — vermochte diesen Gang der Entwicklung nicht zu hemmen. Die thatsächlichen wurden mit der Zeit zu rechtlichen Verhältnissen, und so kam es, daß die einstige Volksversammlung sich in eine Versammlung der Großen des Reichs umwandelte. Ihr letzter Ausläufer ist, wie wir oben gesehn haben, der Bundesrath.

In den ältesten Zeiten war noch in den Großen das Bewußtsein lebendig, daß sie durch ihre Betheiligung an den Berathungen eine Pflicht gegen Kaiser und Reich erfüllten, und konnten sie somit, da sie das Wohl und Gedeihen des Ganzen an Stelle aller Volksgenossen zu fördern hatten, als eine Art Volksvertreter angesehen werden. Dies änderte sich, je mehr sich die Zahl der zum Reichstag berufenen und berechtigten Personen verminderte, namentlich mit der Bildung des jüngeren Reichsfürstenstandes. Den einzelnen Großen trat das Privatinteresse ihrer Häuser vor dem allgemeinen des Reiches weit in den Vordergrund und betrachteten sie ihr Votum mehr und mehr als ein nutzbares Recht. Deshalb wäre es schon im 13. Jahrhundert erwünscht gewesen, wenn in Deutschland auf ähnliche Weise, wie es damals in England und Frankreich geschah, der alte, dem Reichstag zu Grunde liegende Gedanke einer allgemeinen Nationalversammlung durch Zuziehung niederer Stände wieder mehr zum Ausdruck gebracht worden wäre. Es würde den Zusammenhalt des Ganzen gesichert, die Stellung des Kaisers merklich befestigt und erhöht haben, ja der Letztere hätte dann vielleicht nicht nöthig gehabt, die reelle Basis seiner Gewalt in einer Hausmacht zu suchen, die ihn den Interessen des übrigen Reiches entfremdete.

Aber je mehr das Bedürfniß zu einer derartigen Reform stieg, je mehr sich der Reichstag von seiner eigentlichen Bestimmung, eine Vertretung des Volkes zu sein, abwendete, um so schwieriger wurde es, eine so einschneidende Umwandlung durchzuführen. Das Kaiserthum war gerade in der entscheidenden Epoche, wir wissen aus welchen Gründen, am wenigsten fähig und geneigt, derartige Reformen in Angriff zu nehmen. So wurde aus dem Organ der Einheit ein Organ der Spaltung, dessen Dasein und Natur als ein Kriterium des krankhaften Zustandes unseres Vaterlandes gelten konnte. Jeder Versuch einer dauernden Besserung mußte diesen Punkt berücksichtigen und der dem Kaiser zur Seite gestellten legislatorischen Versammlung ihren ursprünglichen Charakter soweit zurückgeben, als es die verwandelten Zeitverhältnisse erlaubten.

Wenn also das Reich im Jahre 1871 wiederhergestellt werden sollte, so war es nöthig, soweit angängig, zu den alten germanischen Traditionen zurückzukehren. Eine vollkommene Umformung und Rückbildung der Reichsversammlung wäre ein schwieriger und ungerechtfertigter Eingriff in die bestehenden Verhältnisse gewesen, man mußte sie vielmehr ergänzen und vervollkommnen durch Heranziehung der ganzen Nation, durch Gründung eines zweiten Organs, das nur in der Vertretung der Gesammtheit seine Aufgabe sehen konnte. Verschiedene Umstände aber waren geeignet, diese Nothwendigkeit zu verstärken und zu erhellen.

I. Während des Interregnums waren bereits in den meisten Territorialstaaten den Fürsten Parlamente mit decisivem Votum bei der Gesetzgebung zur Seite getreten. Der Einfluß dieser Volksvertretungen wäre leicht ganz illusorisch geworden, wenn die souveräne Centralgewalt, der auch sie völlig unterworfen waren, fernerhin ohne gleichartiges Element verblieb. Schon im alten Deutschen Bunde war ihre Wirkung mehrfach durch Beschlüsse des absolutistischen Bundesorgans paralysirt worden. Es erschien nicht angängig, einen derartig widerspruchsvollen Zustand auch im Reiche selbst aufrechtzuerhalten.

II. Wenn früher das Collegium der Reichsstädte eine, wiewohl äußerst fragmentarische und mangelhafte Art von Vertretung des dritten Standes darstellte, so waren in den letzten Jahren des alten Reichs und während des Interregnums auch diese bis auf einen minimalen Rest verschwunden. Ohne Berufung eines Parlaments wäre somit schlechthin nichts von dem früheren Mitwirkungsrecht des Volkes an der Legislative übrig geblieben.

III. Ehemals hätte der Zustand der Unfreiheit, in dem sich der größte Theil des Volkes befand, als Entschuldigungsgrund für den Ausschluß der Nation vom politischen Leben hingestellt werden können. Während der letzten kaiserlosen Zeit waren in allen deutschen Landen die letzten Ueberbleibsel jener Unfreiheit beseitigt worden. Es gab nur noch vollkommen gleichberechtigte Bürger, und somit war jeder Grund weggefallen, dem Volke seine alten Rechte fernerhin vorzuenthalten.

IV. Wenn es ehemals Aufgabe der Reichsversammlung war, die Macht des Kaisers einzuschränken und namentlich eine willkürliche Gesetzgebung zu verhüten, so ist hierzu, wie oben gezeigt, der Bundesrath nicht mehr imstande. Er hat auch in dieser Beziehung den Charakter als allgemeine Reichsversammlung vollkommen eingebüßt und bedurfte deshalb, wenn die Monarchie nicht zu einer thatsächlich absoluten werden sollte, einer wirkungsvolleren Ergänzung.

Nach solchen Betrachtungen wird es einleuchten, daß unser heutiges Parlament nicht eigentlich eine Neuschöpfung genannt werden kann, die in den Rahmen des alten Reichs mit Schwierigkeit eingefügt werden müßte. Es ist vielmehr ein durchaus berechtigtes und nothwendiges Supplement des bisherigen Staatsorgans, welch letzteres im Laufe der Zeit durch Umgestaltung und Reduction seinen wahren Charakter verloren hatte. Der Reichstag der letztvergangenen Jahrhunderte war zweifellos eine Verkrüppelung und Entstellung der alten, großen Reichsversammlung, wie sie sich ehemals in dem sogenannten Maifeld dargestellt hatte, der Bundesrath aber konnte ohne beigegebene Volksvertretung nur noch als ein letztes Rudiment derselben aufgefaßt werden. Erst Bundesrath und Reichstag zusammen repräsentiren eine Institution, die, in völlig modernisirter Fassung, eine berechtigte Nachfolgerin jenes mittelalterlichen Organs der Legislative genannt werden kann.

Und wie eng hat man sich gerade dadurch den ursprünglichsten Zuständen angeschlossen, daß man die Vertreter aus unmittelbaren Wahlen des ganzen Volkes hervorgehen ließ, ohne einen andern, als den nothwendigsten Alterscensus einzuführen, daß man keine neuen Unterschiede schuf, nachdem die ehemaligen einer völligen Rechtsgleichheit den Platz geräumt hatten. Sonach dürfen wir wohl mit Fug behaupten: In der Einsetzung des heutigen Reichstags ist nicht ein Bruch der früheren Ordnung zu erblicken, sondern ihre endliche, sinngemäße Herstellung auf moderner Grundlage.

Nachdem wir uns somit über das Wesen der verschiedenen Reichsorgane und deren Vereinbarkeit mit unsrer These Klarheit verschafft haben, erübrigt noch die Wirkungsgebiete der Reichsgewalt beim alten und beim neuen Reiche zu betrachten und einer Vergleichung zu unterwerfen.

Achtes Kapitel.

Die Reichsgesetzgebung.

Daß die ehemalige Reichsgewalt dem Rechte nach eine absolut souveräne, durch keine Schranken gehemmte Macht darstellte, bedarf nach unsern früheren Auseinandersetzungen keines Beweises mehr. Der Jüngste Reichsschluß von 1803 hat diese Thatsache noch ein=

mal in's hellste Licht gerückt. Es gab kein Gebiet, auf dem sie nicht, wenn auch oft mit selbstauferlegten Erschwerungen, das Gesetzgebungsrecht voll und ganz in Anspruch nehmen durfte, und selbst die größten und mächtigsten Territorialfürsten waren ihr der Theorie nach zum Gehorsam verpflichtet. Wenn sie in Wirklichkeit wenig zur Geltung kommen, keine ersprießliche Thätigkeit mehr entfalten konnte, so lag das eben in jenen Verhältnissen begründet, die wir bei Betrachtung des alten Reiches genügend beleuchtet haben.

In unserm heutigen Reiche scheint die Sache gerade umgekehrt zu stehn. Thatsächlich übt die Centralgewalt einen maßgebenden Einfluß aus auf alle Theile des Reichs, auf die internsten und wichtigsten Angelegenheiten aller Staaten; ihre legislatorische Thätigkeit ist eine im Vergleich zu früher so gesteigerte, daß ehemals kaum in Jahrhunderten soviel Gesetze zustande kamen, wie gegenwärtig in wenigen Jahren erlassen werden, und der Gehorsam, den diese Gesetze finden, ist ein unbedingter. Dennoch scheinen theoretisch ihrer Machtsphäre bestimmte, unüberschreitbare Grenzen gesetzt zu sein. Aus der Reichsverfassung tritt sie uns beim ersten Anblick nicht als eine höchste, allumfassende Potenz entgegen, von der zu Gunsten der Einzelstaaten verschiedene Abstriche gemacht worden sind, sondern als ein Compositum von gewissen, den Territorialgewalten entnommenen und abgezogenen Rechten, die allerdings unter Zustimmung von mehr als drei Viertheilen dieser Letzteren, aber auch dann nicht unbegrenzt, erweitert zu werden vermögen. Ein derartiges Compositum kann offenbar, mögen seine Befugnisse sich auch noch so weit erstrecken, niemals als eine wirkliche, höchste Staatsgewalt angesehen werden. In den Bereich einer solchen müssen von vornherein alle Angelegenheiten, alle Aufgaben des politischen Lebens, die gegenwärtigen und nicht minder die zukünftigen, hineingehören. Sie darf in keiner Weise abgeleitet, von andern staatlichen Gewalten construirt sein, denn andernfalls erscheint nicht jene Centralgewalt, sondern die Summe der Faktoren, aus denen sie hervorgegangen ist, als höchste, souveräne Potenz. — Der, theoretisch betrachtet, fundamentale Unterschied kann namentlich in zwei Fällen practische Bedeutung gewinnen. Bei Competenzstreitigkeiten wird bei der einen Auffassung nur der Centralgewalt, bei der andern mit gleichem Rechte dem Einzelstaat die authentische Entscheidung zustehn, denn bei der ersteren steht der Einzelstaat dem übergeordneten, allein souveränen Gesammtstaat gegenüber, dessen Willen er sich zu beugen hat, bei der letzteren aber ist es ein Rechtshandel zwischen ihm und dem gemeinsamen Bundesorgan, d. h. dem Vertreter gleichberechtigter anderer Gemeinwesen, dem er sich zwar in manchen Beziehungen zum Gehorsam verpflichtet hat, aber keineswegs als untergeben zu erachten braucht.[1])

Weiter gelangt dieser Unterschied zu practischer Wichtigkeit bei der Frage, ob durch einen neuen Vertrag zwischen allen Betheiligten die Verfassung geändert resp. das ganze politische Gebilde aufgelöst werden kann. Bei der ersten Anschauung ist dies durchaus unzulässig, denn die Staatsorgane haben kein Recht, den Staat, zu dessen Leitung sie berufen sind, zu zerstören, am wenigsten aber ein Theil der Organe in nicht gesetzmäßiger Beschlußfassung; bei der zweiten dagegen ist kein Einwand gegen ein solches Verfahren möglich, denn das ganze Gebilde ist Ergebniß eines Vertrages und kann deshalb durch Vertrag derselben Staaten modifizirt oder vernichtet werden.[2])

Man sieht, in dieser Frage nach dem Umfang der Reichsgesetzgebung tritt uns die Alternative Bund oder Reich noch einmal entgegen. Erweisen sich die Competenzen unsrer Centralgewalt als ungenügend für einen souveränen Staat, als abhängig von den Gliederstaaten, dann läßt sich unsre Theorie nicht halten, dann müssen wir von einem rechtlichen Zusammenhang zwischen der ehemaligen und der heutigen politischen Gestaltung Deutschlands absehen, denn bis zum Jahre 1806 bestand ein Einheitsstaat mit

---

1) Laband I S. 59 „Es entsteht also auch hier die Frage, wer hat den Zweifel über die Competenzgrenze zu entscheiden. . . . . . Die Beantwortung der Frage enthält zugleich die Entscheidung, wer souverän ist, die Centralgewalt oder der Einzelstaat.“

2) Hier bewegt sich Laband in einem seltsamen Widerspruch. Einmal I S. 83 sagt er: „Ein Beschluß des Bundesraths kann nicht vertreten oder ersetzt werden durch einen Austausch von übereinstimmenden Erklärungen sämmtlicher Einzelstaats-Regierungen“, und das andere Mal I S. 233 äußerte er: „Die souveräne Gewalt ist untheilbar und weder dem Bundesrath noch dem Kaiser steht ein Theil derselben zu; sie gehört vielmehr ganz und vollständig der Gesammtheit der deutschen Staaten“. Also die souveränen Staaten dürfen den Mund nicht aufthun, außer in dem vom Kaiser berufenen Bundesrath, aber gerade in dieser Erscheinungsform, der einzigen, in der sie handlungsfähig sind, haben sie nicht als souverän zu gelten. Eine Auflösung dieses Räthsels ist mir nicht gelungen.

unbeschränkten, gesetzgeberischen Befugnissen, seine legale Umwandlung in einen Bund war staatsrechtlich unmöglich. Allerdings existirten auch damals Gliederstaaten mit einem weitgehenden Recht der Gesetzgebung, aber dieses Recht stammte doch allein vom Reiche, war selbst ein Ausfluß von dessen Souveränetät und konnte in legaler Weise erweitert oder verengert werden, hier dagegen soll die ganze Reichscompetenz in der Einzelsouveränetät wurzeln.

Es fragt sich nun vor allem, ob es sich mit der Gesetzgebung des neuen Reiches wirklich so verhält, wie wir es oben dargestellt haben. Die allgemeine, in den staatsrechtlichen Handbüchern zum Ausdruck gebrachte Anschauung geht ganz entschieden dahin. Nach ihr glich die Reichslegislative im Anfang einer tabula rasa, die erst durch Art. 4 und einzelne andere Verfassungsstellen ihren Inhalt erhielt und zwar einen durchaus beschränkten und genau präzisirten Inhalt. Wenn nun die Meisten doch zu dem Schluß kommen, daß die so geschaffene Legislative infolge ihres Umfangs und ihrer Dehnbarkeit die volle Souveränetät des Reiches begründet habe, so zeugt diese Folgerung von unrichtigen staatsrechtlichen Begriffen und falscher Auffassung der Verfassungsurkunde. Souverän kann nur die Gewalt sein, welche die Competenz gesetzt, nicht die, welche sie empfangen hat.[3])

Wenn man also von vornherein annimmt, daß das Reich von Seiten der Einzelstaaten durch Verträge, d. h. nach Art eines Bundes neu geschaffen worden ist, dann konnte natürlich im Anfang nur eine tabula rasa vorhanden sein, welche durch die Verfassung ihren Inhalt erhielt. Wenn man dagegen, wie wir es thun, voraussetzt, daß ein souveränes Reich bereits existirt hat und jetzt wiederhergestellt worden ist, und daß dieses die neue Verfassung aus eigener Machtvollkommenheit angenommen hat, so liegt der heutigen Reichsgesetzgebung keine tabula rasa, sondern ein vollgeschriebenes Blatt zu Grunde, auf welchem durch diese Verfassung bedeutende Abstriche gemacht worden sind.

Einer solchen Ansicht scheint allerdings der Wortlaut des Art. 4 zu widersprechen, welcher sagt: „Der Beaufsichtigung seitens des

---

[3]) Jellinek, Gesetz und Verordnungen, 1887 S. 191: „Die Macht der dem Staate Unterworfenen, der Einzelnen und der Verbände, ist ein Wollendürfen, die Herrschermacht ein Wollenkönnen. Alle Rechtsmacht der dem Staate Subjicirten ist durch den Staat bedingt, und eben durch diese Bedingung unterscheidet sie sich von der Herrschermacht.“

Reichs und der Gesetzgebung desselben unterliegen die nachstehenden Angelegenheiten." Hier sind keine Beschränkungen einer bestehenden Vollgewalt registrirt, sondern es sind eine Anzahl Materien zusammengestellt, deren Ueberwachung und gesetzliche Regulirung den Inhalt jener Gewalt bilden soll. — Und doch läßt sich der Widerspruch in sehr einfacher Weise lösen.

Wir haben früher (S. 193 f.) auseinandergesetzt und bewiesen, daß die deutschen Einzelstaaten im Jahre 1871 genau in dem Zustande, in welchem sie sich am Schluß des Interregnums vorfanden, mit allen derzeit in ihrem Besitz befindlichen Rechten und Ansprüchen dem wiederhergestellten Reiche eingegliedert worden sind. Hiermit hatte das Reich einen umfassenden Theil seiner eigenen Vollgewalt anderen, ihm staatsrechtlich unterstellten Organen überlassen und insofern einen großen Abstrich an den eigenen Rechten vorgenommen.[4]) Alle in dieser Weise den Einzelstaaten gewährleisteten Rechte bildeten aber durchaus nicht den ganzen möglichen Rechtsinhalt der Centralgewalt. Es lassen sich neben ihnen eine unbegrenzbare Menge von Materien denken, deren Regelung niemals den Territorialstaaten zugestanden hat und ihnen gar nicht zustehen konnte, dem Reiche aber als dem sie alle in sich schließenden souveränen Staate unentbehrlich ist. Hierzu gehören alle die, welche das Reich als Ganzes, seine Organe und Einrichtungen, seine Verfassung, die Beziehungen der Staaten unter einander 2c. 2c. betreffen.[5]) In diesen und dem ähnlichen Dingen hat selbstverständlich die Reichsgesetzgebung zu entscheiden, verletzt sie doch damit keineswegs die den Einzelstaaten gewährleisteten Rechte.

Da nun aber die genannten Angelegenheiten trotz ihrer Unbegrenztheit der Centralgewalt zur Erfüllung ihrer Aufgabe durch-

---

[4]) Dies giebt auch Zorn S. 58 zu, wenn er sagt: „Die nothwendige Consequenz aber . . . ist die, daß die den Einzelstaaten verbliebene Rechtssphäre staatsrechtlich als eine vom Reich abgeleitete zu betrachten ist." Aber ohne die Fundamente unserer Beweisführung ist sein Schluß entschieden ein falscher.

[5]) Laband I S. 622 gesteht das Vorhandensein solcher von Natur in die Competenz des Reiches gehöriger Materien zu, sucht sie aber abzugrenzen und aufzuzählen. Er sagt: „Der ausschließlichen Competenz des Reiches unterliegen die Anordnungen über die Verfassung des Reiches, die Organisation, die Amtsbefugnisse und Pflichten seiner Behörden, die rechtliche Stellung seiner Beamten, die Bildung des Reichstages (Wahlrecht) und die Rechte und Pflichten der Abgeordneten, die Finanzwirthschaft des Reiches, die Verwaltung der Reichsanstalten und das Verhältniß der einzelnen Bundesglieder zum Reich. Alle diese Gegen-

aus nicht genügen konnten, so hat sie hinwiederum den Territorien an der ihnen überlassenen Autonomie eine Anzahl Abstriche gemacht und diese eben finden wir in Art. 4 unter 16 Punkten verzeichnet. Wenn es hier also heißt: „Der Gesetzgebung des Reiches unterliegen die nachstehenden Angelegenheiten," so bedeutet das nicht: Die Gesetzgebung beschränkt sich auf diese Materien, sondern der Sinn kann nur folgender sein: Die den Staaten in ihren Grenzen zugesprochene vollkommene Selbstbestimmung — ehemals „Landeshoheit" genannt — wird insofern eingeschränkt, als die nachstehenden Materien gleichermaßen resp. ausschließlich der Reichsgesetzgebung unterliegen sollen. Bei genauerer Betrachtung der 16 Nummern findet man auch, daß sie nur solche Dinge enthalten, die ehemals in den Einzelstaaten geregelt worden waren und geregelt werden konnten. Alle übrigen, aus der Souveränetät des Reiches resultirenden Befugnisse der Centralgewalt sind an dieser Stelle völlig außer Acht gelassen. Sie sind auch nirgends einheitlich zusammengestellt worden, weil das eben einfach unmöglich war. Man kann nicht alle Aufgaben herzählen, die einem unabhängigen Staate gegebühren und in Zukunft einmal zufallen könnten, denn ihre Zahl ist unbegrenzt.

Wenn demnach die Reichsverfassung gelegentlich weiterer Aufgaben Erwähnung thut, die der Reichsgesetzgebung obliegen, so beweist dies nur, daß auch sie die Competenz der höchsten Gewalt nicht in jenen 16 Punkten beschlossen erachtet. Ganz falsch aber ist es, wie einzelne Handbücher des deutschen Staatsrechts thun, jene zufällig erwähnten Materien unter weitere Nummern zu ordnen und als einen Nachtrag zum Art. 4 hinzustellen. Wenn eine solche Beschränkung wirklich von den Autoren der Verfassung beabsichtigt gewesen wäre, dann hätten sie selbst den Art. 4 in dieser Weise erweitert und dem Eingang desselben das Wort „ausschließlich" beigefügt. Schon daß dies Wort fehlt und nur gesagt ist: der Gesetz-

---

stände unterliegen ihrer Natur nach nicht der Machtsphäre eines einzelnen Staates, sondern setzen die Verbindung der Einzelstaaten zu einer höheren Einheit, dem Reiche, voraus; sie können daher auch nur von dieser höheren Gewalt ihre rechtliche Normirung erhalten." Ich glaube nicht, daß mit den aufgezählten Materien die Reihe irgendwie erschöpft ist, noch daß sie sich überhaupt erschöpfen läßt. Vor allem ist hier das Recht der Verfassunggebung und Verfassungsänderung, welches ebenfalls keinem Einzelstaat zustehen kann und nicht weniger nothwendig ist, völlig außer Acht gelassen.

gebung unterliegen die nachstehenden Angelegenheiten, setzt unsere Auffassung außer Widerspruch mit dem genannten Artikel.

Was nun jene anderen Verfassungsstellen betrifft, durch welche der Reichsgesetzgebung Erwähnung geschehen ist, so beziehen sie sich ebensowohl auf Materien, die unter jene 16 Nummern fallen, wie auf solche, welche darin nicht genannt sind. Daraus folgt schon, daß jene Angaben rein zufällige, aus anderen Gründen nothwendige sind, daß man nicht beabsichtigt hat, der Legislative neue Gebiete zuzuweisen. So heißt es z. B. im Art. 3 Al. 5: „Hinsichtlich der Erfüllung der Militärpflicht im Verhältniß zu dem Heimathslande wird im Wege der Reichsgesetzgebung das Nöthige geordnet werden." Hier ist der Bereich der Legislative offenbar nicht erweitert worden, denn das Militärwesen des Reiches fällt ihr auch nach Art. 4 unbeschränkt zu, vielmehr ist hier die Reichsgesetzgebung in Gegensatz zur Verfassung gestellt. Man will diese Angelegenheit nicht schon jetzt durch einen Verfassungsparagraphen, sondern später durch die gewöhnliche Legislative ordnen. Die Befugniß der Letzteren hierzu brauchte nicht erst hervorgehoben zu werden.

Etwas anders verhält es sich mit Art. 7 Nr. 2, wo es heißt: „Der Bundesrath beschließt über die zur Ausführung der Reichsgesetze erforderlichen allgemeinen Verwaltungsvorschriften und Einrichtungen, sofern nicht durch Reichsgesetz etwas anderes bestimmt ist." Hier wird der Fall als möglich und zulässig gesetzt, daß die Reichsorgane ein Gesetz erlassen über die zur Ausführung der Reichsgesetze erforderlichen allgemeinen Verwaltungsvorschriften und Einrichtungen. Aus Art. 4 ist die Befugniß hierzu nicht zu ersehen, aber auch der vorliegende Artikel will dem Reiche dies Recht offenbar nicht als etwas Neues ertheilen, er will vielmehr bloß ausdrücken, daß die in ihm enthaltene Verfassungsbestimmung einem diesbezüglichen Reichsgesetz, dessen Zulässigkeit als selbstverständlich angenommen wird, nicht vorgreifen will. Wenn also an dieser Stelle die Competenz des Reiches nicht erweitert werden sollte, die betreffende Materie aber nicht unter Art. 4 zu finden ist, so muß es eben noch andere Gebiete geben außer den hier angeführten, auf welchen sich die Reichsgesetzgebung bewegen darf.

Dasselbe ergiebt sich aus Art. 18 Al. 2, wo gesagt ist: „Den zu einem Reichsamte berufenen Beamten eines Bundesstaates stehen, sofern nicht vor ihrem Eintritt in den Reichsdienst im Wege der Reichsgesetzgebung etwas anderes bestimmt ist, dem Reiche gegenüber diejenigen Rechte zu ꝛc." Hier ist die Zulässigkeit eines Reichsbeamtengesetzes gleichfalls von vornherein als feststehend angenommen, wiewohl sich im Art. 4 nichts darüber findet. Ebenso ist im Art. 20 Al. 2 die gesetzliche Regelung der Reichstagswahlen als dem Reiche zustehend betrachtet worden.

Im Art. 54 Al. 2 allerdings ist eine Erweiterung der Reichskompetenz auf einem bisher den Einzelstaaten zustehenden Gebiete ausgesprochen, aber gerade hier bestätigt sich unsere Auffassung. Bei jenen Materien, welche selbstverständlich der Reichslegislative zufielen, stand der dies ausdrückende Passus im Nebensatz unter „sofern nicht" oder es hieß: „bis zur gesetzlichen Regelung ꝛc.", hier dagegen ist er als direkter Befehl formulirt. Es heißt: „Das Reich hat das Verfahren zur Ermittelung der Ladungsfähigkeit der Seeschiffe zu bestimmen ꝛc."

Im Art. 69, wo wir lesen: „Letzterer (der Reichshaushaltsetat) wird vor Beginn des Etatsjahres nach folgenden Grundsätzen durch ein Gesetz festgestellt", verhält sich die Sache wieder wie bei den ersten Fällen. Daß der Reichshaushalt in die Competenz des Reiches gehört, brauchte nicht besonders bestimmt zu werden, sonst hätte man nicht einfach „Gesetz", sondern „Reichsgesetz" gesagt, es sollte mit den angeführten Worten nur angezeigt werden, daß hier eine Verordnung des Kaisers oder ein Bundesrathsbeschluß nicht ausreiche, und ferner, daß das erforderliche Gesetz nach bestimmten, gleich darauf präcisirten Grundsätzen redigirt werden müsse. Diese unvermeidliche, aber oberflächliche Erwähnung der Reichsgesetzgebung kann keinesfalls als eine Erweiterung der Reichscompetenz verstanden werden. Ebensowenig war eine solche mit dem Art. 73 beabsichtigt, der für aufzulegende Anleihen den Weg der Legislative vorschreibt. Hier sollte nur die Zulässigkeit von Reichsschulden und der dabei einzuschlagende Weg verfassungsmäßig festgestellt werden.

Weitere Erwähnungen der Reichsgesetzgebung finden sich in den Artikeln 75 und 76. Im ersteren lautet Al. 2 folgendermaßen: „Die näheren Bestimmungen über die Zuständigkeit des Oberappellationsgerichts erfolgen im Wege der Reichsgesetzgebung. Bis zum Erlasse eines Reichsgesetzes bewendet es bei der seitherigen Zuständigkeit der Gerichte in den einzelnen Bundesstaaten . . . ." Auch hier brauchte und sollte es nicht besonders hervorgehoben werden, daß das Verfahren des Lübecker Gerichtes, dem soeben in Al. 1 die Rechtsprechung für Unternehmungen gegen das Reich zuerkannt war, durch die Legislative des Letzteren geregelt werden dürfte, durch diese Bestimmung ist vielmehr den Reichsorganen die Verpflichtung auferlegt worden, nähere Anordnungen über Zuständigkeit ꝛc. legislatorisch zu treffen, nachdem die Verfassung das Allgemeine festgesetzt hatte. Das Recht hierzu war auch ohne diesen Artikel nicht zu bezweifeln, denn es war eine Angelegenheit, die keinem Einzelstaat zustehn konnte, da sie eben die Gesammtheit betraf. Praktisch hat der ganze Passus keine Wirksamkeit erlangt.

Aehnlich verhält es sich mit Art. 76 Al. 2. Die Worte: „Verfassungsstreitigkeiten in solchen Bundesstaaten, in deren Verfassung nicht eine Behörde zur Entscheidung solcher Streitigkeiten bestimmt ist, hat auf Anrufen eines Theiles der Bundesrath gütlich auszugleichen oder, wenn das nicht gelingt, im Wege der Reichsgesetzgebung zur Erledigung zu bringen," wollen keine Steigerung der Reichsgewalt, sondern im Gegentheil eine gewisse Einschränkung derselben bedeuten. An und für sich unterliegt es keinem Zweifel, daß die höchste Gewalt keine unausgleichbaren Streitigkeiten und noch weniger Vergewaltigungen innerhalb eines Bundesstaates zu dulden braucht. Die zur Regelung solcher Differenzen in den Staaten bestehenden Behörden sind freilich reichsrechtlich competent, auch darf noch heute jeder Staat solche Behörden einsetzen, denn mit diesen Behörden resp. mit diesem Rechte sind die Staaten in der Verfassung anerkannt worden, aber wo dergleichen Einrichtungen nicht existiren und nicht landesverfassungsmäßig eingesetzt werden, da hat das Reich gegebenen Falles selbstverständlich die Befugniß einzugreifen, denn es erfüllt damit eine unabweisbare Pflicht, ohne irgendwelchen reichsverfassungsmäßig garantirten Rechten des Einzelstaates oder irgendwelchen Gesetzen desselben zu nahe zu treten. Die gültigen Verfassungen stehen sicherlich unter dem Schutz des Reiches. Wo sie sich nicht selber aufrecht zu erhalten und authentisch auszulegen vermögen, da ist es Recht und Pflicht der höchsten Autorität, die Entscheidung zu geben. Weil man indessen die Autonomie der Einzelstaaten möglichst schonen wollte, so hat man bestimmt, daß erst auf Anrufen eines Theiles eingeschritten werden solle und auch dann zunächst durch den Bundesrath im gütlichen Wege. Erst wenn dies nicht zum Ziele führe, solle der naturgemäße, decisive Weg der Reichsgesetzgebung eingeschlagen werden.

Art. 77 überträgt im Fall einer Justizverweigerung, d. h. einer Vergewaltigung einzelner Reichsangehörigen von Seiten ihres

Staates, dem Bundesrath die Regulirung. Auch hier würde ohne diese Verfassungsbestimmung die Reichsgesetzgebung zuständig sein, da es sich um den Rechtsbruch eines Staates handelt, also um eine Angelegenheit, die unmöglich in die Competenz des Staates selbst gehören kann. Der geringen Wichtigkeit solcher Fälle und der Kürze wegen hat man die Ausgleichung dem Bundesrath allein übertragen und die Reichslegislative entlastet.

Wir haben demnach an mehreren einzelnen Artikeln dargelegt, daß auch in der Verfassung die Unbegrenzbarkeit des der Reichsgesetzgebung zustehenden Gebietes anerkannt oder wenigstens nicht abgeleugnet ist. In ihm sind sämmtliche Materien enthalten, welche nicht in den Rahmen der Territoriallegislative gehört haben und gehören können, deren gesetzgeberische Behandlung aber unabweisbar ist. Den Einzelstaaten sind bis auf jene 16 Nummern alle diejenigen gewahrt worden, welche ihnen bis zur Wiederaufrichtung des Reiches zugestanden hatten, d. h. sämmtliche, die in ihren Bereich fallen können. Alle übrigen gegenwärtig bekannten und zukünftig auftauchenden Angelegenheiten stehen eo ipso dem Reiche zu. Danach erscheint es durchaus zwecklos, wie es in manchen Lehrbüchern des Staatsrechts geschehen ist, sich mögliche und unmögliche Fälle zu erdenken, für welche die Verfassung keine Vorsorge getroffen habe[6]), die also zu Conflicten zwischen Reich und Einzelstaaten führen könnten oder unerledigt bleiben müßten. In allen diesen Fällen würden ganz selbstredend die Reichsorgane das Erforderliche zu veranlassen haben und zwar im allgemeinen nicht, wie ängstliche Gemüther vielleicht verlangen möchten, in der Form der Verfassungsänderung, sondern mittelst der einfachen Gesetzgebung.

Und so ist es auch bisher gehandhabt worden. Angelegenheiten und Fragen, die über den Rahmen des Einzelstaatsrechts hinausreichten, sind von der Reichsgewalt ergriffen und geordnet worden ohne Rücksicht darauf, ob die betreffende Materie zufällig in der Verfassung Erwähnung gefunden hatte. Man braucht nur der braunschweigischen Successionsangelegenheit zu gedenken, deren

---

[6]) So erwägt Laband I S. 228 das Verhalten des Bundesraths, „falls in einem Bundesstaate etwa mehrere Prätendenten um den Thron streiten oder wenn ein Usurpator desselben sich bemächtigt hat", als ob hier nicht Kaiser und Reich sofort einschreiten würden, um die Unordnung zu beseitigen.

Regelung in einer dem offenkundigen Erbrecht widersprechenden Weise vom Reich veranlaßt worden ist.

Nach diesen Ausführungen wird es klar geworden sein, daß die Legislative der Centralgewalt nicht als ein Compositum von Rechten aufgefaßt werden kann, die ihr von andern Gewalten, den Einzelstaaten, überlassen worden sind, sondern daß sie wirklich eine unbegrenzbare Souveränetät darstellt. Die Einschränkungen, welche sie sich zu Gunsten der Territorien auferlegt hat, sind zwar außerordentlich weitgehend, aber sie haben bereits durch Art. 4 eine sehr beträchtliche Verminderung erlitten und, was die Hauptsache ist, sie sind einer steten Reduction durch Reichsgesetze fähig. — Dieser letztere Punkt bedarf noch einer eingehenderen Besprechung.

Wenn die Verfassung, wie anfänglich der Fall, für einen Bund von Staaten bestimmt war, dann mußte die Möglichkeit und Zulässigkeit von Verfassungsänderungen besonders festgesetzt werden, da sonst zu jeder, auch der geringsten Abwandlung ein neuer Vertrag zwischen allen Verbündeten erforderlich würde. Bei einem souveränen Reiche dagegen, einem Einheitsstaate, stellt sich die Sache ganz anders. Hier ist die Competenz der gesetzgebenden Organe zu Verfassungsänderungen das selbstverständliche und natürliche, denn ohne rechtliche Fortbildung der Verfassung ist bei dem ständigen Wechsel der äußeren Verhältnisse ein dauernder Bestand des Staates unmöglich. Die Vollgewalt des Reiches findet auch auf diesem Gebiete ihre Grenzen nur in der Verfassung. Es fragt sich also, ob den Organen unseres Reiches in dieser Beziehung Schranken gesetzt worden sind. In der Anerkennung der Staaten bei ihrem derzeitigen Bestande mit allen ihren Rechten ist eine solche Beschränkung nicht enthalten, denn die Fortbildung der Reichsverfassung ist eine Befugniß, welche dem einzelnen Territorium niemals zustehn konnte. Sie gebührt somit nach wie vor dem Reiche. Erst am Schluß der Urkunde finden sich Bestimmungen, welche die Ausübung dieses Rechtes bedeutend erschweren.

Art. 78 beginnt mit den Worten: „Veränderungen der Verfassung erfolgen im Wege der Gesetzgebung." Dies war für den Bund eine durchaus nothwendige Anordnung, da sonst durch die stehenden Organe keine Verfassungsänderung erfolgen konnte, für das Reich dagegen war sie überflüssig; doch da sie nichts unwahres aussagte, so konnte man sie stehen lassen. Von einschneidender Wichtigkeit ist nur der zweite Satz: „Sie gelten als abgelehnt, wenn sie im Bundesrathe 14 Stimmen gegen sich haben." Hierdurch beschränkten sich die Reichsorgane selbst ihre Macht insofern, als sie für diesen Fall das Zustandekommen von gültigen Beschlüssen erschwerten. Es liegt also wieder ein Abstrich an den ursprünglich allumfassenden Rechten der Reichsgewalt vor oder vielmehr eine Hemmung ihrer Willenskundgebung, aber auch dieser Artikel kann selbstredend nach der in ihm selbst festgesetzten Regel aufgehoben oder abgeändert werden.

Man hebt gewöhnlich hervor, daß das Reich durch Art. 78, welcher die Erweiterung seiner Competenz in seine eigene Hand lege, zu einem souveränen Staatswesen gemacht worden sei[7]). Eine solche Auffassung ist durchaus unrichtig. Wenn das Gemeinwesen ein Bund ist, dann hat der erwähnte Artikel keine unbegrenzte, sondern nur insoweit Gültigkeit, als die betreffenden Verfassungsänderungen nicht dem Bundescharakter des Ganzen widersprechen. Aenderung der Verfassung hieße dann selbstredend Aenderung der Bundesverfassung, jede Bestimmung aber, welche der Vereinigung den Bundescharakter nähme, wäre keine Aenderung, sondern eine Zerstörung der Bundesverfassung[8]). Die Beseitigung eines Partikularstaats z. B. durch Abänderung des Art. 1 würde selbst mit Zustimmung des betreffenden Bundesrathsgesandten nicht zulässig sein, denn das würde sich mit dem Wesen der Institution nicht in Einklang bringen lassen und sonach dem Sinne der Verfassung widerstreiten. Eine solche Handlung wäre kein rechtlicher Akt, sondern eine Vergewaltigung des betreffenden Staates von Seiten der andern Staaten und event. seines eigenen Fürsten. Dasselbe gälte von allen Abwandlungen, die mit der freien Selbstbestimmung der Einzelstaaten unvereinbar wären. Eine unbegrenzte Machtfülle, eine Souveränetät der Centralgewalt wäre sonach trotz des besprochenen Artikels abzuleugnen.

Ganz anders verhält sich die Sache nach unsrer Auffassung des Reichs. Für uns ist dasselbe ein souveräner Einheitsstaat mit unbeschränkter Competenz, daher dürfen auch Verfassungsänderungen

---

[7]) Vgl. Laband I S. 85. Er meint, durch Art. 78 sei „dem Reich die rechtliche Befugniß gegeben, durch Majoritätsbeschluß seine Competenz schrankenlos auszudehnen, soweit nur der Bereich seiner physischen Macht und seines vernunftgemäßen Wollens reicht." Ebenso Haenel, a. a. O. I S. 240.

[8]) Diese Thatsache hat auch Seydel nicht erkannt. Obwohl Vertreter der Bundestheorie, glaubt er doch an die Unbegrenzbarkeit der Competenz.

in den durch Art. 78 vorgeschriebenen Formen ohne jede rechtliche Begrenzung vorgenommen werden, denn sie betreffen nicht eine Bundes-, sondern eine Staatsverfassung. Jene Formen sind allerdings so gewählt, daß die gegenwärtige Gliederung des Reichs in Territorien mit weitgehender Autonomie schwerlich große Veränderungen erleiden wird. Eine starke Sicherung des Bestehenden liegt namentlich in dem zweiten Theil des Art. 78, welcher besagt: „Diejenigen Vorschriften der Reichsverfassung, durch welche bestimmte Rechte einzelner Bundesstaaten in deren Verhältniß zur Gesammtheit festgestellt sind, können nur mit Zustimmung des berechtigten Bundesstaates abgeändert werden." Hierdurch sind Aenderungen gewisser Theile der Verfassung, welche ursprünglich ebenfalls der einfachen Gesetzgebung hätten unterliegen sollen, nach Art. 78 Al. 1 aber einer bestimmten, großen Majorität des Bundesraths bedurften, wiederum in der Weise erschwert worden, daß schon die Stimme einer einzelnen Regierung ihr Zustandekommen zu hindern vermag. Auch hinsichtlich dieser Theile der Verfassung ist die Competenz des Reiches nicht beseitigt worden, Letzteres ist nur zur Aeußerung seines bezüglichen Willens von einzelnen Territorialgewalten abhängig gemacht worden, die dadurch für die betreffenden Punkte zu entscheidenden Faktoren der Reichsgesetzgebung erhoben sind.

Bei Betrachtung unsrer Beweisführung könnte man uns den Vorwurf des Cirkelschlusses machen. Man könnte sagen: Ihr wollt die Wesensgleichheit beider Staatsgebilde aus der bestehenden Verfassung erweisen, benutzt aber zur Interpretation derselben bereits die Thatsache der Identität beider Reiche, denn nur diese Identität verleiht dem neuen Reich den Charakter eines geschlossenen Staates und nur als geschlossener Staat besitzt dieses Reich ein unbegrenztes Gesetzgebungsrecht. Wenn ihr die Möglichkeit, das Reich sei ein Bund von Staaten, offen ließet, dann würden die ganzen Argumente hinfällig werden.

Hiergegen ist Folgendes zu erwidern: Es ist durchaus nicht unsre Absicht, aus der Reichsverfassung die Identität beider Reiche zu demonstriren oder ihren Inhalt als ein Glied in die Kette unsrer Beweisführung einzufügen; das wäre völlig verfehlt, denn zur Interpretation der Verfassung bedarf man schon einer Grundanschauung vom Reiche. Es kommen nun zwei solcher Grundanschauungen für uns in Betracht, entweder man faßt das Reich auf als einen Bund von Staaten, basirt auf der Souveränetät der Letzteren, oder als einen geschlossenen Einheitsstaat, gegründet auf die historische Entwicklung eines Jahrtausends. Bisher war die erstere Auffassung, wenn auch wenig geklärt, in fast allgemeiner Geltung. Sie stützte sich nicht auf die Verfassung — höchstens wurde der Eingang derselben zum Beweis herangezogen —, sondern auf die Art der Entstehung des Reichs und die hierauf sich beziehenden Dokumente. An die Erklärung der Verfassung ging man dann mit dieser fertigen Ansicht vom Wesen des Reichs heran, und es fand sich, wie die betreffenden Gelehrten glaubten, ihre Meinung in dem ganzen Dokument bestätigt, d. h. es gelang mit Hülfe der genannten Grundanschauung einen scheinbar widerspruchslosen Commentar herzustellen.

Unser Verfahren ist genau das gleiche. Wir haben unsre Ansicht vom Wesen des Reichs aus den geschichtlichen Vorgängen und Rechtshandlungen, aus den hierauf bezüglichen Aktenstücken klargestellt und als richtig erwiesen. Es blieb nur noch zu zeigen übrig, daß das erste grundlegende Reichsgesetz, die Verfassung von 1871, mit der Thatsache der Wiederaufrichtung des alten Reichs nicht im Widerspruch steht, daß also die gesetzgebenden Faktoren mit Erlaß dieses Gesetzes weder die genannte Thatsache geleugnet, noch auch Bestimmungen getroffen haben, die sich mit ihr nicht vereinigen lassen. Für solche Untersuchung mußte natürlich der Zusammenhang zwischen altem und neuem Reich als bestehend angenommen werden, denn nur so war eine Uebereinstimmung erreichbar. Wenn sie ungünstig ausgefallen wäre, wenn sich wirklich directe Widersprüche gefunden hätten, dann hätte man entweder die betreffenden Sätze als unverbindlich betrachten müssen, weil die Reichsorgane zu ihrem Erlaß nicht befugt gewesen wären, oder man hätte bei großer Wichtigkeit und fortdauernder Geltung derselben hierin eine Ungültigkeitserklärung derjenigen Aktionen und Dokumente erblickt, auf die sich unser Beweis gestützt hat, oder endlich man hätte sich mit gewaltsamen Interpretationen zu helfen gesucht. In dieselbe Verlegenheit aber wären nicht allein, sondern sind in der That die Vertheidiger des Bundesgedankens gerathen, indem sich der Inhalt der Verfassung ihrer Theorie nicht accommodiren wollte. Seydel half sich durch Interpretationen, die Uebrigen erfaßten als zweifelhaften Rettungsanker den Bundesstaatsbegriff, der eigens für solchen Fall bestimmt zu sein schien.

Ferner wird es vielleicht vielfach Anstoß erregen, daß die Verfassung nach unsrer Ansicht durch ihre Verpflanzung auf das reactivirte Reich eine thatsächliche, bedeutende Sinnesänderung erlitten hat. Man wird sagen, das sei sicherlich nicht die Intention jener Staatsmänner und Parlamente gewesen, welche die neue Ordnung begründet und gutgeheißen haben, denn bei jeder Gelegenheit habe man gerade die volle, inhaltliche Identität zwischen der Verfassung des projectirten Bundes und der Reichsverfassung betont.

Ein solches Bedenken ist unschwer zu beseitigen. Allerdings hat man bei jener Verpflanzung keine Abwandlung irgendwelcher Art vornehmen wollen und vorzunehmen geglaubt, aber der Grund hierfür ist nicht etwa der, daß man die Reichsverfassung hätte vom strengen Bundesstandpunkt aus interpretirt wissen wollen, man hatte vielmehr die Bundesverfassung hinsichtlich der Legislative bereits lange vorher, schon als sie noch dem Norddeutschen Bunde angehörte, nach staatlichen Gesichtspunkten betrachtet und erklärt. Die große Unklarheit der staatsrechtlichen Auffassung, und namentlich der völlig verfehlte und doppeldeutige Begriff des Bundesstaates brachten es mit sich, daß man auch dort, wo man offenbar eine völkerrechtliche Union gegründet hatte, sich nicht ganz von der Idee des Reiches losmachen konnte. Man verlieh ihr eine Verfassung, die sich inhaltlich weit besser für ein wirkliches Staatswesen eignete, und vergaß bei der Legislative die Consequenzen zu ziehn, welche sich aus der Bundesnatur des Ganzen für ihren Rechtsinhalt ergaben. Niemand dachte z. B. daran, daß die Competenz-Competenz der Centralgewalt im Bunde eine Grenze haben müsse, über deren Lage dem souveränen Einzelstaat das Urtheil zustände, und daß sie nur im Einheitsstaate illimitirt sein könne, Niemand dachte an die Zulässigkeit einer Secession bei Verfassungsverletzungen 2c. So besaß also die Verfassung nach Ansicht der maßgebenden Personen und Körperschaften schon vor ihrer Uebertragung auf das Reich in der genannten Beziehung den Sinn einer Reichsverfassung, und insofern ist deren Meinung, bei dieser Uebertragung keine Sinnveränderung vorgenommen zu haben, vollständig erklärlich.

Unsere Beweisführung wird durch diesen Einwand nicht alterirt. Wir sind mit den maßgebenden Organen darüber einig, daß die Reichsverfassung hinsichtlich der Legislative als Grundgesetz eines Staates und nicht eines Bundes zu interpretiren ist, wenn wir auch mit ihnen über die Auffassung der projectirten Bundesverfassung getheilter Meinung sein sollten.

Ziehen wir jetzt das Resultat aus unseren Betrachtungen.

Wir haben aus der Verfassung herausgelesen, daß das dem Reich als souveränem Staate zustehende illimitirte Gesetzgebungsrecht ihm trotz großer Abstreichungen erhalten worden ist, daß es von seinem wahrhaft staatlichen Charakter nichts eingebüßt hat. Allerdings besitzen die Einzelstaaten eine weitgehende Autonomie, indem ihnen innerhalb ihres Bereiches, abgesehen von gewissen Materien, das volle Gesetzgebungsrecht belassen oder vielmehr zugestanden worden ist, aber diese Autonomie ist mit dem Bestand einer souveränen Centralgewalt vollkommen vereinbar[9]). Es kommt eben nur darauf an, daß der Letzteren die Verleihung und Regelung, sowie, wenn auch unter erschwerendsten Formen, die Beschränkung und Aufhebung dieser Selbstverwaltung zusteht, und das glauben wir im Vorstehenden nachgewiesen zu haben.

Wenn wir nun noch einmal die betreffenden Rechtsverhältnisse im alten Reich vergegenwärtigen, so werden wir sehen, daß ein prinzipieller Unterschied nicht vorhanden ist. Auch dort besaßen die Territorialgewalten innerhalb ihrer Gebiete die vollkommene Autonomie und das unbeschränkte Gesetzgebungsrecht bis auf solche Materien, die sich das Reich besonders vorbehalten hatte, auch dort wurden von der Centralgewalt alle Angelegenheiten geregelt, die in das Bereich der Einzelstaaten nicht gehören konnten, auch dort stammte die Autonomie der Letzteren vom Reiche und konnte von ihm, wenn auch in sehr erschwerten Formen, anderweitig geregelt oder aufgehoben werden. Ein detaillirter Vergleich der Materien, welche damals und heute dem Reich resp. den Einzelstaaten zustanden, wäre nach dieser prinzipiellen Uebereinstimmung durchaus überflüssig. Immer bleibt die Thatsache bestehn, daß die Legislative heute in einer dem früheren Modus analogen Weise gestaltet worden ist.

Wiewohl nun die Staaten sich gegenwärtig in einem ganz natürlichen, dem ehemaligen Zustand entsprechenden Verhältniß in das Reich als Gesammtstaat einfügen, so scheinen doch ihre Oberhäupter einen durchaus neuen Charakter gewonnen zu haben, welcher

[9]) Laband I S. 104: „Autonomie ist, im juristischen Sinne, immer eine gesetzgebende Gewalt. Aber sie steht im Gegensatz zur Souveränetät. Selbstgesetzgebung kann man nur demjenigen Gemeinwesen als besondere Eigenschaft zuschreiben, dem die Gesetze auch von einer über ihm stehenden Gewalt gegeben werden könnten."

sich mit der früher von ihnen eingenommenen Stellung kaum in Einklang bringen läßt. Es würde als eine Lücke in unserer Untersuchung empfunden werden, wenn wir diesen Punkt unberührt lassen wollten.

Neuntes Kapitel.

Der Reichsfürstenstand.

Zwischen dem Fürstenthum des alten und dem des neuen Reiches glauben die Rechtslehrer insofern einen prinzipiellen Unterschied constatiren zu müssen, als das erstere ein vom Reiche eingesetztes erbliches Amt bedeutet habe, das letztere aber als eine auf eigenem Rechte ruhende monarchische Institution zu betrachten sei. Wenn ein solcher Unterschied wirklich vorhanden wäre, dann ließe sich allerdings ein rechtlicher Zusammenhang zwischen beiden politischen Gebilden nicht herstellen.

Die erste Behauptung, die ehemaligen Fürsten seien erbliche Reichsbeamte gewesen, ist nicht zu bestreiten. Bei jedem einzelnen ließe sich ein solcher Ursprung, Einsetzung von Seiten des Kaisers, Vergrößerung oder Verringerung des Besitzes, d. h. des Amtsbezirks und Erweiterung der Rechte durch die Reichsgewalt oder unter ihrer Verwilligung 2c. 2c. nachweisen. Wenn wir demnach an unserer Behauptung festhalten wollen, so müssen wir darthun, daß sich das heutige Fürstenthum an die innerhalb des alten Reiches vollzogene Entwicklung unmittelbar und naturgemäß anschließt.

Der Gang dieser langsamen Fortbildung ist ungefähr folgender:

Die höchsten Beamten des Reiches, Herzöge und Grafen, wurden anfänglich, zur Zeit der Karolinger und Sachsen, auf Lebenszeit von den Königen eingesetzt und mit der inneren Verwaltung des ihnen zugewiesenen Gebietes betraut, bald aber ward es Brauch und dann als Rechtssatz anerkannt, daß der Sohn dem Vater in dem Amte folgte, ja daß beim Fehlen eines Sohnes der nächste Agnat zur Uebernahme desselben berechtigt sei. Weitere Zugeständnisse der letzten sächsischen und dann der salischen Kaiser ließen auch die männlichen Cognaten zur Succession zu, und so kam es, daß schließlich nur noch bei vollem Aussterben einer Fürstenfamilie unter der Form der Belehnung neue Ernennungen stattfinden konnten.

Seine folgenreichste Umwandlung erfuhr der Reichsfürstenstand zur Zeit der Hohenstaufen. Während bis dahin mächtige Herzoge eine dominirende und dem Kaiser gegenüber sehr selbständige Stellung eingenommen hatten, die Grafen und Bischöfe dagegen großentheils in Abhängigkeit von diesen ihre Aemter verwalteten, traten jetzt, vornehmlich seit Unterwerfung Heinrichs des Löwen und Zertrümmerung seines zu gefährlicher Größe angewachsenen Ländercomplexes, die kleineren Fürsten in den Vordergrund. Diese aber sonderten sich scharf von den tieferstehenden, wenn auch gleichfalls erblichen Reichsbeamten, namentlich den einfachen Grafen, und bildeten eine Klasse für sich, den sogenannten jüngeren Reichsfürstenstand. Ihre solcherweise exceptionelle Stellung hatten sie in verschiedener Weise gewonnen, durch Erwerburg von Theilen der alten Herzogthümer, durch Gewinn mehrerer Grafschaften, also eines größeren Gebietes auf dem Wege der Erbschaft, oder endlich infolge ihrer Eigenschaft als Mark-, Land- oder Reichsgrafen. Sie theilten sich danach, abgesehen von den Geistlichen, in Herzöge, Fürsten, Mark-, Land- und Reichsgrafen; die übrigen, früher ihnen gleichgestellten Grafen blieben von der neuen Würde ausgeschlossen.

Dieser neue Fürstenstand nun gewann zur Zeit der zwiespältigen Wahlen und des Interregnums immer mehr an Bedeutung für das Reich und an Hoheitsrechten innerhalb seines Gebietes, bis die Reichsgewalt fast vollständig von ihm dominirt wurde und die Territorialherrschaft zum größten Theil in seine Hände gerieth. Aber in ihm selbst geschah wieder eine wichtige Scheidung, als die Kaiserwahl anfing, statt von allen nur noch von bestimmten Fürsten ausgeübt zu werden. Diese Letzteren wußten ihren so gewonnenen Einfluß auf die Besetzung des Thrones in umfassendster Weise zur Erweiterung ihrer Machtbefugnisse auszunutzen und sicherten sich gegen Eingriffe der kaiserlichen Gewalt und gegen die Opposition der anderen Fürsten durch feste Vereinigung und geschlossene Vertretung der gemeinsamen Interessen. Noch immer blieben auch sie der Reichsgewalt unbedingt unterworfen, aber dieselbe vermochte ihnen wenig mehr anzuhaben, da sie selbst einen, und zwar den thatsächlich wichtigsten Faktor in ihr bildeten. So war schließlich ihre Stellung von derjenigen souveräner Fürsten kaum noch zu unterscheiden, vornehmlich weil sie durch die Wahlcapitulationen jeden einzelnen Kaiser auf Respectirung dieser ihrer Stellung verpflichten konnten und diese das Joch aus bekannten Gründen nicht abzuwerfen vermochten.

Die übrigen Fürsten blieben weit mehr von der Centralgewalt abhängig, aber auch ihnen, namentlich den größeren, boten sich durch den Besitz der Reichsstandschaft und infolge vielfacher Bedrängnisse der Kaiser Mittel genug zur Erhöhung ihrer Befugnisse, so daß einzelne von ihnen sogar die Kurwürde zu erlangen wußten. Es ergab sich demnach in dem Verhältniß der Fürsten zur Reichsgewalt eine gewisse Abstufung. Die mächtigsten waren fast selbständige Landesherren, die zwar dem Rechte nach in des Kaisers und Reichstags Botmäßigkeit blieben, aber nach dem Willen dieser Organe beinahe keiner Beschränkung mehr unterlagen; die kleinsten dagegen erschienen, wenn ihnen auch in die Regierung ihrer Ländchen nicht viel hineingeredet wurde, noch immer vollständig als Unterthanen des Reiches, die unter Umständen von ihm ihres Besitzes beraubt werden konnten, aber auch seines Schutzes zuweilen in bemerkbarer Weise theilhaftig wurden.

Als nun die Reichsgewalt ihre Functionen einstellte, gewannen, wie S. 47 hervorgehoben, alle Fürsten, welche nicht von den Nachbarn mediatisirt wurden, rechtlich insofern die volle Souveränetät, als sie in ihren Territorien die souveräne Reichsgewalt, soweit angängig, übernahmen. Sobald aber die rechtmäßigen Vikare durch Erlaß von Vikariatspatenten oder gar ein neu erwählter Kaiser die Zügel der Regierung ergriffen hätte, wären die Fürsten sofort genau in die staatsrechtliche Stellung zurückgetreten, die sie vor dem Jahre 1806 innegehabt hatten.

Ebendasselbe mußte bei Wiederaufrichtung des Reiches 1871 geschehen, wenn man sich nicht alsbald oder schon vorher mit dem neuen Kaiser über einen anderen Modus einigte und diesen grundgesetzlich festlegte. Letzteres geschah durch die Novemberverträge und durch den Erlaß der Reichsverfassung. Man bestimmte, was unter den obwaltenden Verhältnissen das einzig mögliche und richtige war, daß das Fürstenthum unter Abstrich einer Anzahl von Rechten, genau in der Verfassung in das Reich aufgenommen würde, in der es sich am Schluß des Interregnums anerkanntermaßen befand. Es ist dadurch der ehemalige, rechtmäßige Zustand im Großen und Ganzen wiederhergestellt worden, aber mit verschiedenen, bemerkenswerthen Abweichungen, deren wichtigste wenigstens einer eingehenderen Betrachtung bedarf.

Die Frage der Souveränetät vor allem ist es, welche zu vielen Erörterungen und Streitigkeiten Anlaß gegeben hat. Mancher dürfte auch bei Billigung vorstehender Darlegung meinen: wenn die Staaten in ihrem derzeitigen Zustande in das Reich aufgenommen worden seien, dann hätten auch ihre Oberhäupter gleichzeitig mit allen anderen Rechten die Souveränetät behalten, da dieselbe ja vorher anerkanntermaßen in ihrem Besitz gewesen wäre. Diese Ansicht krankt indessen an einer Verkennung des Begriffs. Die Souveränetät ist nicht ein Recht wie andere Rechte, das verliehen oder genommen werden könnte, sondern sie ist die Eigenschaft, innerhalb einer gewissen Sphäre die höchste Potenz, die Quelle alles Rechts zu sein. Eine Uebertragung oder Belassung derselben ist nicht möglich, denn gerade durch einen solchen Akt würde sich die übertragende oder belassende Potenz als die höhere dokumentiren. Darum kann eine neue souveräne Gewalt, staatsrechtlich betrachtet, nur durch Usurpation, durch eigene Erklärung entstehen, wenn sie auch zu ihrer Sicherung meist der Anerkennung fremder Mächte und der Zustimmung ihrer Unterthanen bedarf. Bestimmte also das neue Reich in seinem Grundgesetz, daß die Einzelstaaten in ihrem derzeitigen Zustand als Glieder des Reiches weiterbestehen sollten, so war schon diese Handlung ein Kennzeichen, daß die Centralgewalt sich den Einzelstaaten übergeordnet erachtete, unter den belassenen Rechten konnte somit die Souveränetät unmöglich begriffen sein. Eine andere Auffassung wäre nur dann zulässig, wenn die decretirende Centralgewalt von den Einzelstaaten in's Leben gerufen und somit ihr Decret ein Ausfluß der Einzelsouveränetät wäre; das ist aber, wie wir nachgewiesen haben, nicht der Fall. Die Fürsten haben in legaler Weise einen Kaiser erkoren, d. h. sie haben den dieser Stellung Würdigsten als Oberhaupt über sich anerkannt, dann hat dieser Kaiser aus eigener Machtvollkommenheit unter Zustimmung der gesetzmäßigen Organe die neue Verfassung decretirt und in ihr durch Anerkennung der Landesordnungen die Fürstenrechte bestätigt.

Wenn nun auch die Fürsten ihrer zeitweiligen Souveränetät verlustig gingen, so blieben ihnen doch diejenigen Befugnisse und Privilegien, welche aus der Souveränetät emanirt waren, im Allgemeinen unverändert erhalten. Dazu gehörten denn allerdings auch solche, welche sonst ausschließlich wirklichen Souveränen zuzustehen pflegen. Ja man hat mit Sorgfalt und Vorbedacht alle jene Rechte, die auf eine vorhandene Souveränetät hinzuweisen scheinen, unangetastet gelassen, in dem berechtigten Bestreben, den Fürsten die nothwendige Rückkehr in einen staatsrechtlich abhängigen Zustand nach Möglichkeit zu erleichtern. Als solche Rechte sind vorzugsweise zu nennen: Titulaturen, internationaler Rang, Ebenbürtigkeit, Unverletzlichkeit, persönliche Unverantwortlichkeit, Gesandtschaftsrecht. Diese alle sind in der That Ausflüsse der Souveränetät, aber seit Aufhebung der Letzteren nicht mehr Kennzeichen derselben; es ist also durchaus unrichtig, ein Fortbestehen der genannten Eigenschaft aus diesen Ueberresten erweisen zu wollen.

Wiewohl nun vollsouveräne Fürsten innerhalb des Reiches undenkbar wären, so stehen doch diese Reste territorialer Unbeschränktheit mit dem Charakter des Gesammtstaates nicht im Widerspruch. Schon die ehemaligen Kurfürsten prätendirten in den letzten Zeiten ähnliche Befugnisse und wurden ihrer theilhaft. Warum sollte nicht bei fortschreitender Entwicklung dieselbe Stellung auch den kleineren unmittelbaren Herren eingeräumt werden? Es war eine entschieden rathsame Vereinfachung der inneren Zustände, ein Mittel eifersüchtigen Hader zwischen den Regierungen und Staatsoberhäuptern zu verhüten. Allerdings war in solcher Beseitigung der früheren Stufenfolge eine einschneidende Abwandlung der Reichsordnung zu erblicken, aber diese Abwandlung lag nicht außerhalb der Competenz der Reichsorgane, sie war nicht prinzipieller Natur. Aehnliche große Aenderungen in der Stellung der Reichsfürsten waren, wie wir gesehen haben, bereits in früheren Jahrhunderten vorgekommen. Vollständig ist überdem die Stufenfolge gar nicht beseitigt worden, Rang und Ehrenrechte sind noch immer sehr verschieden.

Damit könnte die aufgeworfene Frage als erledigt gelten, allein gerade die Rang- und Titulaturverhältnisse der Reichsfürsten bedürfen noch einer kurzen Betrachtung, da man hieran bei Erwägung der Beziehungen zwischen altem und neuem Reich so vielfach Anstoß genommen hat.

Daß Großherzöge, Herzöge und Fürsten gegenwärtig in Deutschland existiren, nimmt Niemanden Wunder, wiewohl schon der erstgenannte Titel im alten Reiche nicht bestand und erst durch die napoleonische Fremdherrschaft Eingang gefunden hat; aber daß auch der Königstitel seinen bisherigen Inhabern belassen und ihnen damit trotz des Verhältnisses der Unterordnung, in dem auch sie sich der souveränen Staatsgewalt gegenüber befinden, gleicher Rang mit auswärtigen souveränen Monarchen zugestanden worden ist, das schien doch gar zu sehr gegen alles Herkommen zu verstoßen und die Auffassung nahezulegen, als sei denn doch die Bundestheorie besser mit den bestehenden Verhältnissen vereinbar.

Es ist richtig, daß im Deutschen Reich niemals ein Theil-Königthum existirt hat. Das einzige, welches man dafür halten könnte, das böhmische, stand ja staatsrechtlich nur in vertragsmäßigem Verhältniß zum Reich. Diese Institution ist also eine dem neuen Reich eigenthümliche, aus der kaiserlosen Zeit überkommene Bildung. Dennoch läßt sich ein Ansatz dazu auch im alten Reiche entdecken. Den Kurfürsten nämlich waren so viele wirkliche und Ehrenvorrechte eingeräumt worden, daß sie schon dem Königthum näher zu stehen anfingen, als dem Fürstenthum. Sie wurden reichsrechtlich bereits Königen gleichgeachtet,[1]) ihre Gesandten gingen nach der Goldenen Bulle allen auswärtigen, auch den souveränen Fürsten mit Ausnahme der königlichen vor. Wenn nun im Interregnum und im neuen Reich der kurfürstliche Titel als überflüssig in Wegfall kam, so mußte dafür Ersatz geschafft werden. Die Bezeichnung als Herzoge oder Großherzoge konnte den Bedeutenderen von jenen bevorzugten Ständen nicht mehr genügen, da diese Titulaturen bereits weit kleineren Fürsten zutheil geworden waren. So nahmen denn Bayern und Württemberg unter Napoleons Aegide, Hannover zur Zeit des Wiener Congresses die Königskrone ohne Bedenken an, während Hessen den kurfürstlichen Titel behielt, Baden sich mit dem großherzoglichen begnügte.

Bis zum Ablauf des Interregnums waren Hannover und Hessen verschwunden, und sah sich denn das neue Reich der Thatsache gegenüber, daß an Stelle der früheren Kurfürstenthümer drei Königreiche und ein Großherzogthum der Anerkennung harrten. In alten Zeiten, als der Königstitel noch nächst dem des einen

---

[1]) Noch die Note des kurf. hess. Congreßgesandten vom 28. April 1815 betreffs Beibehaltung des kurfürstlichen Titels beruft sich hierauf mit den Worten: „wollen aber . . ., in der Absicht aller den bisherigen königlichen Ehren der Kurhäuser nachtheiligen Mißdeutung zuvorzukommen, mit jener Beibehaltung das Prädicat Königliche Hoheit verbinden.“ s. Klüber a. a. O. II S. 201.

Ebenso heißt es in dem hannöverschen Patent vom 26. Oktober 1814 über Erhebung des Kurfürstenthums zum Königreich: „Bei der Wahl eines an die Stelle der kurfürstlichen Würde zu übernehmenden Titels haben Wir in Erwägung gezogen, daß die Kurfürsten des heil. röm. Reichs gesetzlich den Königen gleichgeachtet wurden, und daß sie königliche Ehre genossen“, s. Klüber I S. 65.

Kaisers das Höchste in der Welt bedeutete, hätte man wohl hiervon Abstand genommen und eine Aenderung verlangt, gegenwärtig aber, wo dieser Name infolge der Vermehrung der Kaiserthümer sehr an Glanz eingebüßt hatte und kaum noch für das Oberhaupt einer Großmacht genügte, konnte man von seiner eigentlichen, hohen Bedeutung absehen und seine Beibehaltung von Seiten abhängiger, aber mit bedeutenden Hoheitsrechten begabter Fürsten ohne Skrupel zulassen. Deren rechtliche Stellung zu Kaiser und Reich konnte durch die Conservirung dieses Titels und Ranges ebensowenig alterirt werden, wie bei Gültigkeit der Bundestheorie die juristische Position des Präsidiums durch Einführung des Kaisertitels modifizirt worden wäre.

Nach unsrer Auffassung stellt sich die Sache demnach gerade umgekehrt, wie nach der eben angeführten. Nach dieser befanden sich die Könige als souveräne Monarchen in einer ihrem Titel entsprechenden, staatsrechtlichen Stellung, der Kaiser dagegen war, trotz seiner hohen Würde und der damit verbundenen Ehren, nur präsidirendes Mitglied eines völkerrechtlichen Vereins; nach unsrer Anschauung dagegen besitzt der Kaiser die staatsrechtliche Stellung im Reiche, die sein Titel andeutet, ist er der einzige souveräne Monarch, die Könige dagegen sind, trotz ihrer prunkenden Titulaturen und der ihnen zustehenden Ehren, wie die anderen Fürsten, nur erbliche, mit weitgehenden Sonderrechten ausgestattete Regenten gewisser Reichstheile. Wenn man die Sache in dieser Weise versteht, dann geben auch die innerhalb des Reichsverbandes bestehenden Königreiche keine Veranlassung, in der Neuordnung Deutschlands eine Zerreißung des staatsrechtlichen Zusammenhangs mit der Vergangenheit zu erblicken.

Sonach lassen sich alle von Fürsten beherrschten Territorien, und nicht minder die freien Städte, ohne Schwierigkeit in den Rahmen unsrer Theorie einfügen. Wie steht es nun aber mit denjenigen Landen, welche ohne spezielles Oberhaupt direct dem Reiche unterstellt worden sind, den sogenannten Reichslanden? Sie scheinen eine durchaus neue, dem modernen Deutschland eigenthümliche Bildung zu sein, für welche sich im alten Reich keine Analogie auffinden läßt.

Zehntes Kapitel.

Die Reichslande.

Elsaß-Lothringen hat seit seiner Rückerwerbung durch Deutschland den Rechtsgelehrten außerordentlich viel Schwierigkeiten bereitet, da seine Stellung im Reich sich auf dem Grunde der herrschenden Theorien jeder staatsrechtlichen Fixirung entzieht. Trotz allen aufgewandten Scharfsinns ist noch jeder einzelne, der die Reichslande in sein System einzufügen versuchte, auf unlösbare Widersprüche gestoßen, die sich wohl durch einen Schwall von juristischen Deductionen vertuschen, aber nicht beseitigen ließen. Der Grund liegt einfach darin, daß die neue Institution der Reichslande auf einen Einheitsstaat berechnet ist, die bestehenden Anschauungen sich aber nicht von der Idee des Bundes oder Bundesstaates loszureißen vermögen.

Wenn Art. 1 des Gesetzes vom 9. Juni 1871, betreffend die Angliederung der eroberten Lande, sagt: „Die Gebiete Elsaß und Lothringen werden mit dem Deutschen Reich für immer vereinigt", so sollte offenbar das im Friedensschluß gewonnene Land staatsrechtlich mit Deutschland verbunden werden. Wenn nun aber die Staaten Deutschlands selbst nicht staatsrechtlich, sondern nur völkerrechtlich miteinander verknüpft waren, so erwies sich ein solches Unterfangen als Unmöglichkeit. Es gab bei Festhaltung dieser Theorie nur zwei Arten, wie die neuen Erwerbungen mit dem Reiche in Rechtsverbindung treten konnten: entweder sie wurden an mehrere Bundesstaaten aufgetheilt resp. einem von ihnen zugesprochen, oder man ließ sie sich als Staat constituiren und nahm sie als solchen in die bündische Gemeinschaft auf. Geschah keins von beiden, so konnte man sie nur als unorganisirte Territorien gemeinsamer Verwaltung unterstellen, ohne eine rechtliche Verbindung irgend welcher Art zu schaffen.

Keiner von diesen drei Wegen ist eingeschlagen worden. Daß die Gebiete nicht aufgetheilt oder einem einzelnen Staat zuerkannt worden sind, liegt klar am Tage, ein solches Verfahren würde auch Schwierigkeiten gemacht und viel Streitigkeiten hervorgerufen haben; daß sie sich nicht als Staat constituirt haben und als solcher in den Bund eingetreten sind, darüber lassen die Thatsachen und zahlreiche

Aeußerungen von maßgebender Stelle keinen Zweifel;[1]) bei der damaligen Gesinnung ihrer Bevölkerung wäre das auch den deutschen Interessen wenig förderlich gewesen.[2]) Was aber die letzte Möglichkeit betrifft, so wird eine staatsrechtliche Erörterung am Platze sein.

Zum Uebergang von Territorien aus dem Verbande eines Staates in den Verband eines anderen sind strenggenommen drei Rechtshandlungen nothwendig: 1. ein Gesetz des abtretenden Staates, welches die Lande aus dem Staatsorganismus ausscheidet, 2. ein völkerrechtlicher Vertrag zwischen beiden des Inhalts, daß der abtretende Staat die Gebiete dem andern zur freien Verfügung stellt, 3. ein Gesetz des Letzteren, welches dieselben seinem eigenen Organismus einfügt. Die erste Handlung wird meist, wenn auch nicht ganz mit Recht, als in der Genehmigung des Vertrages und in seiner Publication enthalten angesehn, die letzte fehlt aber nur in seltenen Fällen.

Der Frankfurter Frieden wurde — bei Festhaltung der Bundestheorie — abgeschlossen zwischen der französischen Republik und 25 deutschen Staaten, vertreten durch die Reichsorgane. Durch ihn gewannen diese 25 Staaten freie Verfügung über Elsaß und Lothringen, d. h. über einen unorganisirten Complex von Gebieten, ohne daß diese dadurch in staatsrechtliche Verbindung mit ihnen getreten wären. Das wollte bedeuten, jene konnten, ohne von irgend einer Seite Einspruch befürchten zu müssen, mit den Territorien machen, was ihnen beliebte; sie durften sie unter sich vertheilen, einem fremden Staat zusprechen, einem neuen, eigenen Souverän unterstellen und in ihren Verein aufnehmen ꝛc. ꝛc. Es war ihnen aber auch unbenommen, alles im gegenwärtigen Stande zu belassen und nur gemeinsam die Aufgaben zu erfüllen, welche sonst der Staatsgewalt obliegen. In letzterem Falle hätten die Gebiete auch fernerhin weder einen Staat gebildet, noch zu einem Staate gehört, sie wären vielmehr rechtlos einer fremden Gewalt, den 25 Staaten nämlich, unterworfen gewesen. Rechtliche Grundsätze hätten sich auf diesen Zustand überhaupt nicht anwenden lassen.

---

[1]) vgl. Motive zum Gesetzentwurf betreffend die Vereinigung v. Elſ.-Lothr. mit d. D. R. Sten. Ber. des Reichstags I Legisl. Per. 1. Seſſ. 1871 3. Bd. S. 157 ff.

[2]) vgl. Bericht der Siebener-Commiſſion Sten. Ber. 1871 3. Bd. S. 353.

In entsprechender Lage befanden sich z. B. Schleswig und Holstein nach dem Wiener Frieden von 1864. Auch hier waren die ersten beiden Rechtshandlungen, Lostrennung von Dänemark und Ueberantwortung an Oesterreich und Preußen, vollzogen worden, die letzte dagegen, die Einfügung in einen bestimmten Staat oder Verselbständigung der Territorien, war zu vollziehen unmöglich, da sich die beiden Großmächte nicht einigen konnten. Auf den absurden Einfall, sie beiden Staaten gleichzeitig oder vielleicht dem Deutschen Bunde als Bundesland anzugliedern, ist vernünftiger Weise Niemand gekommen. So blieben sie denn zwei Jahre hindurch in gemeinsamer resp. nach gemeinsamem Willen getheilter Verwaltung, ohne in irgend ein festes Rechtsverhältniß zu einem der beiden oder zu beiden Staaten zu treten, noch auch ein eigenes politisches Gemeinwesen zu bilden. Erst nach dem Prager Frieden wurden sie durch Gesetz dem preußischen Staate einverleibt.

Gleicher Weise erklären sich die Beziehungen Elsaß-Lothringens zum Reiche vom Abschluß des Frankfurter Friedens bis zum 9. Juni 1871, dann aber änderte sich das Verhältniß. An dem genannten Tage wurde das Land durch Gesetz mit dem Deutschen Reiche vereinigt.

Wenn nun die Richtigkeit der Bundestheorie über allen Zweifel erhaben wäre, dann war eine solche Vereinigung mit dem Reiche ebensowenig möglich, wie jene von Schleswig-Holstein mit Oesterreich und Preußen oder mit dem Deutschen Bunde. Der Art. 1 des Gesetzes hätte eine absurde, völlig unverständliche Bestimmung getroffen, woraus sich seine Unverbindlichkeit mit Nothwendigkeit ergeben mußte. Alsdann wären noch heute die sogenannten Reichslande nichts anderes, als ein von Truppen der 25 Staaten occupirter und von deren Beamten verwalteter, fremder Bezirk, dessen Bewohner man freiwillig zur Bildung des einen Reichsorgans mit herangezogen und mit einer Menge sonstiger Rechte begabt hätte. Zwar suchen die Verfechter jener Theorie die rechtliche Zugehörigkeit zum Reiche dadurch zu retten, daß sie das Reichsland als einen Einzelstaat hinstellen, dessen Souverän die Gesammtheit der Fürsten sei, aber sie vermögen weder den Akt nachzuweisen, durch welchen jenes zum Staate geworden, noch auch denjenigen, durch welchen dieser vermeintliche Staat aus eigenem Willen in den Bund eingetreten wäre. Man kann wohl einen

Gesetzesparagraphen, der offenbaren Widersinn enthält, für unwirksam erklären, aber man darf ihm nicht willkürlich einen Sinn unterlegen, der seinem Wortlaut in keiner Weise entspricht, bloß um ihn mit den eignen Ideen in Einklang zu setzen.

Die Anhänger des Bundesstaatsgedankens machen es sich noch leichter. Während ihr janusköpfiges Gebilde bei Confrontirung mit dem Verfassungseingang und anderen den Föderalismus betonenden Stellen sich ganz als Staatenbund hinstellt, zeigt es sich dem Gesetz vom 9. Juni gegenüber plötzlich als Einheitsstaat.

Laband behauptet[3]): „Der Gegensatz zwischen dem Reichslande und den Gliedstaaten des Reiches fällt vollständig zusammen mit dem begrifflichen Gegensatze zwischen dem decentralisirten Einheitsstaate und dem Bundesstaate. Würden alle deutschen Staatsgebiete zu Reichsland erklärt, so wäre Deutschland kein Bundesstaat mehr und die Staatsgebiete wären einfach Provinzen des Reiches . . . ." Da er nun wenige Zeilen später den begrifflichen Gegensatz zwischen Einheitsstaat und Bundesstaat nochmals scharf hervorhebt, so bedeuten seine Worte nichts geringeres, als daß das Deutsche Reich hinsichtlich Elsaß-Lothringens begrifflich etwas anderes sei, als hinsichtlich seiner übrigen Theile. Das ist ungefähr dasselbe, als wenn man von der populären Figur des Teufels sagt: Hinsichtlich seines Körpers ist er ein Mensch, nur hinsichtlich seines Fußes ist er ein Pferd. Labands Ausführungen könnten nur dann zu billigen sein, wenn er seine Begriffe Bundesstaat und Einheitsstaat unter den höheren Begriff Staat subsummirte, dann wäre eben der erstere nichts anderes als ein decentralisirter Staat. Das soll aber gerade geleugnet werden. Decentralisirter Einheitsstaat soll unter den Begriff Staat gehören, Bundesstaat aber soll einen Begriff für sich bilden und zwischen den Begriffen Staat und Bund in der Mitte stehn. Nach Laband soll also das Deutsche Reich nicht nur ein Mittelding sein zwischen Staat und Bund, ein Bundesstaat, was schon undenkbar ist, sondern es soll nun auch noch ein Mittelding sein zwischen diesem Mittelding und einer Abart des Staates, indem es hinsichtlich eines Theils seines Gebietes unter den Begriff des decentralisirten Einheitsstaates fallen soll. Es leuchtet wohl ein, daß aus dieser Begriffsverwirrung kein irgend brauchbarer Gedanke zu entnehmen ist.

---

[3]) a. a. O. I S. 713.

Wir sehen, die versuchten Erklärungen laufen immer darauf hinaus, entweder Elsaß-Lothringen als einen 26. Bundesstaat oder das Reich, wenn auch nur hinsichtlich dieses Gebietes, als einen Einheitsstaat hinzustellen. Auf die einfache, vom Standpunkt des Bundesrechts allein richtige Idee, den Art. 1 des Gesetzes vom 9. Juni für widersinnig und daher inhaltlos, das Reichsland aber für ein gemeinsam verwaltetes, unterworfenes, fremdes Territorium zu erklären, ist bisher noch Niemand verfallen, und allerdings ist dies auch das Letzte, wozu ein Staatsrechtslehrer sich verstehen darf. Mit Berechtigung könnte er erst dann zu diesem Mittel greifen, wenn alle andern Wege, eine vernünftige Lösung herbeizuführen, sich als ungangbar erwiesen hätten. Werfen wir nun einen Blick auf die Reichstagsakten und -Verhandlungen, aus denen jenes Gesetz hervorgegangen ist, ob sie uns vielleicht einen solchen Ausweg zu eröffnen vermögen.

Hier zeigt sich freilich betreffs des ersten Artikels eine solche Unklarheit, daß wir schlechterdings nichts anderes daraus entnehmen können, als daß Niemand wußte, was er zu bedeuten habe.

In den Motiven heißt es[4]): „Sie werden nicht Bestandtheile eines einzelnen Bundesstaates, sondern unmittelbares Reichsland," eine Definition dieses völlig neuen Begriffes wird aber wohlweislich vermieden. Und weiter: „Allerdings ist die Verfassung des Reichs für ein unmittelbares Reichsland noch nicht eingerichtet. Das Deutsche Reich ist seinem Grundcharakter nach ein Bund selbständiger, souveräner Staaten, welche einen durch die Reichsverfassung begrenzten Theil ihrer Staatshoheitsrechte an die gemeinsamen Organe des Reiches abgegeben, im Uebrigen aber ihre staatliche Selbständigkeit bewahrt haben. Dabei nehmen die einzelnen Bundesstaaten wiederum Theil an der Ausübung der Reichshoheit . . ." Hier wird also dem Reiche offen ein bündischer Grundcharakter zugesprochen und festgestellt, daß seine Verfassung für die Bildung eines unmittelbaren Reichslandes noch nicht hergerichtet ist. Dabei will man den Schein erwecken, als könne sie in legaler Umbildung damit in Einklang gesetzt werden, was natürlich undenkbar ist, da sich aus dem Staatenbunde staatsrechtlich kein Einheitsstaat entwickeln kann. Den Verfassern des vorliegenden Schriftstücks schien

---

[4]) Sten. Ber. d. Reichst. 1871 3. Bd. S. 157.

es nnr deshalb möglich, weil sie die Reichsverfassung längst in ihren Hauptpunkten vom einheitsstaatlichen Standpunkt interpretirt hatten. So wurde also die eigentliche Schwierigkeit nicht beseitigt, sondern vertuscht.

Fernerhin wird constatirt: „Das von Frankreich abgetretene Gebiet ist nicht bestimmt, einen mit eigener Staatshoheit bekleideten, selbständigen Bundesstaat zu bilden; die Landeshoheit über dasselbe ruht im Reiche.“ Damit ist die einzig zulässige Lösung abgeschnitten und die Unklarheit zur Perfection gebracht. Wir wissen jetzt dreierlei: Das Reich ist ein Bund von souveränen Staaten, Elsaß-Lothringen ist kein Staat und soll auch keiner werden, ein Reichsland ist mit der Verfassung des Reiches nicht verträglich. Die logische Folge daraus wäre die, daß man vorerst auf eine rechtliche Verknüpfung der eroberten Gebiete mit dem Reiche verzichten und es bei dem thatsächlichen Verhältniß der Unterordnung bewenden lassen müsse. Aber nein, nach einigen unklaren Deductionen heißt es: „Diese Erwägungen konnten indessen nicht davon abhalten, dem erworbenen Gebiete denjenigen staatsrechtlichen Charakter zu geben, welcher dem geschichtlichen Hergang entspricht .... Deshalb sollen die wiedergewonnenen Gebiete als untrennbares Ganzes dem ganzen Reiche einverleibt .... werden.“ Auf den entsprechenden geschichtlichen Hergang gestützt hätten Oesterreich und Preußen die Lande Schleswig-Holstein ihrem Bündniß einverleiben müssen, eine größere Absurdität als in unserm Fall wäre das auch nicht gewesen. Also trotz der logischen Unmöglichkeit soll die Angliederung doch stattfinden. Zum Schluß ist dann gesagt: „Die Reichsverfassung bietet Raum, die formellen Schwierigkeiten eines solchen Verhältnisses im Wege der Reichsgesetzgebung zu überwinden;“ eine kühne Behauptung, die sich bis heutigen Tages nicht bewahrheitet hat. Noch heute ist das Reichsland vom Standpunkt der Bundestheorie ein völlig unerklärbares Gebilde.

Die Siebener-Commission[5]), welche mit der Vorberathung des Gesetzentwurfs beauftragt wurde, meinte zwar, der Begriff des Reichslandes, den der Entwurf aufstelle, biete sich von selbst dar, und erklärte die Schwierigkeit, ihn der Reichsverfassung gegenüber festzustellen, für eine nur theoretische, die seiner Zeit leicht ihre praktische Lösung finden werde, — aber damit erkannte sie doch

[5]) Sten. Ber. 1871 3. Bd. S. 353.

das Vorhandensein einer solchen Schwierigkeit an. Daß dieselbe unter einer so starken Centralgewalt praktisch gelöst werden würde, daran konnte freilich von vornherein nicht der geringste Zweifel obwalten, aber hier handelt es sich eben gerade um die theoretische Feststellung des Begriffs.

Im Reichstag wurde denn auch die Unhaltbarkeit des ersten Artikels gegenüber der in den Motiven gegebenen Definition des Reiches nicht verkannt. Der Abgeordnete Wagener[6]) äußerte am 20. Mai: „Was ist ein Reichsland? Darüber suchen wir bis jetzt vergeblich eine Definition . . .", und Windthorst, der selbst in der Commission gesessen hatte, stimmte ihm bei mit den Worten: „Man will ein Reichsland bilden und fragt nach dem Begriff . . . Keiner hat mir eine Antwort gegeben." Letzterer fährt dann fort: „Ich glaube die einzige verständige Lösung der Frage, die hier vorliegt, läge in der Alternative: entweder klar und ouvert und bestimmt einen einzelnen Staat, einen besonderen Staat zu gründen, oder aber das hier fragliche Territorium mit einem andern Staate zu vereinigen," und fügt hinzu: „es wird in den fraglichen Bestimmungen die Schraube liegen, mittelst welcher man die Bundesverfassung aus den Angeln hebt." Nun, aus den Angeln zu heben brauchte man die Bundesverfassung nicht mehr, da eben nicht sie, sondern eine Reichsverfassung zu Recht bestand, aber der besprochene Paragraph ist, zum Gesetz erhoben, allerdings geeignet, die Auffassung des Reiches als eines Bundes von Staaten schwer zu erschüttern und die unsrige in eclatanter Weise zu bestätigen.

Wir sind jetzt vor die Alternative gestellt: Sollen wir die in den Motiven unzweideutig ausgesprochene Charakterisirung des Reiches als Staatenbund für richtig anerkennen und dem Art. 1 des Gesetzes seine Verbindlichkeit absprechen, oder sollen wir dem Letzteren seine volle Gültigkeit belassen und die Behauptungen der Motive als nicht den Thatsachen entsprechend verwerfen? Im ersteren Fall würden unsre ganzen bisherigen Deductionen über den Haufen gestoßen, viele Rechtshandlungen und amtliche Auslassungen beseitigt oder gewaltsam interpretirt werden müssen, im letzteren dagegen würden nur der schon als unhaltbar erwiesenen Theorie die letzten Stützen entzogen.

---

[6]) Sten. Ber. 1871.

Ich glaube die Wahl kann nicht zweifelhaft sein. Der fragliche Paragraph ist im Namen des Kaisers (R. V. Art. 16) nach Zustimmung des den Willen der Regierungen ausdrückenden Organs, des Bundesraths, dem Reichstag vorgelegt und nach Genehmigung dieser Körperschaft vom Kaiser mit gesetzlicher Kraft begabt worden. Damit haben alle Reichsorgane ihre Billigung seines Inhalts, also auch seiner unabweislichen Consequenz, der staatlichen Natur des Reiches, ausgesprochen. Eine Aenderung der bestehenden Rechtsverhältnisse konnten und wollten sie nicht vornehmen, wohl aber waren sie befähigt als höchste Gewalt in Deutschland eine authentische Klarstellung dieser Verhältnisse zu geben, eine Klarstellung, die nur im Fall eines begründeten Protestes oder offenkundiger Unrichtigkeit in Zweifel gezogen werden dürfte. Diese authentische Interpretation haben wir hier in, wenn auch verhüllter, so doch nicht minder unzweideutiger Form vor uns. Jene Staatsmänner hingegen, welche die Vorlage dem Reichstag gegenüber begründeten, sind wohl von Kaiser und Bundesrath hierzu ermächtigt worden, aber man kann nicht jede ihrer Aeußerungen als eine Willenskundgebung dieser Organe auffassen, am allerwenigsten, wenn sie mit dem Gesetze selbst in Widerspruch treten. Sie dürfen, wie schon S. 118f. auseinandergesetzt, wohl zur Erläuterung des Gesetzes, nicht aber zu seiner Annullirung dienen. Es muß eben falsche Ausdrucksweise oder Unkenntniß der staatsrechtlichen Lage auf Seiten der betreffenden Minister angenommen werden, um so mehr, als sich aus andern Vorgängen und Urkunden die Unhaltbarkeit ihrer Behauptungen erweisen läßt und sie selbst den vorhandenen Widerspruch eingestehn. Daß aber die Worte des Paragraphen anders auszulegen seien, ist vollständig ausgeschlossen, da die Motive selbst einen solchen Ausweg durch die Erklärung abschneiden, die neuen Gebiete würden keinen selbständigen Staat bilden. Es bleibt nur die Möglichkeit, ihn nach seinem Wortlaut oder gar nicht gelten zu lassen.

Nicht mindere Schwierigkeit als der erste Artikel macht für die Anhänger der Bundestheorie der zweite, welcher besagt: „Die Verfassung des Deutschen Reiches tritt in Elsaß und Lothringen am 1. Januar 1873 in Wirksamkeit.... Art. 3 der Reichsverfassung tritt sofort in Wirksamkeit.“

Wenn das Reich wirklich ein Bund von Staaten war, dann konnte ihm ein neues Land nur in der Weise eingefügt werden, daß in diesem Lande die Reichsverfassung zum Gesetz erhoben wurde, wie dies ja 1867 in jedem einzelnen norddeutschen Staate mit der damaligen Verfassung geschehen ist. Ein Gebiet, in dem die Verfassung nicht in Geltung stand, gehörte eben nicht zum Bunde, denn sie war ja als das zwischen den Staaten vereinbarte Vertragsinstrument die einzige Grundlage des Bundesverhältnisses. Wenn nun für Elsaß-Lothringen die Gültigkeit der Verfassung und damit ihre Eingliederung in das Reich aufgeschoben wurde, so war damit der § 1 des Anfügungsgesetzes vorerst wieder aufgehoben. Art. 3 der Verfassung, welcher sofort in Kraft treten sollte, konnte daran nichts ändern, denn er betraf nur das gemeinsame Indigenat; dieses konnte auch mit fremden Staaten verabredet werden, wie z. B. Schleswig im vorigen Jahrhundert, wiewohl als selbständiger Staat anerkannt, doch mit Dänemark gemeinsames Indigenat erhielt.

Wenn man also korrekt handeln und an dem Bundescharakter festhalten wollte, dann mußte man den Kaiser, einen Fürsten oder irgend eine Korporation zum Souverän des neuen Staates erklären. Dieser hatte, gestützt auf das Reich, aber aus eigener Machtvollkommenheit, die Zügel der Regierung zu ergreifen und mit jenem, d. h. mit den 25 Staaten, vertreten durch die Reichsorgane, den erforderlichen Bündnißvertrag abzuschließen. Das Reich mußte dann seine Verfassung entsprechend ändern und der elsaß-lothringische Souverän ihre Verkündigung als Landesgesetz seines Staates veranlassen. Das wäre allerdings ein ziemlich verwickeltes und in seiner Wirkung für das Reich recht nachtheiliges Verfahren gewesen, aber wenn Deutschland einmal ein so complicirtes politisches Gebilde sein und das erworbene Gebiet weder aufgetheilt noch einem einzelnen Staate zugesprochen werden sollte, dann durfte man auch vor solchen Unzuträglichkeiten nicht zurückschrecken.

Durch das Gesetz vom 9. Juni 1871 setzte man sich mit der Bundestheorie in unzweifelhaften Widerspruch. Wenn nun bei Motivirung und Berathung desselben immer wieder hervorgehoben und verlangt wurde, man solle über die theoretischen Bedenken hinwegsehen, um eine heilsame Ordnung zustande zu bringen, so hieß das nichts anderes, als man solle sich um die Auffassung des Reiches als eines Bundes und um die prätendirte Souveränetät der Einzelstaaten nicht kümmern. Hierin aber muß man bei unbefangener Betrachtung entweder einen Verfassungsbruch oder die von Seiten der Reichsorgane ausgesprochene Verurtheilung jener Auffassung erblicken. Man wurde sich dessen nur darum nicht bewußt, weil man sich eben, allen herrschenden Theorien zum Trotz, des Gedankens nicht erwehren konnte, das Reich sei ein geschlossener Staat. Gleichwie der Kaiser und die Fürsten, von der Zeitströmung ergriffen, gegen die ursprünglichen Intentionen statt eines Bundes das alte Deutsche Reich wiederhergestellt haben, so ist hier von Seiten der Reichsorgane, wider ihre eigene Absicht, der einheitsstaatliche Charakter des Reiches in Form des Gesetzes und durch eine dauernde Einrichtung für alle Zeiten bekräftigt worden.

Denn nur im decentralisirten Einheitsstaate ist die Institution der Reichslande denkbar und erklärlich. Die Natur eines solchen zeigt sich darin, daß er eine Anzahl Provinzen enthält, denen bis auf bestimmt fixirte Angelegenheiten volle Autonomie, d. h. die Regelung aller von ihnen selbst lösbaren staatlichen Aufgaben belassen worden ist. Ebensogut nun wie die Centralgewalt diesen Provinzen ihre Autonomie verliehen hat, ebensogut kann sie andere Theile des Staates in eigener Verwaltung zurückbehalten und hier alle staatlichen Aufgaben selbst durch ihre Organe erledigen. Zwischen centralisirtem und decentralisirtem Einheitsstaate ist kein begrifflicher Unterschied, infolgedessen kann ein Theil des Staates nach Art des Ersteren, ein anderer nach Art des Letzteren regiert und organisirt werden. In Laband's Theorie lag ein Widerspruch. Er stellte das Reich als einen Bundesstaat hin, der mit den Reichslanden einheitsstaatliche Elemente erhalten habe, constatirte aber zwischen beiden Formen einen begrifflichen Unterschied. Bei uns kommt dieser Widerspruch in Wegfall. Jetzt hat das ganze Einverleibungsgesetz einen vernünftigen Sinn. Das Reich vollzieht mit ihm die staatsrechtliche Einfügung der von Frankreich überlassenen Gebiete in seinen Organismus und unterstellt sie damit in allen ihren Angelegenheiten und Beziehungen den vorhandenen Reichsorganen. Nach seinem Erlaß stand nichts im Wege, das neue Territorium in einer den übrigen entsprechenden Weise zu gestalten, ihm die gleiche Autonomie zu verleihen und vielleicht ein erbliches Oberhaupt zu setzen, ebensogut aber konnte man hiervon absehen und dann war allerdings die passendste Bezeichnung für ein solches Gebiet der Name Reichsland, d. h. das vom Reich ohne Mittel regierte Land.

Nun bietet auch § 2 des Gesetzes keine Schwierigkeit mehr. Wenn darin gesagt ist, die Verfassung solle am 1. Januar 1873 in

Elsaß-Lothringen zur Wirksamkeit gelangen, so wird damit die staatliche Vereinigung nicht bis zu diesem Termin hinausgeschoben, denn die Souveränetät ruht nicht in der Verfassung, sondern besteht außer ihr, sie also bleibt in Wirksamkeit, auch wo die Grundgesetze nicht in Geltung sind. Ebensogut wie das Reich seinen übrigen Territorien die Verfassung aus eigener Machtvollkommenheit verliehen hatte, ebensogut konnte es aus Utilitätsgründen ihre Einführung in den neu erworbenen Gebieten aufschieben, ohne seiner Souveränetät das geringste zu vergeben.[7]) Das war dem Bunde nicht möglich, weil er keine Existenz außerhalb der Verfassung besaß und die Competenz seiner Organe sich ausschließlich auf sie und durch sie auf die unabhängigen Einzelstaaten gründete.

Die durch die beiden ersten Paragraphen des Gesetzes vom 9. Juni geschaffene Lage charakterisirt sich also in der Art, daß die gesammten Bewohner und Institutionen Elsaß-Lothringens der souveränen Reichsgewalt unterstanden. Alles weitere, welche innere Gestaltung die neuen Erwerbungen erhalten, welche Verfassungs- und gewöhnlichen Gesetze in ihnen gelten, ob und wann ihre Einwohner an den staatsbürgerlichen Rechten Antheil erhalten sollten, das alles hing von den weiteren Maßnahmen der höchsten Gewalt ab und wurde in dem ferneren Theil des besprochenen Gesetzes festgestellt. Ein mehrjähriger Uebergangs- und Ausnahmezustand ergab sich dabei von selbst.

Der Unterschied zwischen den alten Reichsgebieten und den neuen Erwerbungen hinsichtlich ihrer Stellung zum Reich ist also der, daß jene als organisirte Staaten unter die Souveränetät des Reiches getreten sind und ihren Organismus im Großen und Ganzen beibehalten haben, die letzteren dagegen erst nach ihrem Eintritt durch das Reich eine politische Gestaltung bekommen haben. Insofern scheinen diese in einer engeren Beziehung zum Reiche zu stehen, als jene älteren Gebiete, indem ihre ganzen Einrichtungen von ihm in's Leben gerufen sind. Das ist in Wahrheit nicht der Fall, da auch die staatliche Organisation der Fürstenthümer und freien Städte insofern als Produkt der Reichsgesetzgebung aufzufassen ist, als erst ihre Anerkennung durch das Reich ihren Fortbestand in der während des Interregnums gewonnenen Gestaltung legalisirt hat. Wenn

---

[7]) Auch in den 1866 annectirten Landen stand die preußische Verfassung ein Jahr lang außer Geltung.

Elsaß-Lothringen innerhalb Frankreichs bereits als ein geschlossener Selbstverwaltungskörper bestanden hätte und als solcher in Pausch und Bogen, vielleicht sogar mit einem erblichen Oberhaupte, in das Reich aufgenommen worden wäre, dann würde es nicht minder fest mit dem Reichskörper verbunden sein und doch den anderen Staaten weit ähnlicher erscheinen. Im Prinzip ist es ganz gleichgültig, ob die souveräne Gewalt bereits bestehende Einrichtungen der aufzunehmenden Gebiete ausdrücklich resp. stillschweigend anerkennt, oder ob sie neue Organisationen schafft; die einen wie die anderen werden damit auf den Boden des Reiches gestellt.

Wenn es nun auch außer Zweifel steht, daß die Aufnahme von Elsaß-Lothringen bei Auffassung des Reiches als eines Einheitsstaates in völlig korrekter und widerspruchsloser Weise erfolgt ist, so erhebt sich doch noch eine andere Frage. Es handelt sich für uns darum, festzustellen, ob die Existenz eines Reichslandes in dem oben ausgeführten Sinne sich mit dem Charakter des ehemaligen Reiches verträgt oder eine wesentliche Abweichung bedeutet.

Wir haben im vorigen Kapitel gesehen, daß sich in der Abhängigkeit der ehemaligen Territorialoberhäupter vom Reich eine Stufenfolge zeigte, nach der die Untersten kaum noch als Landesherren erschienen. Danach könnten schon die Gebiete dieser Letzteren fast als Reichsland im modernen Sinne gelten, wenn eben nicht die Erblichkeit eine Unterscheidung begründete. Dennoch hatten jene kleinsten Territorien eins mit den Reichslanden gemein, sie ermangelten wie diese der Reichsstandschaft, d. h. der Vertretung in der gesetzgebenden Versammlung. Wenn außerdem ein Theil von ihnen, die Reichsdörfer, Reichsburgen und freien Leute, keine erblichen Inhaber aufwiesen, sondern in Gestalt von Selbstverwaltungskörpern direkt dem Reiche unterstellt waren, so ersieht man daraus, daß ein Vorhandensein von Reichsland dem Charakter des alten deutschen Gesammtstaates im Prinzip nicht widerstrebte. Aber nicht diese winzigen und verkommenen Bildungen sollen in unserer Frage den Ausschlag geben.

Zu ihrer Entscheidung dürfen wir uns nicht ängstlich an den letzten Zustand des alten Reiches klammern, sondern müssen die ganze Entwicklung dieses Staates in's Auge fassen. Da zeigt sich denn, daß gerade das moderne sogenannte Reichsland in seinem Wesen dem ursprünglichsten Zustand aller deutschen Territorien entspricht. Die alten Gaue, welche sich später zu größeren Landcomplexen zusammenballten, besaßen, da ein Staat von solcher Ausdehnung damals nicht von einer Centralstelle aus regiert werden konnte, eine ausgeprägte, vom Reich geordnete Selbstverwaltung unter einem vom König resp. Kaiser ernannten, also nicht erblichen Beamten, dem Grafen, später auch dem Herzog oder Bischof, natürlich in einer weit primitiveren Form als heutzutage. Befindet sich nicht Elsaß-Lothringen nach der definitiven Gestaltung von 1879 genau in der gleichen Verfassung? Vom Reich aus ist ihm eine feste, seinen partikularen Verhältnissen entsprechende Organisation gegeben worden, an deren Spitze ein vom Kaiser eingesetzter Beamter, der Statthalter, die staatsoberhauptlichen Rechte soweit ausübt, wie sie ihm vom Reiche aus zuerkannt worden sind. Wir dürfen also in der Begründung dieses Gemeinwesens eine Rückkehr zu den anfänglichen und sicherlich gesünderen Verhältnissen erblicken, aus denen sich im Lauf der Jahrhunderte die heute vorherrschende Art der Reichsgliederung entwickelt hat.

Ja man kann noch weiter gehen. Der natürliche Entwicklungsprozeß verlangte schon in der letzten Zeit des alten Reiches eine solche Rückbildung gewisser Reichstheile. Wir haben früher gezeigt, wie die geistlichen Staaten und die meisten Reichsstädte sich überlebt hatten und dazu prädestinirt waren, in die unmittelbare Verwaltung des Reiches zurückzutreten. Das wurde verhindert und hinausgezögert durch die Uneinigkeit der Stände und die Abneigung der Kaiser gegen derartige Neuerungen. So mußte das große Reichsgut endlich zerschlagen und zur Entschädigung der Territorialherren für die an Frankreich abgetretenen Gebiete verwendet werden.

Wenn nun das linksrheinische Territorium, soweit es nicht selbst geistlich oder reichsstädtisch war, seinen Inhabern durch solche Lande ersetzt wurde, so darf es offenbar selbst als säcularisirtes Kirchengut resp. als städtischer Besitz aufgefaßt werden, der im Schoße des französchen Staates der deutschen Centralgewalt ungetheilt erhalten blieb. Hiernach enthält Elsaß-Lothringen als rückeroberter Theil dieses Territoriums einen letzten Rest der weiten Lande, die schon ehemals bei natürlicher Entwicklung der unmittelbaren Beherrschung durch das Reich hätten anheimfallen müssen. Ein anderer, nicht geringerer Theil derselben war bereits durch den Pariser Frieden resp. den Wiener Congreß an einen Staat gefallen, der durch die Wiederaufrichtung des Reiches ebenfalls zum unmittelbaren kaiserlichen Besitz geworden ist. Ueber die rechtliche Natur dieses Staates noch einige Worte.

So lange die Kaiserkrone unter den Landesfürsten des Reiches wechseln und der Theorie nach bald dem Inhaber dieses, bald dem eines andern Territoriums zufallen konnte, stand der jedesmalige Kaiser zu seinem ererbten Gebiete in einem andern staatsrechtlichen Verhältniß, als zum Reiche, besaß er zwei verschiedene Würden, die reichsoberhauptliche und die landesfürstliche. Somit mußte sein Staat immer als ein Partikularstaat betrachtet werden, der sich nur zufällig und auf begrenzte Zeit in der Hand des Kaisers befand. Seitdem aber die Krone des Reiches für immer auf ein bestimmtes Territorium radizirt worden ist, hat sich das Verhältniß geändert. Jetzt sind die Hoheitsrechte der Könige von Preußen ein unablösbares Attribut der höchsten Würde, ein Theil der kaiserlichen Gewalt geworden.

Nun giebt es für den Begriff Reichsland keine amtliche Definition, auch ist eine solche nicht durchaus erforderlich, da sich zwischen ihm und dem Begriff Partikularstaat keine unüberschreitbare Kluft befindet. Das eine könnte in legaler Weise, wenn auch unter großen Erschwerungen, durch die Reichsgewalt zum andern umgestaltet werden. Wenn man aber eine Worterklärung geben will, so wird sie nach dem Stande der Dinge ungefähr so zu lauten haben: Reichsland ist ein Territorium, welches unter Betheiligung seiner Bewohner vom Souverän des Reiches unmittelbar regiert wird. Man könnte den Begriff freilich noch viel genauer auf Elsaß-Lothringen zuschneiden und die Mitwirkung des Bundesraths bei der Gesetzgebung, die concurrirende Competenz der Reichslegislative und vieles andere anführen, dann wäre aber Gefahr, daß die Definition bei irgend welcher Aenderung in der Verfassung dieser Gebiete ihre Richtigkeit einbüßte. Das wesentliche und charakteristische Moment bleibt immer, daß der Kaiser regiert und daß eine Art Volksvertretung mitwirkt.

Dieselben Charakteristika finden sich bei Preußen, und wenn man einmal die Bezeichnung Reichsland einführen will, so ist kein Grund einzusehen, warum man sie nicht auf das Erbland der Kaiser anwenden soll. Die Aehnlichkeit seiner Stellung mit derjenigen Elsaß-Lothringens wird noch schärfer hervortreten, wenn dereinst des Letzteren Legislative in einer den andern Territorien analogen Weise geordnet sein wird. Es kann kein Zweifel obwalten, daß seine Verfassungsentwicklung dahin zielt, doch werden wohl noch lange Zeit politische Bedenken und Befürchtungen hindernd dazwischentreten. Kommt es aber einmal dahin, daß der Kaiser mit ein oder zwei einheimischen Kammern die Landesgesetzgebung innerhalb derselben Grenzen und mit der gleichen Ausschließlichkeit ausübt, wie dies in andern Territorien von Seiten der Fürsten und ihrer Landtage geschieht, dann wird sicherlich der Name Reichsland jenen Gebieten nicht genommen werden, und diese Ueberzeugung berechtigt uns zu obiger auch auf Preußen passenden Definition.

Aber schon nach der gegenwärtigen Rechtslage ist die Stellung Preußens im Reiche ungefähr die gleiche wie diejenige Elsaß-Lothringens. Zwar übt der Kaiser in Landesangelegenheiten die Legislative unter Betheiligung der preußischen Kammern, doch könnte ihn nichts hindern, ganz dieselben Gesetze im Verein mit Bundesrath und Reichstag zu erlassen. Allerdings müßte zunächst die Competenz des Reiches hinsichtlich Preußens auf die betreffenden Gegenstände ausgedehnt werden, aber welche Schwierigkeit könnte das bieten, wenn es von den preußischen Stimmen selbst beantragt würde? Die Reichsgewalt also, d. h. Kaiser, Bundesrath und Reichstag, hat die unbestreitbare Macht, in alle preußischen Verhältnisse legislatorisch einzugreifen, ebenso wie ihr dies in Elsaß-Lothringen zusteht, mit dem einzigen Unterschied, daß dies dort durch eine Minorität von 14 Bundesrathsstimmen verhindert werden kann. In beiden Fällen ist der Wille des Kaisers unerläßlich.

Die Deutung Preußens als Reichsland muß natürlich den Widerspruch aller derer hervorrufen, die der Bundes- oder Bundesstaats-Theorie huldigen. Nach ihnen ist nicht der Kaiser Souverän des Reiches und damit Elsaß-Lothringens, sondern der Bundesrath, oder die Gesammtheit der Fürsten und freien Städte, vertreten durch den Bundesrath, wobei sie fälschlicher Weise den Bund als Oligarchie behandeln. Sie verlangen damit für den Begriff Reichslande eine entsprechend andere Definition, als wir sie gegeben haben, eine Definition, die auf Preußen nicht mehr passen kann, denn hier herrscht eben in Landesangelegenheiten der Kaiser und nicht der Bundesrath. Aber wir haben jene Theorieen durch unsere früheren Ausführungen zurückgewiesen. Nur der Kaiser ist Souverän des Reiches, denn er ist der in gesetzmäßiger Weise auf den Thron gelangte Nachfolger der früheren Souveräne; nur er verwaltet das Reich in seiner Gesammtheit, nur er giebt den Gesetzesbefehl, wenn auch erst nach erfolgter Zustimmung der beiden andern Organe, nur er giebt überhaupt den Fürsten und Städten durch Berufung des Bundesraths die Möglichkeit, ihren Willen zu äußern. Und so auch hat in Elsaß-Lothringen nur der Kaiser, wiewohl unter verfassungsmäßigen Beschränkungen, die dem Reiche zustehende Landeshoheit inne.

Es wird nun behauptet, durch § 3 des Gesetzes vom 9. Juni 1871 sei dem Kaiser ausdrücklich nur die Ausübung der Staatsgewalt in den Reichslanden übertragen und damit dokumentirt, daß nicht er ihr ursprünglicher Inhaber sei. Das ist aber ein durchaus unrichtiger Schluß. Das ganze Gesetz selbst nämlich, welches die Stellung Elsaß-Lothringens im Reiche regelt, ist ein Befehl des Kaisers, den er mit Bewilligung der beiden andern Reichsorgane erläßt, und bekundet er schon durch diese Handlung seine Obergewalt über die genannten Gebiete. Wenn es nun im § 3 heißt: „die Staatsgewalt in Elsaß und Lothringen übt der Kaiser aus," so bedeutet das: die Staatsgewalt üben ich und meine Nachfolger an der Krone aus. In einem centralisirten Staate wäre diese Bestimmung unnöthig und selbstverständlich gewesen, denn wer die Staatsgewalt inne hat, übt sie auch aus, solange nichts anderes bestimmt wird, im Reich aber, wo alle andern nicht zu Preußen gehörigen Territorien sich selbst durch erbliche Fürsten oder gewählte Senate regieren durften, lag die Möglichkeit vor, daß auch hier die nicht verfassungsmäßig dem Reich reservirten Befugnisse in ähnlicher Weise ausgeübt werden sollten. Solchen Erwartungen tritt der Kaiser entgegen, indem er die ganze Staatsgewalt der Krone vorbehält und dann die Beschränkungen beifügt, unter denen er sie führen werde. Somit unterliegt es keinem Zweifel, daß der Kaiser gleichwie er Oberhaupt des Reiches ist, so auch die Souveränetät über Elsaß-Lothringen innehat. Bei Anerkennung dieser Thatsache aber muß man auch dem Königreich Preußen die gleiche Bezeichnung als Reichsland zubilligen.

Eine solche Benennung dieses Staates, der wie kein anderer berechtigt ist, mit Stolz seiner Vergangenheit zu gedenken, will durchaus keine Herabsetzung bedeuten. Ist nicht Preußen seit langem das Reichsland gewesen im idealsten Sinne des Wortes? Haben sich nicht unter dem Fittich seines Adlers die letzten Deutschen aus allen Gauen gesammelt, um das Joch der Fremdherrschaft abzuschütteln? Ist nicht durch seine Siege die Wiederherstellung des deutschen Einheitsstaates vorbereitet und ermöglicht worden? Warum soll es nicht auch staatsrechtlich als Reichsland anerkannt und bezeichnet werden, als das Land, auf welches der Bau des Reiches sich gründet, aus dessen angestammtem Herrscherhaus Deutschland für alle Zukunft sein Oberhaupt erhalten soll?

Während nun ein Partikularstaat von der Größe Preußens innerhalb Deutschlands als eine ungesunde und schädliche Bildung angesehen werden müßte, die der Einheit des Ganzen Gefahr bringen könnte, steht ein Reichsland von dieser Ausdehnung gerade im schönsten Einklang mit den ursprünglichen Zuständen und mit dem Grundcharakter des Reiches. Je mehr Gebiete ihm zugeschlagen, je mehr neue Reichsländer auf Kosten der Partikularstaaten geschaffen werden, um so günstiger für die Entwickelung Deutschlands. Am besten eine direkte Unterstellung sämmtlicher Einzelterritorien unter das Reich. Die durch die Größenunterschiede der verschiedenen Reichslande hervorgerufenen Unstimmigkeiten würden sich dann ohne Schwierigkeit im Wege der Gesetzgebung reguliren lassen. Der Weg dahin allerdings ist nicht abzusehen, er ist durch viele Hemmnisse, vornehmlich durch die historische Gerechtigkeit, auf's äußerste erschwert, aber die verfassungsmäßige Möglichkeit ist nicht abzustreiten. Ein begrifflicher Unterschied zwischen einem centralisirten Reiche und dem heutigen deutschen Gesammtstaat ist keineswegs vorhanden.

Nach vorstehenden Erörterungen ist es vollkommen müßig zu fragen, ob Preußen ein souveräner Staat sei oder nicht. Preußen ist eben ein in allen seinen Beziehungen dem Kaiser ohne Mittel unterstellter Theil des souveränen deutschen Einheitsstaates. Sein Beherrscher war früher Träger der preußischen Souveränetät, jetzt ist er Träger der deutschen Souveränetät, die andern Organe der Gesetzgebung aber, Herrenhaus und Abgeordnetenhaus, waren niemals Theilhaber derselben, sondern nur bestimmt, die Gewalt des Monarchen zu beschränken. Wenn sie nun früher dem preußischen König zu diesem Zwecke beigegeben waren, so stehen sie heute zum deutschen Kaiser bezüglich der Regierung der als Königreich Preußen bezeichneten Reichslande in dem gleichen Verhältniß. Sie beschränken die Macht des Kaisers in dieser einen Hinsicht, wie der Bundesrath im Verein mit dem Landesausschuß von Elsaß-Lothringen in den diese Gebiete betreffenden Angelegenheiten, wie der Bundesrath und Reichstag in allen übrigen Beziehungen. Doch könnte sich der Kaiser, wenn er wollte, mit Hülfe der Reichsorgane von ihrem Einfluß völlig emanzipiren.

Die Dynastie der Hohenzollern hat ihre preußische Souveränetät mit der des Reiches vertauscht, der Staat Preußen ist trotz seines alten Namens und seiner alten Einrichtungen, die ihm zur Erinnerung an eine glorreiche Vergangenheit noch lange bewahrt bleiben mögen, in ein unmittelbares Reichsland verwandelt worden.

Bei einer solchen Auffassung ist es auch leicht verständlich, warum man in der Reichsverfassung die Stimmen des Kaisers bald als Präsidialstimmen, bald als preußische bezeichnen konnte, und warum Elsaß-Lothringen keine besonderen Vota zu erhalten brauchte. Dem Reichsoberhaupt sollte ein bestimmter, großer Einfluß im Bundesrath gesichert werden, und dazu schienen 17 Stimmen zu genügen. Da es nun alter Brauch im Reiche, und in dem projectirten Bunde, für den die Verfassung Anfangs bestimmt war, eine Nothwendigkeit gewesen war, die Stimmen auf den Landbesitz zu radiziren, so gründete man die kaiserlichen Stimmen auf das von ihm unmittelbar verwaltete Gebiet, das Reichsland Preußen, und bezeichnete sie gleichzeitig als preußische Stimmen. Als nun ein zweites Reichsland hinzutrat, wollte man den kaiserlichen Einfluß im Bundesrath deshalb nicht erhöhen, da er sonst allzu dominirend hätte werden können, so beließ man es also bei dem bisherigen Stimmverhältniß. Nominell ist demnach dies Reichsland nicht vertreten, in Wahrheit aber liegt dem Kaiser genau so die Pflicht ob, seine 17 Stimmen für die Interessen Elsaß-Lothringens in die Wagschaale zu werfen, wie er hierzu hinsichtlich Preußens verbunden ist, denn es sind, wenn auch de nomine preußische, so doch de jure kaiserliche Stimmen, und als Kaiser hat er für alle in seiner Verwaltung befindlichen Gebiete in erster Linie einzutreten. Die späterhin dem Bundesrath beigegebenen, aber nicht stimmberechtigten Bevollmächtigten der Reichslande sind geeignet, die kaiserlichen Vertreter, sowie überhaupt die Versammlung von den Wünschen ihres Landes zu unterrichten.

Nachdem wir hiermit das Wesen der Reichslande und die Vereinbarkeit ihrer Existenz mit dem Charakter und dem ehemaligen Zustand des Reiches dargelegt haben, dürfte kein Zweifel mehr darüber obwalten, daß der ganze Inhalt der Reichsverfassung und damit die 1871 in's Leben getretene Umgestaltung des deutschen Staatsrechts mit der durch die Kaiserproklamation vollzogenen Thatsache der Wiederaufrichtung des alten Deutschen Reiches durchaus im Einklang steht. Es ist keine einzige große Umwandlung vorgenommen worden, die sich nicht aus der absoluten Nothwendigkeit rechtfertigen läßt und die nicht als regelmäßige Fortbildung der früheren Rechtsverhältnisse erscheint.

Schluß.

Wir sind am Ende unsrer Beweisführung angelangt. Dieselbe stellt uns das Material zu Gebote, um verschiedene Fragen zu beantworten, die sich dem Leser unabweislich aufdrängen werden.

Es kann keinem Zweifel unterliegen, daß diejenigen Personen, welchen der Hauptantheil an der letzten Umgestaltung Deutschlands zuzusprechen ist, eine Continuität zwischen dem alten und neuen Deutschen Reiche nicht festhalten wollten, ja daß sie die Möglichkeit eines solchen Zusammenhangs kaum in Betracht gezogen haben. Ebenso sicher ist es, daß diese Männer eine unlösbare, also staatliche Verknüpfung der deutschen Länder anzustreben meinten. Wie erklärt sich der hierin liegende Widerspruch? Warum haben sie das einzige, staatsrechtlich unanfechtbare Mittel, die gewünschte, von der Mehrheit der Nation geforderte Einigung Deutschlands zu vollziehen, die Anerkennung des zu Recht bestehenden Reiches, von der Hand gewiesen und sich mit der Erweiterung des bisherigen Bundes begnügen wollen, der trotz seines soliden Baues doch nur auf dem unsicheren Grunde des Völkerrechts ruhen konnte?

Es sind verschiedene Momente, die hierzu mitgewirkt haben.

Vor allem ist die falsche Auffassung des alten Reiches zu erwähnen, die sich seit dem Fiasko desselben im Anfang dieses Jahrhunderts unausrottbar festgesetzt hatte. Man hielt es für ein völlig ungesundes, seit Jahrhunderten zu ruhmlosem Untergang prädestinirtes Gebilde, dessen rechtliche Wiederherstellung dem deutschen Volke nur zum Schaden gereichen könne.

Aber auch wo diese unbegründeten Befürchtungen nicht vorhanden waren, da scheute man sich doch den Partikularstaaten einen offenkundigen Rücktritt in das frühere Verhältniß der Unterordnung unter eine höhere Gewalt zuzumuthen. Im Hinblick auf die wiederholten vergeblichen Versuche, den deutschen Staat zu gründen, glaubte man bei den Verhandlungen mit jenen Potenzen die größte Vorsicht beobachten zu müssen. Man überschätzte den Partikularismus und bedachte nicht, daß die eigentliche Ursache, die ihm einen Einfluß, eine gewisse Machtentfaltung ermöglicht, ihn solange conservirt hatte, der Dualismus zwischen Preußen und Oesterreich, nunmehr beseitigt war. Die Mittelstaaten waren gar nicht in der Lage, sich dauernd der Eingliederung in den Gesammtstaat, der Unterordnung unter die Centralgewalt zu entziehn. Eine abermalige Verbindung mit dem habsburgischen Kaiserstaat hätte neuen Bürgerkrieg entzündet, eine Hinneigung der Fürsten zu Frankreich ihre Throne gefährdet, die selbständige Stellung aber, welche die Südstaaten formell besaßen, konnte in der legalsten Weise völlig unhaltbar gemacht werden. Kronprinz Friedrich Wilhelm hatte vollkommen recht, wenn er darauf drang, in der Rücksichtnahme nicht zu weit zu gehn, mit dem Beifügen, daß die preußische Regierung alles erlangen könne, was sie ernstlich wolle[1]).

Ein drittes Moment ist die geringe Beachtung, die der leitende Staatsmann, Graf Bismarck, den staatsrechtlichen Begriffen und Theorieen schenkte. Wenn er nur das Erstrebte thatsächlich erreichte, dann war es ihm verhältnißmäßig gleichgültig, auf welcher Rechtsbasis sich sein Verfassungsbau erhob. Mochten sich nachher die Rechtsgelehrten darüber einigen, welcher juristische Charakter den geschaffenen Institutionen zuzuschreiben sei. Nun war allerdings die materielle Sicherung dieser Gestaltungen eine so starke, daß es in Wahrheit nicht so sehr auf ihre theoretische Fixirung ankam. Nichtsdestoweniger würde es immer als schwerer Mangel empfunden werden, der zu mannigfachen Streitfragen im Einzelnen führen könnte, wenn sich der Rechtszustand unseres Vaterlandes nicht mit

---

[1]) Kaiser Friedr. Tageb. 3. Nov. „ich aber behaupte, daß wir uns unserer Macht gar nicht bewußt sind, folglich in dem gegenwärtigen weltgeschichtlichen Augenblick das, was wir ernstlich wollen, auch zweifellos können, nur, Gott sei's geklagt, fragt es sich, was wir wollen und wer jetzt etwas ernstlich will."

Bestimmtheit festlegen ließe. Wäre Bismarck geschulter Theoretiker gewesen oder dem Rathe solcher gefolgt, dann hätte er auch offenkundig das Reich als dasjenige hinstellen müssen, wozu er es in Wahrheit gemacht hat, als das reactivirte Reich deutscher Nation, denn trotz aller bündischen Ideen, die ihn erfüllten, liefen doch unbewußt seine Bestrebungen eben darauf hinaus.

Im Anschluß hieran erhebt sich die weitere Frage, wie es möglich, daß nun doch, den Intentionen der leitenden Staatsmänner zuwider, die Reactivirung des alten Reiches vollzogen worden ist. Zu ihrer Beantwortung müssen wir zweierlei klar zu stellen suchen, einmal, warum das heutige Reich eine dem ehemaligen analoge Gestaltung gewonnen hat, und dann, dank welchen Umständen die rechtliche Anknüpfung wirklich zustande kommen konnte.

Wir wissen, daß schon der Norddeutsche Bund, bei welchem doch die Reichserneuerung überhaupt noch nicht in Frage kam, einen Charakter und eine Verfassung erhalten hat, die bereits an ein einheitliches Staatswesen gemahnten, und daß das Reich diese Verfassung mit verhältnißmäßig wenigen Abänderungen übernehmen konnte, ohne deshalb seinen früheren Charakter zu verleugnen. Wie war diese seltsame Uebereinstimmung zwischen zwei dem Ursprung und der Natur nach so grundverschiedenen Gebilden möglich? Sie erklärt sich daraus, daß bei der Gründung der norddeutschen Union, man könnte fast sagen zufällig, dieselben Ideen gewirkt haben, die im alten Deutschen Reiche sich darstellten. In beiden Institutionen fanden sich föderative, rechtsstaatliche und monarchistische Gedanken in enger Verknüpfung.

Wieviel die Verfassung des alten Reiches an föderativen Elementen barg, ist uns schon mehrfach klar geworden. Sogar Grundgesetze und ihnen für gleichwerthig erachtete Ordnungen kamen zuweilen in vertragsmäßigen Formen zustande. Die große Selbständigkeit der Territorien, der fast privatrechtliche Charakter des ständischen Landbesitzes, die weitgehende Selbstbeschränkung und geringe Aktivität der Staatsgewalt mußten, wenn dies auch amtlich nie anerkannt wurde[2]), dem Ganzen immer mehr ein bündisches

---

[2]) Der Ausdruck Corps Germanique wurde von der kaiserlichen Regierung scharf zurückgewiesen. S. Kais. Commiss. Dekr. vom 17. März 1727. Moser, Tschld. u. dessen Staatsverf. S. 19.

Gepräge geben und seine Einrichtungen denen einer völkerrechtlichen Union äußerst nahe bringen. Da nun der Norddeutsche Bund selbstverständlich seinen föderativen Charakter in der Verfassung zum Ausdruck bringen mußte, so kamen sich beide schon in diesem Punkte entgegen.

Weiter besaß das alte Reich eine sehr ausgebildete Staatsordnung, die, wiewohl in manchem wichtigen Punkte noch nicht klar entwickelt und infolge des langen politischen Stillstandes schwer corrumpirt, doch an innerm Gehalt und Lebensfähigkeit diejenigen vieler anderen Staaten jener Zeit weit überragte. Es fanden sich darin die Ansätze zum modernen Rechtsstaat und zu parlamentarischen Körpern, freilich nur die Ansätze, aber warum sollte sich nicht aus dem allzu stark gegliederten deutschen Reichstag ebensogut das Zweikammersystem entwickeln, wie aus der alten ungegliederten Reichsversammlung Englands, umsomehr, als die ursprüngliche Bedeutung jenes Organs nachweisbar auf eine Vereinigung resp. Vertretung des ganzen Volkes hinauslief. Die Einführung des Städteraths war ein, wenn auch sehr unvollkommener Anfang dazu gewesen. Unser Reich stand also, was die Gestaltung der Legislative betrifft, den modernen Staaten gar nicht so fern, wie man wohl glaubt, es war bereits eine Art von eingeschränkter Monarchie, bei der nur die feudalen Ideen des Mittelalters noch allzusehr vorwalteten. — Nicht minder sollte der Norddeutsche Bund, trotz seiner föderativen Natur, dem Wesen nach einen modernen Staat darstellen mit mehreren, dem Oberhaupt zur Seite gestellten gesetzgebenden Körperschaften. Es war das eine Wirkung der constitutionellen Idee, welche im Anfang dieses Jahrhunderts bei uns eingedrungen war, und auf deren Grund schon im Jahre 1848 die Reichsgründung hatte vollzogen werden sollen. Auch in dieser Uebereinstimmung ist ein Moment zu erkennen, warum der projectirte, aus dem Norddeutschen hervorgegangene Bund so ohne weiteres als das erneuerte Reich proklamirt werden konnte.

Aber noch ein drittes kommt hinzu. Das alte Reich hatte trotz aller beschränkenden Einrichtungen und Gesetze doch den rein monarchischen Charakter festgehalten, d. h. der Kaiser war der Träger des Staatswillens, die einzig aktive Gewalt, der wahre Souverän geblieben, aus dem neuen constitutionellen Gedanken aber sollte sich der Uebergang der Souveränetät auf das Volk und dessen Vertretung ergeben, der gegenüber der Fürst nur als ausführendes, an den Willen der vom Parlament gesetzten Minister gebundenes Organ zu erscheinen hätte. In vielen andern Ländern, namentlich in England war das Centrum des Staates in dieser Weise verschoben worden. Auch das Reich von 1848 hätte ein solches völlig neues Gepräge erhalten und insofern nicht als Fortsetzung des alten Reiches verstanden werden können. — Der Norddeutsche Bund dagegen hatte, unbeschadet seines de jure föderativen Charakters, thatsächlich ein wahrhaft monarchisches Oberhaupt erhalten. Nachdem sich in Preußen der monarchische Gedanke in langen, heftigen Verfassungskämpfen dem Parlamentarismus gegenüber behauptet hatte, war er auch in dem um diesen Staat sich gruppirenden Bunde zur Geltung und Anerkennung gelangt. Der Leiter dieses über ganz Deutschland erweiterten Bundes konnte ohne neue Formulirung seiner Rechte zum Reichsoberhaupt im alten Sinne erhoben werden.

Dem Zusammenwirken der angeführten drei Momente also ist es zuzuschreiben, daß die Verfassung der projectirten deutschen Union einen der früheren Reichsordnung genügend entsprechenden Charakter erhielt, um ihre Uebernahme auf das wiederherzustellende Reich ohne Gefährdung der Rechtscontinuität zu ermöglichen. Wie ist es nun gekommen, daß der Anschluß der neuen an die alte Ordnung wider die Absicht der leitenden Staatsmänner wirklich vollzogen worden ist?

Zuvörderst ist die Unklarheit der herrschenden staatsrechtlichen Anschauungen hervorzuheben, welche dahin führte, daß man das anfänglich erstrebte Ziel, den erweiterten Bund, in der That nicht erreicht hat. Man wußte jus publicum und jus gentium nicht klar auseinanderzuhalten und suchte mit völkerrechtlichem Material einen staatsrechtlichen Bau aufzuführen. Das konnte selbstredend nicht gelingen, und so hing es schließlich von anderen, fast zufälligen Umständen ab, was am Ende zustande kam. Hätte man sicher gewußt, daß die zu gründende Institution rein völkerrechtlichen, bündischen Charakter tragen müsse, dann wäre gewiß alles in korrektester Form bewerkstelligt worden, und hätte später kein Zweifel über die Natur des Reiches bestehen können. Die Seydelsche Theorie wäre zu voller Anerkennung gelangt. So aber spielten immer staatliche Begriffe mit hinein und störten die consequente

Durchführung, so daß am Ende das geplante Werk in der beabsichtigten Fassung überhaupt nicht vollendet wurde, und der Weg zur rechtlichen Reactivirung des alten Reiches offen blieb. Andre Gedanken traten hinzu, die das Ganze in solch neue Wege leiteten.

Die Erinnerung an die tausendjährigen Institutionen Kaiserthum und Reich konnte in der kurzen Zeit seit Abdankung Franz' II. unmöglich völlig verlöschen. Sie hatte vielmehr die Vergangenheit, namentlich die frühere des Mittelalters, mit einem verklärenden Schimmer umhüllt und bildete nun ein zweites und positives Moment für die staatsrechtliche Verknüpfung des neuen Gebildes mit dem bisherigen deutschen Einheitsstaat. Im Andenken an diesen Letzteren suchte man die alten Bezeichnungen wieder hervor, um damit den Bund und sein Oberhaupt zu bekleiden; im Rückblick auf ihn trug man den Ausdruck Wiederherstellung des Reiches in die entscheidenden Urkunden hinein, ohne zu bedenken, daß damit gerade der von der Nation gewünschte, aber auf anderem Wege unerreichbare Rechtszustand, die staatliche Einigung Deutschlands begründet wurde. Die ehemals gültige Successionsordnung hatte man vor Augen, als man die Uebertragung der Kaiserwürde auf Wilhelm I. von sämmtlichen Fürsten, die Anregung dazu vom König von Bayern erwartete und verlangte. Ueberdem führte die Begeisterung für die Wiedergewinnung der rechtswidrig verlorenen und lange beklagten Güter, des Reichszusammenhanges und der alten Krone, zur Außerachtlassung derjenigen Rechtsformen, deren Innehaltung allein den föderativen Charakter des Ganzen sichern konnte, und brachte in Wahrheit eine Rechtscontinuität mit der Vergangenheit zuwege, deren offenkundige Bestätigung durch die dauernde Institution der Reichslande man dann nicht mehr zu vermeiden wußte.

Doch der Schlußstein zu diesem Werke der Reichserneuerung wurde, wie wir gesehen haben, in voller Absichtlichkeit durch einen bewußten Willen gesetzt. Kronprinz Friedrich Wilhelm war es, der den Rechtszusammenhang erkannte und gewahrt wissen wollte. Er gab der Ansprache Wilhelms I. an die Reichstagsdeputation und dann der Kaiserproklamation einen solchen Wortlaut und Inhalt, daß sie mit dem bündischen Charakter der neuen Institution unvereinbar wurden und die Reactivirung des alten Reiches klar und unverkennbar bestätigten, daß nach ihnen die Uebertragung der Krone nur noch als legal vollzogene Kaiserwahl aufgefaßt werden konnte. König Wilhelm aber ist, indem er jenen Wortlaut acceptirte, auf die Intentionen seines Sohnes und Nachfolgers eingegangen und hat dessen Gedanken zu rechtlicher Geltung gebracht.

Wenn nun, so möchte man fragen, die Rechtscontinuität zwischen altem und neuem Reich so zweifellos hergestellt und offen constatirt worden ist, wie kommt es, daß diese klare Thatsache aller Orten verkannt und geleugnet wird, daß noch heute sämmtliche Lehrbücher des Staatsrechts von der Bundes- oder Bundesstaatstheorie ausgehen, um das Wesen unserer politischen Organisation zu erklären? — Es sind verschiedene Gründe, die hierzu mitgewirkt und deren wir zum Theil schon in der Einleitung gedacht haben. Vor allem ist es die lange Dauer des Interregnums, welche die Auffassung des heutigen Reiches als einer Neugründung begünstigte. Man vermochte sich nicht vorzustellen, daß eine seit so vielen Jahrzehnten getilgte und der Vergessenheit überlieferte Institution zu Recht wieder aufleben konnte, und bedachte nicht, wie ein derartiger Rechtsbruch nie verjähren kann, so lange die Elemente der früheren Staatsgewalt vorhanden sind. Wäre die Wiederherstellung bald nach den Befreiungskriegen erfolgt, wo die alte Ordnung noch in frischer Erinnerung des lebenden Geschlechts stand, dann wäre unsere Auffassung sicher die erste gewesen, die man in Betracht gezogen und geprüft hätte. Jetzt erscheint die Zwischenzeit allzu lang, vornehmlich deshalb, weil die meisten Erwachsenen selbst noch darin gestanden haben. Ein späteres Geschlecht, das den ganzen Entwicklungsgang mehr aus der Ferne erschaut, wird vielleicht anders urtheilen, ihm wird die kaiserlose Epoche zu einer kurzen Episode in der Geschichte des Deutschen Reiches zusammenschrumpfen und wird ihm daher die hier vertretene Anschauung bedeutend verständlicher sein.

Weiter sind es namentlich die vielen, in der Verfassung conservirten föderativen Bezeichnungen, Namen und Titel, die eine verkehrte Auffassung begünstigt haben. Sie sind ihrer Bestimmung, die wahren Verhältnisse nach Möglichkeit zu bemänteln, vollständig gerecht geworden und haben das bei den meisten Rechtslehrern vorhandene, fast unbewußte Streben, das Reich als Einheitsstaat zu erklären, immer wieder zurückgedämmt. Was man den Worten Reich und Kaiser gegenüber unbedenklich wagte, den gebräuchlichen Sinn von der staatsrechtlichen Bedeutung zu scheiden, davor schreckte man bezüglich der Ausdrücke Bund, Präsidium 2c. ängstlich zurück, ohne den in solchem Verhalten liegenden Widerspruch zu bemerken. Man verkannte, daß gerade diese letzteren nur Rudimente vergangener Rechtsverhältnisse bedeuteten, deren Interpretation aus der Entstehungsgeschichte und den maßgebenden Dokumenten zulässig und nothwendig war; ja man ließ gerade die wichtigste derartige Urkunde, die Kaiserproklamation, vollständig außer Acht, um mit den für unumstößlich erachteten Thatsachen nicht in Collision zu gerathen.

Und in der gleichen Richtung wirkten die bezüglichen Auslassungen des Kanzlers und der preußischen Minister. Da jener Zeit Niemand die neuen Rechtsverhältnisse klar übersah und auch die Mitglieder der Parlamente nicht genügend staatsrechtlich informirt waren, um die unüberschreitbare Kluft zwischen Bund und Einheitsstaat zu erkennen, so nahm man derartige Bemerkungen hier ohne Entgegnung, im Bundesrath gewiß mit Befriedigung hin. Die einen trösteten sich mit der Hoffnung, daß sich die Neugründung doch zum Einheitsstaat entwickeln werde, die anderen freuten sich der Sicherung des Föderativcharakters. Gerade diese Aeußerungen aber und ihre unbestrittene Hinnahme brachten die einheitsstaatliche Theorie, wenn sie je aufgenommen wurde, so in Mißcredit, daß sie kaum der Widerlegung werth erschien. Schwarz auf weiß konnte man ja ihre Unrichtigkeit in den Reichstagsakten nachlesen. Daß dergleichen Auslassungen nicht imstande sind, vollzogene Rechtshandlungen ungeschehen zu machen, daß vielmehr die Thatsachen und dispositiven Urkunden allein maßgebend bleiben und höchstens bei vorhandener Unklarheit aus jenen interpretirt werden dürfen, das kam Niemandem in den Sinn.

Dennoch hätte sich bei genauer, wissenschaftlicher Untersuchung der ganzen Vorgänge die Wahrheit wohl herausstellen müssen. Es war, möchte ich behaupten, die große dialectische Gewandtheit unserer Rechtsgelehrten, die das verhinderte. Der föderative Charakter des Reiches, das Fehlen jeder Rechtsbeziehung zum alten Reiche deutscher Nation stand ihnen, jenen ministeriellen Aeußerungen gemäß, dogmatisch fest und kam es jetzt nur darauf an, alle Fakta und alle Urkunden mit diesen Glaubenssätzen in Einklang zu bringen. Das Seltsame dabei ist aber, daß die meisten von ihnen davon absahen, das Reich als reinen Staatenbund erklären zu wollen, und dadurch doch wieder mit den erwähnten Dogmen in Widerspruch traten, ohne es selbst recht zu merken. Trotzdem gelang es ihnen mittelst der feinsten juristischen Deductionen und Unterscheidungen alles in so plausibler Weise zu erklären, daß sich Regierung, Parlament und Publikum vollständig dabei beruhigten und alles in's Gleiche gesetzt schien. Ein bedenkliches Zeichen, man kann sagen ein Kriterium der diesen Systemen anhaftenden Fehler war es indessen, daß die Erklärungen so außerordentlich verschieden ausfielen. Jeder suchte eben in seiner Weise die klaffenden Fugen zu verkleben.

Das eigentliche Fundament aller dieser Theorieen bildete der Begriff des Bundesstaats, den man bereits in scheinbar exacter Durchbildung vorfand. Wir wissen, wie man sich mit Hülfe desselben über alle Schwierigkeiten hinwegsetzte. Durch den Glauben an die bundesstaatliche Natur des neuen Deutschland, an der sich auch der Reichspatriot genügen lassen konnte, wurde die streng wissenschaftliche Forschung gelähmt und von dem einzig richtigen Wege ferngehalten. Wenn auch ohne Anknüpfung an die ferne Vergangenheit dem Reiche ein gleichsam staatlicher Charakter gesichert war, dann brauchte man nicht erst auf jene discreditirte Ordnung zurückzugreifen, der man die Schuld an den schmachvollsten Ereignissen unserer Geschichte zuzuschreiben pflegt.

Worauf laufen nun wohl die Theorieen jener Rechtsgelehrten hinaus, die das Reich nicht als Einheitsstaat erkennen wollen, sich aber doch auch gegen den reinen Bundescharakter sträuben? Ein zwischen Staat und Bund in der Mitte liegendes Gebilde ist nun einmal undenkbar, also muß ihr sogenannter Bundesstaat eine besondere Abart des einen oder des andern sein. Man wird, meine ich, ihren Ideen, wie sie sich im Hinblick auf unser Reich entwickelt haben, am nächsten kommen, wenn man diese politische Gestaltung als eine Oligarchie bezeichnet, in der die ganze Verwaltung bis auf gewisse, der Centralregierung vorbehaltene Materien unter die Oligarchen selbst territorial getheilt erscheint. Darauf zielt die in den Lehrbüchern so häufig wiederkehrende Bemerkung hin, die Gesammtheit der Fürsten und freien Städte sei die souveräne Gewalt, sie habe die Verfassung erlassen, dem Kaiser seine Titel und Rechte verliehen, sie habe die Landeshoheit in Elsaß-Lothringen inne 2c. 2c. Da nun aber diese Gesammtheit nicht aus gleichberechtigten Gliedern besteht, sondern die einzelnen nur in genau fixirten Formen einen ganz bestimmt präcisirten Einfluß auf die souveräne Gewalt auszuüben vermögen, so ist der Ausdruck, bei Anerkennung der oligarchischen Natur des Reiches, nicht korrekt. Nicht die Gesammtheit der Fürsten wäre souverän, sondern die Körperschaft, in der allein die Fürsten ihren Willen äußern dürfen, der Bundesrath. Dieser Organismus, in den alle jene Kräfte einzurechnen wären, aus denen seine Willenskundgebungen resultiren, die bezüglichen Rechte der Fürsten und Senate, die Befugnisse der Minorität bei Verfassungsänderungen, der einzelnen Staaten bei Sonderrechten, ja sogar die Annullirungs- und Anregungsfähigkeit des Reichstags hinsichtlich der Legislative nebst allen dessen Willen producirenden Elementen, dieser ganze complicirte und doch einheitlich wirkende Apparat würde alsdann die Staatsgewalt darstellen.

Wenn wir das so zu charakterisirende politische Gebilde, die decentralisirte Oligarchie, einer Betrachtung unterziehen, so werden wir einsehen, daß gegen deren Anerkennung genau dieselben Bedenken erhoben werden können, wie gegen unser dem alten deutschen Staate identisches Reich. Auch die Oligarchie ist kein Bund, sondern ein Staat im vollen Sinne des Wortes, auch in ihr sind nicht die Fürsten souverän, sondern nur die bestimmt organisirte, nach bestimmten Regeln functionirende Versammlung ihrer Gesandten. Mit gleichem Rechte könnte man sonst in Demokratieen die einzelnen Mitglieder der gesetzgebenden Körperschaft oder gar jeden Bürger für souverän erklären. Sonach steht jene Auffassung der heutigen Ordnung ebenso im Widerstreit mit dem Wortlaut der Verfassung, namentlich des Eingangs, und mit den früher erwähnten ministeriellen Auslassungen über die Bundesnatur des Reiches, wie die unsrige, nur daß sie sich auch mit dem wahren Sinne jener Gesetzesstellen nicht in's Gleiche setzen läßt. Diese Thatsache wird nur übertüncht, wenn man der so gestalteten Oligarchie den Namen Bundesstaat beilegt und ihr damit einen bündischen Charakter zu wahren sucht. Sie hat mit einem Bunde nichts zu thun, ihre Auflösung in die einzelnen Glieder wäre ein Rechtsbruch, wäre die Vernichtung eines selbständigen Gemeinwesens, nicht, wie beim Bunde, eine rechtlich vollziehbare Handlung. Freilich pflegen derartige Organismen öfter und leichter diesem Schicksal zu verfallen, als centralisirte Staaten, da in ihnen, wenn auch keine wirklichen Einzelstaaten, so doch die Grundzüge zu solchen bereits gegeben sind.

Fragen wir nun, ob sich die Auffassung des Reiches als einer decentralisirten Oligarchie aus seiner Entstehungsgeschichte und den maßgebenden Urkunden rechtfertigen läßt, so kann wohl kein Zweifel darüber herrschen, daß dies nicht der Fall ist. Wenn man die Kaiserproklamation nebst allem damit Zusammenhängenden außer Betracht läßt und die in den Verträgen dokumentirten Absichten als völlig realisirt annimmt, dann kann das Reich nichts anderes sein, als ein Staatenbund nach der Seydelschen Theorie. Die Reichslande hätten als eine Art Schutzgebiet zu gelten. Die Begründung einer neuen Souveränetät in Gestalt des Bundesraths, die Besitznahme der höchsten Gewalt durch ihn ist nirgends nachzuweisen. Immer sind es die Organe des Nordbundes im Namen der Nordstaaten und die einzelnen Südstaaten, welche agiren. Läßt man aber die Proklamation von Versailles, die Kaiserwahl ꝛc. gelten und berücksichtigt man alle übrigen, gegen die Bundesnatur sprechenden Momente, dann tritt uns wieder kein oligarchischer Staat, sondern ein monarchisches Reich entgegen. Man mag die Sache betrachten wie man will, immer zeigt sich die Alternative: Bund oder altes Reich. Weigert man sich, eins von beiden zu wählen, so ist man genöthigt, unserem Vaterlande den Besitz einer präcisirbaren Rechtsordnung vollkommen abzusprechen.

Wir haben uns an der Hand der Ereignisse und der Verfassungsurkunde für die Thatsache der Wiederherstellung und Fortführung jener Institution entschieden, in deren Banne Deutschland schon ein Jahrtausend seiner Geschichte durchlebt hatte. Allen Hindernissen zum Trotz haben die Zeitideen und die romantische Begeisterung, unterstützt von unklaren staatsrechtlichen Anschauungen, wie in den realen Zuständen, so auch im Staatsrecht den Sieg davongetragen über die ungesunden bündischen und partikularistischen Bestrebungen. Wider Wunsch und Willen der leitenden Männer, und doch nicht minder rechtsgültig, ist unser ehrwürdiges Deutsches Reich aus sechzigjähriger Nacht emporgestiegen an's Licht des Tages, geweckt von der Kunde deutscher Siege. Wohl trägt es nicht mehr die greisenhaften Mienen, die ihm vor seinem Hintritt anhafteten und aller Orten Abneigung und Verachtung eintrugen; in jeder Hinsicht gebessert, fast unerkennbar trat es vor uns hin; und doch, bei genauerer Betrachtung, fanden wir die alten, wohlbekannten Züge wieder, viele schöne, aber auch manche, die wir gern hätten missen mögen. Es ist nicht eigentlich eine neue, sondern eine verjüngte Gestalt, die wir erschauen, denn gerade das Fremdartige, dessen

Anblick uns Zweifel an ihrer Identität mit der vormaligen erwecken konnte, erwies sich als Eigenthümlichkeit des Reiches in seiner frühesten Verfassung. Dazu gehört namentlich die Betheiligung des freigeborenen Volkes an der Gesetzgebung und die unmittelbare Verwaltung großer Reichstheile durch die Krone. Im Hinblick hierauf dürfen wir unter Wiederherstellung nicht nur eine Reactivirung verstehen, sondern eine partielle Rückbildung auf denjenigen Zustand, der zu einer heilsamen und kräftigen Entwicklung führen konnte, aber ehemals nicht geführt hat.

Mögen unsere Kaiser, die legitimen Nachfolger und Erben der großen Salischen und Hohenstaufischen Herrschergeschlechter, das Reich immerdar auf solchen Wegen leiten und erhalten.

Druck von Leonhard Simion in Berlin SW.

Kolibri 360 GmbH
Ferdinand-Jühlke-Straße 7
99095 Erfurt, Deutschland
produktsicherheit@kolibri360.de